La guerra de la Independencia en el suroeste peninsular

José Saldaña Fernández

La guerra de la Independencia en el suroeste peninsular

Relaciones hispano-portuguesas y configuración del poder en una tierra de fronteras

EDITORIAL
UNIVERSIDAD DE SEVILLA

Sevilla 2024

Colección Historia
Núm. 413

Motivo de cubierta: Plano de la isla de Canelas y sus inmediaciones (Ayamonte, 15 de mayo de 1811).

© Editorial Universidad de Sevilla 2024
   C/ Porvenir, 27 - 41013 Sevilla.
   Tfnos.: 954 487 447; 954 487 451
   Correo electrónico: info-eus@us.es
   Web: https://editorial.us.es
© José Saldaña Fernández 2024
Impreso en papel ecológico
Impreso en España-Printed in Spain
ISBN 978-84-472-2619-1
Depósito Legal: SE 1986-2024
Diseño de cubierta: notanumber
Maquetación y realización de cubierta: Dosgraphic s.l. (dosgraphic@dosgraphic.es)
Impresión: Podiprint

ÍNDICE

Abreviaturas utilizadas 11

Introducción 13

PARTE I
GUERRA Y FRONTERA.
LAS RELACIONES LUSO-ESPAÑOLAS EN EL BAJO GUADIANA

Capítulo 1
La frontera en los inicios de la guerra. La conformación
de la nueva realidad (1808-1809) 27
 1.1. El río Guadiana en su dimensión política y social 29
 1.2. El nuevo marco de alianzas: de enemigos a aliados 35
 1.3. En defensa de la frontera: la movilización contra
    los franceses 40
 1.4. La raya como espacio de encuentro: la colaboración
    entre portugueses y españoles 46
  1.4.1. El levantamiento del Algarve: la lucha al otro lado
      del río 46
  1.4.2. La alianza formal: el impulso del suroeste 53
  1.4.3. Los espacios de relación: confluencias y tensiones 62

CAPÍTULO 2
LA OCUPACIÓN FRANCESA Y LA MATERIALIZACIÓN DEL NUEVO MARCO
DE COLABORACIÓN (1810-1812) 71
    2.1. Las autoridades políticas: la colaboración necesaria 76
        2.1.1. Movilidad y refugio al otro lado del río 77
        2.1.2. Provisión de géneros y servicios más allá de Cádiz 79
        2.1.3. Entre desconfianzas, desencuentros y mediaciones:
             la apuesta por la conciliación 82
    2.2. La institución militar: colaboración exterior y disensiones
        internas 88
        2.2.1. En la orilla derecha: movilidad, almacenamiento
             y aprovisionamiento 88
        2.2.2. El tránsito y la recepción de tropas: desconfianzas
             y prevenciones 97
        2.2.3. En la orilla izquierda: transmisión de información
             y actividad conjunta de las tropas 105
        2.2.4. Las tensiones internas: de las disputas entre los mandos
             a la deserción de los reclutas 111
    2.3. Población y frontera: el uso compartido del espacio 117
        2.3.1. Refugio y cambio de residencia: traslado y convivencia
             al otro lado del río 117
        2.3.2. La emigración como válvula de escape:
             los compromisos políticos, económicos y militares 124
        2.3.3. Comercio y contrabando: las dinámicas
             de colaboración y los problemas de abastecimiento
             de las tropas enemigas 135
        2.3.4. Las dificultades de la subsistencia y los mecanismos
             de solidaridad 143

CAPÍTULO 3
LA FRONTERA COMO RETAGUARDIA. LA GUERRA MÁS ALLÁ
DE LOS FRANCESES (1812-1814) 149
    3.1. Las conexiones militares: colaboración y conflictos 149
    3.2. Valoraciones y reconocimientos mutuos: los límites
        del relato 150
    3.3. Emigración y exilio: de lo económico a lo político 155
    3.4. Reclutamiento y deserción: las medidas de prevención
        y los mecanismos de solidaridad 157
    3.5. Las transacciones comerciales: la pervivencia
        del contrabando 160

PARTE II
GUERRA Y REVOLUCIÓN.
LAS JUNTAS Y LA NUEVA DISTRIBUCIÓN DEL PODER

CAPÍTULO 4
MOVILIZACIÓN Y RESISTENCIA. LA RENOVACIÓN INSTITUCIONAL
EN LOS PRIMEROS TIEMPOS DE LA GUERRA (1808-1809) 165
    4.1. Nuevos retos institucionales. La Junta de Huelva y los límites
        del cambio 167
    4.2. La frontera como coartada. La Junta de Gobierno
        de Ayamonte y la reestructuración de la soberanía 173
        4.2.1. En defensa del territorio: proyecciones más allá
               de lo local 177
        4.2.2. El difícil encaje institucional: fractura interna
               y conflictividad política 181

CAPÍTULO 5
LA PERIFERIA COMO CENTRO DE PODER. LA JUNTA SUPREMA DE SEVILLA
EN LA DESEMBOCADURA DEL GUADIANA (1810-1811) 193
    5.1. La ocupación francesa y el protagonismo de Ayamonte:
        la revitalización de la frontera 194
    5.2. El ejercicio del poder en un escenario de ida y vuelta 198
        5.2.1. Mediación y articulación de la resistencia: la lucha
               en el suroeste 198
        5.2.2. La gestión de los recursos más allá de la frontera:
               el eje Algarve-Ayamonte-Cádiz 220
        5.2.3. El territorio de la política: la representación
               de la provincia 231
        5.2.4. El espacio de la información y la propaganda:
               la *Gazeta de Ayamonte* y el control de la opinión 235
    5.3. El final de la experiencia en la desembocadura: la frontera
        desde la distancia 252

CAPÍTULO 6
FRONTERAS EN MOVIMIENTO. LA DISTRIBUCIÓN DEL PODER
ENTRE DOS REGÍMENES EN PUGNA (1811-1812) 257
    6.1. El escenario bonapartista: de cuerpos asesores a órganos
        principales de gestión 257
        6.1.1. La Junta de repartimiento de Gibraleón: supeditación
               y asesoramiento a la municipalidad 259
        6.1.2. La Junta de Subsistencia de Huelva: cambio
               de adscripción jurisdiccional y reforzamiento
               del componente comunitario 260

6.2. El espacio fernandino: administración de los recursos y
reconfiguración del poder municipal 273
6.2.1. Las Juntas de Cartaya y Villanueva de los Castillejos:
la apertura en la gestión de los asuntos comunitarios...... 274
6.2.2. La Junta Patriótica de Ayamonte: ascendencia local,
proyección comarcal.. 277
6.2.2.1. La configuración institucional: del impulso
externo a la reafirmación del componente
corporativo 278
6.2.2.2. El ejercicio de las funciones: la frontera
como horizonte.. 284

Conclusiones.. 295

Fuentes y bibliografía... 307
Archivos y bibliotecas 307
Fuentes impresas.. 308
Bibliografía 310

ABREVIATURAS UTILIZADAS

ACD	Archivo del Congreso de los Diputados
ADH	Archivo Diocesano de Huelva
AGMM	Archivo General Militar de Madrid
AHAS	Archivo Histórico Arzobispal de Sevilla
AHM/L	Archivo Histórico Militar (Lisboa)
AHN	Archivo Histórico Nacional (Madrid)
AHPH	Archivo Histórico Provincial de Huelva
AMA	Archivo Municipal de Ayamonte
AMC	Archivo Municipal de Cartaya
AMG	Archivo Municipal de Gibraleón
AMH	Archivo Municipal de Huelva
AMIC	Archivo Municipal de Isla Cristina
AML	Archivo Municipal de Lepe
AMPG	Archivo Municipal de Puebla de Guzmán
AMV	Archivo Municipal de Villablanca
AMVC	Archivo Municipal de Villanueva de los Castillejos
ANTT	Archivo Nacional Torre do Tombo (Lisboa)
APAA	Archivo Parroquial Nuestra Señora de las Angustias de Ayamonte
APNA	Archivo de Protocolos Notariales de Ayamonte
ARS	Archivo Rivero-Solesio
BCM	Biblioteca Central Militar (Madrid)
BNE	Biblioteca Nacional de España
BNP	Biblioteca Nacional de Portugal
CB	Colección Blake
CCN	Colección de Manuscritos del General Copons y Navia
CDF	Colección Documental del Fraile
CGI	Colección Gómez Imaz
FGM	Fondo General Monografías
HHM	Hemeroteca Municipal de Madrid

MNE   Ministerio de Negocios Extranjeros
PF   Papeles de Familia
RAH   Real Academia de la Historia
SGE   Serie General de Expedientes

INTRODUCCIÓN

El inicio de la contemporaneidad en España viene marcado por la llamada guerra de la Independencia, un conflicto abierto en 1808 a raíz de la invasión francesa que, a lo largo de sus seis años de duración, no solo iba a tener resonancias en los planos político y militar, sino que también tendría efectos sobre otras muchas esferas de la vida pública y privada de los hombres y las mujeres que vivieron aquella compleja y difícil experiencia. En palabras de Emilio La Parra (2012: 14), «la guerra de los españoles contra Napoleón fue un factor de aceleración del tiempo histórico, provocó cambios en todos los ámbitos (institucionales, geográficos y humanos), innovó el lenguaje político, abrió de forma rápida y amplia el espacio público y marcó la ruptura con el Antiguo Régimen».

La amplitud de perspectivas historiográficas que encierra este planteamiento no ha sido plenamente asumida hasta tiempos relativamente recientes. La naturaleza del conflicto, su complejidad interna, sus múltiples y contradictorios perfiles han fomentado la aproximación y, hasta cierto punto, el redescubrimiento de esa coyuntura bélica en las últimas décadas[1]. Esta revisión, impulsada en buena medida por la conmemoración del bicentenario, se ha apoyado además en propuestas historiográficas cada vez más alejadas de los tradicionales esquemas interpretativos que establecían una lectura cerrada y centrada básicamente en sus aspectos políticos y militares y que insistían preferentemente en la heroica y unánime respuesta que el pueblo español había dado al invasor francés.

Las nuevas miradas han puesto la atención en la pluralidad de las experiencias, ya que la guerra no se vivió, sintió, entendió ni representó de la misma

---

1. Del volumen y diversificación de los estudios dan buena cuenta algunos de los ensayos historiográficos publicados en las últimas décadas. Sin ánimo de exhaustividad, pueden citarse: Maetrojuán 2002, Moliner 2007a, Rújula 2010, Butrón y Saldaña 2008a, Luis 2009, Moreno Alonso 2009a, De Diego 2010.

manera en todos los territorios. Precisamente, uno de los campos historiográficos más activos de las últimas décadas se ha situado en los ámbitos local y regional, si bien estos estudios aún presentan algunas limitaciones y no han logrado alcanzar todo su potencial. Ya sea porque han permitido mejorar la información sobre la guerra, pero no así la comprensión general de la misma[2], o ya sea porque no todos los escenarios han sido objeto de atención ni lo han hecho además desde enfoques analíticos plenamente satisfactorios. Indudablemente, aún queda mucho camino por recorrer.

La bibliografía sobre el conflicto antinapoleónico en el suroeste constituye una buena muestra de algunas de esas limitaciones, pero también de las potencialidades que presenta este espacio a la hora de conformar una mirada de la guerra desde la complejidad y la riqueza de lecturas, contextos y experiencias. En este sentido, si bien los estudios relativos a la actual provincia de Huelva han experimentado en los últimos tiempos un crecimiento muy notable, tanto cuantitativa como cualitativamente, todavía presentan muchos ejes y espacios sin explorar. No en vano, el tratamiento de las distintas comarcas y áreas de la provincia resulta aún muy desigual, y en ningún caso agota las posibilidades de análisis y explicación que ofrecen esos distintos escenarios para la comprensión, desde perspectivas plurales y periféricas, de un tiempo clave en la conformación de la contemporaneidad en España.

En una mirada de largo recorrido, la guerra de la Independencia presenta una mejor situación historiográfica que otros momentos y acontecimientos de los dos últimos siglos. De hecho, como ha señalado María Antonia Peña (1994: 427-428)[3], la historiografía factual del siglo XIX –centrada principalmente en cambios políticos, institucionales y hazañas militares– no dejaría demasiadas huellas sobre la Edad Contemporánea en el espacio onubense salvo alguna nota heroica en relación al conflicto antinapoleónico[4]. Las publicaciones del siglo XX no presentaban unos perfiles muy diferentes, con escasas aportaciones y preponderancia de enfoques locales y eruditos de carácter descriptivo[5]. Todavía a finales de ese siglo, según remarcaban algunos trabajos de aquellos años, la producción sobre la provincia de Huelva resultaba pobre, fragmentaria y carente, en muchos casos, del mínimo rigor científico[6]. En esa última década comenzaban a detectarse, no obstante, los primeros síntomas de una renovación historiográfica que venía a abrir nuevas vías de acercamiento

---

2. De Diego 2010: 252.

3. Véase también Peña Guerrero 2007.

4. Entre las obras que contienen referencias a la guerra en la provincia de Huelva: Toreno 2008 [1835-1837], Climent 1866, Paluzíe 1867, Santamaría 1882, Amador de los Ríos 1891, Gómez de Arteche 1868-1903, Lafuente 1850-1967.

5. Moreno y Moreno 1975, Díaz Santos 1978, Dabrío 1987, Díaz Hierro 1992, Román *et al*. 1993, Domínguez Cornejo y Domínguez Pérez 1994.

6. Gozálvez 1997: 241; Peña Guerrero 1994: 415.

y comprensión sobre la guerra de la Independencia en el suroeste peninsular[7], si bien su mayor desarrollo lo alcanzaba, con los ejemplos más notables, a principios del siguiente siglo y, en particular, durante la conmemoración del bicentenario[8].

A grandes rasgos, las aportaciones de las dos últimas décadas han permitido extender el conocimiento sobre los cambios generados por la guerra en las bases políticas, sociales, económicas o culturales del Antiguo Régimen siguiendo el ejemplo proporcionado por la entonces villa de Huelva[9]; en relación a las operaciones militares, los cambios políticos a nivel regional y municipal, o acerca de los requerimientos y los esfuerzos cotidianos de la población para el mantenimiento de los ejércitos según las experiencias aportadas por algunos pueblos de El Condado[10]; respecto a los movimientos de tropas y el desarrollo y efectos del combate directo a partir de ejemplos de El Andévalo[11]; sobre la actividad guerrillera, los enfrentamientos militares, las tensiones políticas, los problemas del alistamiento y las consecuencias que todo ello generaba en las relaciones sociales y la cotidianeidad de la población tomando como referencia algunos casos de la Sierra[12]; o acerca de las juntas, el terreno de la información y la propaganda, las dinámicas fronterizas y los procesos de cambio y aperturismo político desde los pueblos de la frontera sur y la costa occidental[13]. Indudablemente, el avance ha sido muy notable y ha permitido insertar las tierras onubenses en muchas de las discusiones historiográficas abiertas en los últimos tiempos. Pero también conviene recordar que no se han agotado, ni mucho menos, las posibilidades que ofrece este escenario a la hora de aportar nuevos conocimientos y miradas acerca del conflicto que daba inicio a la contemporaneidad.

Este trabajo viene a ahondar, precisamente, en algunas de las claves fundamentales de la guerra en el suroeste, contribuyendo con ello a ampliar el conocimiento tanto del escenario bélico inaugurado en 1808 como del proceso político que se le asociaba. En este sentido, centrado en su parte más occidental, toma como referencia las dinámicas desarrolladas en la frontera sur hispano-portuguesa, asumiendo las diferentes experiencias y lecturas que se dieron entre los diversos agentes que compartieron aquel espacio, pero también considerando las nuevas divisiones y percepciones sobre la frontera que

---

7. Peña Guerrero 1995; Moreno Alonso 1992, 1996 y 1999; Vega 1995; Núñez Márquez 1999.
8. Saldaña 2007: 328-329.
9. González Cruz 2002.
10. Peña Guerrero 2000 y 2010, Ramos Cobano 2011.
11. Mira, Villegas y Suardíaz 2010.
12. Posac 2008 y 2012, Moreno Alonso 2010c, Menguiano 2017.
13. Por ejemplo, Villegas y Mira 2011, Moreno Flores 2011, Díaz Domínguez 2009, Saldaña 2006, 2010, 2012, 2015 y 2020.

surgieron a raíz de la llegada de los franceses a la región y que vinieron a cambiar algunas de las nociones que hasta entonces se manejaban respecto a conceptos como límite o periferia.

Parte de las dinámicas desarrolladas en el tramo final del Guadiana durante la guerra se asociaba, por tanto, con dos ejes en constante revisión y reajuste durante aquellos años: las ideas de frontera y de periferia. De hecho, ambos fenómenos no siempre se mostraron de forma interrelacionada y convergente. Si, por un lado, la relación centro-periferia quedaba alterada a raíz de la modificación del mapa político de fondo –particularmente, durante el periodo en el que el poder francés se situó en la ciudad de Sevilla y el antinapoleónico en Cádiz–, por otro, el mismo concepto de frontera se vería transformado por el trazado de nuevas líneas de separación –que no de incomunicación– entre las zonas que unos y otros controlaban.

De esta manera, junto a la raya tradicional que marcaba la división entre los dos reinos peninsulares se llegó a configurar durante algún tiempo una nueva frontera –menos visible y más cambiante, aunque no por ello menos efectiva– que marcaba la separación entre las tierras ocupadas por los franceses frente a aquellas otras que quedaban fuera de su control permanente. Entre la parte más cercana a Sevilla, que estuvo invadida desde 1810 hasta mediados de 1812, y la zona más próxima al Guadiana, que lo fue tan solo en momentos puntuales, se extendería un espacio intermedio de difícil definición y concreción, donde se situaba una nueva frontera que venía a marcar la separación entre las tierras que estaban sujetas a uno y otro régimen, y que por tanto no solo presentaban diferencias en cuanto al ejercicio y relación con el poder, sino también en lo que respecta a la forma de afrontar las distintas realidades en las que quedaban insertos.

Ahora bien, el reajuste y la redefinición de ambas fronteras estarían conectados con cuestiones de orden cronológico. Así, aunque la frontera hispano-portuguesa se mantenía activa durante los seis años de la guerra, los momentos de mayor significación para sus pobladores se correspondían con aquellos en los que la presencia francesa resultaba algo físico y tangible. En concreto, se trataría principalmente de dos épocas: el año 1808, cuando los franceses se situaron en las tierras del Algarve y amenazaban la integridad de los pueblos de la orilla izquierda del Guadiana; y desde principios de 1810 hasta agosto de 1812, cuando se posicionaron en Sevilla y ocuparon buena parte de lo que entonces se conocía como Condado de Niebla. Con todo, según ha señalado Javier Rodrigo (2009: 15) en referencia a un contexto de guerra más general, el frente y la retaguardia se manifiestan como dos universos fuertemente interrelacionados, de modo que lo que acontece en el primero influye en la vida política, cultural y social del segundo, y «viceversa, también la construcción social, cultural, política e identitaria en las retaguardias constituye, limita y modela la vanguardia bélica y, por ende, la evolución de la guerra».

En el caso de la nueva línea divisoria establecida entre las zonas de control bonapartista y las áreas de dominio fernandino, la cronología resultaba más reducida, activándose exclusivamente durante aquellos meses en los que los primeros consiguieron establecer su autoridad de forma permanente sobre algunas tierras del suroeste. En el caso concreto de la zona más al sur, principal foco de atención de este estudio, cabe indicar que las fuerzas francesas, atraídas fundamentalmente por el control de los puertos de los ríos Tinto y Odiel, mantenían su base en el Condado, en el que fijaban su acuartelamiento en el pueblo amurallado de Niebla y proyectaban desde ese enclave un difícil control sobre las poblaciones del entorno –con acuartelamientos secundarios en Lucena del Puerto, Palos de la Frontera y Moguer–, que combinaban asimismo, ante la imposibilidad de una ocupación efectiva de un espacio tan amplio y agreste, con el envío de columnas móviles[14]. La nueva frontera quedaba establecida aquí en torno al río Odiel, aunque de manera un tanto cambiante y flexible.

En cualquier caso, más allá de sus desiguales caracteres y contornos, ambos fenómenos fronterizos representarían papeles fundamentales en diversos momentos, en alguna ocasión incluso de manera coincidente en el tiempo. Y, por supuesto, se establecieron como puntos centrales en los que convergerían las atenciones de los diferentes poderes –ya actuasen como enemigos o aliados–, y condicionarían además la actuación de los distintos agentes que, desde variadas posiciones y circunstancias, operaban en sus respectivos entornos.

Asumiendo esa última perspectiva, no cabe duda de que otro asunto a tener en consideración está vinculado con la diversidad de actores que compartieron aquel espacio. Esta heterogeneidad tendría su reflejo además en la multiplicidad de significados que cobraba la/s frontera/s en función de los distintos protagonistas que interactuaban en ella/s, y donde confluían finalmente diferentes historias entrelazadas, no excluyentes ni unívocas. En conjunto, estaríamos frente a una frontera, en singular, que se correspondía bien con aquella línea divisoria singularizada por el curso bajo del Guadiana, o bien con aquella otra que establecía la distinción entre las tierras vinculadas al régimen josefino y al fernandino, y ante muchas fronteras, en plural, a partir de las diferentes lecturas que hacían sus pobladores desde sus circunstancias y realidades específicas.

En líneas generales, todos estos aspectos encuadran los objetivos e hipótesis concretas de esta investigación. En el apartado de las relaciones entabladas entre españoles y portugueses en el tramo final del Guadiana se ha puesto el foco de atención en las líneas de comunicación abiertas entre unos y otros desde 1808, con sus distintas lecturas, materializaciones y direccionalidades a partir de dos ejes clave: por una parte, los diferentes agentes y jurisdicciones

---

14. Peña Guerrero 2000: 23-24 y 2010: 192; Villegas y Mira 2011: 23-25.

que entraban en conexión en las tierras de la frontera; por otra, las distintas realidades y situaciones que se fueron dando en aquel contexto conforme avanzaba la guerra.

En el primer caso se ha venido a considerar los distintos intereses y actores que se proyectaban en la región, así como la diversidad de los procesos de relación puestos en marcha entre ellos. Y es que, por encima de los discursos homogeneizadores que se extendieron en aquel tiempo –donde el componente patriótico y nacional pugnaría abiertamente por situarse como un referente identitario y movilizador de carácter exclusivo y excluyente–, debieron de prevalecer en cambio determinadas dinámicas de actuación que descansaban en cuestiones individuales o colectivas que no se ajustaban necesariamente a ese esquema. Así, por ejemplo, las élites dirigentes –estuviesen adscritas a la jurisdicción civil o militar– se movieron en ámbitos de competencia definidos por los puestos que ocupaban, lo que implicaba además una determinada identificación con los discursos emanados desde las esferas superiores de poder. Los sectores sociales ajenos a esos escenarios de decisión, pero que se integraban de una u otra manera en su campo de acción –ya fuese, por ejemplo, formando parte del vecindario adscrito a la jurisdicción de gobierno representada por unos, o integrando las filas de los cuerpos armados encabezados por otros–, no tenían inevitablemente que compartir una misma visión de los hechos, por lo que pudieron actuar conforme a unos intereses y afinidades personales y grupales que resultarían abiertamente divergentes, cuando no directamente contrarios, a los defendidos públicamente por las autoridades en sus diferentes escalas de actuación. Todo ello enlazado además con cuestiones de representación y conformación de relatos e imágenes –sobre el *otro*, aquel que se situaba en la otra orilla del río– que actuarían como marcos de referencia respecto a la materialización concreta de las distintas líneas de conexión, por un lado, y con aspectos vinculados con los diferentes contextos, ritmos y direcciones en las que se desarrollaron esas transferencias a lo largo de los seis años de conflicto, por otro.

Partiendo de esas ideas generales, la primera parte del libro se detiene en el análisis de las dinámicas de la guerra en la frontera sur hispano-portuguesa, con especial atención a las distintas formas de concebir el espacio rayano, ya sea por los diferentes actores que se situaban en su entorno, o ya sea ante las distintas circunstancias que fueron dándose en aquel espacio en función del desarrollo del conflicto. De esta manera, el primer capítulo, centrado en los primeros tiempos de la guerra, aborda las claves políticas y sociales del espacio fronterizo desde mayo de 1808, cuando los franceses aún controlaban diferentes puntos del Algarve portugués y se pusieron en marcha diversos mecanismos –tanto de movilización de hombres en defensa de la línea fronteriza como de colaboración entre agentes de uno y otro margen del río– que permitieron no solo la expulsión de los enemigos y la salvaguarda de los pueblos de ambas orillas del Guadiana, sino también la conformación de un clima de colaboración –tanto explícito como informal– que sentaba las bases de las relaciones rayanas en momentos posteriores. El segundo capítulo se centra en el desarrollo de la guerra entre principios de 1810 y mediados de 1812, cuando la frontera sur y las tierras onubenses adquirían un especial interés estratégico al quedar situadas entre la Sevilla ocupada por los franceses, el Algarve en el que operaban fuerzas anglo-portuguesas y el Cádiz desde el que actuaban las autoridades fernandinas. Y lo hace además atendiendo a las distintas experiencias que se dieron en el espacio rayano desde claves grupales y jurisdiccionales, de tal forma que se analizan los ejes de relación, transferencia y conflicto tomando en consideración los distintos agentes –particulares, o con adscripción en ámbitos militares o políticos– que interactuaron en aquel escenario. El tercer capítulo aborda los últimos meses de la guerra en el suroeste, una vez que los franceses habían abandonado Sevilla y levantado el sitio de Cádiz, contexto en el que la frontera perdía su condición de primera línea de la lucha pero que mantenía activos algunos de los ejes de relación y confluencia puestos en marcha desde el principio del conflicto.

Ahora bien, el conocimiento de las dinámicas fronterizas requiere a su vez del análisis de las nuevas instituciones que surgieron o actuaron en aquel entorno y que, aunque partían de modelos más generales y aplicables a geografías más extensas, terminaban por alcanzar perfiles específicos en conexión con el espacio rayano y periférico en el que se integraban. En este sentido, tomando como referencia los pueblos situados entre el Guadiana y el Odiel, los dos ríos sobre los que se establecían las líneas fronterizas en ciertos momentos a lo largo del conflicto, se ha puesto la atención en las juntas que, dotadas de caracteres, campos de actuación y adscripciones jurisdiccionales diferentes, vinieron a reconfigurar el panorama político e institucional a nivel tanto municipal como comarcal desde los primeros tiempos de la guerra.

De esta manera, la segunda parte del libro aborda el análisis de las diferentes juntas creadas o con residencia en la zona más suroccidental, atendiendo tanto a sus respectivos contornos institucionales y proyecciones territoriales como a la forma en la que venían a reajustar el reparto del poder en su entorno más inmediato. El capítulo cuarto se detiene en las juntas creadas en los primeros momentos de la lucha considerando sus distintas materializaciones y formatos. Así, además de las referencias a los casos de Isla Cristina, Cartaya o Huelva, se analiza con detenimiento la situación experimentada en Ayamonte con su junta de gobierno, una institución de algo más de un año de existencia que resultaba clave tanto en la defensa de la desembocadura del Guadiana como en la conformación de un clima de colaboración con los habitantes del otro lado de la frontera. El capítulo quinto aborda la estancia de la Junta Suprema de Sevilla en la desembocadura del Guadiana desde principios de 1810, escenario desde el que proyectó la resistencia y salvaguarda de la causa antinapoleónica en el suroeste a partir de la diversificación de sus funciones y relaciones. Entre otras cuestiones, se analiza su composición, las conexiones con el ejército –fundamentalmente con los mandos de las tropas del Condado de Niebla–, los vínculos con los dirigentes portugueses y las autoridades gaditanas, la articulación de la lucha en campos como los de la información y la propaganda, o su protagonismo en el plano de la representación política de la provincia. El sexto capítulo se detiene en el fenómeno juntero impulsado desde mediados de 1811 a partir de adscripciones jurisdiccionales y marcos políticos diferenciados. Entre las de inspiración bonapartista se analizan varios casos situados en torno a la nueva frontera marcada por el río Odiel: la Junta de repartimiento de Gibraleón y la Junta de Subsistencia de Huelva. Entre las de vinculación fernandina, los casos de Cartaya, Villanueva de los Castillejos o Ayamonte. En este último pueblo, el análisis más preciso de su junta patriótica en torno a su formación, composición interna y funciones tanto dentro como fuera de la comunidad local de referencia, contribuye a trazar un esquema más nítido sobre los cambios y los reajustes a los que se vio sometida la fórmula juntera en el espacio fronterizo a lo largo de aquellos años.

Los objetivos y los contenidos abordados en este trabajo han implicado, desde el punto de vista metodológico, asumir planteamientos propios de la nueva historia política y militar, así como reconsiderar el enfoque de estudio desde claves transnacionales. Todo ello, además, a partir de un proceso de búsqueda, selección y análisis de diferentes fondos y colecciones documentales y bibliográficas conservados en lugares muy diversos.

La información disponible en los archivos municipales resulta muy variada, ya que no en todos los sitios se ha conservado ni el mismo volumen ni idénticas series documentales, a lo que habría que añadir además que el estado de conservación y las condiciones de acceso no siempre han sido similares. Con todo, estos fondos han resultado fundamentales a la hora de acercarnos a la experiencia de la guerra y la revolución en las distintas comunidades locales incorporadas al estudio. Los protocolos notariales –conservados en algunos casos junto a los archivos municipales, en otros en el Archivo Histórico Provincial de Huelva– también han jugado un papel importante, permitiendo complementar el contenido de los fondos locales. Por su parte, la documentación custodiada en el Archivo Diocesano de Huelva y en el Arzobispal de Sevilla como resultado de las acciones de gobierno efectuadas por la institución eclesial en el escenario territorial y social adscrito a su jurisdicción, completa y aporta nuevas perspectivas de interpretación sobre los fenómenos municipales vinculados con la propia configuración del poder.

La Serie General de Expedientes del Archivo del Congreso de los Diputados dispone de materiales que permiten perfilar el complejo relato de la política municipal, mientras que la Sección de Estado del Archivo Histórico

Nacional y el Archivo de la familia Rivero Solesio[15] contienen materiales de mucho interés para llevar a cabo el análisis de los nuevos instrumentos de gobierno creados a lo largo de aquellos años. La Colección de Manuscritos del General Copons y Navia custodiada en la Real Academia de la Historia también resulta especialmente significativa a la hora de analizar el cuadro de las nuevas instituciones con residencia en el suroeste.

La Colección de Manuscritos del General Copons y Navia y la Sección de Estado del Archivo Histórico Nacional también resultan fundamentales para el análisis de las dinámicas fronterizas de aquellos años. Buena parte de estas cuestiones encuentra desarrollo asimismo en otros conjuntos documentales como, por ejemplo, la colección Gómez Imaz conservada en la Biblioteca Nacional, o las colecciones del Fraile y Blake custodiadas en el Archivo General Militar de Madrid. Todo ello se complementa con la información disponible en instituciones de Lisboa. En el Archivo Nacional Torre do Tombo se encuentra la documentación generada por el Ministerio de Negocios Extranjeros, la cual comprende la correspondencia diplomática y consular entre los representantes de ambos países. Los papeles sobre las campañas de la Guerra Peninsular conservados en el Archivo Histórico Militar permiten por su parte el acercamiento a una amplia gama de cuestiones de orden militar y político e institucional entre las que cabría destacar los aspectos vinculados con el fenómeno fronterizo.

Junto a la documentación archivística se han utilizado diferentes recursos bibliográficos y hemerográficos, entre los cuales sobresalen algunas obras y publicaciones seriadas. Muchas de ellas se han localizado en centros como, por ejemplo, la Biblioteca Nacional de España, Biblioteca Nacional de Portugal, Real Academia de la Historia, Biblioteca Central Militar de Madrid, Hemeroteca Municipal de Madrid o Biblioteca Histórica Municipal de Madrid. Y también hay que considerar en este punto el acceso a otros materiales bibliográficos a partir de diferentes herramientas disponibles en internet.

En definitiva, este trabajo de investigación ha encontrado sustento en recursos variados de naturaleza archivística, bibliográfica y hemerográfica[16]. Ello no significa, sin embargo, que sean los únicos disponibles, ni tan siquiera que se hayan agotado todas las posibilidades que ofrecen los que han sido utilizados. Resulta evidente, por ejemplo, la ausencia de fuentes británicas y francesas –al menos usadas de forma general y sistemática–, si bien cabe reconocer

---

15. Archivo privado ubicado en Madrid durante la fase de investigación de este trabajo. Actualmente esta documentación se encuentra depositada en el Archivo General de Indias. La descripción de las fuentes utilizadas en este estudio sigue el sistema de localización y signatura que tenía en su organización primera.

16. En la transcripción textual de las fuentes y documentos se ha respetado la grafía original, salvo en las tildes, abreviaturas y signos de puntuación.

que los materiales seleccionados han permitido alcanzar los objetivos que se han ido formulando y enriqueciendo durante el desarrollo del trabajo. Queda camino por recorrer, por tanto, respecto al estudio de la frontera sur hispano-portuguesa durante la guerra de la Independencia, abriéndose con seguridad nuevas posibilidades futuras de análisis desde esas otras fuentes y relatos.

El libro tiene como base la tesis doctoral defendida en la Universidad de Huelva bajo la dirección de los profesores Gonzalo Butrón Prida y María Antonia Peña Guerrero, a los que deseo expresar mi agradecimiento por el respaldo, asistencia y estímulo que siempre me ofrecieron durante su desarrollo. De ese tiempo también debo reconocer la ayuda de la Junta de Andalucía a través de la beca de formación de personal docente e investigador de la que se ha beneficiado esta investigación. Sin embargo, desde entonces hasta ahora mis deudas, tanto académicas como personales, no han hecho sino crecer. Sin poder dar ahora cuenta de todas ellas, quisiera no obstante al menos dejar constancia de mi agradecimiento a los y las colegas de las diferentes unidades académicas de las que he formado parte –desde la Universidad Internacional de Andalucía y la de Huelva en los primeros tiempos, a la Universidad de Valparaíso y la de Sevilla más adelante–, y de los distintos grupos y proyectos de investigación en los que he participado, en los que, en conjunto, he encontrado un sugestivo y estimulante ambiente de trabajo que me ha permitido repensar y enriquecer algunas de las ideas y planteamientos que ahora ven la luz con este libro. Y, por supuesto, a Soledad Martín, por su constante apoyo y generosidad y, a fin de cuentas, por haber estado siempre ahí.

Figura 1. Enclaves de la actual provincia de Huelva y de los distritos portugueses de Faro, Beja y Setúbal citados a lo largo del libro. Fuente: Elaboración propia a partir de la Base Cartográfica Nacional 1:500 000 (BCN500) y la Base de Datos de Divisiones Administrativas de España (Instituto Geográfico Nacional, 2023)[17]

17. Quisiera expresar mi agradecimiento a José Luis Moreno Pérez, Contratado Predoctoral FPU en el Departamento de Historia Contemporánea de la Universidad de Sevilla, por la ayuda en su elaboración.

PARTE I
GUERRA Y FRONTERA.
LAS RELACIONES LUSO-ESPAÑOLAS
EN EL BAJO GUADIANA

Capítulo 1
LA FRONTERA EN LOS INICIOS DE LA GUERRA. LA CONFORMACIÓN DE LA NUEVA REALIDAD (1808-1809)

Como refiere Esteban Canales (2007: 11), la guerra de la Independencia forma parte de un conflicto extenso y complejo que afectó a amplias zonas de Europa y América por un periodo de casi veinticinco años y que, según palabras del propio autor, «por su envergadura y sus efectos constituyó la primera Gran Guerra de la historia contemporánea». Entre 1792 y 1815, periodo de las guerras de la revolución y del imperio, se extendía una etapa de transición entre sistemas mundiales que supuso la revisión profunda de los valores de la convivencia internacional, y que, según algunos autores, se inscribía dentro de la categoría de guerras globales tanto por sus efectos en la política internacional como porque alcanzaron a todo el planeta y generaron a su vez una serie de conflictos accesorios[18]. Con todo, durante esos veintitrés años los conflictos no resultaron continuos ni permanentes, y afectaron además a los distintos países de una forma desigual: Francia e Inglaterra ocuparían la posición más destacada, con veintidós años de guerra, Austria participaría por un total de trece años, Prusia y Rusia con cerca de seis y medio, mientras que España y Portugal ocuparían un lugar intermedio, con nueve años y medio de conflicto[19].

La guerra de 1808 a 1814 no solo perturbaría directamente a cuatro de esos actores en liza –Francia, Inglaterra, España y Portugal–, sino que serían variadas y complementarias las dimensiones geopolíticas que entraron en juego. No en vano, según sostiene Antonio Moliner (2010a: 109), Guerra Peninsular –denominación anglosajona–, guerra de la Independencia –designación española– e Invasiones Francesas –denominación portuguesa[20]– definen a un mismo proceso bélico, el cual debe ser estudiado no solo en el ámbito

---

18. Telo 2005: 297 y 299. Véase también Canales 2008, Esdaile 2009, Sardica 2011.

19. Telo 2005: 299.

20. En cualquier caso, como recuerda Antonio Pedro Vicente (2008: 29), la fórmula «Guerra Peninsular» es también la empleada usualmente en Portugal para referirse a los acontecimientos de aquellos años. Véase asimismo Ventura 2007a.

europeo y atlántico, sino también a partir de su dimensión nacional, teniendo en cuenta en este último caso además las diferentes circunstancias que se dieron en los dos países ibéricos.

No cabe duda, pues, de la conexión establecida entre espacios muy diversos durante los seis años de guerra. Pero también es cierto que no todos los escenarios han recibido la misma atención y tratamiento historiográfico. A fin de cuentas, las distintas visiones nacionalistas, no siempre coincidentes ni compatibles entre sí, vendrían a marcar los contornos precisos de su acercamiento e interpretación. Por ejemplo, la doble denominación de Guerra Peninsular y de guerra de la Independencia no respondía de manera exclusiva a una cuestión de orden geográfico a partir de la cual se establecían distintas escalas de representación de un mismo fenómeno –el primero, con su alusión a la faceta peninsular, de mayor escala, integrando al segundo, más ajustado a una visión por fronteras nacionales[21]–, sino que contenía una lectura más compleja que descansaba en los papeles asignados a cada uno de los actores: en el primer caso se vinculaba con una visión anglocentrista que concentraba el protagonismo sobre el ejército británico y consideraba la participación de españoles y portugueses como secundaria y subordinada a aquel[22]; en el segundo se ponía el acento en los contendientes españoles, a los que había que atribuir el mérito último de la victoria, y contemplaba la intervención de británicos y portugueses como residual y episódica[23].

En buena medida, esta dimensión simplificada sobre el conflicto antinapoleónico que descansaba en los distintos relatos nacionalistas ha sido superada en la actualidad, apostándose por una visión más integradora y equilibrada. En este contexto, no sorprende que el término *peninsular* haya cobrado fuerza en los últimos tiempos a partir de la revitalización de su sentido geográfico original y de la reconsideración sobre la trascendencia de las relaciones entabladas entre los dos Estados ibéricos[24]. En palabras del historiador portugués

---

21. Para De Diego García (2008a: 53), la guerra de la Independencia solo se entiende bajo la consideración de que fue un conflicto que formó parte de otros conflictos, en particular respecto a la llamada *The Peninsular War*, toda vez que ambos fenómenos solo resultarían posibles de una manera simultánea.

22. Desde Portugal, que también ha empleado usualmente la fórmula «Guerra Peninsular», se ha intentado contrarrestar esta imagen reduccionista. Así, por ejemplo, como sostiene Correia Barrento (2007: 275), «tal vez y debido a la obra de referencia conocida por todos, *Wellington Army* de sir Charles Omám, el papel de los portugueses, en aquel Ejército, que fue el más famoso de las campañas peninsulares, ha sido un poco olvidado».

23. De Diego 2008b: 19-20, Moliner 2010b: 53.

24. Como refiere Carlos Guardado (2010: 27), no puede hacerse un estudio riguroso de la guerra de la Independencia española sin hacer referencia al contexto internacional, así como al peninsular y a la actuación de Portugal. Y añade además una crítica a la denominación portuguesa de invasiones francesas por cuanto no resulta posible su estudio sin considerar el papel y los acontecimientos de España.

António Ventura (2007b: 487), «estamos ante un conflicto peninsular, en el que las fronteras entre Portugal y España fueron ignoradas y las fuerzas militares de los mencionados países operaban en ambos lados de la frontera».

Fruto de este clima de entendimiento y colaboración, el conocimiento acerca de las conexiones entre los dos reinos peninsulares durante la guerra ha alcanzado en los últimos años un avance muy significativo, si bien es cierto que existen aún campos no suficientemente recorridos ni explorados. Entre ellos cabría destacar el desarrollo del conflicto en espacios periféricos y fronterizos[25], los cuales estaban dotados de rasgos singulares que terminaban condicionando en última instancia la materialización del marco estatal en materia de política internacional.

Desde esta perspectiva, una cuestión central estaría vinculada con la diversidad de escenarios en los que se desarrolló la guerra. Las características que presentaban las distintas áreas espaciales desde un punto de vista social, económico, político, institucional o cultural, diferentes según las diversas realidades de partida, debieron de jugar un papel nada despreciable a partir de 1808 y condicionar las respuestas de sus habitantes ante la nueva coyuntura adversa. En nuestro caso concreto, el suroeste peninsular, pese a contar con rasgos generales propios del marco estatal, disponía a su vez de elementos particulares que lo distinguía de ese conjunto mayor. Nos encontramos, pues, ante un escenario complejo, dotado de múltiples perfiles, que no solo exige el acercamiento y la reconsideración de ciertas realidades de partida sino también de las nuevas dinámicas que se desarrollaron entre 1808 y 1814. En definitiva, resulta conveniente la revisión y puesta en valor de algunos elementos que singularizan este espacio y que, en conjunto, le conceden una particular entidad dentro del panorama general del conflicto.

1.1. EL RÍO GUADIANA EN SU DIMENSIÓN POLÍTICA Y SOCIAL

La frontera se constituye en un concepto clave en nuestro análisis, teniendo en cuenta de antemano que ese término encierra significados diversos y que en él confluyen además distintas historias entrelazadas. En efecto, no existe un relato neutro y cerrado sobre la frontera, ni como concepto abstracto ni como escenario habitable, ya sea por parte de los sujetos que la pueblan o por las autoridades que la definen. Pero tampoco existe consenso entre los estudiosos

---

25. Algunos trabajos han abordado el fenómeno de la guerra en la frontera, aunque aún queda camino por recorrer. En este sentido, además de los trabajos sobre la contienda en la frontera sur que se referencian a lo largo del libro, podemos destacar también algunos otros que se detienen en aspectos concretos o en otros escenarios más al norte: por ejemplo, para el área salmantina, Moliner 2004a; y para la geografía extremeña, Melón Jiménez 2012a.

que, desde distintos campos de conocimiento, se han acercado a ella. La comprensión del fenómeno fronterizo pasa, por tanto, por la consideración de las diferentes dimensiones que, desde ámbitos académicos diversos, han formado parte de su estudio[26].

Uno de los campos más fructíferos está representado por la antropología, interesada desde hace algunas décadas en torno a la identidad en los espacios periféricos y acerca de la significación de los dispositivos limítrofes en un mundo actual que se presenta, al menos formalmente, como no restringible. En este sentido, la bibliografía antropológica, al decir de César Rina (2017a: 78-79), ha permitido constatar la multiplicidad de aristas interpretativas sobre el fenómeno fronterizo y la complejidad de las prácticas desarrolladas en su entorno, no solo a raíz de su caracterización como espacio abierto y conflictivo, sino también como escenario de interacción mediante el contrabando, los matrimonios o las relaciones comerciales. Así pues, entre sus aportaciones más notables se encuentra, por ejemplo, la distinción entre frontera política, coincidente con la línea de demarcación que distingue a estructuras político-administrativas diferentes, y frontera cultural, límite establecido a partir de las interacciones cotidianas de los actores locales en un marco geográfico preciso, cuyos contornos no tienen necesariamente que ser coincidentes[27]. Este enfoque ha permitido superar la lectura estatal del espacio nacional como cerrado y concluso y a recalcar por el contrario la multiplicidad y complejidad de las dinámicas identitarias y de las prácticas de vecindad establecidas entre los pueblos rayanos[28]. A fin de cuentas, ambas versiones, la política y la cultural, se corresponden con una construcción social[29], presentan un carácter artificial y responden a lógicas diferentes en razón a los agentes –entidades políticas o individuos particulares– que participan en su propia construcción[30]. La frontera cuenta, por tanto, con distintos significados, ya sea en relación a sus diferentes escalas de representación e identificación, en conexión con la mayor o menor cercanía a la misma, ya sea en función de la heterogeneidad de los actores que concurren e interactúan en su entorno[31]. En definitiva, sobre el espacio fronterizo confluyen diferentes historias entrelazadas, no excluyentes ni unívocas, y como sostiene José María Valcuende (2009: 238), «adquiere múltiples rostros a partir de la experiencia concreta».

---

26. Entre la amplia bibliografía disponible –procedente de áreas académicas como la politología, antropología, economía o literatura– cabe citar, a modo de ejemplo, algunas obras que combinan la mirada más general con enfoques y prácticas más concretas: Cunha 2007, Michaelsen y Johnson 2003, Grimson 2000, Medeiros 2006, Moré 2007.
27. Valcuende 1998: 95, Escalera 1999: 104.
28. Rina 2017b: 13.
29. Martín y Pujadas 1999: 11.
30. Escalera 1998: 105-107.
31. Valcuende 2008: 29.

Todo ello no quita que, como ha señalado César Rina (2017b: 14), la frontera, junto a un «dispositivo de reproducción, adaptable y negociable a las necesidades locales», también sea el resultado de la acción del Estado por hacerse presente en aquel territorio y delimitar los espacios con nitidez. En este sentido, como espacio en continua tensión y competencia –entre poderes estatales diferentes y entre el centro y la periferia– caracterizado por su dinamismo y continuada evolución, resulta conveniente, como ha advertido Miguel Ángel Melón (2012b: 256), superar la «visión estática del objeto de análisis» que ha sido proyectada por etnógrafos y sociólogos en sus estudios sobre los momentos de paz y la cotidianeidad de las relaciones fronterizas.

La historiografía también se ha adentrado en estos campos, aunque con resultados desiguales. Por un lado, por el desajuste respecto a los marcos cronológicos, ya que los mayores esfuerzos se han dirigido sobre las etapas medieval y moderna[32]. Por otro, en relación al espacio, toda vez que no todos los escenarios limítrofes han sido objeto de la misma atención y tratamiento[33]. Y, por último, respecto al enfoque concreto de acercamiento, ya que, como afirma Melón Jiménez (2012b: 256), los historiadores, «obsesionados posiblemente por estudiar los choques entre comunidades próximas, han dejado de lado la vertiente historiográfica relativa a la paz y los aspectos más habituales del palpitar cotidiano».

Ahora bien, es precisamente en ese escenario de la cotidianeidad en el que alcanzaban toda su dimensión las nuevas nociones de frontera que fueron gestándose tanto fuera como dentro de aquel espacio. De hecho, como refiere Ricardo García Cárcel (1997: 65), sería en los «supuestos límites territoriales» donde, además de las disputas de los poderes sobre las personas y los bienes y de la proyección de distintos planes militares de agresión o defensa, se ponía en juego «la conciencia colectiva de comunidad propia o de extrañeza». No hay que obviar asimismo, como sostiene Lluís Roura (1994: 56-57) para el caso de la frontera hispano-francesa, que durante la conformación del Estado moderno se había ido fraguando una nueva noción de frontera de carácter lineal que resultaba más acorde con el modelo soberanista en proceso de implantación, si bien es cierto que no lograba romperse por completo con las dinámicas tradicionales y se mantenía una particular configuración de los espacios limítrofes que, a pesar de su progresiva erosión por la nueva noción impuesta por los Estados, terminaba conservando unos rasgos identitarios comunes a ambos lados de la línea fronteriza.

---

32. Para el caso de la frontera sur hispano-portuguesa véase, por ejemplo, Carriazo 1998 y 2012, Pérez Macías y Carriazo 2005.

33. La frontera hispano-francesa ha sido objeto de mayor atención, contando con algunas obras de referencia como Sahlins 1991.

Hay que tener en cuenta además, como ha señalado Miguel Ángel Melón (1999: 21), que la frontera, según el significado actual del término, surgiría en los inicios de los Estados modernos como resultado de un proceso histórico en el que los caracteres geofísicos, si bien contribuyeron a su formación, no resultaron en ningún caso determinantes. De hecho, como refiere este autor (Melón Jiménez 2009: 26), la frontera hispano-portuguesa, a excepción de algunos tramos, no es «una frontera geográfica, sino histórica y un tanto artificiosa». Con todo, más allá de su establecimiento, el siglo XVIII resultaba clave debido al proceso de redefinición fronteriza que entonces se producía, toda vez que, desde la perspectiva de los gobernantes, pasaba de ser un elemento marginal y secundario a ocupar una posición central, ya sea en materia fiscal como de seguridad pública. Esto propiciaría, por tanto, una mejor definición y un más completo seguimiento en comparación con momentos anteriores, cuando se advertía como un espacio hostil y era identificado de forma general a partir de los emplazamientos militares que allí se posicionaban[34].

En cualquier caso, con independencia de su reformulación y reajuste siguiendo los intereses del Estado, «su espacio real, aquél sobre el que proyecta su influencia, no suele corresponderse con el cartografiado en los mapas, planos y dibujos que la representan y se esmeran en trazar cuantos agentes intervienen en los procesos delimitatorios», de tal manera que la frontera se corresponde más bien con un zona que con una línea, mientras sus pobladores interactúan en ámbitos distintos siguiendo unas trayectorias que «discurren a menudo en direcciones opuestas a las directrices marcadas por los respectivos Estados que en ella coinciden»[35]. Dentro de este contexto no sorprende, por tanto, que la sociedad de frontera, atendiendo a su propia idiosincrasia, se presente poco estable como consecuencia de «las múltiples tensiones, fricciones y violencias interiores y exteriores que en sus márgenes concurren»[36].

En el caso concreto de la frontera hispano-portuguesa, la intensidad de las relaciones guardaría relación con las diversas circunstancias históricas abiertas entre los dos reinos peninsulares[37]. La vida cotidiana en el entorno fronterizo estuvo marcada en sus ritmos y condiciones por los periodos de guerra y de paz. En el primer caso, estaría condicionada por el miedo al otro lado, generando un «estado de inquietud latente» en el que resultaba «posible entrever el verdadero murmullo de fondo de la frontera»[38], si bien es cierto que esta

---

34. Melón Jiménez 2010a: 181-182.
35. Melón Jiménez 2010a: 163-164.
36. Melón Jiménez 2014.
37. Un acercamiento desde las tensiones y conflictos entre las comunidades fronterizas de Aroche, Encinasola, Moura, Noudar, Barrancos y Serpa y de sus mutaciones y cambios a lo largo del tiempo en Herzog 2015: 149-190.
38. Melón Jiménez 2010a: 183.

circunstancia dependería de los perfiles precisos del conflicto, y en concreto, de los actores que participaron y de los papeles que representaron a lo largo del mismo. En el segundo, se ponían las bases para solventar los problemas de soberanía generados sobre el terreno por los límites convencionales que lo recorrían y se impulsaba el encuentro entre sus pobladores[39].

Aunque el ritmo de estas interacciones estaría relacionado con las distintas situaciones políticas vividas entre los dos Estados peninsulares, a partir de la extensión de etapas de acercamiento o distanciamiento, también es cierto que no encontraría una explicación satisfactoria atendiendo en exclusividad a cuestiones de política estatal, por cuanto además de la «inadecuación dialéctica» entre los intereses de las comunidades locales y los del Estado[40], los enclaves fronterizos desarrollaron dinámicas propias que descansaban en la proyección de líneas de conexión entre el centro y la periferia no articuladas en una sola dirección, sino a partir de un «ininterrumpido *feedback*»[41]. La percepción de la frontera cambiaría, por tanto, en función de determinados factores de orden exclusivamente fronterizos, contando con lecturas diferentes además en función de las distintas actividades que se viesen afectadas: por ejemplo, durante la Edad Moderna las relaciones adquirían connotaciones hostiles cuando se trataban de aprovechamientos agropecuarios y pesqueros[42], mientras que las empresas comerciales se encuadraron bajo el entendimiento, la solidaridad y el socorro mutuo[43].

Como no podía ser de otra manera, el tramo final del río Guadiana, un elemento natural nítidamente reconocible sobre el terreno y utilizado históricamente como línea divisoria más al sur entre los dos Estados peninsulares[44], participaría de buena parte de las dinámicas fronterizas que hemos ido desgranando más arriba, por lo que en ningún caso representaría una barrera insalvable para las comunidades establecidas en ambas orillas. De hecho, se ha constituido más bien en un espacio fronterizo permeable, caracterizado por relaciones fluidas, aunque dependientes en cierta manera de las distintas coyunturas históricas que se dieron entre los dos reinos ibéricos.

En este sentido cabe recordar cómo a partir de la segunda mitad del XVII se asistiría al enfrentamiento entre los dos Estados peninsulares, primero por la definición de su soberanía, y posteriormente, en el siguiente siglo, al inscribirse paulatinamente sendos reinos en las áreas de influencia de Francia e Inglaterra, y, por tanto, a la proyección de algunos episodios conflictivos entre

---

39. Melón Jiménez 2012b: 257-266.
40. Márquez y Jurado 2000: 121.
41. Melón Jiménez 2010a: 164.
42. González Díaz 2011: 175-176.
43. Melón Jiménez 2010a: 184.
44. Márquez y Jurado 2000, Márquez 2012, Medina 2006.

los pueblos fronterizos[45]. Pero también que en los inicios de la contemporaneidad se daría un giro en las relaciones ibéricas, haciéndose entonces necesario ajustar el anterior discurso político marcado por el antagonismo y la hostilidad a otro nuevo que incidía en la cooperación estatal. Este giro también resultaba perceptible desde la frontera, si bien no se materializaba necesariamente de manera automática y lineal ni de forma homogénea. De hecho, el cambio de tendencia en las relaciones gubernamentales no solo provocaría respuestas distintas entre las diversas comunidades locales del entorno –tanto en las más próximas a la frontera como Ayamonte o Sanlúcar de Guadiana en el margen izquierdo, y Vila Real de Santo António, Castro Marim o Alcoutim en el lado derecho, como en aquellas más alejadas de la línea divisoria–, sino también en el interior de las mismas, entre sus distintos integrantes. En buena medida, las repuestas resultaban ajustadas a la existencia de un espacio social transfronterizo, el cual, como territorio cotidiano de interacción entre los habitantes de ambas orillas, había propiciado, en palabras de Miguel Ángel Melón (2012b: 272), «una dinámica propia y ajustada a la lógica de la vida fronteriza, que no discurre por los mismos derroteros de los restantes territorios peninsulares, no se ajusta a sus patrones, ni se acompasa siempre con los intereses geoestratégicos trazados desde la capital del reino».

En definitiva, el tramo final del río Guadiana representaría a nivel concreto la frontera política entre los dos reinos peninsulares, pero a su vez propiciaría un significativo tejido de relaciones entre las comunidades de ambas orillas, en el que, pese a las tensiones generadas por los reiterados enfrentamientos armados e incursiones militares, también se había desarrollado «una vida cotidiana caracterizada por un ir y venir de personas, mercancías, capitales, ideas y sentimientos»[46]. A fin de cuentas, las relaciones en este entorno fronterizo bascularían entre la cercanía, representada por comunidades fronterizas insertas en un mismo espacio geográfico, y la lejanía, determinada por localidades pertenecientes a Estados distintos[47]. Precisamente, dada esa configuración plural y un tanto difusa del espacio y de las identidades, no sorprende el desajuste producido a lo largo de la Edad Moderna entre el marco oficial en el que se desenvolvían las relaciones interestatales y las acciones concretas desarrolladas por los pobladores de la frontera, los cuales podían incluso generar relatos antagónicos sobre los habitantes de la otra orilla en periodos de paz y mantener las conexiones comerciales y cotidianas en momentos de conflicto[48]. En otras palabras: podría hablarse de una frontera, en singular, que se

---

45. Núñez Roldán 1983, Arroyo 2000, González Díaz 2000, García y González 2011, Berger 2012.
46. López Viera 2002: 339.
47. Valcuende 1997: 127-128.
48. González Díaz 2010: 336.

correspondía con aquella línea marcada por el curso bajo del Guadiana, y de muchas fronteras, en plural, como reflejo de la lectura que de ella hacían cada uno de los actores que se situaban en su entorno.

En fin, el carácter periférico y marginal, su particular situación geográfica como frontera suroccidental más cercana a plazas tan importantes como Sevilla o Cádiz, y las continuas y fluctuantes interacciones entre los habitantes de ambas orillas, propiciarían que durante la guerra de la Independencia se convirtiese en un escenario muy activo y de enorme importancia para los intereses de unos y otros contendientes. Y todo ello bajo el nuevo marco de relaciones interestatales abierto al inicio del conflicto y de las lecturas plurales que los diferentes agentes sociales posicionados en la frontera harían del mismo.

1.2. El nuevo marco de alianzas: de enemigos a aliados

El nuevo marco de alianzas que se extendía durante la guerra de la Independencia no pudo edificarse sin fracturas, estridencias o coste alguno. La presencia de españoles, portugueses, franceses y británicos en el escenario suroccidental –si bien con distinta intensidad y no siempre coincidentes en el tiempo–, no solo condicionaría la experiencia vital de los habitantes de la raya durante los trascendentales años de la guerra, sino también el desarrollo de las dinámicas interfronterizas abiertas durante aquel tiempo. En buena medida, la comprensión de estos fenómenos pasa por la toma en consideración de cuestiones políticas, históricas o culturales, pero también de las visiones desplegadas en torno al *otro* por cada uno de los actores participantes. Y todo ello sin obviar además los distintos momentos y ritmos que se dieron a lo largo de la guerra, y donde resulta posible identificar etapas de mayor dinamismo e intensidad en las relaciones. Por un lado, durante el crucial cambio operado entre mayo y junio de 1808, cuando se asistía a la definitiva ruptura de la colaboración franco-española y a la configuración de un nuevo marco de entendimiento y complicidad entre portugueses, españoles y británicos. Por otro, entre los años 1810 y 1812, cuando el suroeste volvía a posicionarse en la primera línea de la lucha y, por tanto, en espacio de atención preferente para unos y otros contendientes. En ambos contextos se mezclaban elementos materiales e intangibles con resonancias a los dos lados de la línea fronteriza, en un escenario dotado de significados diversos en función de las distintas experiencias –reales y representadas– que confluían en el mismo.

Como sostiene Charles Esdaile (2002: 121), la victoria de la causa aliada en la guerra de la Independencia se fundó en la alianza de Gran Bretaña y Portugal con la España fernandina. Esta asociación se había edificado con bastante premura, contraviniendo en buena medida la larga historia de desencuentros que había caracterizado las relaciones hasta ese momento[49]. Con todo, precisamente por las líneas maestras que caracterizan esa historia, resulta particularmente interesante trazar los perfiles exactos sobre los que se materializó ese nuevo marco de colaboración, los apoyos con los que contó y las resistencias que se produjeron. A fin de cuentas, tres ejes que resultan claves para entender el desarrollo de un conflicto al que en demasiadas ocasiones se le ha amputado la dimensión internacional, pero sin la cual no sería posible situarlo en una perspectiva adecuada ni normalizar la siempre conveniente relación entre la historia de España y la historia de ámbito europeo[50].

Lo primero que llama la atención es la situación de complicidad que rápidamente se establecía entre los dirigentes británicos y las nuevas autoridades surgidas en la España fernandina. Y ello a pesar, como ya se ha apuntado, de la larga historia de enfrentamientos mutuos, de la que cabría esperar un discurso de rechazo y recelo de mayor consistencia. En todo caso, como ha advertido Esdaile (2008: 255-256), si bien en los primeros días de junio de 1808 daba comienzo una etapa de hispanofilia, pudiéndose incluso sostener que «en ningún otro momento en la historia, larga y complicada, de las relaciones anglo-hispanas hubo tanta voluntad, ni tanto optimismo», la situación posterior terminó siendo diferente, resultando por último «un matrimonio hecho más en el infierno que en el cielo».

En este contexto cabría destacar la labor desplegada desde los primeros momentos por la Junta Suprema de Sevilla[51] para alcanzar la paz y la alianza con Inglaterra. En la *Declaración de Guerra al Emperador de Francia, Napoleón I*, de 6 de junio de 1808, ordenaba que

> ningún embarazo ni molestia se haga a la nación inglesa, ni a su Gobierno, ni a sus buques, propiedades y derechos, sean de aquel o de cualquiera individuo de esta nación, y declaramos que hemos abierto, y tenemos franca y libre comunicación con la Inglaterra, y que con ella hemos contratado y tenemos armisticio, y esperamos se concluirá con una paz duradera y estable.

---

49. Por su parte, la unión entre Portugal y Gran Bretaña resultaba menos forzada y respondía no solo a la salvaguarda de los intereses comunes sino también a la larga historia de colaboración anterior. Correia 2007: 286, De Avillez 2012: 1256.

50. Canales 2007: 11.

51. Institución creada en Sevilla el 27 de mayo de 1808 en medio de la conmoción y el clamor popular, intitulada como Suprema de España e Indias, que representó un papel clave desde los primeros momentos de la guerra, y cuya acción se haría notar de manera especial sobre el marco suroccidental, aquel que se correspondía con el antiguo reino de Sevilla. Sobre los pormenores de su formación, los contornos de su cuadro compositivo, los perfiles institucionales que presentaba y las circunstancias de su existencia y actuación entre 1808 y principios de 1810, véase Moreno Alonso 2001.

A partir de entonces la materialización de esa alianza constituiría la base de la política exterior de la Junta Suprema de Sevilla, mandando incluso comisionados a Londres para este fin[52].

Más allá de la firma oficial del tratado, que tardaría algún tiempo en efectuarse[53], las poblaciones de la frontera sur hispano-portuguesa se verían desde muy pronto intimadas a dar una respuesta concreta al recién inaugurado marco de entendimiento, poniendo así a prueba sobre el terreno el alcance real y la consistencia de una alianza aún no formalizada. Y la respuesta resultó consecuente con lo marcado desde Sevilla si atendemos a los testimonios de algunos de los oficiales británicos que estuvieron entonces por esta zona. En conversaciones mantenidas con la Junta de Sevilla, esta había sugerido la conveniencia de que las tropas británicas del general Spencer se dirigiesen hacia Ayamonte ante el temor de que los franceses, apostados en la otra orilla del Guadiana, ingresasen en Andalucía por este punto. George Landmann, oficial inglés del cuerpo de ingenieros que el día 12 de junio desembarcaba en este pueblo para reconocer el terreno por delante de la brigada inglesa destacada en su defensa, relataba en sus memorias el caluroso recibimiento del que fue objeto a su llegada, donde «una gran multitud» dio «muestras de alegría»[54]. Charles Leslie, joven escocés que tenía el grado de alférez en el regimiento de infantería número 29, llegó en la expedición del día 14 e insistía igualmente en la acogida entusiasta que les dispensaron tanto las autoridades como la población en su conjunto:

> Como los primeros ingleses que habían desembarcado en España los habitantes nos recibieron con las muestras de gozo más entusiastas. Por la tarde el gobernador invitó a todos los oficiales a un festejo, mientras que nos había suministrado habitaciones en todas las casas mejores. Los oficiales españoles, tanto del ejército como de la marina, casi nos aplastan con sus abrazos fraternales, e insistieron en llevarnos de casa en casa y en presentarnos a todas las señoras guapas en el pueblo. Esas bellezas morenas nos dieron la recepción más cordial y cantaron canciones patrióticas e himnos de guerra, los cuales acompañaron con la guitarra o el piano. Algunos oficiales que habían estado en Inglaterra cantaron repetidamente «Rule Britannia» and «God save the King!». Su admiración hacia la proeza de Inglaterra pareció sincera: en muchas casas observamos bustos de señor Pitt...[55].

---

52. Moreno Alonso 2001: 145 y ss.

53. El tratado de paz y alianza ofensiva y defensiva sería firmado en Londres el 14 de enero de 1809. Anguita 2005: 357.

54. Landmann 1854. Visto en Santacara 2005: 20-21.

55. Leslie 1887. Visto en Esdaile 2010: 202-203.

Desde la frontera se daba en un primer momento, por tanto, una respuesta acorde con el nuevo marco de cooperación trazado entre los agentes británicos y la Suprema de Sevilla. La misma Junta de Gobierno de Ayamonte[56] manifestaba a la Junta Central en un escrito de agosto de 1809 haber auxiliado y obsequiado a «los almirantes de la benéfica Inglaterra cuando las esquadras se presentaron a la vista de su puerto» al principio de la contienda, cuyas acciones «permanecerán siempre en la memoria de aquellos felices aliados»[57]. En cualquier caso, conforme avanzaba la guerra se extendieron las desconfianzas y los recibimientos fríos, manifestándose actitudes reacias a la colaboración con unos británicos que no siempre se manejaron al margen de los excesos[58]. Como afirma Charles Esdaile (2002: 121), la realidad de esta alianza siempre fue la de un matrimonio muy infeliz caracterizado por los engaños, las desavenencias, las querellas y las fustigaciones. En este sentido, la imagen negativa que sobre el *otro* había labrado su contrario en momentos anteriores y la desilusión que causaron las primeras acciones conjuntas resultarían determinantes a la hora de explicar las fricciones que surgieron entre ambos durante la guerra, amparadas ahora, eso sí, bajo la nueva fórmula de la cooperación.

Los mismos testimonios autobiográficos que hemos citado aportan algunas claves de los derroteros de la colaboración a partir de entonces. De hecho, si bien Landmann destacaba el buen recibimiento del que fue objeto, no dejaba de mostrar en cambio una cierta contrariedad cuando aludía a que «hacía sólo diez días estábamos en guerra, y ahora nos tratábamos como los mejores amigos»[59]. Por su parte, Leslie, al relatar las circunstancias del desembarco efectuado el 3 de julio de 1808 en El Puerto de Santa María, sostenía que «los españoles nos recibieron aparentemente con muchas muestras de amistad y alegría, gritando "¡Viva, viva los ingleses!", "¡Rompez los franceses!"», pero a continuación matizaba que «incluso en este temprano periodo de la guerra, las clases altas parecían abrigar celos de nuestra asistencia y desvaloraban nuestros servicios»[60].

Testimonios posteriores, si bien no salidos ni referidos expresamente al suroeste, daban cuenta de las suspicacias y las decepciones que en ocasiones generaron la colaboración en el combate y la convivencia en el terreno con las fuerzas británicas. Como se quejaba el autor de un escrito firmado el 31 de enero de 1809 en Santa María de Mandín –en el que indicaba encontrarse en las inmediaciones de Chaves–, el apoyo británico había resultado poco efectivo,

---

56. Institución creada en Ayamonte a principios de junio de 1808, encargada del gobierno y la defensa del escenario fronterizo próximo a la desembocadura del Guadiana. Sobre las circunstancias de su instalación y actuación, véase capítulo 4, apartado 4.2.

57. AHN, Estado, leg. 61-T, doc. 426.

58. Yépez 2008; Moreno Alonso 2005: 321-322.

59. Santacara 2005: 21.

60. Santacara 2005: 22.

cuando no contrario a los intereses de la causa común, y donde destacaba además el proceder indebido de sus tropas durante el tránsito por aquellos territorios y los sentimientos en contra que habían suscitado entre la población:

> ¡Qué fatal nos ha sido el socorro de nuestro común amigo en hombres! Ojalá se huviese ceñido a subministrarnos subsistencias, vestidos y municiones. No puedo creer que el Govierno Británico apruebe la conducta que han tenido en España sus tropas, pues ha sido tal que ha movido o transtornado a tal punto el ánimo de los Pueblos por donde han transitado, que no se oía más en boca de las infelices víctimas de sus indisciplina que llamar a los Franceses para que los libertasen de aquel terrible azote. En vista de que por las órdenes tan rigurosas de Nuestro Gobierno hemos tolerado lo que no huviéramos devido; incendios, robos, violencias, saqueos y quanto da de sí la guerra más destructora, han sido las operaciones de estos amigos, y por último dexarnos en las astas del toro. Ojalá nunca huviesen venido, pues esperanzados en un refuerzo tan brillante y numeroso hemos empleado solo lo que nos parecía suficiente para vencer al abrigo de un cuerpo de tropas tan considerable, y en el día nos vemos quasi como al principio del armamento, pero con ánimo para continuar la demanda con más energía que antes[61].

Ahora bien, como recuerda Esdaile, a pesar de los múltiples obstáculos y conflictos, la alianza sobrevivió, principalmente porque si bien los ingleses y los españoles se odiaron, no es menos cierto que ambos odiaban aún más a Napoleón. Una circunstancia que, por otra parte, en ningún caso les hizo olvidar a ninguno de ellos ni su historia pasada de conflictos y rivalidades, ni sus nuevas aspiraciones y recelos imperiales. De todo ello resultaría un relato interpretativo de tintes negativos que, en buena medida, ha llegado hasta la actualidad tanto en la historiografía como en la imaginación popular[62].

Los contornos de la colaboración entre españoles y británicos, relativamente estudiados en comparación con otras realidades del mismo signo[63], no deben minimizar en ningún caso las repercusiones del nuevo marco de cooperación que se trazaría con otros actores, particularmente con el vecino Portugal. En este caso también se asistiría al inicio del conflicto a un repentino y, en apariencia, apacible giro no solo en cuanto al marco de relaciones interestatales, sino particularmente respecto a las conexiones activadas entre los habitantes de unos espacios rayanos que se habían posicionado en la primera línea de la lucha y enfrentado entre sí en momentos anteriores. La guerra no haría sino situar a la frontera suroccidental nuevamente en la vanguardia, pero desde

---

61. Documento reservado, no se especifica su autor ni destinatario. ANTT, MNE, caja 434.
62. Esdaile 2002: 122 y 136; Esdaile 2008: 279.
63. A los trabajos que sobre esta materia ya han sido citados pueden añadirse, entre otros: Esdaile 2005 y 2007, Laspra 2004, 2007 y 2009.

un posicionamiento algo diferente: portugueses y españoles ya no actuarían como competidores y adversarios, sino que ahora tenían a los franceses como enemigos comunes.

En todo caso, la clave que explicaría la actuación de unos y otros en los primeros tiempos no distaba mucho de lo acontecido para el caso inglés: la presencia física de fuerzas francesas en tierras del vecino Portugal, que no solo ejercían el control sobre los habitantes de aquel entorno, sino que suponían una seria amenaza para la integridad de los pueblos localizados en la franja española. Ambas circunstancias conducirían a la movilización de las autoridades y los habitantes de la frontera –desde una perspectiva amplia, más allá de los que se situaban en las proximidades de la línea divisoria– en una doble dirección. Por un lado, en conexión con los miedos y las experiencias en tiempos de guerra, se pusieron en marcha las estrategias de cierre y contención que imposibilitaban el paso de los enemigos de una a otra orilla. Por otro, en conjunción con lo practicado en momentos de paz, se articularon los mecanismos de colaboración entre los aliados para propiciar la expulsión de los franceses de la región. Sobre estos dos ejes, en los que se daban la mano las circunstancias del pasado y las nuevas realidades del presente, bascularían las actuaciones de portugueses y españoles en los primeros tiempos y se asentaban las bases para las acciones futuras, particularmente durante los cruciales años de 1810-1812, cuando los franceses volvían a operar en las tierras de la frontera, aunque entonces desde nuevas posiciones situadas en su flanco nororiental.

1.3. EN DEFENSA DE LA FRONTERA: LA MOVILIZACIÓN CONTRA LOS FRANCESES

La presencia de franceses en la orilla derecha del río desde los primeros compases de la guerra no hizo sino redoblar el interés y la preocupación de los pueblos de la margen izquierda en torno a la vulnerabilidad de la línea fronteriza[64]. La experiencia acumulada en conflictos anteriores venía a demostrar la importancia de evitar el paso de los enemigos a la otra orilla para garantizar la supervivencia y la seguridad de sus habitantes, de ahí la rápida movilización llevada a cabo desde distintos enclaves, estuviesen o no situados en la misma

---

64. Hay que tener presente que por el Tratado de Fontainebleau, del 27 de octubre de 1807, franceses y españoles acordaban el reparto del territorio portugués, derivándose como consecuencia de ello la ocupación del Algarve por las tropas firmantes. El 22 de enero de 1808 llegaban a Faro las primeras fuerzas españolas, las cuales permanecían exactamente durante un mes. Una vez que se retiraban, tomaba el relevo el destacamento francés al mando del general Maurin, el cual completaba la ocupación del Algarve a lo largo del siguiente mes. Rosa Mendes 2011a: 11-12.

línea divisoria[65]. La frontera adquiría entonces un significado extenso. Como la entrada de los franceses no solo resultaba perjudicial para los pueblos más próximos a la raya, sino que también podría serlo para puntos más alejados de la misma, no se parcelaron los esfuerzos ni se escatimaron los apoyos en una empresa que resultaba de interés, a pesar de las diferencias de cada uno de los enclaves, para todo el conjunto.

Esa fue la lectura que hizo, por ejemplo, la recién instaurada Junta Suprema de Sevilla. Desde la ciudad hispalense, y ante las noticias disponibles por entonces sobre el paso de las tropas enemigas al mando del general Avril desde Portugal a Cádiz por la parte de Mértola y Ayamonte[66], la junta impulsó y propició, como veremos más adelante, la creación de la Junta de Gobierno de Ayamonte en los primeros días de junio para que prestase especial atención a la defensa de la frontera. La propia Junta de Ayamonte reconocía en un documento de más de un año después que para llevar a cabo su encargo defensivo se le había dotado desde Sevilla de autoridad sobre los pueblos de la franja fronteriza, y que gracias a su buena labor en el campo de la información –donde llegó a interceptar algunos partes que permitieron conocer los nuevos planes franceses que establecían la marcha de las tropas del general Avril sobre la capital hispalense[67]– y de la movilización de fuerzas se había logrado desmontar los planes de ocupación del ejército francés:

> Como la Junta Superior de Sevilla, que exercía en aquel entonces en este Reynado la autoridad soberana, conoció la importancia de la erección de ésta, y los remarcables servicios que en la situación local en que se halla comenzó a desplegar en beneficio de la Patria, la declaró cabeza de los Pueblos de las Orillas del Guadiana y de todo su cantón, para que armando todos los que comprehende, contuviese el tránsito de las tropas francesas, que con inminencia amenazaba;

---

65. Algunos testimonios procedentes de enclaves fronterizos situados en la franja central vienen a confirmar la importancia concedida desde un principio el cierre del tránsito desde las tierras portuguesas: en Alcántara, a finales de mayo, sus autoridades tomaron las medidas necesarias para garantizar la seguridad de esa plaza y de otros pueblos del partido que, como fronterizos con Portugal, corrían el riesgo de ser invadidos a través del puente que recorría el Tajo por este punto. Melón Jiménez 2012b: 260.

66. *Diario en que se refieren por su orden cronológico las principales operaciones de la Junta de Sevilla desde el principio de la revolución en que el pueblo le confió el supremo mando hasta que lo resignó a los cuatro meses en la Junta Central compuesta de diputados de las demás Juntas*, en Saavedra y Moreno Alonso (ed.) 2011: 82.

67. La versión recogida por Saavedra en las líneas de su *Diario* referidas al domingo 5 de junio establecía que la Junta de Sevilla quería conocer al detalle el rumbo de la división francesa al mando de Avril, para lo cual «se repartieron espías por las orillas del Guadiana para que avisasen la llegada y dirección de este cuerpo, cuando algunos serranos que se hallaban en acecho interceptaron un pliego de Dupont a D'Aubri en que, avisándole el movimiento de la Andalucía, le prevenía mudase de ruta e hiciese por caer desde luego sobre Sevilla donde él se dirigía con su ejército del 8 al 10 del mismo junio». Saavedra y Moreno Alonso (ed.) 2011: 112.

lo que felizmente se verificó, pues haviendo el General Dupont, según los partes interceptados por esta Junta, avisado al General D'Abril entrase en este Reino con su División por estos puntos con dirección a Sevilla, para incorporarse con su Exército; si las glorias de Baylen destrozaron en sus campos las huestes de aquel General, el levantamiento de los Pueblos del Guadiana inflamados y dirigidos por esta Junta detuvieron la rápida marcha de éste, habiéndose deshecho como el humo su proyecto[68].

Más allá de la conexión que la junta establecía entre la batalla de Bailén y la defensa del Guadiana, gracias a las cuales continuaban libres las tierras del suroeste de la presencia enemiga, habría que destacar la referencia sobre la participación de los diferentes enclaves fronterizos en aquella difícil empresa. En este sentido, varias son las cuestiones sobre las que cabría detenerse, ya sea en relación a la nómina precisa de los pueblos que concurrieron a la defensa de la raya, o ya sea respecto al modo en el que lo hicieron. Ambas circunstancias no encuentran una respuesta cerrada y definitiva a partir de los escasos testimonios conservados, si bien se pueden esbozar algunos perfiles básicos. Por una parte, que los pueblos que participaron no formaban parte exclusivamente de la primera línea de la raya, sino que también se reunieron habitantes de lugares relativamente alejados de ella. Y por otra, que la movilización de las diferentes poblaciones contó con el impulso tanto de las nuevas instituciones con potestad sobre el conjunto de enclaves fronterizos –ya fuese la Suprema de Sevilla o la Junta de Ayamonte–, como de sus respectivas autoridades locales, las cuales no solo canalizaron la formación de los grupos que debían dirigirse a la frontera sino que además tomaron las medidas necesarias para su provisión y mantenimiento. Eso sí, en función del autor del testimonio y su posicionamiento geográfico, el protagonismo que se destacaba como primordial y los hechos que se subrayaban como claves resultaban diferentes. Así, mientras la Suprema de Sevilla y la Junta de Ayamonte ponían el acento en las determinaciones adoptadas por ellas[69], desde el interior de los pueblos se resaltaba el papel fundamental asumido por sus autoridades a la hora de organizar el alistamiento y el desplazamiento de individuos, ya fuesen bajo directrices de obligado cumplimiento o canalizadas bajo la fórmula de la voluntaria colaboración.

Por ejemplo, los alcaldes de Villanueva de los Castillejos, localidad distante en más de veinte kilómetros del pueblo fronterizo de Sanlúcar de Guadiana, utilizaban esa circunstancia en los primeros días de agosto de 1808 como atenuante ante el apremio y el rigor contenidos en la orden que les había

---

68. Escrito remitido a la Junta Central en agosto de 1809 que recogía la relación de los servicios prestados por la Junta de Gobierno de Ayamonte desde su creación. AHN. Estado, leg. 61-T, doc. 426.

69. Saavedra y Moreno Alonso (ed.) 2011: 112-113; AHN. Estado, leg. 61-T, doc. 426.

dirigido el juez conservador del derecho de afianzado el 20 de julio. Entre otras cuestiones, argumentaban que esa villa había sido una de las que más se esforzaron «en guardar con el paysanage armado los puntos más principales de la Ribera del Guadiana para contener la entrada del enemigo», circunstancia que, no teniendo otros fondos para la subsistencia de las compañías, habían afrontado a partir de contribuciones cobradas expresamente para ello[70].

El cabildo de Zalamea la Real, un pueblo situado a unos cien kilómetros de la línea divisoria, componía con fecha 11 de agosto de 1815 una relación de los servicios prestados por Vicente Letona, administrador de las reales minas y fábricas de cobre de Riotinto, durante las difíciles circunstancias de 1808. En ese escrito se recogía que, una vez informado el 10 de junio del intento de invasión de los franceses por Alcoutim, fueron convocados los operarios de aquellas fábricas al son de campana para salirles al encuentro junto a otros habitantes de ese pueblo,

> y a su ejemplo el referido tesorero ofreció un real de vellón […] que depositó de su bolsillo para cada uno de quantos se alistasen de las Minas para dicha expedición, haviendo verificado su marcha con los vecinos de esta Villa en dirección a la raya de Portugal[71].

Leonardo Botella, corregidor de Gibraleón, villa situada a unos cincuenta kilómetros del Guadiana, alertado por la solicitud de auxilio remitida por los pueblos inmediatos a la raya, impulsó la realización de un alistamiento general entre su vecindario, adoptó las medidas convenientes para solventar los problemas de falta de armamento y munición, y remitió con celeridad un número importante de individuos –en un solo día se había enviado 136– bien pertrechados y con algunos recursos económicos diarios para su subsistencia. Teniendo en cuenta además que la jurisdicción de su cargo afectaba a los pueblos del marquesado de Gibraleón, extendió sus órdenes a los enclaves de aquel espacio para que implementasen un servicio en términos similares al puesto en marcha en la villa principal. Todo ello se acompañaba asimismo de un relato de tintes patrióticos de doble recorrido en relación tanto a los discursos como a las prácticas: por un lado, «exhortando la noche antes de la partida a todos los alistados a cumplir con las obligaciones que les imponía su Religión, su Rey y su Patria, y en fin, todo lo que hay de más santo y Sagrado»; y por otro, subrayando que «así se vio que la primera gente que llegó a la raya fue la de este pueblo, sin que ninguno hubiera regresado del punto donde se le destinó». La relación concluía señalando que, una vez que cesó el peligro de

---

70. Villanueva de los Castillejos, 7 de agosto de 1808. AMVC, Actas Capitulares, leg. 10.

71. Papeles de Vicente de Letona, Administrador de las Minas de Riotinto, 1808-1813. Copiados por Manuel Gómez Imaz. BNE, CGI, R. 62676, pp. 21-39.

invasión, los alistados se habían dirigido a Ayamonte porque allí se estaba organizando un ejército, si bien, al no disponer de recursos para sostener a su elevado número, la villa de Gibraleón se comprometió a mantener treinta soldados «como lo está haciendo por obligación formal, quedándose en actual servicio setenta hombres»[72].

En definitiva, durante los difíciles días de junio muchos pueblos del suroeste movilizaron recursos, ya fuesen humanos o económicos, para impedir la invasión de los franceses. Con todo, el ambiente que se vivió en los distintos pueblos debió de resultar diferente, dado que las realidades de partida resultaban muy dispares, como también las perspectivas y las expectativas de unos y otros.

En las poblaciones de la orilla del Guadiana la efervescencia y el acaloramiento debieron de alcanzar unos niveles altos, no resultando extraña incluso la participación de buena parte de su vecindario, más allá de distinciones por género o edad. Al menos si se compara con lo experimentado en lugares más alejados, aunque ello no signifique en ningún caso que estos se caracterizasen por el desapego o la desafección. De hecho, como se recogía en la relación del ayuntamiento de Gibraleón ya comentada, «la consternación era general, y la repetición de socorro de aquellos puntos no cesaba»[73]. En este sentido, junto a los mecanismos de solidaridad y compromiso activados entre las comunidades del suroeste, que no resultaban por lo demás ajenos a las dinámicas generadas en la frontera durante momentos bélicos anteriores, se manejaron recursos en el campo ideológico que descansaban, según se ha visto más arriba al comentar el documento de Gibraleón[74], en la triada Dios, Patria y Rey[75]. La combinación de diferentes fórmulas –tanto materiales como no tangibles, y en ambos casos de más o menos proyección en el tiempo– sería la clave para entender los contornos de una movilización que obligaría, en función de la ubicación geográfica concreta de cada comunidad, a importantes esfuerzos en el apartado del traslado y el mantenimiento de los alistados.

---

72. Relación escrita por el cabildo de Gibraleón con fecha de 24 de septiembre de 1808 que contenía los servicios del corregidor Leonardo Botella desde el inicio de la guerra. Cit. en Díaz Hierro 1992: 137-140.

73. *Ibidem.*

74. Hay que tener en cuenta además que el corregidor Leonardo Botella firmaba con fecha de 24 de julio de 1808 una extensa proclama que debió de ser conocida por toda la comarca en los siguientes días, en la que, haciendo uso de un lenguaje encendido y patriótico –donde no faltaban las referencias a Dios, Patria y Rey–, llamaba a la movilización frente al invasor francés. Cit. en Díaz Hierro 1992: 136-137.

75. La utilización combinada de estos tres conceptos no resultaba novedosa. Sobre su referencialidad y significado con anterioridad y durante la propia guerra de la Independencia véase, por ejemplo: Feros 2004: 63, Cuenca 2008: 71-72.

El importante movimiento de sujetos con dirección a la raya no podría comprenderse tampoco sin considerar las acciones de estímulo y organización desarrolladas por las autoridades de los respectivos pueblos, ya sea en relación al envío como a la recepción de los mismos. Y como estas actitudes se ajustaban plenamente a los intereses patrióticos proyectados desde ámbitos políticos superiores, terminarían teniendo repercusiones positivas para sus protagonistas más significados. Buen ejemplo de ello se encuentra en la relación compuesta por el ayuntamiento de Zalamea la Real sobre Vicente Letona, beneficiario de una condecoración honorífica como comisario de guerra concedida por la corona en agosto de 1815, «en prueba del aprecio que le merecen, los particulares y distinguidos servicios que V. m. ha hecho en la pasada guerra y antes, los que son notorios a todos, en cuya consecuencia en nombre de este cuerpo, felicitamos a V. m. y le damos la enorabuena»[76]. E incluso algunas gracias y honores alcanzados durante los años de la guerra encontraban justificación en las acciones desarrolladas durante la movilización de junio de 1808. Así ocurría, por ejemplo, con el corregidor de Gibraleón, propuesto en septiembre de 1809 como comandante de la recién creada milicia honrada de la villa apoyándose en su protagonismo en aquellos momentos críticos:

[…] hasen a dicho Sr. Corregidor acreheedor a esta distinsión la bien conocida suficiensia, actibidad y celo que con tanta repetisión ha manifestado para el mejor desempeño del servicio en todos los casos que se han presentado desde el principio de nuestra feliz rebolusión, y especialmente en los primeros momentos de ella, quando amenasada la raya deste término que confina por Guadiana y Chansa con el Reyno de Portugal de una imbasión del exercito enemigo que ocupaba aquellos dominios, se debió a la actibidad y celo de dicho Señor Corregidor el prontísimo armamento de hombres que esta Villa y su Marquesado puso en la Raya, que sorprendió al enemigo, y le contubo con la presencia de la fuerza que se le opuso[77].

Así pues, las acciones emprendidas en los primeros días del conflicto resultaron claves para el desarrollo futuro de los acontecimientos, ya sea desde una perspectiva individual como colectiva. Y esto puede ser aplicable tanto a las operaciones desarrolladas en el margen izquierdo del Guadiana como las implementadas en la orilla portuguesa.

---

76. Zalamea la Real, 12 de agosto de 1815. BNE, CGI, R. 62676, pp. 20-21.
77. Sesión de 5 de septiembre de 1809. AMG, Actas Capitulares, leg. 14.

1.4. La raya como espacio de encuentro: la colaboración entre portugueses y españoles

A pesar del éxito alcanzado inicialmente en la defensa de la frontera, no parece en cambio que la nueva situación abierta en 1808 pudiese gestionarse sin la concurrencia de los hasta entonces adversarios. Desde la perspectiva española resultaba preciso atender a los peligros derivados de la presencia del ejército francés en la otra orilla y de la ocupación y control de las tierras portuguesas más inmediatas. Desde la portuguesa resultaba conveniente contar con ayuda para sostener los levantamientos contra los franceses. El desarrollo de ambos ejes, unido a cuestiones de orden político, militar y cultural –en conexión, por ejemplo, con el tradicional juego de relaciones cotidianas entabladas entre los habitantes de ambos lados de la raya–, conducirían a trazar unas rápidas, aunque en ocasiones estridentes, conexiones entre unos y otros, y a apostar por la permeabilidad de una frontera que adquiría nuevamente una posición central en el marco de una guerra enormemente compleja y exigente, y en la que no quedaría al margen ningún agente peninsular.

1.4.1. El levantamiento del Algarve: la lucha al otro lado del río

La influencia de lo ocurrido en España en los primeros tiempos de la guerra resultaría determinante para el desarrollo de los sucesos de Portugal del verano de 1808[78]. De hecho, las nuevas autoridades del suroeste –que capitalizaron la reacción popular y protagonizaron un periodo fundamental de la revolución española[79]– fueron conscientes desde los primeros momentos de su creación de que el destino de la causa antinapoleónica quedaba sujeto a la comunión de intereses y esfuerzos entre aquellos que se oponían a los designios del emperador, y, en particular, con sus vecinos portugueses. Como escribía Francisco de Saavedra en la entrada de su *Diario* correspondiente al miércoles 1 de junio de 1808, «no se quiso perder tiempo en reunir la causa de España con la de Portugal, cuyos habitantes anhelaban esta reunión, y que las dos naciones se prestasen recíprocos auxilios en defensa de los justos e idénticos derechos de sus respectivos soberanos»[80].

Entre las primeras actuaciones de la Junta Suprema de Sevilla se encontraba precisamente la elaboración, con fecha 30 de mayo, de un manifiesto dirigido a los portugueses que hacía referencia a la distinta forma de entender la cuestión de Portugal por parte de España –que podemos interpretar aquí

---

78. Cepeda 2008: 67.
79. Moreno Alonso 2011a: 80.
80. Saavedra y Moreno Alonso (ed.) 2011: 99.

como la voluntad de su pueblo, que veía como «hermanos» a sus vecinos– y desde el gobierno que había estado a su frente hasta entonces, al que culpaba de la censurable actitud desarrollada contra los portugueses[81]. A partir de esta consideración, llamaba al levantamiento contra los franceses y a la unión en la lucha con los españoles, a cuyo ejército no debían temer ya, toda vez que ambos compartían una misma causa de guerra y aspiraban a lograr el objetivo común de la libertad de sus respectivas patrias:

> Vuestra suerte ha sido quizá la más dura de quantas ha sufrido ningún Pueblo de la tierra [...]. España veía entre el dolor y la desesperación vuestra esclavitud y todos los horribles males que la han seguido. Sois sus hermanos, y suspiraba por volar a vuestro socorro. Pero unos Xefes, un Gobierno, o débil, o corrompido, la encadenaba, y preparaba los medios de que la ruina de nuestro Rey, nuestras leyes, nuestra independencia, nuestra libertad, nuestras propias vidas, la misma santa religión que nos une, acompañase a la vuestra; y de que ese Pueblo bárbaro consumase el triunfo y esclavitud de todos los de la Europa. Nuestra lealtad, nuestra generosidad, nuestra justicia no han podido sufrir maldad tan atroz; ha roto ese freno; vamos a pelear; tenemos Exércitos y Xefes; y uno es el grito de toda la España: *morir todos en defensa de la Patria, pero hacer morir con nosotros a esos viles enemigos.* Venid, pues, Portugueses generosos, a uniros con la España para morir por la Patria. Sus banderas os esperan, y os recibirán con sumo gozo como hermanos infamemente oprimidos. La misma es la causa de España que la de Portugal; no temáis de nuestras tropas; los mismos son sus deseos que los vuestros; y contad con sus fuerzas y brazos, de que debéis estar seguros.
>
> Dentro de vosotros mismos tenéis el objeto de vuestra venganza. [...] Levantaos en masa [...]. Nuestros esfuerzos reunidos acabarán con esa Nación pérfida; y Portugal, España, la Europa toda respirarán o morirán libres, y como hombres.
>
> Portugueses: vuestra Patria no peligra ya, sino que ha perecido. Uníos y volad a restablecerla y salvarla[82].

La Suprema de Sevilla nombraba además a principios de junio a un comisionado para que se presentase en Lisboa con el fin de lograr el acercamiento de ambos países, por un lado, y de conseguir que se encaminase para la ciudad hispalense el resto del ejército español que se encontraba aún en Portugal, por otro[83]. Junto a estos objetivos principales, se le asignó además el

---

81. El interés del Junta Suprema de Sevilla por los acontecimientos de Portugal en aquellos primeros tiempos de la guerra quedaba reflejado en las páginas de la *Gazeta Ministerial de Sevilla*, su órgano de expresión, donde además de publicar este manifiesto, aparecían otras noticias referidas a la evolución de la situación en aquel país. Dufour 2009: 19-20.

82. «A los Portugueses». Sevilla, 30 de mayo de 1808. Visto en *Gazeta Ministerial de Sevilla*, núm. 2 (04/06/1808), pp. 13-15.

83. El comerciante Joaquín Rodríguez sería el encargado de llevar a cabo esa comisión. Saavedra y Moreno Alonso (ed.) 2011: 100.

cometido de difundir entre los distintos pueblos de su tránsito las proclamas que se le habían entregado[84]. En aquella misma fecha se constituía la Junta de Gobierno de Ayamonte, que además de encargarse de la defensa del lado izquierdo del Guadiana, llevaría a cabo una incesante labor de propaganda en la orilla opuesta mediante «la evacuación de comisiones importantes a las capitales del frontero Portugal», e inflamando «a los Portugueses a la imitación de sus glorias»[85].

Así pues, desde los primeros días de junio se fue conociendo en las tierras lusas fronterizas la apuesta de las nuevas instituciones de gobierno españolas por la asistencia y la colaboración. En este sentido no podemos desestimar la actuación desplegada por algunos portugueses, ya fuese traduciendo y distribuyendo algunos de los escritos publicados por las autoridades españolas, ya fuese elaborando sus propias proclamas a partir de las noticias trasladadas por estas. En aquel contexto, no solo se detectaba entonces una relevante actividad editorial surgida en España destinada principalmente a movilizar a los portugueses para la lucha común, sino que buena parte de estos escritos fueron traducidos en Portugal, con sugestivos títulos[86], para garantizar así una mejor distribución y recepción. No faltaron publicaciones que aunaban ambas fórmulas, es decir, un escrito de autoría portuguesa junto a la traducción de una proclama española[87].

Dentro de aquel contexto cabe destacar la actuación del oficial portugués Francisco José Rodrigues Barata, quien en su viaje hacia la corte de Brasil había pasado por Sevilla –donde se quedó finalmente al ser testigo del levantamiento de Andalucía–, y tuvo la idea de interesar a la Junta de Sevilla sobre la liberación de Portugal, si bien no logró su objetivo en este primer momento. Habría que esperar a que llegase a la ciudad hispalense desde el Algarve, el 16 de junio, el español Sebastián Vicente de Solís, que durante muchos años había vivido en Faro –posiblemente desempeñando las funciones de vicecónsul–,

---

84. *Ibidem.*

85. AHN. Estado, leg. 61-T, doc. 426.

86. Por ejemplo, *Reflexões de hum verdadeiro Hespanhol sobre o Manifesto da Junta de Sevilha de 1 de Agosto de 1808 que trata acerca da organização do Poder Supremo da Nação; Carta de um amigo residente na Hespanha a outro de Lisboa em que se refere grandes acontecimentos* (Lisboa: Impressão de Alcobia, 1808); *Convite dos valentes Hespanhoes à honra da gloriosa nação portuguesa* (Lisboa: Nova Officina de João Rodrigues Neves, 1808). Pedro Vicente 2006: 86.

87. Tal fue el caso, por ejemplo, del *Discurso relativo ao estado presente de Portugal e Manifesto da Junta Suprema de Sevilla para a creação do Supremo Governo. Offerecidos a Nação Portugueza* (Lisboa: Nova Officina de João Rodrigues Neves, 1808). El *Discurso* refería, entre otras cuestiones, que «enlevai-vos nas grandes proezas dos nossos visinhos, e sabei que ellas são o fructo dos profundos conhecimentos, da incansavel energia, e da sincera consagração patriotica dos Membros das Juntas Supremas, como exuberantemente o mostra o seguinte Manifesto» (p. XI). El *Manifiesto*, traducido al portugués, estaba firmado en el Palacio Real de Sevilla con fecha de 3 de agosto de 1808. BNP, FGM, H.G. 15066//2 P

para conseguir el compromiso de la junta[88]. De hecho, sabedor de las intenciones del oficial Rodrigues Barata, apoyaría su causa ante la Suprema de Sevilla y conseguía el compromiso de esta de efectuar un examen más atento a la situación de Portugal, para donde serían mandados auxilios una vez que se lograse contrarrestar la ofensiva de Dupont que amenazaba Andalucía y se encontraba a las puertas de Córdoba. En aquel momento, Rodrigues Barata, confortado por los nuevos proyectos y declaraciones de la junta sevillana, hizo imprimir una proclama de su autoría destinada a circular en Portugal para animar a los pueblos con la noticia de que los españoles en breve les ayudarían a expulsar al invasor[89].

Toda esa prematura actividad editorial, cuya iniciativa correspondía a autoridades y particulares que se movían bajo un objetivo común, el de lograr la movilización conjunta en la lucha antinapoleónica, encontraría eco en los pueblos del suroeste, ya fuese a uno u otro lado de la raya. Desde la perspectiva portuguesa, con anterioridad incluso a la insurrección contra los franceses, la circulación de ese material informativo y propagandístico permitiría crear ciertas expectativas respecto a su propia capacidad de lucha y posibilidad de éxito. Es decir, generaron en algunas poblaciones de la orilla derecha del Guadiana la convicción de rebelarse frente a los ocupantes bajo el argumento de las justas causas que les amparaban, hecho que encontraba soporte además en los movimientos que se estaban produciendo en otros enclaves de la geografía portuguesa[90]. Pero también en torno a los sólidos apoyos con los que contarían, circunstancia avalada asimismo por el tradicional marco de relaciones abiertas y recíprocas, de buena vecindad, fraguado entre las poblaciones fronterizas durante las etapas de entendimiento entre ambas coronas. Así pues, el conocimiento de lo acontecido militar y políticamente en la orilla izquierda del río y las manifestaciones de los distintos actores que entraron en juego durante los primeros días de junio proporcionan algunas de las claves de la activación y el desarrollo de los movimientos insurreccionales en la franja opuesta. No en vano, como significativamente recogía una publicación portuguesa compuesta algunos meses después, los pueblos del Algarve tenían inoculado un claro sentimiento patriótico y antinapoleónico, aunque al no disponer de los medios necesarios y encontrarse oprimidos por dos fuertes naciones coaligadas, este se mantuvo latente hasta que el ejemplo español –sobre el que se puso la mayor atención por considerarlo ya causa común– llevaría a acrecentar los

---

88. Según António Ventura (2010: 54), Vicente de Solís era el representante del gobierno de Algarve en Sevilla.

89. Iria 2004 [1941]: 112-113. En cualquier caso, por esa misma fecha se producía el levantamiento en Olhão, por lo que no cabría esperar una influencia directa de la iniciativa de Rodrigues Barata sobre esa primera insurrección.

90. Pedro Vicente 1999: 339.

sentimientos de rechazo hacia los ocupantes y la activación, cuando se diesen las circunstancias más convenientes, de los distintos levantamientos:

> Crescião de dia em dia os insultos, roubos, e crueldades; toda a classe de Ci-dadãos gemia, murmurava, e nutria dentro do seu coração com os sentimentos de fidelidade, e patriotismo e odio, e o furor. Mas sem armas, e sem auxilios oppri-midos por duas grandes Nações coligadas, a prudencia suffocava ainda os desejos impetuosos dos bravos Algarvios. A Providencia porém que cedo, ou tarde cas-tiga o crime, e premea a virtude, rompeo o véo, que cobria o Déspota, que domi-nava as Nações, com huma aleivosia sem exemplo, praticada contra a sua mesma Alliada, estimulando-a a levantar-se em massa, e obrar os maiores esforços pela sua independencia. Desde então transtornou-se a Politica, os Tyrannos princi-piarão a tremer, e os Fieis Portuguezes, ouvindo com satisfação os intrépidos acontecimentos da Hespanha, cuya causa jás era commun, espreitavão oppor-tuna occasião para manifestarem á porfia o patriotismo, que os animava, encon-trando a cada passo novos motivos para seu resentimento[91].

Olhão, una población marinera que pertenecía al concejo de Faro, sería el primer enclave del Algarve en levantarse contra unas fuerzas francesas ins-taladas allí desde mediados de abril de 1808[92]. La insurrección comenzaba el 16 de junio con la ruptura, de forma muy reveladora, de una proclama de Ju-not fijada en la puerta de su iglesia matriz que criticaba la actitud adoptada por los españoles e invitaba a los portugueses a unirse con los franceses en su lu-cha contra los primeros[93]. El día 19 los habitantes de Faro, aprovechando que la guarnición francesa se había desplazado a Olhão para socorrer a las fuerzas allí establecidas, se sublevaron y llegaron a hacer prisionero al propio goberna-dor, el general Maurin. La revuelta se extendería a partir de este momento por otros puntos del entorno[94], de tal manera que, según recogía una publicación portuguesa compuesta al calor de los acontecimientos, en menos de ocho días todo el Algarve quedó libre «de seus oppressores», de los cuales habían esca-pado muy pocos, tan solo los que se refugiaron en la villa de Mértola[95].

---

91. *Breve noticia da feliz restauração do Reino do Algarve e mais successos até ao fim da mar-cha do Exercito do Sul em auxilio da capital* / Dada à luz… por I. F. L. Official do mesmo Exer-cito. Lisboa: Nova Officina de João Rodrigues Neves, 1809, pp. 5-6. BNP, FGM, H.G. 15074//1 P.

92. Moliner 2004a: 85.

93. Sobre las características de la comunidad local, la naturaleza y el desarrollo del levan-tamiento, véanse: Ataíde 1986 [1906]; Fernandes Mascarenhas 1950; Rosa Mendes 2008, 2009, 2011a y 2011b; Costa 2009; Freitas 2009.

94. Pedro Vicente 2006: 84; Rosa Mendes 2011a: 13-25, Marreiros y Andrade 2004.

95. *Relação histórica da revolução do Algarve contra os francezes, que dolozamente invadírão Portugal no anno de 1807, seguida de todos os documentos authenticos, que justificão a parte que nella teve Sebastião Drago de Brito Cabreira… Offerecida aos seus compatriotas* / E dada à luz por Antonio Maria do Couto… Lisboa: Na Typografia Lacerdina, 1809, p. 16 (BNP, FGM, H.G. 15070//1P).

En cualquier caso, la insurrección y la lucha contra los franceses no podían articularse sin el concurso de los vecinos españoles. Había llegado el momento de poner en práctica los mecanismos de solidaridad y auxilio que referían los escritos que se venían difundiendo desde poco tiempo atrás, y que probablemente también estuvieron presentes en las conversaciones informales de aquellos días. Esta coyuntura resultó clave para afianzar el nuevo marco de relaciones interfronterizas que se venía esbozando desde los levantamientos en España. De hecho, los insurgentes de Olhão se dirigieron inicialmente hacia una escuadra británica que se encontraba apostada en la Real Isla de la Higuerita –actual Isla Cristina–, un enclave próximo a la desembocadura del Guadiana, para solicitar auxilio de armas y municiones, la cual manifestó no poder atender a su solicitud. A continuación se dirigieron a Ayamonte, cuya junta facilitó 130 escopetas que se embarcaron rápidamente con dirección a Olhão, donde resultaron de enorme utilidad[96], ya que, como recogía un testigo directo de aquellos acontecimientos, «chegando todos a terra a este Lugar todos muito contentes, e principalmente este Lugar, por se achar sem armas entremeio de duas cidades inimigas que lhe não podiam valer ainda por via das muitas tropas francesas que estavam nelas»[97].

Así pues, en el caso concreto de los insurrectos de Olhão, un primer impulso los había conducido a buscar el amparo en sus tradicionales aliados, aunque finalmente la ineficacia de estas primeras gestiones les llevaban a encaminarse hacia Ayamonte, cuyas autoridades atendieron con celeridad sus peticiones y, con ello, contribuyeron a desmantelar definitivamente los recelos y suspicacias que pudiesen aún continuar en activo sobre el verdadero papel que tomaban los españoles respecto a sus nuevos aliados. El suministro de armas y municiones por parte de la junta ayamontina tendría continuidad en los siguientes días, cuya acción contaría además con el patrocinio de la Suprema de Sevilla, que no solo facilitaría directamente el armamento sino que instaría asimismo a su subalterna para que hiciese lo propio siempre y cuando las circunstancias lo permitiesen[98].

---

96. Las publicaciones portuguesas de aquel tiempo narraban con más o menos nivel de detalle los trascendentales acontecimientos de esos días: *Declaraçao da Revoluçâo principiada no dia 16 de Junho de 1808 no Algarbe, e lugar de Olhão, pelo gobernador da praça de Villa Real de Santo António, Jose Lopes de Sousa. Para a restauração de Portugal* [s.l., s.n., 1808] (BNE, CGI, R. 60593 y BNP, FGM, H.G. 15064//18P); *Acção memoravel do coronel José Lopes de Sousa* [s.l., s.n., 1808] (BNP, FGM, H.G. 4543//33A); *O Manuscrito de João da Rosa. Edição Actualiza e Anotada* [por António Rosa Mendes]. Olhão: Câmara Municipal de Olhão, 2008.

97. Las dos ciudades a las que hacía referencia serían Faro y Tavira. *O Manuscrito de João da Rosa...*, pp. 21 y 31.

98. *Declaração da revolução principiada no dia 16 de junho...*; Saavedra y Moreno Alonso (ed.) 2011: 157.

Como muestra del papel activo de la Junta de Ayamonte en este campo y del reconocimiento que ello le reportaba entre los agentes lusos cabría señalar la presencia en la desembocadura del Guadiana del corregidor de Beja –enclave portugués situado en el norte y del que mediaba en torno a unos 120 kilómetros de distancia– requiriendo armas y municiones para atender a la defensa de esa ciudad. En este caso, la junta, al no disponer entonces de armas para atender a esta petición, decidía finalmente cederle hasta un número de doscientas de las que ya había entregado a otras autoridades portuguesas[99]. Y no se puede obviar, además, que la Junta de Ayamonte, en línea con lo sostenido y realizado por la Suprema de Sevilla[100], no solo llegó a impulsar alguna expedición puntual con el objetivo de expulsar a los franceses que se encontraban posicionados en lugares próximos a la frontera[101], sino que incluso patrocinó la formación de cuerpos armados que se movieron en áreas más retiradas, los cuales desempeñaron, según señalaba la propia institución ayamontina, una actuación enérgica y eficaz durante las difíciles jornadas que condujeron a la expulsión de los franceses de aquella región:

> […] la incesante actividad de esta Junta se prepara a la defensa de los derechos de su legítimo soberano; forma alistamientos; levanta un Batallón […]; anima a la guarnisión de esta Plaza, y haciendo un desembarco en la dicha opuesta orilla del Guadiana, aterra y hace profugar del Algarbe a los Satélites del tirano, inutilisa tan crecido número de cañones, se apodera de sus Baterías, e inflama a los Portugueses a la imitación de sus glorias, siendo estos los primeros en aquel Reino que, con los auxilios prestados por esta Junta, sacudieron el infame yugo que los oprimía, haviendo extendido sus socorros e influxo a la Provincia del Alentejo no sólo con armas y utensilios, sino en la formación de una compañía de cavallería de contrabandistas que fue el terror de los Franceses en las Capitales de Beja y Évora y de todas sus comarcas[102].

Ahora bien, estas incursiones conllevaron la destrucción de las infraestructuras defensivas apostadas en la orilla derecha del río y, en consecuencia, generaron las primeras suspicacias entre los portugueses acerca de las razones y las verdaderas intenciones que se encontraban detrás de este hecho. Como refería Sebastião Drago de Brito Cabreira, «foi então que os Hespanhoes passando o Guadiana em muitos barcos arruinão as baterias, que jogavão sobre

---

99. El «Desembargador Corregedor» de la ciudad de Beja estuvo varios días en Ayamonte, entre el 24 y el 27 de junio. *Declaração da revolução principiada no dia 16 de junho…*

100. *Continuação da narração dos acontecimentos que occorrerão na vanguarda do exercito do Algarve commandada pelo Tenente Coronel Sebastião Martins Mestre* [s.l., s.n., 1808]; Memoria de actividades de la Junta Suprema de Sevilla enviada a la Junta Central, octubre de 1808. AHN. Estado, leg. 82-B, doc. 75.

101. AHN. Estado, leg. 61-T, docs. 426 y 445. Véase también Villegas y Mira 2011: 127-128.

102. AHN. Estado, leg. 61-T, doc. 426.

Aya-Monte, queimão todos os reparos com o pretexto de que poderião os Ini-migos apoderar-se dellas para melhor obrarem contra elles no estado activo de guerra em que a Hespanha se achava com França»; a lo que añadía algo después que «teve o Supremo Concelho do Algarve noticia de Castro Marim, em que participava haverem os Hespanhoes destruido os reparos e as bata-rias entrando naquelle territorio, mais com vistas hostís do que auxiliares»[103]. Unos excesos que, según António Ventura (2010: 52), fueron considerados por las autoridades locales de mayor gravedad que los practicados por los france-ses. Pero además de las primeras disputas –resueltas con cierta presteza, según parece, al darse de ambos lados las «competentes satisfacciones»[104]–, también se manejaron ya por entonces buena parte de los argumentos que se esgrimie-ron en los nuevos desencuentros abiertos a partir de 1810, cuando, según ve-remos, cambiaron las tornas y serían los portugueses quienes consideraron conveniente, bajo la misma premisa empleada por los españoles con anteriori-dad, la destrucción de las baterías situadas en el lado izquierdo del Guadiana.

En cualquier caso, estos desajustes iniciales no revirtieron el camino tra-zado de la colaboración, circunstancia que quedaba claramente evidenciada tanto en los mensajes que se transmitían como en los hechos que se impulsa-ban. Por una parte, por ejemplo, se contrarrestaron públicamente las tesis di-fundidas por las autoridades francesas que hacían referencia a que la actuación conjunta de portugueses y españoles tan solo suscitaba la supeditación y la su-jeción de los primeros frente a los intereses y los designios de los segundos[105]. Por otra, se ponían las bases para la conformación de un marco de relación y cooperación reglamentado, como resultado del acuerdo formal suscrito por agentes de uno y otro país.

1.4.2. La alianza formal: el impulso del suroeste

Los primeros movimientos para la formalización de la alianza no tardaron mucho en producirse. De hecho, según recogía Francisco de Saavedra en su *Diario*, desde muy pronto, ante las noticias que llegaban desde la frontera so-bre los deseos de los pueblos portugueses en deshacerse del control francés, la Junta Suprema de Sevilla no solo encargaría a varios sujetos que procura-sen avivar estos sentimientos, sino que además les persuadiesen a que envia-sen algunos comisionados a Sevilla bajo el compromiso de cooperar en sus

---

103. *Relação histórica da revolução do Algarve contra os francezes...*, pp. 16-18.
104. Toreno 2008 [1835-1837]: 156.
105. Por ejemplo, *Proclamação que o general em chefe do Exercito de Portugal dirigio aos Portuguezes em consequencia da sublevação do Algarve e resposta à mesma*. Lisboa: Na nova offi-cina de João Rodrigues Neves, 1808, pp. 4 y 6. BNP, FGM, H.G. 22774V

ideas y prestarles importantes auxilios. Y como resultado, se informaba desde aquellos parajes que «muy en breve llegaría un oficial portugués para hacer a la Junta de parte de aquel gobierno propuestas de gran importancia», siendo el día 23 de junio cuando apareció el comisionado portugués «ofreciendo las propuestas mencionadas»[106].

Sebastião Martins Mestre, capitán agregado del regimiento de milicias de Tavira, en nombre de José Lopes de Sousa, gobernador de Vila Real de Santo António, bajo el argumento de actuar «de acuerdo con la oficialidad, nobleza e paysanos», y acogiéndose a la oportunidad que le brindaba la Junta de Sevilla para deshacerse del yugo enemigo, sería el encargado de trasladar personalmente una serie de proposiciones sistematizadas en seis puntos. El primero recogía que la Junta Suprema de Sevilla recibiese bajo su protección a la Regencia del Reino de Portugal, la cual se hallaba disuelta y desconcertada, así como que se prestase a dirigir todo aquello que fuese útil y conveniente para la defensa de ese reino, y a resolver los puntos y las dudas que surgiesen a los leales vasallos portugueses. El segundo que se estableciesen juntas en Portugal siguiendo el ejemplo de las españolas, las cuales serían dependientes y subalternas de la Suprema de Sevilla, con quien tendrían que tener correspondencia para organizar los proyectos necesarios tanto para la derrota del enemigo común como para la dirección de aquel reino. El tercero que la junta sevillana debía auxiliar a los portugueses con los hombres, las armas y las municiones que pudiese disponer, con el objeto de completar una fuerza con capacidad para destruir a los franceses que se encontraban en ese país. El cuarto que, aunque se verificase la derrota de los franceses que estaban en Portugal, continuaría la unión y conformidad de fuerzas para perseguirlos y vengar los agravios hechos a los dos países, así como conseguir la reintegración de sus respectivos soberanos injustamente despojados de sus tronos. El quinto en el que, para que todo contase con la seguridad conveniente, ofrecían dar parte al Príncipe Regente de Portugal representándole la necesidad que habían tenido en tomar esta decisión «para salvar sus derechos, la Patria, Religión y Propiedades». Y el sexto en el que se sostenía que estos puntos principales se podrían aumentar en función de las nuevas necesidades y circunstancias que se fuesen presentando en el futuro, para lo cual habría de presentarse ante la Junta Suprema de Sevilla un representante de la nación portuguesa, «que concurra como los outros que tienen algunas Provincias de estos Reynos de Andalucía»[107].

La Junta de Sevilla, una vez conocidas y valoradas las proposiciones hechas por Sebastião Martins Mestre «a su nombre y demás por quienes habla», acordaba admitirlas en los términos planteados, y convenía además no solo que

---

106. Saavedra y Moreno Alonso (ed.) 2011: 157.
107. AHM/L, 1/14/070/04, fols. 12-13.

se le habilitasen 800 fusiles para que fuesen conducidos a Portugal, sino que se marcaron una serie de pautas de actuación en relación con las funciones y obligaciones entonces asumidas. Primero, que una vez formada la primera junta, esta debía enviar un representante a Sevilla para que actuase en nombre de la provincia del Algarve. Segundo, que las juntas que se fuesen formando deberían reconocer los términos de este tratado en su primera acta de constitución. Tercero, que para informar al Príncipe Regente de Portugal sobre el contenido de este acuerdo se debía formar una legacía compuesta de un diputado de la primera junta nacional que se formase en Portugal y otro de la Suprema de Sevilla, de la misma manera que se debía dar cuenta a la institución sevillana del resultado que tuviese esta manifestación. Y finalmente, que se diese copia al comisionado Sebastião Martins para que hiciese el uso que estimase conveniente[108].

Este primer acuerdo, firmado al calor de los levantamientos del Algarve y auspiciado por el confuso mapa institucional de los primeros tiempos, presentaba una serie de rasgos controvertidos relacionados, entre otros, con sus impulsores y signatarios o con el papel que se le asignaba a cada uno de ellos. Precisamente, circunstancias complejas y polémicas que podrían explicar en última instancia su escaso recorrido y proyección.

Por ejemplo, del documento original se infiere que el agente portugués fue el encargado de presentar las proposiciones a la Junta de Sevilla. Sin embargo, este esquema de presentación sobre el proceso de negociación también podría responder a un modelo formalmente establecido y que, por el contrario, la junta hubiese tenido más protagonismo del reconocido en el texto respecto a la elaboración de aquellos puntos. En consonancia con esta segunda línea de interpretación, Alberto Iria presentaría una lectura diferente. De hecho, afirmaba que la Junta de Sevilla había concedido armamentos a Sebastião Martins Mestre bajo ciertas condiciones, quien, dadas las difíciles circunstancias del momento, terminaba aceptando a pesar de que estaba absolutamente convencido de que no se cumplirían nunca. Según Iria, la Junta de Sevilla exigía, entre otras obligaciones, que el capitán procediese a la creación de juntas gubernativas en el Algarve y en el Alentejo que fuesen «dependentes da sua autoridade», de ahí que manifestase su rechazo: «Quere dizer, em troca de 800 espingardas e algumas munições, o Algarve, que procurava libertar-se do jugo francês, ia, assim; cair pràticamente na dependência política de Espanha!». A lo que añadía: «Era, mais uma vez, a conhecida tendência de absorção a manifestar-se na história dos dois povos peninsulares, contra a qual sempre soubemos reagir com energia e bom é não esquecê-lo nunca!»[109].

---

108.   Palacio de los Reales Alcázares de Sevilla, 23 de junio de 1808. AHM/L, 1/14/070/04, fols. 12-13.

109.   Iria 2004 [1941]: 113.

Al desequilibrio en el protagonismo y en el papel concedido a uno y otro aliado, hecho que se prestaba además a una lectura en términos de absorción o independencia de más largo recorrido, habría que considerar también la naturaleza de los sujetos y las autoridades que cerraban el acuerdo. En este sentido, el tratado se firmaba un día después de constituirse en Faro el Consejo Supremo del Reino del Algarve –conocido más tarde como Junta Suprema Provisional del Reino del Algarve, o simplemente Suprema Junta o Supremo Consejo[110]–, el cual había seguido un procedimiento electivo y representativo que le confería la legitimidad y la potestad necesarias para erigirse como el nuevo poder de referencia en la región[111], y, por tanto, como el único interlocutor capacitado para entablar relaciones oficiales con las autoridades del otro lado de la raya. Sin embargo, ninguno de los dos sujetos portugueses que quedaban consignados en el tratado formaba parte del órgano directivo de este Consejo[112], ni tan siquiera manifestaba actuar en nombre de aquel. La elaboración de las propuestas debió de ser anterior a la creación del Consejo[113], y, por tanto, se escapaba a la lógica política e institucional traída por el mismo. En cualquier caso, lo más interesante no sería el desajuste y el desfase temporal que se evidenciaban con la firma, sino el choque de legitimidades que ello comportaba.

Sebastião Martins Mestre manifestaba actuar en nombre de José Lopes de Sousa, aunque recalcaba también hacerlo de acuerdo con la oficialidad, nobleza y paisanos. Más allá de la vaguedad de esta última referencia, cuyo contenido y significación resultan difíciles de concretar, las dos figuras que venían a representar en esta ocasión a las tierras del Algarve compartían una legitimidad de doble recorrido. Por un lado, ejercían puestos destacados en el campo militar según nombramiento anterior a la ocupación francesa: el primero, que incluso había sido distinguido con el hábito de la Orden de Santiago por los servicios prestados en Gibraltar en 1801, fue promovido a capitán de la cuarta compañía del regimiento de milicias de Tavira por el decreto del 21 de octubre de 1807[114]; y el segundo, que contaba con el rango de capitán,

110. *Ibidem*, p. 104.

111. *Auto de Eleição do Concelho Supremo deste Reino do Algarve, a que procedeo o Clero, Nobleza, e Povo desta Cidade, como Capital do mesmo Reino*. Publicación de extracto en *Gazeta do Rio de Janeiro*, núm. 4 (04/09/1808).

112. Estaba presidida por el teniente-general Francisco de Melo da Cunha de Mendoça e Meneses, primer conde de Castro Marim, Moteiro-mor del reino, gobernador y capitán-general de las armas del Algarve; Ventura 2010: 54. El listado completo de sus ocho componentes siguiendo el esquema interno de representación –clero, nobleza, pueblo y ejército– puede verse en Iria 2004 [1941]: 103-104.

113. Según Alberto Iria (2004 [1941]: 113), el capitán Martins Mestre llegó a Sevilla el 20 de junio.

114. Iria 2004 [1941]: 286-288; Fernandes Vaz 1986.

había desempeñado el puesto de gobernador de Vila Real de Santo António. Por otro lado, habían desempeñado papeles de enorme importancia desde el inicio de la insurrección: por ejemplo, Martins Mestre había tomado rápidamente contacto con los agentes británicos y españoles para solicitar sus auxilios, en tanto que Lopes de Sousa fue quien encabezó el levantamiento de Olhão tras romper el edicto francés que se encontraba colgado en la puerta de la iglesia.

En definitiva, las circunstancias que les capacitaban no fueron otras que la vinculación al grupo militar y el patriotismo demostrado en aquellos primeros días de la insurrección. Al menos en apariencia, ya que desconocemos la forma precisa en la que habían gestionado esta eventualidad con otros agentes portugueses del entorno. En todo caso, se estaban entonces explorando, en conexión con lo experimentado en España, nuevas vías de configuración y legitimación del poder sustentadas en la participación y la representación de distintos colectivos y jurisdicciones. La iniciativa encabezada por Lopes de Sousa y Martins Mestre no solo carecía de esos nuevos soportes legitimadores, sino que además perdía buena parte de su razón de ser antes incluso de estamparse la firma.

El punto que aludía a la dependencia y subordinación que debían guardar las nuevas autoridades portuguesas respecto a la Junta de Sevilla respondía a un contexto institucional muy diferente al que finalmente terminó por desarrollarse. A pesar de las repercusiones inmediatas que tendría el modelo español sobre las tierras portuguesas[115], el proceso de creación del Supremo Consejo del Algarve había quedado sujeto exclusivamente al marco social de la orilla derecha del Guadiana, y, como cabe suponer, al margen del compromiso del 23 de junio que establecía un modelo de relación que marcaba la obediencia y la sumisión de unas autoridades sobre otras[116].

En estas nuevas circunstancias se firmaba en la ciudad hispalense con fecha 8 de julio de 1808 un convenio de colaboración entre el Supremo Consejo del Algarve y la Junta Suprema de Sevilla. Manuel de Couto Taveira Pereira, prebendado de la catedral de Faro, en nombre del Consejo presentaba, previa referencia a los antecedentes que habían llevado a la formación

---

115. Moliner 2010c: 1859.
116. En otras circunstancias y contextos se había llegado a fraguar un modelo de relación institucional que seguía esos principios de jerarquía y obediencia. Por ejemplo, como refiere Melón Jiménez (2012b: 260), en la población lusa de La Zebreira «se estableció una junta subordinada a la de Alcántara con poderes sobre el resto de la comarca». Por su parte, Francisco de Saavedra sostenía en el *Resumen de las operaciones de la Junta Superior de Sevilla* que recibieron a varios comisionados del Alentejo en nombre de sus pueblos y magistrados, «pidiendo auxilios que se les dieron, y ofreciendo sumisión a sus órdenes, que efectivamente observaron, entregando muchos de los puestos fuertes que tenían sobre Guadiana»; Saavedra y Moreno Alonso (ed.) 2011: 240.

de su gobierno –donde aludía a cuestiones como, por ejemplo, la circulación de proclamas y papeles que llevaron a los portugueses a abrigar la esperanza de sacudir el yugo francés o los deseos que habían manifestado en aquel tiempo en hallar en la Junta Suprema una generosa protección–, un conjunto de proposiciones articulado en siete puntos. Primero, que como la Regencia del Reino que había establecido el Príncipe Regente al retirarse de su corte se encontraba disuelta y desconcertada, solicitaba a la junta que auxiliase y socorriese al Consejo Supremo que se había establecido en el Algarve. Segundo, que en función de esa protección y su consecuente alianza, la Junta Suprema debía auxiliar al Consejo no solo con las armas y las municiones que estuviesen a su alcance, sino también con los hombres que les permitiesen las circunstancias, para así completar una fuerza capaz de continuar la destrucción de los franceses en las demás provincias de Portugal. Tercero, que una vez verificado lo anterior, debían continuar en la misma unión y conformidad para perseguir a los franceses, vengar los agravios cometidos contra las dos naciones y reintegrar en sus respectivos tronos a sendos monarcas. Cuarto, que los referidos socorros de hombres, armas y municiones se ajustarían a los que el Consejo pidiese y expusiese a la Junta Suprema, con quien debería obrar acorde en todas las operaciones militares, particularmente cuando se empleasen, de forma exclusiva o combinadamente, tropas españolas. Quinto, que aunque fuesen generosos esos socorros, el Consejo se comprometía a pagar los gastos de los mismos. Sexto, que para obrar con la seguridad conveniente el Consejo representaría al Príncipe Regente sobre la necesidad que había tenido en tomar esta deliberación para «salvar sus derechos, la Patria, religión y propiedades», y acerca de la rápida y generosa protección que había dado la Junta de Sevilla para tan interesantes fines. Y por último, que estos puntos principales podrían aumentarse en función de las nuevas necesidades que se presentasen, señalándose además que para que ambas instituciones obrasen de la manera más acorde y con conocimiento de las operaciones efectuadas en Portugal, tendría el Consejo un comisionado inmediato a la junta para sostener una fluida comunicación[117].

---

117. El comisionado manifestaba casi al final del documento que esperaba que «esta Suprema Junta tendrá a vien admitir las proposiciones dichas por medio de las quales se concilia la alianza de ambas Naciones para el importante fin que se han propuesto de extinguir el enemigo común». Sin embargo, en el último párrafo se recogía que «dado cuenta de estos Capítulos concordados entre D. Manuel de Couto Taveira Pereira, Canónigo Prevendado de la Santa Yglesia Catedral de Faro, y el Excmo. Sr. D. José Morales Gallego, vocal nato de esta Suprema Junta de Govierno de España e Yndias a nombre del Sr. D. Fernando 7° Su Augusto Soberano, se ha servido aprobarlos y mandar se cumplan según y como en ellos se manifiesta, en todos y cada uno de por sí». La elaboración de la propuesta pudo contar, por tanto, con la participación y el asesoramiento de un miembro de la misma Junta de Sevilla. AHM/L, 1/14/070/04, fols. 10-11 y ANTT, MNE, caja 653.

Aunque ni en su forma ni en contenido se alejaba en exceso de lo recogido en el tratado anterior –y que quedaba reflejado incluso en el uso de ciertas frases y expresiones–, contaba en cambio con alguna diferencia muy notoria respecto al sistema de relación establecido entre ambos poderes. Por un lado, ahora quedaba al margen el punto más controvertido del primer acuerdo, el que hacía referencia a la dependencia y la subordinación de las autoridades portuguesas a la Junta Suprema de Sevilla. En este segundo momento se establecía, aunque fuese implícitamente, un modelo de cooperación que, si bien reconocía posiciones de fuerza diferentes –en su primer punto solicitaba el auxilio de la junta «con su poderosa protección»–, reconocía no obstante la soberanía y la autonomía de las dos instituciones. Por otro lado, se articulaba un mecanismo de compensación económica sobre los productos remitidos por la junta al Consejo del Algarve.

Entre las continuidades cabría destacar la puesta en funcionamiento de un engranaje que basculaba principalmente en torno a la dirección marcada por la línea este-oeste, sin consignar con claridad la reciprocidad y la correspondencia desde el eje inverso. En la práctica esto suponía que, por ejemplo, las autoridades de la izquierda del Guadiana se comprometían al envío de materiales y hombres, aunque no quedaba regulado un comportamiento del mismo signo pero de recorrido opuesto[118]. De hecho, como refiere António Ventura, a raíz de esta firma 800 españoles se integraron en el ejército del Algarve, dentro del cuerpo comandado por el teniente-coronel Sebastião Mestre[119].

En líneas generales, el segundo tratado vendría a ajustar lo firmado quince días atrás a las nuevas realidades políticas e institucionales del suroeste. El escenario bélico de esos primeros momentos seguía condicionando su contenido preciso, ya que si bien los franceses se retiraron del Algarve el 23 de junio continuaban representando un peligro desde su posicionamiento más al norte. Pero la situación cambiaba poco después. La salida de los franceses de Portugal tras la firma del Convenio de Sintra del 30 de agosto de 1808[120], o los cambios políticos acontecidos en ambos países con el restablecimiento de la Regencia en Portugal el 18 de septiembre[121] y la creación de la Junta Central en España el 24 de ese mismo mes, alterarían el cuadro de las atenciones y las prioridades por parte de unos y otros.

---

118. La imagen que reflejaba Francisco de Saavedra en el *Resumen* resultaba algo diferente. Según citaba, había llegado «un canónigo de Faro en nombre del capitán general de los Algarbes, Montero Moor, y se celebró con él por medio de D. José Morales Gallegos una especie de tratado formal en que se estipularon recíprocos auxilios, y los portugueses se obligaban a enviar 10 000 hombres vestidos y armados para que unidos con las tropas españolas concurriesen a sus operaciones contra el enemigo común». Saavedra y Moreno Alonso (ed.) 2011: 240.

119. Ventura 2010: 54.

120. Subtil 2008: 152.

121. Fuente 2011: 63 y ss.

Al cambiar las circunstancias concretas en las que fue firmado, sus compromisos perdían fuerza, sentido e interés. Pero tampoco fue capaz de generar el sedimento suficiente para conformar acuerdos más generales y de larga duración. Como sostenía el Conde de Toreno años después, no faltaría quien entendiese que este arreglo, en la línea de lo convenido entre Galicia y Oporto con anterioridad, podía preparar el terreno para tratados de mayor importancia que sellasen la unión entre ambos países, si bien finalmente varios obstáculos propios del momento impidieron que se continuase bajo este propósito y que se culminase con una empresa de esa entidad[122].

En efecto, la propia Junta Central al poco de su constitución se dirigía a la Junta de Sevilla para que le remitiese los antecedentes relativos a las negociaciones que hubiese hecho hasta ese momento con Portugal y que tuviesen por objeto la unión frente al enemigo común, argumentado que serían de enorme utilidad para la seguridad y las operaciones en este importante campo[123]. Pedro Ceballos, secretario de Estado, enviaba un escrito a Pascual Tenorio y Moscoso, encargado de negocios en Portugal[124], en noviembre de 1808 advirtiéndole de la importancia de no darse divisiones internas entre las autoridades portuguesas, debiendo contribuir entonces «a la mejor armonía y al reconocimiento de la Regencia establecida en esa Corte». En este proceder estaban «igualmente interesados ambos Reynos», resultando muy grato además a la corte de Brasil «el que por nuestra parte se practiquen estos oficios propios de una alianza que tanto caracteriza la buena fe con que se procede», dando con ello terminación asimismo a los planteamientos y los manejos que caracterizaban las relaciones en etapas pasadas:

> […] y que por lo mismo desde luego deben olvidarse las máximas de una política obscura y artificiosa, que han reinado hasta ahora así por nuestras relaciones, felismente concluidas, con la Francia, como por la influencia despótica con que esta Potencia nos obligaba a desentendernos de los vínculos que afortunadamente nos unen y nos deben unir siempre con la Corte y la Nación Portugueza, tanto más mediando nuestra alianza actual con la Gran Bretaña, antigua e íntima aliada del Portugal[125].

---

122. Toreno 2008 [1835-1837]: 156.

123. 4 de octubre de 1808; AHN. Estado, leg. 82-B, doc. 70. Sobre la importancia concedida por la Junta Central a los asuntos de Portugal véase Moreno Alonso 2009b y 2011a.

124. Ambos nombrados en sus respectivos empleos por la Junta Central a mediados de octubre de 1808. Ochoa Brun, Miguel Ángel: «Pedro Félix de Ceballos y Guerra de la Vega», en Real Academia de la Historia, *Diccionario Biográfico electrónico* (en red, http://dbe.rah.es/biografias/14713/pedro-felix-de-ceballos-y-guerra-de-la-vega); Ozanam, Didier: «Pascual Tenorio y Ruiz de Moscoso», en Real Academia de la Historia, *Diccionario Biográfico electrónico* (en red, http://dbe.rah.es/biografias/53581/pascual-tenorio-y-ruiz-de-moscoso).

125. Aranjuez, 3 de noviembre de 1808. ANTT, MNE, caja 434.

Sin embargo, no parece que se avanzase mucho durante los siguientes meses en la consecución de la alianza formal si tenemos en cuenta el contenido del informe que Pedro de Sousa y Holstein, conde de Palmela, representante del gobierno portugués ante la autoridad central que ejercía ahora desde Sevilla[126], remitía a Rodrigo Sousa Coutinho, conde de Linhares, con fecha 2 de agosto de 1809. En su escrito señalaba, por un lado, que nada más llegar al puesto de su encargo había visitado al secretario de Estado Martín de Garay y le había transmitido el deseo que animaba al príncipe regente de estrechar los vínculos de amistad entre Portugal y España y de hacer causa común para asegurar la independencia de la Península y conseguir la libertad de Fernando VII[127]; y por otro, que algunos días después se había visto con el Conde de Altamira, presidente de la Junta Central, trasladándole el cometido de su encargo así como la apuesta de las autoridades de su país por afianzar la correspondencia y la concordia entre los dos reinos, manifestándole el presidente tanto la satisfacción con que aquel gobierno recibía a los plenipotenciarios portugueses como las medidas que tomaría para preservar, e incluso aumentar, «a boa armonia felizmente existente entra as duas Nações»[128].

Ante la falta de un acuerdo cerrado, Pedro de Sousa se interesó por el contenido de los tratados establecidos entre las provincias del norte de Portugal y Galicia[129] y entre el reino del Algarve y Andalucía con el fin de determinar, previa consulta y parecer del conde de Linhares, la ratificación de los mismos. Para llevar a cabo esta gestión se pondría en contacto con los gobernadores portugueses, particularmente con el patriarca de Lisboa y con el marqués de Olhão. Sin embargo, aquellas pesquisas no condujeron finalmente a la validación de los acuerdos previos. En el caso de la zona norte, porque no había conseguido verlo, llegando a manifestar el patriarca de Lisboa no solo que no lo tenía, sino que juzgaba además que ni en Oporto lo encontraría al haberse perdido todos los papeles cuando entraron los franceses en aquella ciudad. Y en el caso del sur, porque, aunque fue remitido por el marqués de Olhão, sin embargo les había parecido «tanto a aquelhes Senhores como amim» que solo

---

126. De Diego 2011b: 1643; Dores 2013.

127. En la nota que se entregó al secretario de Estado Martín de Garay el 25 de julio de 1809 y que aparecía adjunta al documento del conde de Palmela que estamos comentando, se apuntaba que «S. A. Real dezejoso de assentar esta Alliança sobre bazes solidas e perpetuas, ordena-me de convidar este Governo para convencionar os artigos de hum Trattado de Alliança e Comércio debaixo da garantia de S. M. Británica; declarando formalmente S. A. Real que não deporá as Armas sem que se tenha conseguido a restituçã do Sr. D. Fernando VII ao seu Trono, e segurado a independencia de toda a Peninsula». Sevilla, 25 de julio de 1809. ANTT, MNE, caja 653.

128. Sevilla, 2 de agosto de 1809. ANTT, MNE, caja 653.

129. Hay que tener en cuenta que la Junta de Oporto firmaría en los primeros días de julio de 1808 un pacto de ayuda mutua con la del reino de Galicia, con quien mantenía una estrecha relación. Moliner 2004a: 85.

contenía estipulaciones propias del momento en el que se realizó y que de ninguna manera «seria conveniente o trattar-se da ratificação d'elle»[130].

En resumen, las urgencias iniciales de la frontera habían llevado a las nuevas autoridades del suroeste a trazar con rapidez la unión en términos amplios y no faltos de controversias. Sin embargo, los cambios posteriores en el desarrollo de los acontecimientos bélicos, los nuevos compromisos asumidos por las fuerzas británicas o la nueva configuración política e institucional no harían sino modificar las consideraciones primeras y marcar con claridad un cierto distanciamiento respecto a lo estipulado entonces. El acuerdo a nivel estatal no se firmaría hasta septiembre de 1810[131], meses después de la entrada de los franceses en Andalucía y de haberse creado en Cádiz el Consejo de Regencia y ponerse en marcha los preparativos para la reunión de las Cortes.

1.4.3. Los espacios de relación: confluencias y tensiones

Más allá del acuerdo general firmado entre ambos gobiernos, también se formalizaron convenios y se plasmaron compromisos por escrito en torno a ciertos campos de actividad, particularmente en aquellos que habían cobrado en el contexto de la guerra una especial relevancia y emergencia. Tal fue el caso, por ejemplo, del comercio de productos para el ejército[132], que, según se recogía en una comunicación de 23 de enero de 1810 enviada por Evaristo Pérez de Castro, delegado español en Lisboa[133], a Miguel Pereira Forjaz, encargado portugués de los negocios extranjeros, habían quedado libres de derecho en las aduanas de Portugal por mandamiento del «Señor Príncipe Regente» del 24 de

---

130. Sevilla, 2 de agosto de 1809. ANTT, MNE, caja 653.

131. *Convenção entre os governadores do Reino de Portugal, e dos Algarves, em nome de S. A. R. o Principe Regente de Portugal e o Conselho de Regência de Espanha e Indias, em nome de S. M. C. Fernando VII. Asignada en Lisboa pelos plenipotenciarios respectivos, a 29 de Setembro de 1810, e ratificada pelos dois Governos*. Lisboa: Na Impressa Regia, 1810; cit. en Moliner 2010a: 135. En todo caso, las negociaciones para «un tratado solemne de Alianza defensiva y de comercio» contarían con un impulso decisivo en el mes de abril, cuando el Consejo de Regencia aprobaba el proyecto, si bien aún habría que esperar a que el representante portugués en Cádiz escribiese «a su Corte pidiendo los Poderes necesarios para concluir y firmar dicho Tratado», así como el conocimiento, aceptación y garantía por parte del gobierno británico, «requisito esencialísimo y sin el qual la religiosidad y buena fe de ambos Gobiernos no ha pensado jamás proceder a ninguna conclusión». De Eusebio de Bardaxí y Azara al ministro de Portugal; Isla de León, 12 de abril de 1810; ANTT, MNE, caja 654.

132. Sobre la importancia de disponer del equipamiento necesario véase, por ejemplo: Martínez Ruiz 2010: 183, Moreno Alonso 1997a: 185, Cantera 2010: 148.

133. Por encargo de la Junta Central se había instalado en Lisboa durante 1809 con el cometido de afianzar la alianza entre España y Gran Bretaña. Rodríguez López-Brea, Carlos: «Evaristo Pérez de Castro», en Real Academia de la Historia: *Diccionario Biográfico electrónico* (en red, http://dbe.rah.es/biografias/6844/evaristo-perez-de-castro).

agosto de 1809 en atención «a la alianza que felizmente existe entre la Nación Española con la Portuguesa en la causa común que defendemos»[134].

En líneas generales, con independencia del momento de la firma y del contenido preciso de los tratados, los canales de comunicación y entendimiento abiertos en la frontera sur al principio del conflicto continuaron activos en los siguientes meses. Por ejemplo, el 27 de octubre de 1808 Manuel Arnaiz, presidente de la Junta de Ayamonte, remitía un escrito al General y Supremo Consejo del Algarve trasladando algunas disposiciones emitidas por las autoridades de Sevilla y Cádiz acerca de la conducción de presos franceses hasta Faro y sobre el pago de los gastos que ello comportaba[135]. Los prisioneros, según el escrito firmado por Francisco Gomes de Avelar en calidad de obispo y gobernador de las armas interino del Algarve[136], serían finalmente enviados por aquellas autoridades hacia Lisboa con el mismo socorro de alimentos con los que contaron en su tránsito por España[137].

En cualquier caso, no siempre las relaciones resultaron fáciles ni armoniosas. José Leonardo da Silva, sargento mayor y gobernador de la plaza de Alcoutim, se dirigía el 29 de octubre de 1808 al obispo y gobernador de las armas interino del Algarve informándole, después de haberlo trasladado a varias autoridades españolas y no haber obtenido la conveniente satisfacción, de las acciones llevadas a cabo por las autoridades militares situadas en Sanlúcar de Guadiana contra los barcos portugueses que navegaban por esa parte del río. En concreto, las embarcaciones eran obligadas a atracar en el puerto español mediante el uso de la fuerza con el argumento de evitar el transporte de los enemigos franceses y el contrabando. Una práctica que, según recalcaba en su reclamación, iba en contra de los intereses de sus naturales, que veían ahora limitados su acceso y movilidad en un recurso fluvial que compartían tradicionalmente ambos países[138].

Las circunstancias concretas de aquella disputa remitían tanto a motivos específicos relacionados con la guerra y la actuación conjunta contra los intereses franceses, como a otros de más larga tradición en la frontera vinculados con el recurso al contrabando practicado por agentes de uno y otro lado del río. Y en ella intervinieron autoridades y particulares de ambos países, mostrando un juego de equilibrios sobre el terreno algo precario y que no siempre resultaba fácil de mantener. Con todo, su resolución encontraba acomodo dentro de las vías pacíficas y conciliatorias amparadas por el marco

---

134. AHN, Estado, leg. 4515, caja 2. Se conserva otra copia de este documento en ANTT, MNE, caja 435.

135. AHM/L, 1/14/070/04, fol. 4.

136. Una breve nota biográfica sobre el obispo Francisco Gomes de Avelar, vicepresidente de la Regencia del Algarve y gobernador de las armas interino en Iria (2004 [1941]): 257-260.

137. Palacio Episcopal de Faro, 2 de noviembre de 1808. AHM/L, 1/14/070/04, fol. 3.

138. AHM/L, 1/14/070/04, fol. 14.

político e institucional creado con las insurrecciones de mayo y junio, a partir de los cauces y garantías que permitían las nuevas relaciones y jerarquías de poder. De hecho, el gobernador de Alcoutim no solo se había puesto en contacto en un primer momento con la autoridad castrense de Sanlúcar, sino que se había dirigido a continuación a la Junta de Ayamonte para que mediase sobre este asunto. No sería hasta después de constatar la falta de respuesta por parte de ambos poderes cuando lo comunicase a la autoridad de Faro, quien quedaba finalmente con el compromiso de elevar este asunto a la Junta Suprema de Sevilla para que adoptase la resolución más conveniente[139]. Y aunque desconocemos los términos exactos de lo ordenado desde Sevilla, sorprendería sin embargo que se hubiese hecho sin considerar la política general de conciliación y buena vecindad marcada desde el inicio de la guerra.

En buena medida, esa sería la fórmula empleada por las autoridades de ambos lados de la raya a la hora de resolver las tensiones generadas en la convivencia y los encuentros cotidianos entre naturales de uno y otro país, perteneciesen o no al cuerpo militar. Así lo constata, por ejemplo, el escrito del encargado de negocios en Lisboa del 26 de septiembre de 1809 en el que refería los excesos cometidos en Portugal por algunos soldados españoles y las medidas que para su satisfacción habían tomado sus respectivos jefes[140]. También otro del gobernador de Castro Marim, que el 2 de octubre de 1808 trasladaba una información al obispo de Faro en relación al altercado ocurrido en un baile organizado en una casa de aquel municipio y su posterior extensión a otros lugares de la población y en el que estuvieron implicados algunos españoles, entre los que se encontraban unos contrabandistas[141]. A raíz de esta denuncia, la autoridad de Faro se comprometía a providenciar a la Junta Suprema de Sevilla y a la de Ayamonte sobre lo contenido en la misma[142].

En otro escrito de Evaristo Pérez de Castro de abril de 1809 se hacía referencia a la necesidad de enviar a España al batallón de voluntarios de Galicia que se había formado en Lisboa y evitar así «los desórdenes que acarrea su permanencia en esta Ciudad», situación agravaba después del aviso que se le había trasladado sobre «un nuevo exceso» en el que habían incurrido esos voluntarios. El representante español, deseando la pronta marcha de ese cuerpo, no solo tomaría todas las disposiciones que habían estado en su mano para efectuar el traslado, sino que solicitaría al gobierno portugués, persuadido de que podrían emprender la marcha en cualquier momento, la expedición de pasaportes y documentos que sirviesen para «facilitar los alojamientos y

---

139. Faro, 6 de noviembre de 1808. AHM/L, 1/14/070/04.
140. AHN, Estado, leg. 4515, caja 1.
141. AHM/L, 1/14/070/04, fols. 15-16.
142. Faro, 6 de noviembre de 1808. AHM/L, 1/14/070/04.

demás auxilios y protección que pueda necesitar esa gente en su tránsito por el Algarbe»[143].

Las relaciones también serían fluidas entre la población del entorno en ámbitos cotidianos no sujetos a formalismos, dándose asimismo incluso entre quienes se movían al margen de los cauces legales establecidos por ambos Estados. Los casos más significativos estarían representados por los comerciantes y traficantes de productos que realizaban sus actividades fuera de la ley, y los prófugos y desertores que buscaban refugio en el otro margen de la frontera. Entre los primeros cabría considerar las denuncias efectuadas por las autoridades sobre unas prácticas que, si bien no resultaban nuevas[144], constituían en el contexto de la guerra otra fuente de preocupación más por los perjuicios que ocasionaban a los intereses de su mando. Así, por ejemplo, en un escrito remitido por el obispo y gobernador de las armas interino del Algarve el 20 de mayo de 1809 al secretario portugués de negocios extranjeros, Miguel Pereira Forjaz, a raíz de la información enviada por el gobernador de Vila Real de Santo António, se decía estar en espera de conocer las precauciones que debían tomarse para evitar los problemas que «por aquellas partes fazem os contrabandistas Hespanhoes»[145].

Entre los segundos habría que situar aquellos testimonios que incidían sobre las posibilidades que proporcionaban las tierras de la otra orilla para solventar los compromisos militares. Pese a las dificultades del análisis a lo largo del tiempo por la diversidad de sus causas y manifestaciones, o de la falta de trabajos cuantitativos y cualitativos para el conjunto de la Península Ibérica[146], el fenómeno de la deserción –de larga proyección en el tiempo[147]– alcanzaría no obstante una enorme importancia durante los años de la guerra de la Independencia[148]. A fin de cuentas, en un escenario caracterizado por el notable incremento del alistamiento y la movilización[149], circunstancias relacionadas con las difíciles condiciones de la vida del soldado y los temores ante la alta probabilidad de padecer una muerte violenta explicarían la cantidad de prófugos y desertores que se alcanzaba a uno y otro lado de la raya[150].

---

143. Escrito dirigido a Cipriano Ribeiro Freire, secretario del gobierno portugués encargado de los negocios extranjeros. Lisboa, 7 de abril de 1809. ANTT, MNE, caja 434.

144. Para el caso concreto de la frontera entre Andalucía y Portugal véase, por ejemplo: Peña Díaz 2007, Melón Jiménez 2010b.

145. AHM/L, 1/14/073/01.

146. Martínez Ruiz 2005: 145 y ss., Martínez Ruiz 2010: 183-184, Carrasco 2007: 81.

147. Dores 2010a, Martínez Ruiz 2012, García García 2007.

148. Fraser 2006: 425, Canales 2003. Para el caso portugués: Fuente 2011: 119 y ss., Dores 2008 y 2010b: 202-204, Nogueira 2012.

149. Moral 2009: 536.

150. Martínez Ruiz 2010: 183, Fraser 2006: 424.

En el caso de Portugal, ya en los meses finales de 1808 el obispo y gobernador de las armas interino del Algarve se había dirigido a las autoridades superiores para que solicitasen al gobernador de Gibraltar que hiciese salir a todos los portugueses y algarvíos que se habían refugiado en aquella plaza «para não servirem ao seu Soberano» y que, buscando utilidades falsas, se empleaban en el contrabando y ocasionaban un daño gravísimo al Estado[151]. En septiembre de 1809 sería Beresford, nombrado ya por entonces mariscal del ejército portugués encargado de su reorganización[152], quien hacía mención a que la elevada tasa de deserción era uno de los problemas que tenía el ejército en aquel momento, y que si esa situación no lograba controlarse, el ejército en un año sería otro muy diferente[153]. En aquel contexto se situaría un nuevo escrito del obispo y gobernador de las armas interino del Algarve de octubre de 1809 en el que refería la frecuencia de las deserciones, muchas de los cuales se habían dirigido a la plaza de Gibraltar y que no resultaba posible cerrar el paso porque el litoral estaba abierto y los patrones de barcos hacían todo por «dinheiro»[154]. Y algunos días más tarde comentaba, en referencia al reclutamiento y a la deserción de soldados, que muchos habían emigrado a España en aquel año y en el anterior, sin que hubiesen vuelto ninguno de los que había ordenado arrestar a los padres y confiscar sus bienes, y que, por tanto, había reclamado al gobierno del país vecino como «fugitivos ao serviço»[155].

En el caso de la franja izquierda del Guadiana, aún no invadida en aquel tiempo por los franceses, algunos testimonios referían la importancia de la lucha conjunta, destacando la contribución de los distintos sectores de la población y el impulso de todos para lograr la expulsión. Como sostenía Pedro de Sousa y Holstein a mediados de 1809 en referencia a la situación de Andalucía, los verdaderos ejércitos españoles son todos los pueblos de la Península, ya sean tanto paisanos como mujeres y frailes, que quieren contribuir a la defensa de la patria y hacer a los franceses el mayor daño posible, por cuya razón no pueden estos conservar las provincias después de conquistarlas, circunstancia que «deve ser a maior fundamento das nossas esperanças»[156].

Ahora bien, no todas las actuaciones se ajustaban a ese esquema caracterizado por el patriotismo y la unanimidad de la lucha, al menos en los pueblos

---

151. Escrito enviado a Miguel Pereira Forjaz. Faro, 30 de noviembre de 1808. AHM/L, 1/14/070/04, fol. 48.

152. De Diego 2011c.

153. Beresford para Forjaz, 21 de septiembre de 1809. Cit. en Fuente 2011: 131.

154. Escrito dirigido a Miguel Pereira Forjaz. Faro, 1 de octubre de 1809. AHM/L, 1/14/073/01.

155. Escrito dirigido a Manuel de Brito. Faro, 24 de octubre de 1809. AHM/L, 1/14/219/01, fol. 84.

156. Escrito dirigido al conde de Linhares. Sevilla, 19 de julio de 1809. ANTT, MNE, caja 653.

próximos a la frontera. En primer lugar, porque una parte de la población intentó eximirse de su inclusión en el alistamiento y el sorteo para el ejército haciendo uso de prácticas delictivas y corruptas[157]. A pesar de las diferentes causas de exención y a la apariencia de igualdad, el sistema presentaba sin embargo una inherente posibilidad de ser manipulado al dejar en manos de los alcaldes, como en el Antiguo Régimen, la decisión en torno a quiénes debían ser incluidos en las listas de sorteo, y daba cabida inevitablemente, por tanto, al favoritismo, la manipulación y la corrupción a escala municipal para la exención de hijos, parientes, amigos y oligarcas locales[158]. Es por ello que el proceso de reclutamiento terminaba afectando sustancialmente a los pequeños labradores y a los menestrales urbanos[159], y, en líneas generales, restaba a distintas áreas de la economía del capital humano más apto y capacitado[160], lo que en ocasiones conduciría al desarrollo de disturbios populares, protestas y animadversiones entre el vecindario[161]. Por ejemplo, en algunos pueblos de la Sierra, caso de Encinasola, Aroche o Cumbres de Enmedio, se dieron irregularidades y episodios de tensión en los alistamientos efectuados en 1808 y 1809[162]. En otros pueblos más al sur como Isla Cristina también se dieron algunas reclamaciones y altercados entre sus vecinos en los actos de conscripción celebrados en aquellas fechas para completar el cupo asignado[163].

En segundo lugar, porque parte de los reclutados recurrieron a la emigración, en algunos casos hacia el país vecino, después incluso de celebrarse el alistamiento y el sorteo. Así se constataba en Isla Cristina en agosto de 1809, cuando el cabildo daba cuenta de no haberse presentado la mayoría de los mozos conscriptos y de estar tan solo disponible uno de ellos por encontrarse previamente detenido:

> Y haviendo pasado éste [el Alguacil ordinario del Juzgado] a las casas [...] de los respectibos individuos a quien cupo la suerte de soldado, ninguno alló en ellas, y preguntando por su paradero a las familias de cada uno, fue informado por ellas se hallavan ausentes los unos en Villa Real de Santo António Reino de Portugal, y los otros en las Playas, sin expresar quales sean, sin dar razón de su regreso, de modo que de los siete que devía conducir el comisionado sólo existe presente Antonio Coello detenido en la Real Cárcel por las razones expresadas en el acto del sorteo[164].

---

157. Butrón y Saldaña 2008b y 2023.
158. Fraser 2006: 422.
159. Moral 2009: 535.
160. Aragón 2008: 11-12.
161. Fraser 2006: 422.
162. Menguiano 2017: 109-112.
163. Saldaña 2008: 18-25.
164. Isla Cristina, 23 de agosto de 1809. AMIC, Expedientes de quintas, leg. 439.

En los actos celebrados en Villanueva de los Castillejos también se dieron algunos problemas en el reclutamiento debido a la emigración de parte del vecindario a Portugal y otros puntos del entorno. Las autoridades municipales señalaban el 29 de abril de 1809 en relación al alistamiento programado algunos días atrás, que no se habían presentado los mozos contenidos en aquel «por hallarse ausentes unos en el Reyno de Portugal y otros en las escardas de sus sementeras». Precisamente, para evitar ese tránsito y conseguir el retorno de los emigrados, el ayuntamiento pondría en marcha algunas medidas de presión que incluían amenazas directas a los familiares de los que no se habían presentado: según ordenaba, los padres y madres debían comunicarse con sus hijos «a donde quieran que se hallen» para que se verificase su vuelta bajo la advertencia de que «no cumpliendo con dicha determinación serán castigados con el mayor rigor»[165].

Así pues, las autoridades manifestaban un cierto interés, aunque variable en función de su naturaleza y jurisdicción, por acabar con el tránsito de prófugos y desertores, llegando a presionar al entorno familiar más cercano para lograr la vuelta y a implicar en su localización a otros particulares. En todo caso, según sostiene Enrique Martínez Ruiz, esta situación no resultó en ningún caso fácil de gestionar, y a los conflictos jurisdiccionales abiertos entre autoridades civiles y militares habría que añadir la dificultad derivada de la recompensa de 200 reales que se prometía a todo paisano que atrapase a un desertor. El cobro no resultaba factible en muchas ocasiones porque esa cantidad debía ser abonada, según la real orden de 3 de enero de 1809, por los propios pueblos, quienes rara vez disponían de los fondos arreglados para ello[166]. En Portugal también se aplicaron medidas similares. Según refiere Fuente, para disminuir el índice de deserción Beresford recomendó en un escrito dirigido a Miguel Pereira Forjaz con fecha de 22 de noviembre de 1809 que en los lugares en los que se detuviese a un desertor debía pagarse una multa predeterminada en caso de que este no hubiese sido capturado por el juez dentro de un tiempo determinado, además de que se diese una recompensa a quien entregase a un desertor, la cual sería financiada con los bienes del propio fugitivo o con el fondo de multas[167].

Entre las medidas de presión cabría situar también el reclutamiento forzoso para el ejército del nuevo país de residencia. Inicialmente, esta iniciativa no contaba con el beneplácito de las autoridades aliadas, que, además de las denuncias sobre la violencia que representaba aquel hecho, pretendieron la vuelta de esos sujetos a su reino de procedencia y la incorporación a sus tropas. Así, por ejemplo, el cónsul de Portugal en Sevilla denunciaba en marzo

---

165. AMVC, Quintas, leg. 99.
166. Martínez Ruiz 2010: 184.
167. Fuente 2011: 136.

de 1809 la violencia ejercida contra un portugués que fue obligado a ocupar la plaza de soldado a pesar de que estaba exento «por ser estrangeiro», y que terminaba siendo finalmente liberado tras las gestiones efectuadas ante el ministro de Estado[168]. Algunos meses después sería Pedro Sousa y Holstein quien manifestaba haber pasado las órdenes necesarias para que fuesen conducidos a Portugal algunos de sus naturales que fueron aprehendidos por la fuera «para soldados no Exército Espanhol», y donde se quejaba asimismo «contra essa violência»[169]. Finalmente, como veremos detenidamente más adelante, no sería hasta septiembre de 1810 cuando ambos gobiernos acordaban el sistema de reclutamiento en el país en el que se hallasen aquellos sujetos que habían emigrado, eran aptos para el servicio de las armas y no prefiriesen antes servir a su propio país[170].

Ahora bien, más allá de la colaboración en el campo del alistamiento entre los poderes de uno y otro país, no faltaron por el contrario acciones de asistencia y comprensión por parte de algunos particulares hacia los prófugos y desertores procedentes de lugares diversos –también desde el país vecino– que dificultaron enormemente el reclutamiento de los sujetos emigrados. No hay que obviar en este sentido, en la línea de lo señalado por Miguel Ángel Melón, que la frontera, entre otras cosas, es una «tierra de nadie» en la que todos, de una u otra manera, encuentran su sitio, también aquellos que buscan un lugar seguro de acogida. Es por ello que, «bien de manera inmediata, o con el paso del tiempo, tales actitudes de complicidad permiten configurar unos apoyos y socorros mutuos, inconcebibles en otros lugares y difíciles de extirpar cuando se perseguían conductas que escapaban de la norma y la moral establecidas»[171].

Un ejemplo de la complicidad y el amparo al huido llegado de la otra orilla del Guadiana lo encontramos en Isla Cristina, donde en octubre de 1809 se juzgó la conducta de un estanquero por haber ocultado en su establecimiento a cuatro prófugos de los ejércitos portugueses, así como por haber intentado engañar a las autoridades de Villablanca cuando procuraban la captura de aquellos. Como se recogía en el sumario, «todos quatro de unánime conformidad trataron de desertarse», para lo cual ingresaron en el reino de España y se dirigieron hacia «la Playa o vaja Mar, término de la Villa de la Higuerita», y presentado en las casas estanco donde «Francisco Juro de dicha vecindad los admitió, abrigó y amparó», y en las que permanecieron ocultos hasta que

---

168. Escrito firmado por Lázaro José de Brito y dirigido a Cipriano Ribeiro Freire. Sevilla, 18 de marzo de 1809. ANTT, MNE, caja 653.

169. Escrito dirigido al conde de Linhares. Sevilla, 2 de septiembre de 1809. ANTT, MNE, caja 653.

170. AHM/L, 1/14/186/11, fols. 1-3.

171. Melón Jiménez 2010a: 183.

tuvieron noticias de que las autoridades los estaban buscando, momento en el que se fueron «hacia el sitio nombrado el Berdigón en dicho término»[172].

Las acciones de restricción y control impulsadas por las autoridades convivirían, por tanto, con otras de tolerancia y solidaridad promovidas entre particulares. Ambas tendencias, que resultaban contrapuestas en sus planteamientos y materializaciones, no hacían sino mostrar los distintos modos de entender la frontera, y de cómo la población del entorno cultivó, con distinto grado de intensidad, un marco adecuado para la relación y la reciprocidad.

En definitiva, a pesar de la consistencia de los juicios negativos que se habían proyectado entre portugueses y españoles con anterioridad a los acontecimientos de mayo y junio de 1808[173], no cabe duda, sin embargo, que desde aquel momento se establecieron no solo dispositivos de cooperación formales por parte de los agentes políticos y militares a uno y otro lado de la frontera, sino que también se fueron trazando rápidamente otros mecanismos informales de solidaridad entre sus habitantes. Todo ello no se materializaba sin problemas ni adversidades, pero marcaría no obstante el camino a seguir en etapas posteriores, principalmente a partir de 1810, cuando la frontera volvía a situarse en primera línea de la lucha y en escenario fundamental en relación al eje Algarve-Huelva-Cádiz.

---

172. AMIC, Autos de oficio, leg. 1339.

173. Como refería Ataíde Oliveira (1999 [1908]: 96-97), después de 1782 se asistiría a continuas fricciones entre los pueblos fronterizos de Ayamonte y Vila Real de Santo António, comenzando así «os grandes periodos das guerras com a Hespanha e a França», en cuyo contexto «repetiram-se os insultos de Hespanha contra Portugal por algumas vezes mais até 1809, data em que se convenceram de que estavam servindo a França, com prejuiso da sua propria nacionalidade».

Capítulo 2
LA OCUPACIÓN FRANCESA Y LA MATERIALIZACIÓN DEL NUEVO MARCO DE COLABORACIÓN (1810-1812)

La entrada de los franceses en Sevilla a principios de febrero de 1810 trajo consigo novedades muy significativas para los pueblos del suroeste[174]. Por un lado, por la presencia de fuerzas militares bonapartistas que, atraídas principalmente por el control de los puertos del Tinto y del Odiel, establecían su base en el Condado, cuyo acuartelamiento principal quedaba situado en el pueblo amurallado de Niebla, mientras se instalaban otros secundarios en Lucena del Puerto, Palos de la Frontera y Moguer. Junto a la ocupación de estos enclaves, y ante la imposibilidad de una ocupación efectiva de un espacio tan amplio y agreste, se enviarían columnas móviles que recorrerían aquellas tierras como parte de la larga y dura guerra de desgaste[175]. Por otro lado, porque la frontera se erigía en punto central de la resistencia gaditana, tanto por la localización en este espacio de instituciones y agentes de reconocida importancia, como por la proyección de mecanismos de articulación a uno y otro lado de la raya que resultaron claves para entender el devenir de la resistencia en todo el arco suroccidental.

Entre 1810 y 1812 se asistiría a una particular redefinición de la dinámica centro-periferia a partir de la confluencia y la proyección de tres escenarios de poder diferentes: los franceses que ocupaban Sevilla, las fuerzas anglo-portuguesas que se situaban en el Algarve y las autoridades españolas apostadas en la ciudad de Cádiz. Las tierras onubenses ocupaban una posición central en el triángulo representado por estos vértices, por lo que no solo disponían de un significativo interés estratégico y de un indiscutible protagonismo en el desarrollo de los acontecimientos, sino que en ellas confluirían además líneas divergentes y variadas en conexión con los distintos actores que

---

174. Una síntesis sobre el proceso de invasión de Andalucía en Díaz Torrejón 2001: 12-18. Sobre la capitulación de Sevilla y la vida en la ciudad durante la presencia francesa véase Moreno Alonso 1995.

175. Peña Guerrero 2000: 23-24 y 2010: 192; Villegas y Mira 2011b: 23-25.

operaron en las mismas[176]. Por ejemplo, desde una perspectiva externa, el Consejo de Regencia había establecido el movimiento de fuerzas en este territorio a partir básicamente de tres objetivos tácticos: proteger el envío de suministros a Cádiz, distraer a los franceses apostados en la zona de Extremadura y colaborar en la liberación de la ciudad de Sevilla, punto a partir del cual se debía promover el impulso fernandino hacia La Mancha[177]. Por su parte, desde una perspectiva interna, el ejército encargado de la defensa de este espacio pondría especial atención en tres frentes principales: la probabilidad de retirada en el vecino Portugal, la conexión con las fuerzas de Extremadura a partir de la ruta que pasa por el Andévalo y la Sierra, y la vía de comunicación abierta con Cádiz a través del litoral marítimo[178].

De una u otra forma, esos distintos objetivos pivotaban sobre una cuestión fundamental: la pervivencia de las fuerzas y de los agentes situados en el centro del triángulo. En aquel escenario resultarían claves no solo la existencia de sistemas defensivos adecuados que permitiesen contrarrestar el envite francés, sino también el establecimiento de líneas nítidas de conexión con los aliados del otro lado de la raya.

En el primer caso habría que considerar los esfuerzos promovidos por las autoridades portuguesas desde diciembre de 1808 en relación a la fortificación de su límite fronterizo y el establecimiento de fuerzas armadas para su defensa. En un escrito enviado desde Castro Marim el 22 de diciembre de 1808 se decía estar empezando a repararse en Vila Real de Santo António las baterías y fortificaciones en conformidad con el edicto del 7 de diciembre «para nos podemos defender no cazo de qualquer ataque que o Inimigo nos queira dar»[179]. Pocos meses después, el obispo y gobernador de las armas interino del Algarve, además de aportar las cuentas de los trabajos de fortificación efectuados, comunicaba a Miguel Pereira Forjaz que, de conformidad con el decreto notificado a mediados de diciembre de 1808 del secretario del Consejo de Guerra, había mandado hacer, una vez que ya estaban organizadas las compañías de ordenanzas, las «obras de fortificação»[180].

La reconstrucción de las defensas del Guadiana no se completaba de manera inmediata, extendiéndose las obras durante buena parte de la presencia francesa en el suroeste. Como refería el obispo y gobernador de las armas interino el 11 de enero de 1810, tenía encargado al sargento mor del real cuerpo de ingenieros Balthezar de Azevedo Coutinho las obras de reedificación de las plazas y las baterías de la frontera de España sobre el río Guadiana, así como

---

176. Saldaña y Butrón 2012: 321.
177. Peña Guerrero 2000: 23.
178. Villegas y Mira 2011b: 19.
179. AHM/L, 1/14/070/04, fol. 45.
180. Oficios de 15 de marzo y 27 de abril de 1809. AHM/L, 1/14/073/01.

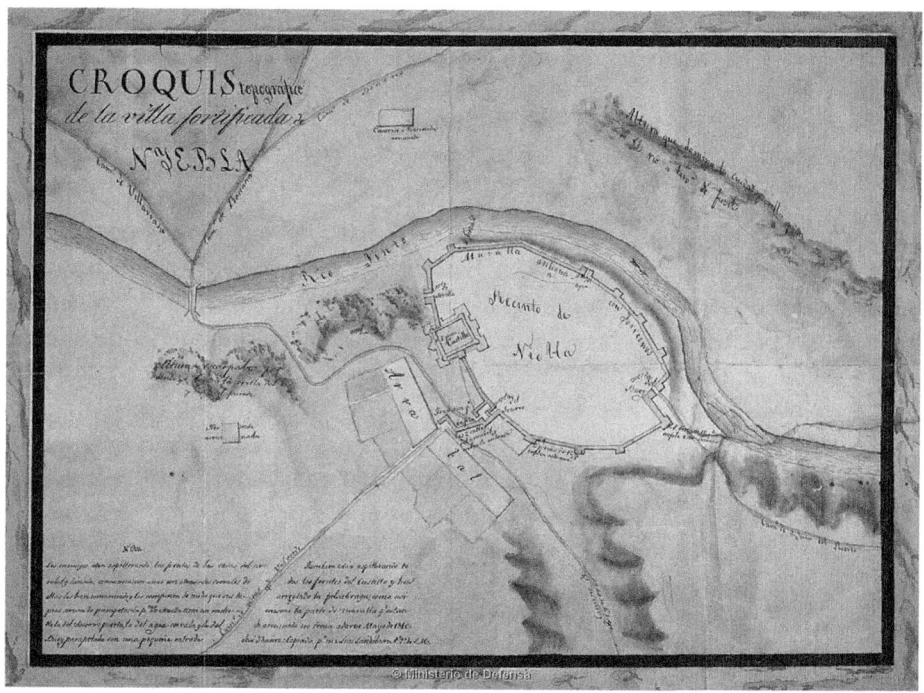

Figura 2. Croquis topográfico de la villa fortificada de Niebla en 1810, copiado por Luis Landáburu del manuscrito original de José Ibáñez. Fuente: Biblioteca Virtual de Defensa. Localización: Archivo General Militar de Madrid, signatura H-1/15

del camino y puente de comunicación en Vila Real de Santo António, cuya diligencia y trabajos, además de haber estado «empregado o anno todo proximo passado», continuaba en aquel momento[181]. A la altura de noviembre de ese año se daba cuenta de la insatisfacción del mando militar del Algarve ante el estado que presentaban las baterías y fortificaciones debido, según reconocía, a la «palpável e criminosa negligência» de los gobernadores de plazas y de las personas empleadas bajo sus órdenes[182]. Todavía en una relación de junio de 1812 se recogían casi veinte obras de fortificación que quedaban por hacer o reparar en el Algarve, algunas de ellas referidas expresamente a Castro Marim, Alcoutim o Monte Gordo[183].

En definitiva, no debió de tratarse de una empresa fácil si tenemos en cuenta los testimonios que desde diciembre de 1808 referían la intensidad de

---

181. A Miguel Pereira Forjaz. AHM/L, 1/14/075/14, fol. 2.

182. De John Austin a Miguel Pereira Forjaz. Castro Marim, 1 de noviembre de 1810. AHM/L, 1/14/075/15, fols. 44-45.

183. Documento firmado por el obispo y gobernador interino del Algarve. Faro, 26 de junio de 1812. AHM/L, 1/14/083/16, fol. 43.

lo desmantelado[184]. Eso sí, buena parte de la situación ruinosa en la que se encontraban las construcciones defensivas portuguesas se debía a las acciones emprendidas por los españoles en los primeros días de la insurrección, cuando intentaban evitar que los franceses, en caso de que recuperasen su posición en la orilla derecha del Guadiana, pudiesen hacer uso de ellas. En una comunicación desde Castro Marim con fecha 22 de diciembre de 1808 se hacía referencia a cómo en la «revolução» que hubo en aquel pueblo para la expulsión de los franceses, los españoles entraron y atascaron la mayor parte de la artillería, una porción de la cual no pudo ser finalmente reparada –entre ella, varias de las mejores piezas de la plaza–, además de que también fue derribada la batería «a requerimento dos Espanhóis»[185].

La barrera natural representada por el río Guadiana y las construcciones defensivas de su entorno que fueron reparándose durante la guerra jugarían un papel fundamental en el mantenimiento de las tierras fronterizas fuera del control francés cuando, una vez que estos llegaban a Sevilla a principios de 1810, volvían a tener una presencia física en la región. Pero no sería el único elemento a tener en consideración. Las rápidas medidas que se adoptaron sobre la movilización de cuerpos militares creados en los meses anteriores también ayudarían al mantenimiento de los enclaves portugueses de la raya libres de enemigos.

Las comunicaciones del obispo y gobernador de las armas interino de aquellos días daban buena cuenta del interés y atención que había puesto en la defensa del Algarve ante la previsible llegada de franceses desde el flanco izquierdo del río. En febrero de 1810 puso en marcha varios regimientos para guarnecer las plazas de Vila Real de Santo António, Castro Marim y Alcoutim[186], así como todas las baterías formadas en el río Guadiana[187]. Varios meses después informaba de que había formado una compañía de artilleros con marineros aprovechando los hombres de mar de la zona, los cuales se encargaban de las barcas cañoneras que había mandado construir en el río Guadiana[188]. Una estrategia de movilización y defensa de la frontera que, a decir del obispo del Algarve, traería beneficios no solo para el desarrollo de la causa común contra los franceses, sino también a la hora de mantener la tranquilidad en los pueblos del entorno[189].

---

184. Documento remitido al obispo del Algarve con fecha de 12 de diciembre de 1808 (AHM/L, 1/14/070/04, fol. 42). Informe de Baltasar de Acevedo Coutinho de 15 de noviembre de 1809 (AHM/L, 1/14/073/01).

185. AHM/L, 1/14/070/04, fol. 45.

186. Tavira, 14 de febrero de 1810. AHM/L, 1/14/219/02, fol. 7.

187. Tavira, 22 de febrero de 1810. AHM/L, 1/14/219/02, fol. 14.

188. Faro, 4 de abril de 1810. AHM/L, 1/14/219/02, fol. 19.

189. Faro, 3 de febrero de 1810 (AHM/L, 1/14/219/02, fols. 5-6); Tavira, 9 de abril de 1810 (AHM/L, 1/14/219/02, fol. 21).

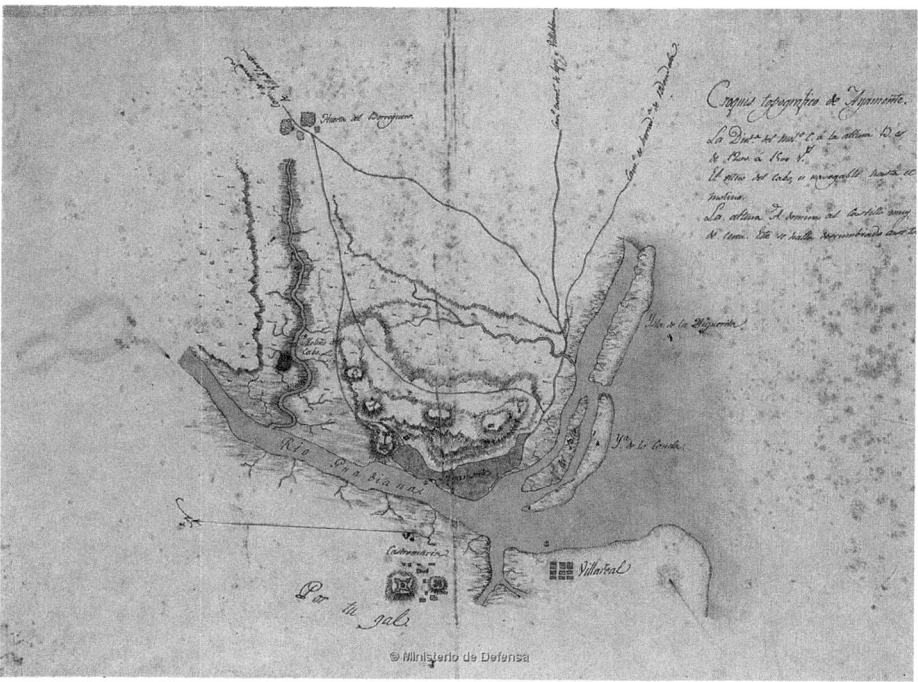

Figura 3. Croquis de Ayamonte, Castro Marim y Vila Real de Santo António hacia 1811. Fuente: Biblioteca Virtual de Defensa. Localización: Archivo Cartográfico de Estudios Geográficos del Centro Geográfico del Ejército, signatura Ar.G-T.7-C.4-512

El desarrollo de todo ese sistema defensivo vino precedido de las noticias enviadas por agentes portugueses que actuaban próximos a las autoridades de Sevilla y que advirtieron del peligro que corrían las tierras del suroeste con la llegada de los franceses a aquella ciudad. Por ejemplo, Monteiro Mor informaba el 4 de febrero de 1810 al gobernador de las armas interino del Algarve que después de haber recibido un oficio del comandante de la plaza de Vila Real de Santo António de primeros de mes en que le participaba haber llegado de Sevilla a Ayamonte el gobernador de aquella plaza, así como su cónsul en la ciudad hispalense João Martins da Graça Maldonado, había ordenado la movilización de fuerzas hacia los enclaves próximos a la frontera para preparar la resistencia «na margem do Guadiana se os inimigos intentarem aquelle trânsito»[190].

Resulta patente, por tanto, la existencia de espacios de relación formalmente establecidos entre las autoridades de ambos márgenes de la frontera, cuyo elemento más reconocible estaría representado en este caso por los agentes

---

190. AHM/L, 1/14/254/10.

portugueses que, bien de forma puntual o permanente, actuaban próximos al gobierno de Sevilla.

Pero también estuvieron abiertos otros canales de comunicación informales y cotidianos entre las poblaciones de la raya, quienes en aquella difícil coyuntura apostarían por fórmulas de solidaridad intercomunitaria y recurrirían al paso hacia la otra orilla como medio de garantizar su propia supervivencia. Así quedaba constatado, por ejemplo, en un oficio del obispo y gobernador de las armas interino del Algarve dirigido a Miguel Pereira Forjaz de 4 de febrero de 1810, cuando hacía referencia a los retos que supondría para la economía del país, por el alza de precios que ello generaba, «se emigrarem de Hespanha para este Reino famílias como ja pertendem»[191]. En cualquier caso, no parece que el fenómeno de la emigración en la frontera tuviese el mismo significado para todos los agentes implicados.

En buena medida, se asistiría al desarrollo de comportamientos muy diversos y heterogéneos, muchos de los cuales no se ajustan ni tan siquiera a un supuesto denominador común de carácter grupal. Sin embargo, el análisis de la experiencia de la guerra necesita partir, para ser operativos y poder abordar el fenómeno con cierta extensión, de categorías grupales que están por encima del marco individual más básico, aunque sin renunciar en ningún caso a la interconexión entre una y otra dimensión.

La clave se encuentra en la determinación de las categorías de análisis. En este caso concreto se parte de una diferenciación basada en fenómenos de índole jurisdiccional e institucional, desde grupos de naturaleza política y militar, pero incorporando además miradas que tomen en consideración otras caracterizaciones más generales. En conjunto, unos espacios grupales no cerrados ni homogéneos pero que en líneas generales ofrecen una buena oportunidad para el acercamiento a una realidad poco transitada: la de las distintas experiencias sujetas al fenómeno rayano, la de los diversos significados que llegó a tener la frontera durante la guerra contra el francés.

2.1. LAS AUTORIDADES POLÍTICAS: LA COLABORACIÓN NECESARIA

Las autoridades políticas del suroeste –ya fuesen municipales o regionales, tradicionales o de reciente creación– entendieron la necesidad no solo de solicitar ayuda al otro lado del río, sino también de socorrer al vecino del otro país. Y, en cualquier caso, de entablar y potenciar un juego de reciprocidades interfronterizas que garantizase la derrota del enemigo común. Todo ello requería de la puesta en marcha de políticas de colaboración, pero también de

---

191. AHM/L, 1/14/075/14, fol. 3.

conciliación y de resolución de conflictos para poder superar algunas de las crisis que amenazaron con trastocar el clima de entendimiento trazado desde los primeros tiempos de la guerra.

2.1.1. Movilidad y refugio al otro lado del río

Desde los primeros meses de 1810 resultaría habitual el recurso a la movilidad y la emigración temporal hacia la otra orilla del Guadiana, particularmente por parte de aquellas autoridades que veían comprometida su existencia ante la presencia del enemigo. Así lo haría la Junta Suprema de Sevilla tras abandonar la ciudad hispalense e instalarse en Ayamonte, garantizando de esta manera tanto su supervivencia institucional como el ejercicio de sus funciones sin demasiadas interferencias.

La primera emigración de la Junta de Sevilla se daba a principios de marzo coincidiendo con la llegada a la desembocadura del Guadiana de la caballería ligera al mando del Príncipe de Aremberg. De hecho, prevenidos de la llegada de esas tropas y de las exigentes requisiciones y extracciones de la que eran objeto los pueblos por los que pasaban[192], el día 6 de marzo, cuando se presentaron los franceses en Ayamonte, tan solo quedaba una tercera parte de sus moradores. Entre el conjunto de los emigrados se encontraban los miembros de la Suprema de Sevilla, que se habían retirado dos días antes[193].

El éxito de la operación de traslado descansaba, en líneas generales, en tres elementos básicos: la disponibilidad de información precisa y fiable sobre el movimiento de los enemigos, la capacidad de defensa y rechazo que se hiciese efectiva desde su lugar de residencia y la calidad de la recepción efectuada por los habitantes de la otra orilla del Guadiana. En el primer caso, la junta se esforzaría por trazar un marco fluido de comunicación entre autoridades y particulares de diverso signo para disponer de información contrastada que le permitiese adoptar con suficiente anticipación las medidas más convenientes. En el segundo caso todo parece indicar que se desplegaron los diferentes recursos defensivos que se habían previsto para la defensa de la frontera, los cuales no solo contemplaban el emplazamiento militar en la orilla derecha, sino también la actuación sobre las mismas aguas del Guadiana. Así, por ejemplo, como se recogía en la *Gazeta de la Regencia*, las tropas francesas durante su primera noche en Ayamonte tuvieron que soportar «los balazos de un barco

---

192. Por ejemplo, en Gibraleón habían pedido unos suministros muy elevados, y en Cartaya efectuaron saqueos que dejaron a sus habitantes en un estado muy miserable. Marín 2008: 12, Villegas y Mira 2011b: 23.

193. *Gazeta de la Regencia de España e Indias*, núm. 5 (23/03/1810), p. 36.

portugués que estaba haciendo fuego» contra ellos[194]. En el tercer caso, los datos disponibles inducen a pensar que, pese a ciertas reticencias y desconfianzas iniciales, no se generaron espacios de tensión reseñables y que en conjunto la estancia se resolvía con el sosiego propio de la unión de intereses y la buena vecindad. De hecho, como refería Antonio José de Vasconcelos, gobernador de Vila Real de Santo António, a Miguel Pereira Forjaz el 27 de marzo de 1810, el traslado de la Junta de Sevilla a ese pueblo había causado algunas reticencias e inconvenientes, pero la tranquilidad pública no había sido finalmente alterada; y comentaba además que, en consecuencia, los vocales de esa junta, una vez restituidos definitivamente a Ayamonte el día 23 del mismo mes, le habían trasladado una misiva ofreciéndole «de nuevo sus respetos»[195].

La estratégica ubicación de la Junta Suprema permitió el continuo traslado a Portugal ante la proximidad de los enemigos, sin sufrir por tanto menoscabo en su gestión. En diferentes ocasiones a lo largo de ese año de 1810 emitiría oficios desde Vila Real de Santo António –entre el 10 y el 26 de mayo, desde el 11 al 20 de julio, o el 14 y 15 de diciembre–, teniendo en cuenta además la variedad de situaciones y de oportunidades que ello ofrecía: en un escrito remitido al mariscal Francisco de Copons y Navia con fecha de 20 de abril de 1810 la junta refería haberse trasladado a aquel pueblo portugués por encontrarse las tropas francesas en lugares no muy distantes a la desembocadura del Guadiana, pero que diariamente pasaba a Ayamonte a providenciar sus encargos; varias misivas firmadas entre el 19 y el 20 de abril contenían la referencia a que lo hacían desde el Puerto de Ayamonte, a bordo del místico Trinidad[196]. La Junta de Sevilla volvería a firmar documentos desde Vila Real de Santo António en febrero de 1811[197], en uno de los cuales refería haber conocido por «uno de los confidentes más seguros» que una división francesa estaba «pronto para dirigirse a Ayamonte» en aquellos días, mientras otra marcharía sobre el Algarve desde Olivenza «a fin de ocupar a un mismo tiempo las dos márgenes del Guadiana»[198].

En líneas generales, el frecuente recurso a la movilidad permite constatar asimismo la existencia de un marco de sintonía y buen entendimiento entre las autoridades de una y otra orilla. De hecho, la búsqueda de refugio no solo se llevaría a cabo en los primeros momentos de mayores carencias y dificultades, sino también en aquellas épocas en las que la Suprema de Sevilla ya contaba con un lugar propio para la defensa en la isla de Canela. Por ejemplo, en su

---

194. *Gazeta de la Regencia de España e Indias*, núm. 5 (23/03/1810), p. 37.
195. AHM/L, 1/14/096/102, fols. 1-2.
196. AHM/L, 1/14/169/112 y RAH, CCN, sig. 9/6966.
197. Varios escritos del 1 y 7 de febrero de 1811. AHM/L, 1/14/203/03, fols. 15 y 17.
198. Al comandante general del Algarve. Vila Real de Santo António, 7 de febrero de 1811. AHM/L, 1/14/203/03, fol. 17.

escrito del 14 de diciembre de 1810 enviado desde Vila Real de Santo António señalaba haberse retirado a aquella plaza después de poner a «salvo en la Ysla de Canelas la artillería y demás efectos del Rey», aunque tenía pensado regresar a Ayamonte una vez que lo permitiesen las circunstancias[199].

2.1.2. Provisión de géneros y servicios más allá de Cádiz

Portugal no fue solo un lugar de refugio para las autoridades españolas ante el avance francés, sino también un territorio de suministro en el que suplir las carencias materiales de su ejército. La llegada de pertrechos desde el país vecino resultaba frecuente según quedaba recogido en distintos oficios remitidos a lo largo de 1810 por la Junta de Sevilla al mariscal Francisco de Copons y Navia, encargado de las tropas del Condado de Niebla. Por ejemplo, el 14 de mayo refería estar esperando a que viniesen desde Lisboa los restantes materiales para la caballería que estaban solicitados; el 8 de junio, haber encargado cananas, carabinas y espadas a esa misma ciudad, a donde se había dirigido un comisionado con caudales para comprar todo aquello que pudiese ser útil para las tropas; el 18 de julio, haber llegado ya desde ese punto algunas espadas y tercerolas; el 25 de agosto, estar esperando la llegada de un buque desde la capital portuguesa con lienzos fuertes y otros renglones; o el 28 de agosto, tener ya a su disposición los más de 200 fusiles y 129 tercerolas que acababan de llegar desde Lisboa[200].

En buena medida, la llegada de productos desde Portugal permitiría compensar las dificultades y las limitaciones del gobierno de Cádiz a la hora de proporcionar el abastecimiento de las tropas. Según informaba la Junta de Sevilla a Francisco de Copons en su escrito del 26 de mayo de 1810, el comisionado que había regresado de la isla gaditana no había podido conseguir los vestuarios, armas y monturas necesarios por la escasez que había de estos efectos en aquel enclave, por lo que, en consecuencia, se comprometía a enviar otro representante a Lisboa con la finalidad de proporcionar todos estos enseres destinados a las fuerzas del Condado[201].

Junto a la vía de entrada de productos, las tierras portuguesas también acogerían la realización de alguna actividad que no había podido ser atendida por los poderes gaditanos. Así, por ejemplo, ante la imposibilidad de que se le remitiese desde Cádiz una imprenta, la Junta de Sevilla comenzaba a publicar en julio de 1810 una gaceta en la ciudad portuguesa de Faro. No obstante, el mayor obstáculo para la provisión de géneros o servicios se encontraría en la

---

199. RAH, CCN, sig. 9/6968.
200. RAH, CCN, sig. 9/6967.
201. RAH, CCN, sig. 9/6967.

estrechez económica de las autoridades españolas. Como manifestaba la Suprema de Sevilla el 30 de agosto de 1810, «el armamento se irá poco a poco poniendo corriente, y pronto vendría de Lisboa si hubiese dinero»[202].

Este escenario de afinidades, que encontraría además otros muchos cauces de expresión, no estaría exento con todo de estridencias y tensiones. Esta circunstancia encontraría explicación en la combinación de diferentes factores: entre otros, las disonancias cultivadas con anterioridad entre los poderes fronterizos y las difíciles condiciones en las que tenían que ejercer ahora, en el exigente y complejo contexto de la guerra, sus labores de gobierno. Como significativamente apuntaba el obispo y gobernador interino del Algarve en marzo de 1810, entre sus preocupaciones de ese tiempo se encontraban las muchas dudas que le provocaban los nuevos huéspedes de aquel reino[203].

Entre abril y mayo de 1810 se pusieron las bases para el establecimiento de una sede del correo de Cádiz en Vila Real de Santo António, si bien su puesta en funcionamiento requirió de la intervención decidida de las autoridades centrales para superar ciertas licencias e imprecisiones manifestadas por parte de algunos poderes locales. El 10 de abril Evaristo Pérez de Castro, encargado de los negocios españoles en Lisboa, trasladaba a Miguel Pereira Forjaz una solicitud del Consejo de Regencia con objeto de disponer, en aras del «interés recíproco», de «toda protección y quantos auxilios sean oportunos» para el establecimiento del correo en Vila Real de Santo António, así como en el tránsito por tierras portuguesas[204], mientras que cuatro días después refería a Eusebio de Bardaxí y Azara, secretario de Estado[205], haber sido solicitada y ofrecida la protección del gobierno portugués en la apertura de aquella oficina para la conexión entre Cádiz, Algarve y Extremadura[206]. Como respuesta, Miguel Pereira Forjaz comunicaba poco después que su gobierno había dado órdenes al director general de correo para que se prestasen los «convenientes auxilios» a fin de que la correspondencia se llevase con seguridad y rapidez tanto en Vila Real de Santo António como en su tránsito por Portugal[207].

Sin embargo, algunos días más tarde Evaristo Pérez de Castro señalaba que a pesar de que la administración se había trasladado ya desde Ayamonte a Vila Real, se observaba irregularidad y retardo en la correspondencia que

202. A Francisco de Copons y Navia. RAH, CCN, sig. 9/6967.

203. A Miguel Pereira Forjaz. Tavira, 25 de marzo de 1810. AHM/L, 1/14/075/14, fol. 6.

204. ANTT, MNE, caja 435.

205. Pascual Sastre, Isabel María: «Eusebio de Bardaxí y Azara», en Real Academia de la Historia, *Diccionario Biográfico electrónico* (en red, http://dbe.rah.es/biografias/13491/eusebio-de-bardaxi-y-azara).

206. Lisboa, 14 de abril de 1810. AHN, Estado, leg. 4510, caja 1, núm. 107.

207. A Evaristo Pérez de Castro. Lisboa, Palacio de gobierno, 17 de abril de 1810. ANTT, MNE, libro 285, fol. 63.

debía llegar a Extremadura desde Cádiz, con los problemas que ello ocasionaba además respecto a la información que llegaba a Lisboa[208]. Y el 26 de mayo manifestaba que si bien le constaba haber llegado las órdenes a Vila Real de Santo António a favor del establecimiento del correo español, no parecía sin embargo que se hubiese auxiliado hasta entonces esa empresa «como se ha menester y lo recomienda la importancia de esta parte del servicio en bien de la España y Portugal», y denunciaba asimismo que el retardo que sufría la correspondencia se debía también a que algunas justicias del tránsito rehuían el franqueamiento de caballería, mientras que otras incluso detenían a los conductores sin consideración, «y aún en Villareal se experimentan dilaciones en el embarque y desembarque»[209]. El 28 de mayo Miguel Pereira Forjaz refería, en contestación a lo expresado por Evaristo Pérez de Castro varios días atrás, que se expidiesen por el obispo del Algarve las órdenes necesarias para contribuir, mediante las medidas más eficaces y oportunas, al establecimiento del correo español en Vila Real de Santo António[210].

Algunos meses después sería John Austin el que comentaba haber recibido una solicitud del comandante de rentas de Ayamonte en nombre de la Regencia con el fin de establecer una línea de postas desde la desembocadura a Lisboa, permitiendo así la «transmissão de inteligencias» del ejército del Marqués de la Romana «para Cádiz y viceversa». Este militar inglés, encargado entonces de las armas del Algarve[211], refería a Miguel Pereira Forjaz haber concedido la licencia para las tierras a su mando y que, en consecuencia, le había emplazado a continuar la gestión con la autoridad competente en el Alentejo para poder avanzar con la línea en aquella región. Ahora bien, en cuanto a la correspondencia con Cádiz, le había manifestado, dadas las circunstancias, no poder permitir esa comunicación sin antes conocer el parecer del secretario portugués de negocios extranjeros[212]. Así pues, no todas las medidas que conllevaban la necesaria colaboración entre portugueses y españoles se adoptaron y aplicaron desde un principio contando con la disponibilidad y complicidad de todos los poderes y agentes implicados, siendo las autoridades superiores las encargadas en última instancia de articular y amparar la puesta en funcionamiento y la buena marcha de las mismas.

---

208. A Eusebio de Bardaxí y Azara. Lisboa, 21 de abril de 1810. AHN, Estado, leg. 4510, caja 1, núm. 121.

209. A Miguel Pereira Forjaz. AHN, Estado, leg. 4515, caja 2 y ANTT, MNE, caja 435.

210. AHN, Estado, leg. 4515, caja 2.

211. Gobernador militar del Algarve desde abril de 1810. En las fuentes utilizadas aparece nombrado como João Austin. Iria 2004 [1941]: 203-204, Bromley y Bromley 2011.

212. Castro Marim, 6 de noviembre de 1810. AHM/L, 1/14/075/15, fol. 49.

2.1.3. Entre desconfianzas, desencuentros y mediaciones: la apuesta por la conciliación

Los cambios operados en el desarrollo de la guerra en general y en la correlación de fuerzas del suroeste en particular condujeron a la apertura de espacios de tensión en los que participaron poderes y agentes no vinculados exclusivamente con el espacio fronterizo. Uno de los ejemplos más significativos lo encontramos en la disputa surgida en 1810 entre las autoridades de la desembocadura del Guadiana por la insistencia de los jefes portugueses en demoler las fortificaciones de Ayamonte y la negativa a devolver los efectos militares pertenecientes a la Junta de Sevilla. Esta última institución había depositado al poco de su llegada a la ciudad fronteriza, movida por las reiteradas instancias del gobernador de Vila Real de Santo António y del comandante general interino del Algarve, y teniendo en cuenta además que carecía de medios adecuados de defensa y que tenía un buen concepto sobre la conducta de esas autoridades portuguesas, la artillería y los efectos existentes en los almacenes de Ayamonte y Sanlúcar de Guadiana para evitar que cayesen en poder del enemigo en algunas de sus incursiones por esta zona, «que podría servirse de ella en daño de una Nación amiga y aliada»[213]. Incluso, en una muestra más de las precauciones tomadas en los primeros tiempos con el fin de evitar el perjuicio de la orilla derecha en caso de que los franceses ocupasen el lado español, la junta trasladaba al gobernador de la plaza de Vila Real que había dado la orden para la demolición de los merlones del fuerte de Ayamonte[214].

La situación cambió varios meses después, principalmente por las diferencias a la hora de considerar los efectos que tendría entonces la ocupación de la plaza ayamontina por los franceses. Por una parte, hay que tener en cuenta que la Junta de Sevilla contaba con mejores recursos para su protección, con lo que no se daba entonces la urgente necesidad de desmantelar las infraestructuras defensivas que miraban a la otra orilla. Además, el establecimiento en la isla de Canela de un espacio de almacenaje y protección permanente en el que podía depositar los enseres que se encontraban bajo su cuidado facilitaba que su custodia se hiciese en este lado del Guadiana. De este cambio daba buena cuenta la *Gazeta de la Regencia de España e Indias* en un número del mes de octubre al señalar el esfuerzo de la Junta de Sevilla por disponer de una zona en el margen izquierdo que permitía suplir el hasta entonces necesario traslado a la otra orilla del río.

---

213. Episodio referido en un documento de 23 de junio de 1810. AHN, Estado, leg. 4510, caja 1, núm. 112.

214. Puerto de Ayamonte, a bordo del místico Trinidad, 19 de abril de 1810. AHM/L, 1/14/169/112.

Quando los franceses invadieron a Ayamonte estos meses pasados, tanto la junta como el vecindario hallaron la mejor y más generosa acogida al otro lado del río en Villa-Real de S. Antonio: el obispo de los Algarves, capitán general de la provincia, el gobernador militar de aquel puerto, y todos los portugueses dieron a los prófugos las mayores muestras de compasión, amistad o interés, pero este recurso precario y del momento no es todo lo que se necesita y puede prestar una isla cercana, a donde es fácil trasladar con tiempo repuestos y depósitos de todas especies. La localidad, proporcionada extensión, y fácil defensa de la isla de Canela, provista de otra parte de manantiales de agua potable, eran circunstancias que hubieran desde luego decidido a la junta a poblarla, si no la hubiese detenido la falta de fondos necesarios para la empresa, y que urgía destinar a otros ramos. Sin embargo, la necesidad de quarteles en que depositar más de 6000 alistados y dispersos, ínterin se remitían a sus destinos, y de almacenes para piquetes, salchichones, cal y efectos semejantes para Cádiz y Real Isla de León, con otras poderosas consideraciones, obligaron a la junta a dedicar gran parte de su atención e inversiones a tan importante establecimiento[215].

Por otra parte, cabe considerar que las autoridades portuguesas del entorno, coincidentes con la opinión de otros agentes británicos que se acercaron puntualmente a este espacio, seguían considerando peligroso y comprometedor para los intereses comunes tanto la existencia de las baterías ayamontinas en estado operativo como la conservación en este enclave de los enseres militares depositados en Vila Real de Santo António algún tiempo atrás. En aquel contexto, el conflicto llegaba a las altas esferas y terminaba deslizándose hacia un terreno de mayor trascendencia. La Junta Suprema de Sevilla se quejaba en un escrito dirigido al Consejo de Regencia de principios de junio de 1810 sobre la «insufrible» conducta de los portugueses, cuyos «insultos a que no está acostumbrada» le resultaba cada vez más difícil de disimular, ya que, pese a establecer «en la despoblada Ysla de Canela, los talleres para la composición de fusiles, sillas, y forniduras, como también los almacenes de artillería, y demás efectos, todo con el fin de tener el menos trato posible con los Portugueses», el problema no se había resuelto por cuanto «nada es bastante a conseguir el efecto», de ahí que solicitase «las providencias que juzgue oportunas para que el Pabellón Español sea tratado con la consideración y decoro a que es acreedor»[216]. Y en otro de finales de junio denunciaba que los portugueses pretendían la demolición de las fortificaciones de Ayamonte «recelosos para lo venidero de la feliz situación de este fuerte» y de su capacidad ventajosa sobre el Guadiana, además de porque estaban «resentidos del estrago que hizo experimentar a sus baterías cuando los franceses las ocupaban»[217].

---

215. *Gazeta de la Regencia de España e Indias*, núm. 77 (04/10/1810), pp. 746-747.
216. Ayamonte, 1 de junio de 1810. AHN, Estado, leg. 4510, caja 1, núm. 115.
217. Ayamonte, 23 de junio de 1810. AHN, Estado, leg. 4510, caja 1, núm. 112.

Algunos días después, ya en el mes de julio, sería Juan del Castillo y Carroz, enviado extraordinario y ministro plenipotenciario en Lisboa[218], el que transmitía su protesta a Miguel Pereira Forjaz dando «la más fundada y fuerte quexa contra el comandante de las fuerzas navales portuguesas D. Antonio Pío», solicitando además que se le reprendiese «por el tono poco comedido y casi insultante» con que había pedido a la Junta de Sevilla la demolición de las fortificaciones de Ayamonte[219]. Todavía en el mes de septiembre continuaba abierto este contencioso, incluso con alguna comunicación en tono elevado. Juan del Castillo y Carroz escribía entonces a Miguel Pereira Forjaz manifestándole su pesar porque las autoridades de la otra orilla del Guadiana no solo actuaban contra los intereses comunes y al margen del espíritu de amistad y armonía que resultaba conveniente en aquellos momentos, sino porque demostraban además hacerlo fuera del marco de reciprocidad y franqueza que venían amparando las autoridades españolas:

> Nunca ha dudado el Gobierno español de estas buenas disposiciones de parte de la Regencia de Portugal y por lo mismo, aunque desearía no tener jamás motivos de queja que manifestarle, se ve en la precisión de hacerlo ahora con tanto más sentimiento, quanto que recaen sobre el mismo asunto que se creyó ya concluido.
>
> Con efecto habiendo este Gobierno reconocido alguna culpa en el capitán D. Antonio Pío de los Santos por haber solicitado la demolición de la Fortaleza de Ayamonte, no podrá menos de reconocerla igualmente en el Gobernador de Villareal, el Reverendo Obispo de Faro, y quantos mandan las Armas de Portugal en las márgenes del Guadiana, por las repetidas instancias que todos ellos han estado haciendo a la Junta de Ayamonte para el mismo fin.
>
> En vano ha respondido la misma Junta haciéndoles ver la ninguna necesidad de aquella providencia cada día más intempestiva por razón del menor peligro en que se halla aquel Pueblo; en vano han visto todos los Xefes del Algarve las repetidas pruebas de amistad, harmonia y previsión que les han dado los de Ayamonte desde el principio de la Guerra quando los Franceses ocupaban parte del Algarve, prestándose a todos los oficios que la reciprocidad exige; estos Gefes Portugueses (aunque sea muy sensible decirlo) no han correspondido a la misma buena reciprocidad y franqueza. […]
>
> Un coronel Ynglés acompañado del Gobernador de Villareal y de varios oficiales Portugueses de artillería y de yngenieros se presentó también en Ayamonte solicitando reconocer las fortificaciones, y la Junta se prestó inmediatamente a complacerles; mas las resultas de esta visita amistosa fueron las de renovar sus instancias a la Junta para la demolición del Baluarte.

---

218. Badorrey Martín, Beatriz: «Juan Castillo y Carroz», en Real Academia de la Historia, *Diccionario Biográfico electrónico* (en red, http://dbe.rah.es/biografias/31317/juan-castillo-y-carroz).

219. Lisboa, 18 de julio de 1810. ANTT, MNE, caja 435.

Bien conocerá V. E. que quando un aliado solicita que el otro destruya sus fortalezas, y al mismo tiempo rehúsa devolverle las armas que en depósito le guardaba, no solamente le da pruebas de desconfianza, sino que obra en cierto modo contra sus verdaderos intereses; y como el Gobierno de España no puede creer que semejantes procedimientos sean nacidos de órdenes que esta Regencia haya comunicado, me manda hacérselo presente por medio de V. E.[220]

Por su parte, la respuesta de John Austin de finales de septiembre insistía, en un tono muy parecido al del escrito de denuncia, en el peligro que tenía la batería de Ayamonte para la seguridad de Portugal, puesto que no había ningún obstáculo que evitase caer en manos del enemigo, siendo además una solicitud «justa e razoavel» para garantizar la protección y en la que estaban implicados los «bons Hespanhóes». Además, en su descargo, emplazaba a que se preguntase al mando del ejército del Condado si a la entrada de sus tropas en aquel reino se había encontrado con alguna muestra de sospecha o desconfianza, de la misma forma que se podía consultar a todos los habitantes «das partes adjacentes de Hespanha» por el trato que recibían cuando tenían necesidad de «buscar hum abrigo neste Reyno», y en cuyas respuestas no esperaba sino encontrar justificación a sus actos[221].

Ahora bien, todas estas comunicaciones y reproches entre unas y otras autoridades no debieron de alterar, al menos de forma importante, la política de complicidad y entendimiento que casaba bien con los intereses de ambos países en aquel tiempo. De hecho, el relato que se proyectaba en el espacio público resultaba particularmente apegado a valores de conciliación y amistad. La Junta de Sevilla dejaba constancia en la *Gazeta de Ayamonte* en septiembre de 1810 de haber encontrado en Vila Real de Santo António la «mejor hospitalidad», toda vez que el obispo y gobernador de las armas interino del Algarve, el gobernador militar de aquel puerto y todos los portugueses habían dado «las mayores muestras de amistad, de compasión, e interés en la común causa»[222].

Hasta más de un año después siguió abierto aquel contencioso sobre las fortificaciones de la desembocadura del Guadiana. Eusebio de Bardaxí y Azara comunicaba el 11 de septiembre de 1811 al ministro de Portugal que el Consejo de Regencia había accedido a la solicitud de demolición de la batería de las Angustias, constituyendo «una nueva prueba del aprecio» con que dicha institución recibe las insinuaciones del gobierno portugués y acredita además la «amistad» y consideración con que «se dirigen a estrechar los vínculos de

---

220. Lisboa, 7 de septiembre de 1810. AHN, Estado, leg. 4510, caja 1, núm. 112 y ANTT, MNE, caja 435.
221. A Miguel Pereira Forjaz. Lisboa, 27 de septiembre de 1810. AHM/L, 1-14-075-15, fols. 34-36.
222. *Gazeta de Ayamonte*, núm. 8 (05/09/1810), p. 1.

ambas Naciones, y a conseguir el noble fin que se han propuesto»[223]. No obstante, el que en la madrugada del 27 de septiembre de 1811 los franceses entrasen en Ayamonte y, antes de salir a las pocas horas, aprovechasen para disparar desde el baluarte situado en aquel puerto a los barcos ingleses que se encontraban fondeados en la otra orilla del río[224], no parece que facilitase la resolución de aquella disputa.

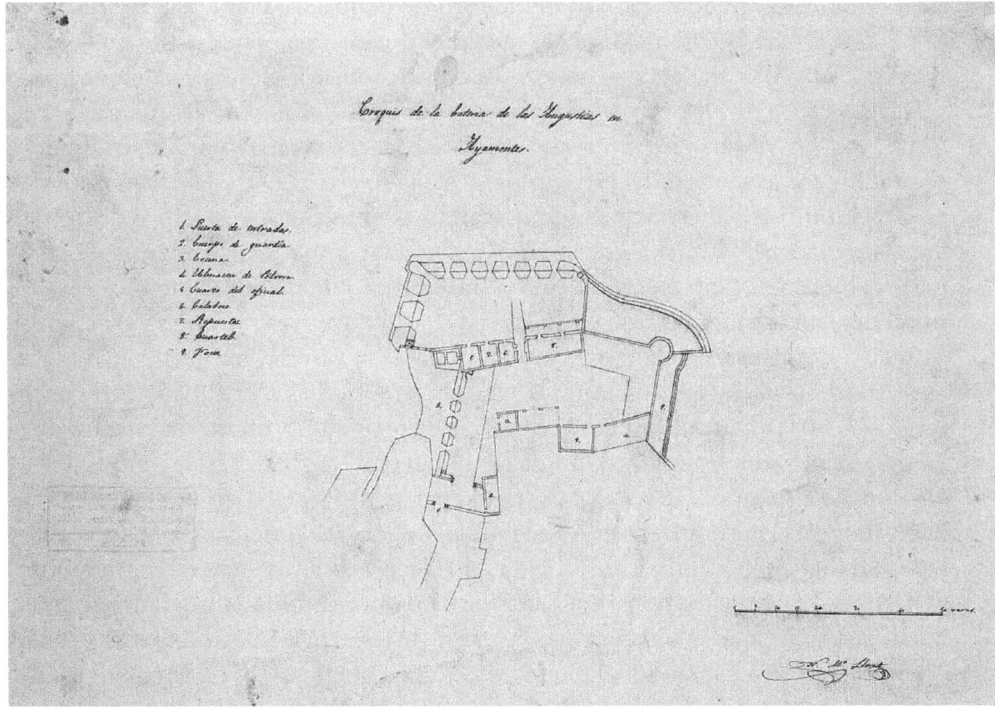

Figura 4. Croquis de la batería de las Angustias hacia 1811, por José María Lloret. Fuente: Biblioteca Virtual de Defensa. Localización: Archivo Cartográfico de Estudios Geográficos del Centro Geográfico del Ejército, signatura Ar.G-T.7-C.4-514

En los siguientes meses continuaron generándose otros espacios de tensión. Por ejemplo, Pascual Tenorio y Ruiz de Moscoso, encargado de negocios españoles en Lisboa[225], trasladaba una queja a Miguel Pereira Forjaz en

223. Copia que acompaña a un escrito de Pedro de Sousa y Holstein enviado al conde de Linhares el 18 de septiembre de 1811. ANTT, MNE, caja 655.

224. Mira, Villegas y Suardíaz 2010: 178-179.

225. Ozanam, Didier: «Pascual Tenorio y Ruiz de Moscoso», en Real Academia de la Historia, *Diccionario Biográfico electrónico* (en red, http://dbe.rah.es/biografias/53581/pascual-tenorio-y-ruiz-de-moscoso).

diciembre de 1811 por haberse puesto en duda el nombramiento que había efectuado de un individuo como vicecónsul de España en la villa de Moita, un lugar clave «por el frecuente paso, embarque y desembarque de españoles militares, comisionados, armamentos, emigrados y comerciantes», bajo el argumento de que no presentaba las garantías de no estar sujeto a reclutamiento, y donde decía, entre otras cuestiones, que «no confirmarse mis nombramientos con la franqueza siempre usada es coartar mis facultades, impedirme mis funciones y una oposición directa a los tratados de paces». La disputa alcanzaba así una perspectiva más general, en torno al reconocimiento de la potestad asignada a los delegados del otro país y al valor otorgado a los acuerdos firmados, y en un tema además que resultaba muy sensible en aquellas fechas, ya que, como refería Pascual Tenorio, «los vicecónsules de España en Portugal difieren mucho en su necesidad a los de otras Naciones en la actualidad, porque la razón de alianza y comercio, junto a la vecindad de ambas naciones, requieren agentes de ellas en los puntos de tránsito»[226].

Las desavenencias sobre las presiones ejercidas contra los vicecónsules españoles por parte de las autoridades portuguesas también tendrían resonancias en las tierras del Algarve. Así, por ejemplo, en un escrito de abril de 1812 dirigido a Miguel Pereira Forjaz se denunciaba la «continua violación» de sus privilegios y que resultaban perjudicados en muchos puntos, no siendo atendida finalmente la exención de que gozaban recíprocamente los individuos que ostentaban tales encargos[227]. Pero no cabe duda, según muestra este mismo documento, de que los canales de comunicación entre las autoridades de ambos países siguieron activos durante todo aquel tiempo, ya fuese a una u otra escala de representación política e institucional.

En definitiva, todo parece apuntar que los dirigentes políticos entendieron, con mayor o menor convencimiento, la importancia que adquiría la colaboración para el buen desarrollo de la causa común que compartían, de ahí que apostasen entonces por suavizar los recelos surgidos en la frontera y respaldasen, aunque con distinta intensidad, las interacciones entre ambas orillas del Guadiana. Como no podía ser de otra manera, este clima favorable a la cooperación encontraba eco asimismo en el necesario campo de las relaciones fronterizas trazadas entre los agentes militares.

---

226. Lisboa, 17 de diciembre de 1811. ANTT, MNE, caja 436.

227. Según recogía, no había bastado para la corrección del abuso que se denunciaba el haberse dirigido los interesados con anterioridad a las autoridades del Algarve. AHN, Estado, leg. 4514.

2.2. LA INSTITUCIÓN MILITAR: COLABORACIÓN EXTERIOR Y DISENSIONES INTERNAS

La colaboración interfronteriza se haría especialmente necesaria entre el grupo militar, quien debía contrarrestar el peso de un ejército francés de ocupación mejor equipado y con mayor capacidad de acción sobre el territorio. Las interacciones en la esfera militar implicarían no solo la lucha conjunta, sino también el apoyo logístico y el refugio en el otro margen del Guadiana. Ahora bien, lejos de homogeneidades grupales, el colectivo militar se caracterizaría por tener concepciones diferentes en torno a la frontera: a grandes rasgos no habría una identificación exacta entre la percepción de los mandos y la de aquellos otros individuos que, al integrar el cupo de cada pueblo, formaban parte del ejército por obligatoriedad. Este hecho provocaría que los distintos agentes militares entendiesen de manera muy particular, y hasta cierto punto de forma contradictoria, el papel de las relaciones fronterizas.

2.2.1. En la orilla derecha: movilidad, almacenamiento y aprovisionamiento

Desde la vuelta de los franceses al suroeste resultó relativamente habitual que las tropas del Condado de Niebla buscasen refugio en Portugal en aquellos momentos en los que el ejército invasor se aproximaba a la raya. Las noticias sobre la cercanía de los enemigos implicaban, en primer lugar, la movilización de fuerzas hacia enclaves situados en la misma línea fronteriza, para de esta manera, en caso de verificarse el ataque francés, poder trasladarse a la otra orilla con suficiente rapidez. Por ejemplo, según refería José de Zayas[228] en un escrito firmado en Villanueva de los Castillejos el 5 de julio de 1811, al tener noticias de la entrada de los enemigos en Gibraleón se determinó que la caballería se trasladase junto con sus equipajes hasta el pueblo fronterizo de Sanlúcar de Guadiana, quedando la infantería en espera de ejecutar también ese viaje en caso de que los franceses siguiesen con su movimiento por la zona[229]. En el contexto de aquella expedición, el representante del gobierno portugués

---

228. Con objeto de operar en el Condado de Niebla junto a las fuerzas al mando de Francisco Ballesteros, el 16 de marzo de 1811 el mariscal de campo José de Zayas había partido de Cádiz con 6000 hombres, 450 caballos y 4 piezas de artillería, llegando a las playas de Huelva varios días después. Finalmente, la expedición fracasó en sus pretensiones de dominar las posiciones más relevantes del Condado y debió refugiarse en algunos pueblos del entorno. Mira, Villegas y Suardíaz 2010: 174. Para profundizar en su biografía y actuaciones en la guerra: Maroto y Zurdo 2001, Guerrero Acosta: «José Pascual de Zayas Chacón».

229. AGMM, CB, caja 5, doc. 13.

en Cádiz refería el 9 de julio haber tenido noticias de que las tropas del general Joaquín Blake ya habían pasado al margen derecho del Guadiana[230].

En definitiva, parte de los traslados a lugares de la frontera terminaron comportando asimismo el paso hacia tierras del vecino país. Hecho especialmente constatable durante las etapas en las que Francisco de Copons y Navia[231] y Francisco Ballesteros[232] estuvieron al frente de las tropas del Condado de Niebla. El primero reemplazaría a Francisco Carlos de Gand y Desforez, vizconde de Gante –había ocupado el mando durante dos meses; tuvo que trasladarse a Cádiz junto a su familia y estado mayor para refugiarse del «furor da populaça» de Ayamonte, que se declaró en su contra[233], por las sospechas suscitadas sobre su adhesión a la causa española[234]–, en la dirección de las operaciones militares de aquel espacio por orden de la Regencia del 16 de marzo de 1810[235]. La reordenación de fuerzas hecha por la Regencia con fecha de 16 de diciembre de ese mismo año provocaría el reemplazo de Copons y Navia, hecho efectivo en enero del siguiente, por el mariscal de campo Francisco Ballesteros, quien venía actuando desde tiempo atrás más al norte, en el Andévalo y la Sierra, y que estaría al mando de las tropas del Condado hasta finales de agosto de 1811[236]. A partir de entonces, el brigadier Manuel María de Pusterlá, primero, y el mariscal de campo Pedro de Grimarest, después, serían los encargados de dirigir las operaciones en el suroeste hasta la salida definitiva de los franceses[237].

En diferentes testimonios de 1810 y 1811, tiempo de ejercicio de ambos mandos, se daba cuenta de la búsqueda de protección en el otro margen de la frontera. Por ejemplo, Copons y Navia señalaba a Francisco de Eguía el 20 de abril de 1810 que había conseguido evitar que cayese prisionera la tropa de su mando, y que esa era precisamente la causa que le había traído «a un

---

230. De Pedro de Sousa y Holstein a Miguel Pereira Forjaz. Cádiz, 9 de julio de 1811. ANTT, MNE, caja 655.

231. Para profundizar sobre su figura y actuación a lo largo del conflicto: Copons y Navia 1858; Moliner 2010d; Villegas y Mira 2011b; Casinello: «Francisco Copons y Navia».

232. Para ampliar sobre su biografía: Caso 2009; Mira, Villegas y Suardíaz 2010: 154-156; Ramiro de la Mata: «Francisco López Ballesteros».

233. De Pedro de Sousa y Holstein al conde de Linhares. Cádiz, 7 de abril de 1810. ANTT, MNE, caja 654.

234. De Teodoro José Pinheiro a Miguel Pereira Forjaz. Cádiz, 16 de mayo de 1810. ANTT, MNE, caja 654.

235. Acusado por la Junta Suprema de Sevilla de haberse arrogado el mando de las tropas del Condado de Niebla y por haber efectuado exacciones a los pueblos de la comarca. Martín-Lanuza: «Francisco Carlos Gabriel de Gand y Desforez».

236. Mira, Villegas y Suardíaz 2010: 60-78 y 176-184; Villegas y Mira 2011a: 131 y 2011b: 21 y ss.; Peña Guerrero 2000: 24; Menguiano 2017: 33 y ss.

237. Unas breves biografías de ambos en Isabel Sánchez: «Manuel María de Pusterlá y Lerín» y Martín-Lanuza: «Pedro María Legallois Grimarest».

Pays estraño aunque amigo»[238]. En la entrada del *Diario* correspondiente al 19 de abril de 1810 se apuntaba que Francisco de Copons y Navia, teniendo noticias a la salida de Castillejos que los franceses se encaminaban hacia aquel punto, dispuso su retirada por el camino de El Granado hasta Mértola, quedando así frustradas las intenciones del enemigo que pretendía atacar la división por su frente y flanco izquierdo. En este sentido, mientras la tropa quedó acampada en los campos de Mértola, Copons y su estado mayor pasaron a ese pueblo para tratar con sus autoridades sobre la subsistencia de sus fuerzas allí posicionadas[239]. En otros escritos posteriores del mariscal de campo se hacía mención de nuevo a la incursión en territorio portugués: en uno dirigido a la Junta Suprema de Sevilla el 13 de julio de 1810 refería que se vio precisado a meterse en Portugal por Sanlúcar de Guadiana; y el 18 de julio que, al verse atacado por la espalda, se vio obligado a refugiarse en el país vecino, si bien la retirada de los enemigos a sus antiguas posiciones hasta Sevilla le había permitido salir de aquel reino[240].

En el caso de las tropas de Francisco Ballesteros tenemos noticias de su traslado a Portugal en julio de 1810[241], cuando aún se encontraba actuando en la zona de la Sierra. En aquella etapa se refugiaría en muchas ocasiones en Aroche, pueblo situado próximo a la frontera, o en la villa portuguesa de Barrancos[242]. Después de la batalla de Castillejos del 25 de enero de 1811, ya al mando de las tropas del Condado, encargaba al coronel portugués Bernardo de Chaby, quien había participado en la misma, la preparación de las embarcaciones de Sanlúcar de Guadiana y Alcoutim para el paso de su división a Portugal dada la superioridad del enemigo[243]. Con todo, el día 28 se encontraba en Mértola[244]. Y el 24 de junio de 1811 escribía desde Beja, punto situado más al norte, donde adjuntaba para Joaquín Blake un extracto de los individuos que faltaban en los cuerpos de la división de su mando desde que había entrado en aquel reino[245].

En los meses siguientes a la salida de Ballesteros del Condado siguieron constatándose movimientos de resguardo hacia la frontera en su margen izquierdo, así como el paso al lado derecho en las ocasiones más comprometidas. Por ejemplo, a principios de 1812 las tropas de Manuel María de Pusterlá tuvieron que retirarse a Ayamonte, quedando además preparados los barcos

238. RAH, CCN, sig. 9/6966.

239. Ibáñez [s.a.]: 11. BCM, sig. 1811-5(5).

240. RAH, CCN, sig. 9/6968.

241. Circunstancia conocida por Francisco de Copons y Navia a través de un oficio remitido por un oficial del ejército español con fecha de 7 de julio de 1810. RAH, CCN, sig. 9/6968.

242. Menguiano 2017: 31.

243. De Manuel Bernardo de Chaby a Miguel Pereira Forjaz. Mértola, 27 de enero de 1811. AHM/L, 1/14/254/13, fols. 21-22.

244. Mira, Villegas y Suardíaz 2010: 169.

245. AGMM, CB, caja 5, doc. 16.

para pasar a Vila Real de Santo António en caso de necesidad[246]. Y en el mes de marzo serían las fuerzas españolas al mando de Luis Penne Villemur las que llegarían a Mértola. Por entonces, Wellington había dado la orden de formar un depósito de víveres en algún punto de la frontera para el uso de aquellas tropas en «caso de ser obligada a retirar-se sobre esta Provincia»[247].

La entrada en Portugal también respondió en alguna ocasión a la necesidad de resguardar a los nuevos alistados en el camino hacia su destino en Cádiz. Así al menos ocurrió en febrero de 1812, cuando el ministro portugués recibía la solicitud para que los comandantes que conducían a los reclutas enviados desde Extremadura a aquella plaza no encontrasen «oposición ni embaraso alguno a su tránsito»[248]. Algunos días más tarde sería Miguel Pereira Forjaz quien, pese a reconocer que pasajes similares siempre resultaban incómodos, confirmaba la concesión de los permisos como se había hecho en otras ocasiones[249].

El paso al otro margen de la raya permitió asimismo el cuidado de los recursos e incluso de los servicios que estaban a disposición de las fuerzas españolas. Por ejemplo, el 8 de julio de 1810, el oficial Miguel de Alcega se dirigía a Copons y Navia manifestándole que se había resuelto que todos los desarmados, equipajes, enseres y efectos marchasen rápidamente a Sanlúcar de Guadiana para desde allí trasladarse sin pérdida de tiempo a Alcoutim, «para cuyo efecto ha oficiado a aquel Governador pidiéndole facilite varcos y auxilios»[250]. En el *Diario*, en la entrada correspondiente al 9 de julio, se anotaba que por la mañana había pasado para Alcoutim los «quintos, reclutas y equipajes», mientras que por la tarde, cuando se tuvo conocimiento de que los enemigos habían llegado a Puebla de Guzmán, lo haría toda la tropa[251]. El propio Francisco de Copons señalaba varios días después que el movimiento del enemigo le había obligado a llevar a aquel enclave portugués los almacenes y la caballería[252]. En el mes de septiembre sería John Austin quien informaba de que Francisco de Copons parecía estar «muito assustado» y que había mandado transportar los almacenes de alimentos y forrajes que tenía en Sanlúcar de Guadiana a Alcoutim, «para onde intenta retirar-se se o inimigo avançasse sobre elle»[253].

---

246. De John Austin a Miguel Pereira Forjaz. Faro, 3 de enero de 1812. AHM/L, 1/14/083/01, fols. 1-2.

247. De John Austin a Miguel Pereira Forjaz. Tavira, 26 de marzo de 1812. AHM/L, 1/14/083/03, fol. 65.

248. Escrito de José Pizarro. Cádiz, 24 de febrero de 1812. ANTT, MNE, caja 656, documento adjunto al oficio núm. 13.

249. Al conde de Palmela. Lisboa, Palacio del gobierno, 9 de marzo de 1812. ANTT, MNE, libro 115, fol. 112.

250. RAH, CCN, sig. 9/6968.

251. Ibáñez [s.a.]: 46.

252. RAH, CCN, sig. 9/6968.

253. A Miguel Pereira Forjaz. Castro Marim, 4 de septiembre de 1810. AHM/L, 1/14/075/15, fol. 22.

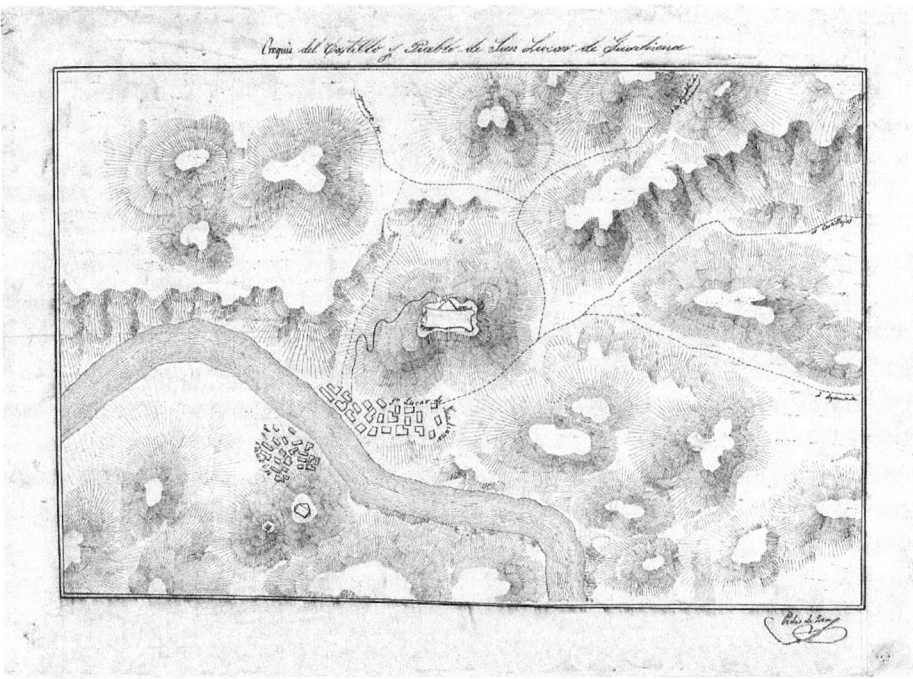

Figura 5. Croquis de Sanlúcar de Guadiana y Alcoutim hacia 1811, por Pedro de Zea. Fuente: Biblioteca Virtual de Defensa. Localización: Archivo Cartográfico de Estudios Geográficos del Centro Geográfico del Ejército, signatura Ar.G-T.7-C.4-524

El tratamiento de heridos y enfermos también se vería alterado en momentos críticos. Según Alberto Iria, hacia el mes de mayo de 1810 estaban en funcionamiento en el Algarve los hospitales militares de Lagos, Faro y Tavira, adonde acudían asimismo los heridos de los ejércitos aliados que operaban en Andalucía[254]. Las fuerzas del Condado de Niebla también contarían en sus dominios con este tipo de establecimientos para atender a sus heridos, si bien fueron trasladados puntualmente al país vecino en aquellas ocasiones en las que los franceses amenazaban la frontera. Por ejemplo, un oficial español refería el 10 de julio de 1810 desde Paymogo que había dispuesto pasase el hospital real al reino de Portugal[255]. En la entrada del *Diario* correspondiente al 12 de diciembre de 1810 se decía tener previsto el traslado a Alcoutim de los almacenes y los hospitales de Sanlúcar de Guadiana en caso de que penetrasen allí

---

254. Iria 2004 [1941]: 204. Según comunicación de un médico del hospital de Tavira de 24 de abril de 1812, el mariscal comandante en jefe había determinado el establecimiento de un hospital militar en Castro Marim; AHM/L, 1-14-083-04, fol. 15.

255. RAH, CCN, sig. 9/6968.

las fuerzas enemigas[256]. Y ya más tardíamente, a finales de agosto de 1811, durante los primeros días del mando del brigadier Manuel María de Pusterlá, se daba cuenta de que el hospital, que contaba entonces con 300 enfermos, había abandonado su ubicación habitual de Villanueva de los Castillejos y se encontraba en el enclave portugués de Castro Marim[257].

En todo caso, no siempre el traslado de algún servicio comportaba la continuidad del ejercicio de sus funciones de manera automática durante su estancia obligada y ocasional en el otro país. En ocasiones requería del beneplácito de las autoridades portuguesas, pero no solo de aquellas más próximas y asentadas en el suroeste. Como refería Manuel González Salmón, encargado de Negocios en Lisboa[258], en su escrito de abril de 1812, las continuas incursiones de los franceses en Ayamonte habían llevado al reiterado traslado del comandante militar de la matrícula de aquel pueblo a Vila Real de Santo António, «donde también se refugiaban por igual motivo varios españoles matriculados de aquella ciudad», circunstancia que le había llevado a solicitar ante las autoridades portuguesas de aquel distrito el permiso para que pudiese ejercer en ese pueblo la jurisdicción sobre los españoles «que en razón de hallarse matriculados, eran subalternos y dependientes suyos». Sin embargo, al no haber satisfecho esta petición las referidas autoridades «por no creerse con suficientes facultades para ello», intervenía el poder superior de Cádiz, quien elevaba la solicitud al gobierno de Lisboa, del cual esperaba «en razón de la íntima alianza y perfecta unión que reyna entre ambas Naciones, como también en fuerza del ningún inconveniente que se sigue de semejante concesión, accederá gustoso a los deseos de la Regencia del Reyno de las Españas»[259].

Por su parte, la localización de algunos servicios o almacenes en la orilla portuguesa no tenía necesariamente que ajustarse a la dinámica marcada por la proximidad o la lejanía de los enemigos. Como se recogía en un escrito firmado por Carlos de Beramendi en Ayamonte el 28 de abril de 1811, las provisiones que habían llegado desde Cádiz serían colocadas en un almacén que tenía en Vila Real de Santo António, y desde ese punto se repartiría lo necesario para las divisiones y el cuartel general. En otro documento de la misma autoría dirigido a Joaquín Blake, que firmaba en Olivenza el 10 de junio de 1811, se hacía referencia a la necesidad de enviar carros a Mértola para conducir a manos del ejército las abundantes existencias que había en aquellos almacenes[260].

---

256. Ibáñez [s.a.]: 111.
257. Mira, Villegas y Suardíaz 2010: 177.
258. Martínez Cardós: «Manuel Bernardo González Salmón y Gómez Torres».
259. A Miguel Pereira Forjaz. Lisboa, 18 de abril de 1812. ANTT, MNE, caja 436.
260. AGMM, CB, caja 6, doc. 3.

Ahora bien, tanto el traslado de tropas como la custodia de géneros al otro lado del río no siempre estuvieron exentos de conflicto. En el caso de los útiles militares, las autoridades situadas en Ayamonte solicitaron a mediados de 1810 la devolución, sin conseguirlo, de aquellos enseres que se encontraban en depósito en algunos almacenes portugueses desde los primeros meses del año. Como señalaba la Junta Suprema de Sevilla, desde su instalación en la desembocadura del Guadiana había recibido de manera reiterativa la petición de diferentes poderes de Vila Real de Santo António y del Algarve para que le entregasen en custodia la artillería y demás efectos que tenían en los almacenes de Ayamonte y Sanlúcar de Guadiana «a fin de evitar cayesen en poder del enemigo que podría servirse de ella en daño de una Nación amiga y aliada». La junta, que decía carecer en aquella época de medios de defensa, «estimó sencilla y justa esta solicitud» en la «justa confianza de que serían considerados como en un depósito sagrado», además de que podría disponer de ellos cuando lo necesitasen, «según se había recíprocamente practicado al principio de la guerra cuando los franceses ocupaban el Algarve», pero que finalmente los portugueses no habían actuado conforme a aquellas consideraciones[261].

Varios meses después sería Juan del Castillo y Carroz, en calidad de representante del gobierno español en Lisboa, quien refería a Miguel Pereira Forjaz la problemática surgida en la frontera al rehusar las autoridades del Algarve devolver las armas que guardaban en depósito[262]. Todavía a la altura de abril de 1812, en el contexto de las acciones por el suroeste de las fuerzas españolas al mando de Luis Penne Villemur y ante la solicitud efectuada por un comisionado suyo de recoger dos cañones que se hallaban en Vila Real de Santo António «correspondientes a la Nación Española»[263], John Austin hacía referencia a los pertrechos de guerra pertenecientes a la «Nação Espanhola» que fueron depositados en la primera entrada de los enemigos en Andalucía y a los temores de dejar piezas de artillería pesada a disposición de los ejércitos españoles, porque considerando el «estado de disciplina destes Exércitos» y la falta de disposición de todos sus departamentos, resultaba más que probable que cayesen en «maos do inimigo, e serviria para nosso damno»[264]. Con todo, a pesar de los recelos manifestados, finalmente fueron suministrados los cañones, de lo que decía ahora el mando del Algarve que se alegraba mucho de haberlo proporcionado, porque si se aprovechaba la ocasión no había duda de que el ataque

---

261. Ayamonte, 23 de junio de 1810. AHN, Estado, leg. 4510, caja 1, núm. 112.

262. Lisboa, 7 de septiembre de 1810. AHN, Estado, leg. 4510, caja 1, núm. 112 y ANTT, MNE, caja 435.

263. Joaquín Domínguez, capitán comandante de la artillería de la división de vanguardia del 5º ejército, a John Austin. Tavira, 31 de marzo de 1812. AHM/L, 1-14-083-04, fol. 2.

264. A Miguel Pereira Forjaz. Tavira, 1 de abril de 1812. AHM/L, 1-14-083-04, fol. 1.

de aquellas fuerzas contra la plaza de Niebla resultaría exitoso[265]. Algunos días después fueron devueltas las dos piezas, de manera que, como señalaba John Austin, no había miedo de que cayesen en «maos do inimigo»[266].

Así pues, pese a ciertas dudas y desencuentros, no parece que en conjunto se viese alterado el marco de colaboración interfronteriza en materia de almacenamiento y resguardo de enseres. Precisamente, John Austin refería en junio de 1812 cómo los mandos españoles Copons, Ballesteros, Black y Penne Villemur, en el tiempo que operaron en los alrededores, habían solicitado en diferentes ocasiones disponer de almacenes en Castro Marim para depositar víveres y pertrechos de guerra, cosa que fue concedida, si bien, al no disponer de depósitos del rey, se tuvo que echar mano de los de particulares, «mas ate agora nenhum dos donos tem recebido dinheiro algum a conta dos alugueis», y eso pese a que se trataba de personas muy pobres que no podían suministrar sus almacenes sin alguna utilidad[267]. Algunos días después sería Miguel Pereira Forjaz quien solicitaba al representante portugués en Cádiz la gestión ante la Regencia del pago de los alquileres de los referidos almacenes[268]. En fin, la atención a las necesidades de las fuerzas militares del otro país se hizo, en ocasiones, con la connivencia de los propietarios particulares de los almacenes, lo que puntualmente indujo a ciertos desencuentros y a la necesidad de mediación de las autoridades.

Por otro lado, el auxilio del ejército del Condado por parte de las autoridades del Algarve –tanto civiles como militares, tuviesen a su frente a mandos portugueses o británicos– comprendería también el envío de productos para su mantenimiento, circunstancia última que contribuiría decididamente a subsanar parte de la carestía con la que contaba desde los primeros tiempos. En este sentido, como señalaba la Junta Suprema de Sevilla en un escrito del 25 de julio de 1810, el coronel inglés, comandante de las armas del Algarve, le había notificado la llegada a Vila Real de Santo António de una importante cantidad de enseres consistente en monturas, espadas y pistolas en número de cuatrocientos cada uno, que había sido remitida por el mariscal Beresford con el preciso destino de armar la caballería del Condado de Niebla, los cuales se irían suministrando en función de las necesidades de ese ejército[269].

---

265. A Miguel Pereira Forjaz. Tavira, 4 de abril de 1812. AHM/L, 1-14-083-04, fol. 10.

266. A Miguel Pereira Forjaz. Castro Marim, 11 de mayo de 1812. AHM/L, 1-14-083-05, fol. 4.

267. A Miguel Pereira Forjaz. Tavira, 10 de junio de 1812. AHM/L, 1-14-083-16, fol. 10.

268. Al conde de Palmela. Lisboa, 16 de junio de 1812 (ANTT, MNE, libro 115, fols. 127-128). Documento de respuesta sobre la gestión efectuada ante la autoridad competente, informando además estar en espera de contestación; Cádiz, 1 de julio de 1812 (ANTT, MNE, caja 656, oficio núm. 38).

269. A Francisco de Copons y Navia. RAH, CCN, sig. 9/6967.

Pero además de la llegada puntual de pertrechos por encargo de los mandos del Algarve hay que tener en cuenta que las autoridades españolas también destinarían parte de sus recursos a la provisión del ejército del Condado. Entre los distintos testimonios que mostraban expresamente la adquisición de productos en suelo portugués cabe citar la misiva de la Junta de Sevilla remitida a Francisco de Copons y Navia con fecha 3 de agosto de 1810 en la que expresaba haber recibido un sombrero de muestra, «igual a los que V. S. compró en Portugal»[270]. En otras ocasiones permitiría incluso preparar la venida de las tropas enviadas desde Cádiz y que requerían de distintos productos para su mantenimiento. Por ejemplo, de la paja para el consumo de la caballería que tenía prevista su llegada en los siguientes días, ya que, como se apuntaba desde la comandancia general del Condado de Niebla en junio de 1812, no había en donde comprarla más que en Portugal, de ahí que se enviase un comisionado para que hiciese «las compras a dinero contante» en la villa de Serpa y otras del Algarve y se solicitase a las autoridades del margen derecho la expedición de un pasaporte para facilitar aquella empresa[271].

Indudablemente, la compra de estos productos generaría importantes ingresos para determinados productores y comerciantes portugueses. En este contexto hay que considerar el compromiso adoptado por el Príncipe Regente de Portugal en agosto de 1809 sobre la libertad de derechos en las aduanas en relación a aquellos géneros que comprasen los comisarios españoles para el uso de las tropas, el cual estuvo muy presente en las comunicaciones de los representantes de ambos gobiernos. Como decía Evaristo Pérez de Castro a Miguel Pereira Forjaz el 23 de enero de 1810, «recibo con la nota que V. E. se ha servido pasarme con data de 16 del corriente la copia que acompaña del Real Decreto dirigido al Consejo de Hacienda» sobre el compromiso del Príncipe Regente de 24 de agosto del año anterior[272].

En todo caso, la compra y la llegada de productos estuvieron condicionadas por las circunstancias concretas en las que se encontraba el ejército portugués, de ahí que sus autoridades no siempre atendiesen satisfactoriamente las solicitudes dirigidas desde el otro lado de la frontera. Por ejemplo, como señalaba la Junta de Sevilla al mariscal Francisco de Copons y Navia el 9 de junio de 1810, «los Portugueses no quieren desprenderse del corto número de piezas de campaña que tienen, y aunque se solicitaran según V. S. desea, será diligencia inútil»[273]. A pesar de algunos contratiempos, el ejército del Condado de Niebla se fue nutriendo, ya fuese mediante donación o compra, de pertrechos

---

270. RAH, CCN, sig. 9/6967.
271. De Manuel de Pusterlá a John Austin. Lepe, 19 de junio de 1812. AHM/L, 1-14-083-16, fol. 8.
272. AHN, Estado, leg. 4515, caja 2.
273. RAH, CCN, sig. 9/6966.

procedentes del país vecino, pudiendo solventar así algunos de sus problemas iniciales de desabastecimiento, y contribuir con ello al sostenimiento de la causa común contra el enemigo francés.

2.2.2. El tránsito y la recepción de tropas: desconfianzas y prevenciones

En relación al paso de las tropas al país vecino, pese a contar con algún testimonio de los primeros momentos que ponía el acento en una recepción y un comportamiento sin sobresaltos ni altercados, en conjunto no estaría exento de problemas. Según se recogía en el *Diario*, Miguel José de Figueredo Tavares, juez de fora de Mértola, certificaba el 21 de abril de 1810 que dos días antes había llegado a esa villa Francisco de Copons y Navia con la división de su mando, a quien le facilitaron todo lo necesario para la tropa, «habiendo satisfecho este General todo el importe», sin quedar «a deber la menor cantidad», además de constatarse que «la subordinación y disciplina de esta tropa española recomienda al General que la manda, y no ha habido la menor queja por los vecinos de esta villa»[274]. La satisfacción del importe de los gastos ocasionados y la obediencia de las tropas explicaban en este caso la inexistencia de quejas por parte tanto de las autoridades portuguesas como de la población en su conjunto.

Pero no sería esta la manera más habitual de actuar, al menos en los primeros episodios de tránsito y convivencia forzada. De hecho, no faltarían por el contrario ejemplos de desconfianza y prevención ante una convivencia que no siempre se preveía pacífica y ajustada a disciplina. En este sentido, los poderes territoriales del suroeste, de una y otra orilla del Guadiana, intentaron evitar este tipo de desencuentros, incluso en ocasiones haciéndolo de manera combinada, pero los resultados no siempre serían los deseados, de ahí que tuviesen que hacer partícipes a las autoridades de Lisboa y Cádiz. Como refería en abril de 1810 Pedro Sousa y Holstein, representante del gobierno portugués en la isla gaditana, había recibido un escrito del obispo y gobernador interino del Algarve de mediados del mes anterior informándole de que, a pesar de las órdenes reiteradas tanto por él como por la Junta de Sevilla que entonces se encontraba en Vila Real de Santo, no había podido conseguir que con la llegada de muchos oficiales españoles no se provocasen desórdenes entre las tropas[275].

En aquel contexto se explicaban los esfuerzos iniciales por parte de algunas autoridades locales del Algarve para evitar la entrada y la permanencia de las tropas del Condado en aquellos territorios. Así, como se recogía en un escrito enviado a Francisco de Copons desde Alcoutim el 20 de abril de 1810,

274. Ibáñez [s.a.]: 13.
275. Al conde de Linhares. Cádiz, 7 de abril de 1810. ANTT, MNE, caja 654.

no resultaba posible el socorro en esa provincia por la falta de provisiones, señalando a su vez al Alentejo como un lugar más apropiado para atenderles por tener abundancia en todos los géneros[276]. Pero también se pusieron en marcha medidas tendentes a preservar la integridad y la seguridad en caso de que se produjese el ingreso en tierras portuguesas, lo que comportó incluso el desarme de las tropas en tránsito. El 21 abril de 1810 Copons y Navia se dirigía a las autoridades superiores trasladando sus quejas por el trato recibido por el gobernador de Alcoutim, quien despojó de sus armas y municiones a las fuerzas del Condado que pasaron hacia aquel enclave:

> [...] no me ha parecido decoroso dar parte a S. M. que la tropa que tiene el Regimiento de España, el Governador de la Plaza de Alcoitin la mandó desarmar para internarla, y hasta el barco de rentas de San Lucar de Guadiana que ha llegado aquí para mi auxilio le sacaron las municiones. Una Nación amiga estrechada con nosotros con varios títulos hace el que sea esta conducta del Governador reparable y bolchornosa a las Armas de S. M.[277]

Varios meses después todavía coleaba este «desaire» del gobernador de Alcoutim a las tropas españolas, insistiéndose al gobierno portugués en la «urgente necesidad» de «evitar unos incidentes que pueden acarrear mil disgustos perjudicialísimos a la feliz unión que reina y debe reinar entre ambas Naciones en causa tan común»[278]. No sería, con todo, la única actuación de reserva y prevención por parte de las autoridades del Algarve hacia los militares que se internasen «en Portugal por los movimientos del enemigo muy superior en fuerzas»[279].

En ese ambiente habría que situar la información trasladada desde Faro por un particular a Evaristo Pérez de Castro en abril de 1810 acerca de la conformación, entre el 25 y 26 del mes anterior, de un grupo armado en aquella ciudad bajo el patrocinio de las autoridades para recibir hostilmente a las tropas españolas que entonces se habían visto obligadas a pasar la frontera[280]. Según el testimonio recibido, el obispo del Algarve había tenido por conveniente

---

276. Escrito firmado por Francisco de Paulo Soares. RAH, CCN, sig. 9/6966.

277. Orillas del Guadiana, 21 de abril de 1810. RAH, CCN, sig. 9/6966.

278. De Evaristo Pérez de Castro a Miguel Pereira Forjaz. Lisboa, 4 de junio de 1810. ANTT, MNE, caja 435.

279. *Ibidem*.

280. José Joaquín de Clararrosa, firmante del documento, decía que, «aunque no es de mi instituto y ocupación tomar parte activa en los negocios públicos por falta de representación que me habilite para este efecto, creo, no obstante, hallarme en circunstancias tales, que es preciso revestirme a lo menos del carácter de un español celoso de honor de su Patria, para participar a V. S. el más atroz y grosero insulto que acaba de sufrir la Nación española en esta Capital de Faro y toda la Provincia del Algarbe». Documento enviado a Evaristo Pérez de Castro. Faro, 1 de abril de 1810. AHN, Estado, leg. 4510, núm. 117.

convocar a sujetos de la provincia, que acudieron en importante número «armados de chuzos, palos y escopetas», llegándose a congregar en la plaza de Faro más de tres mil hombres armados, donde «en la confusión y efervescencia popular se oió ultrajar el nombre español, con gritos de vamos a los castellanos, vamos a matarlos». En el mismo documento se hacía referencia además a que el obispo había sido informado el día 27 de marzo desde Almodôvar, en el Alentejo, de la llegada a aquel sitio de la tropa española, pero que «lexos de oprimir los pueblos de su tránsito, pagaban puntualmente sus consumos y traían órdenes del Señor Marqués de la Romana y recomendaciones del Señor General de Alentejo», si bien «nada de esto bastó para suspender los preparatorios militares hostiles que se hacían en Faro». Por todo ello, aunque Pérez de Castro reconocía no tener asegurada la autenticidad de la información ni contar con datos suficientes para juzgar el proceder del comandante de la tropa española ni del general del Algarve, sostenía que «si esta noticia tiene todo, o algo de verdad, es claro que hemos estado a punto de ver alguna desgracia, la más sensible en las presentes circunstancias, y que el que haia sido por malicia o imprudencia culpado en este negocio, se ha hecho acreedor a la más grave censura»[281].

Pocos días después, sin embargo, Evaristo Pérez de Castro manifestaba que el ministro portugués del ramo le había ofrecido «de palabra y por escrito» pedir un informe de todo al obispo gobernador, pero que mientras este llegaba le había mostrado una carta de dicho obispo en la que decía que, ante la proximidad de una partida española en Faro y la inquietud del pueblo con el rumor «de que andan con los franceses españoles juramentados», había «llamado las ordenanzas para mantener el buen orden», disponiendo además «todo lo necesario para recivir con la mayor hospitalidad a los huéspedes que al cavo se habían dirigido por otro camino a Mértola». Por lo que concluía, en atención además a otras informaciones recibidas, que «formo juicio de que se me ha informado equivocadamente por uno de aquellos sugetos a quienes quita el zelo pero que no saven ver las cosas como ellas son»[282].

Aunque aquella denuncia concreta sobre la recepción hostil hacia las tropas del Condado no parecía corresponderse con la realidad, se acompañaba asimismo de otras referencias que insistían en las dificultades experimentadas por algunos militares en el tránsito por las tierras portuguesas y la animadversión que habían experimentado por parte de sus pobladores. De hecho, en el primero de los escritos citados se narraba además el padecimiento de tres oficiales españoles que salieron de Lisboa con destino a Faro para desde allí embarcarse a Cádiz, los cuales, pese a disponer de los correspondientes pasaportes, habían sido «insultados, detenidos y desarmados» en Tavira el 27 de

281. De Evaristo Pérez de Castro a Miguel Pereira Forjaz. Lisboa, 4 de abril de 1810. AHN, Estado, leg. 4510, núm. 117. Documento también disponible en ANTT, MNE, caja 435.

282. Lisboa, 17 de abril de 1810. AHN, Estado, leg. 4510, núm. 117.

marzo por el «pueblo tumultuado» bajo la acusación de que formaban parte de una partida de tropas que venían unidas a los franceses, procedimiento que su autor calificaba como «escandaloso y no merecido», y que utilizaba como prueba «de las prevenciones que se han hecho nacer en Algarbe contra los españoles, en gravísimo perjuicio de la causa pública y común»[283].

Estos altercados, que no debieron de ser exclusivos de la zona más al sur de la frontera, requerirían de la intervención de las autoridades superiores, que al menos en el ámbito de la comunicación oficial, mostraban su interés en acabar con unas prácticas que no eran propias del marco de colaboración entre los dos países. Así, por ejemplo, según refería Teodoro José Pinheiro, encargado de los negocios de Portugal en Cádiz, en mayo de 1810, en la primera ocasión informaría al gobierno de aquella ciudad de que luego que en Lisboa se hiciesen constar algunos desórdenes contra las tropas españolas que transitaban por aquel reino, se intentaría lograr la justicia «entre Nações amigas» e «intimamente ligadas, como Portugal e Espanha»[284]. En el mes de junio sería Miguel Pereira Forjaz quien se comprometía ante Evaristo Pérez de Castro a examinar la denuncia sobre el mal acogimiento que algunas tropas españolas habían experimentado en el Algarve y a dar cuenta de su resultado una vez llegasen las informaciones recibidas[285].

Pero más allá de declaraciones generales, también se pusieron en marcha medidas concretas. De hecho, la actitud de prevención mostrada por los portugueses encontraba explicación, al menos en parte, en la falta de avisos y en no haberse establecido las formalidades convenientes entre las autoridades para garantizar el conocimiento preciso de los movimientos y las circunstancias que los requerían. En este sentido, como refería Evaristo Pérez de Castro respecto a la información remitida desde el ministerio portugués por su denuncia sobre la movilización en Faro contra las fuerzas españolas, «hallé que todo lo ignoraba, y solo sabía que andaban tropas nuestras por el Algarbe sin los avisos y formalidades necesarios para conservar el buen orden»[286]. Es por ello que, entre las disposiciones precisas que se adoptaron, se encontrase la comunicación de las fuerzas en tránsito con las autoridades portuguesas, incluso presentándose ante ellas, para que estas tuviesen conocimiento de sus intenciones y pudiesen atender sus necesidades, contribuyendo además a la tranquilidad de los pueblos por los que pasasen. No en vano, en la respuesta de Miguel Pereira Forjaz sobre las acciones de prevención en Faro contra las tropas y los padecimientos en Tavira de los tres oficiales españoles, además de constatar la inexactitud de las informaciones recibidas, sostenía que cuando

---

283. Lisboa, 4 de abril de 1810. AHN, Estado, leg. 4510, núm. 117 y ANTT, MNE, caja 435.
284. A Miguel Pereira Forjaz. Cádiz, 11 de mayo de 1810. ANTT, MNE, caja 654.
285. Lisboa, 12 de junio de 1810. ANTT, MNE, libro 285, fol. 98.
286. Lisboa, 17 de abril de 1810. AHN, Estado, leg. 4510, núm. 117.

entrase en aquel reino cualquier cuerpo militar español, se hiciesen primero partícipes a las autoridades militares competentes de los distritos por los que iban a pasar para poder no solo «dar opportunamente os socorros de que precizarem», sino también «providenciar sobre o socego dos Povos» y prevenir los acontecimientos que de otro modo podrían resultar; e insistía asimismo en que los oficiales españoles que transitasen por Portugal debían presentarse ante los magistrados territoriales para que, una vez legitimados ante ellos, pudiesen dirigirse libremente a los lugares a que estaban destinados[287].

En todo caso, también debe considerarse entre las causas de la desconfianza y el rechazo la existencia de conductas no siempre decorosas por parte de las tropas españolas en su tránsito por el país vecino. Esto explicaría la atención que las autoridades superiores ponían ante las denuncias sobre los abusos en territorio extranjero, así como las advertencias que hacían con objeto de mantener el recato en las incursiones a las que se viesen obligadas por las circunstancias de la guerra.

Las informaciones disponibles, tanto aquellas que negaban estos hechos como las que los corroboraban, no venían sino a mostrar con claridad que, aunque fuese en el simple terreno de la justificación, formaban parte por entonces de los relatos compartidos entre unos y otros poderes. Por ejemplo, la Junta Suprema de Sevilla afirmaba el 29 de abril de 1810 en relación a los actos vejatorios cometidos en Portugal contra algunos oficiales españoles, que no tenía noticias de que estos hubiesen «cometido el menor exceso» sino que más bien habían «acreditado su moderación y prudencia, sufriendo ellos y su tropa no pocos insultos»[288]. En cambio, el representante español en Lisboa se hacía eco en el mes de junio de 1810 de las quejas efectuadas desde el ministerio portugués del ramo sobre ciertos abusos cometidos por parte de algunos militares españoles y que esto se veía acompañado por la actitud desarrollada en muchas ocasiones por las autoridades locales que no habían guardado la armonía y el decoro que eran debidos en estos casos, «defectos por la maior parte nacidos de las críticas y nuevas circunstancias en que nos hallamos». En su respuesta, el delegado español aseguraba que las autoridades superiores ya habían mandado observar la más rigurosa disciplina a aquellas tropas que tuviesen que transitar por tierras portuguesas, a lo que añadía además «que este encargo de nuestro Gobierno es mui necesario y debe ser mui riguroso, pues muchos militares no saven hacer distinción de la política y contemplaciones que deben usarse en un País extranjero»[289].

---

287. A Evaristo Pérez de Castro. Lisboa, 9 de mayo de 1810. ANTT, MNE, libro 285, fols. 77-78.

288. AHN, Estado, leg. 4510, caja 2, núm. 194.

289. De Evaristo Pérez de Castro a Eusebio de Bardaxí y Azara. Lisboa, 6 de junio de 1810. AHN, Estado, leg. 4510, caja 2, núm. 194.

En fechas posteriores continuaron atendiéndose denuncias sobre actuaciones poco adecuadas a la hora de incursionar en territorio portugués, lo que obligaría a tomar algunas medidas de prevención y castigo. Por ejemplo, Miguel Pereira Forjaz daba cuenta en marzo de 1811 de los «insultos e violencias» cometidos impunemente en el Alentejo por una tropa española en fuga, «como se estovesee em Pais inimigo», hecho que no solo resultaba contrario a la soberanía e inmunidad de su territorio, incluso opuesto a los intereses que «devem ligar ambas as Nações», de ahí que solicitase la intervención de las autoridades españolas para evitar acontecimientos «tão desagradáveis»[290]. Algunos días después sería Juan del Castillo y Carroz quien, tras haber tenido noticias sobre los «malos procedimientos» de aquella tropa, manifestaba resultarle muy sensible encontrar en ella a «individuos que den motivo a quexas entre los dos Gobiernos», por lo que, estando en su ánimo contribuir a satisfacer lo antes posible esos agravios, se comprometía a trasladar esa información tanto a su gobierno como a la autoridad militar para que pudiese «prevenir a los gefes subalternos de su ejército lo que juzgue más conveniente sobre el motivo de esas quexas»[291].

Algunos meses después se presentaría en Mértola un regimiento español procedente de Ayamonte solicitando raciones para su suministro, pero sin disponer de un pasaporte acorde con este requerimiento. Finalmente, tras no ser atendida su solicitud, siguió su camino, pero cuando se distanció de aquella villa se puso a «roubar e saquear pelos montes», siendo a continuación algunos de sus componentes apresados[292]. En el caso de esta denuncia sobre la «violencia e insulto praticado contra esta Nação»[293], y tras la exigencia de castigo elevada por Miguel Pereira Forjaz sobre un «atentado» que resultaba «mais aggravante por ser commettido contra huma Nação amiga e alliada»[294], Eusebio de Bardaxí y Azara trasladaba lo ocurrido al comandante general interino de aquel ejército para que reconviniese al oficial y, «averiguado por su parte el hecho, proceda al castigo a que haya lugar». Y es que, según reconocía, era muy sensible a cualquier exceso de esta naturaleza, tanto más por cuanto el gobierno español tenía dadas órdenes expresas sobre la observancia más rigurosa de la disciplina en aquellas ocasiones en que las tropas entrasen en territorio portugués[295].

---

290. Lisboa, palacio del gobierno, 8 de marzo de 1811. ANTT, MNE, libro 115, fol. 70-71.
291. A Miguel Pereira Forjaz. Lisboa, 13 de marzo de 1811. ANTT, MNE, caja 435.
292. Varios documentos enviados a John Austin. Mértola, 21 y 22 de junio de 1812. AHM/L, 1-14-083-16, fols. 10-11.
293. De John Austin a Miguel Pereira Forjaz. Tavira, 25 de junio de 1812. AHM/L, 1-14-083-16, fol. 9.
294. Al conde de Pamela. Lisboa, palacio del gobierno, 30 de junio de 1812. ANTT, MNE, libro 115, fol. 129.
295. A Miguel Pereira Forjaz. Lisboa, 4 de julio de 1812. ANTT, MNE, caja 436.

En algunos momentos quedaba incluso claramente trazada la relación entre los excesos cometidos por las tropas en tránsito y la falta de entusiasmo en la recepción por parte de la población residente, si bien desde ejes que no resultaban equilibrados en su enfoque y tratamiento. Por ejemplo, en un escrito de Juan del Castillo y Carroz de agosto de 1810 se anunciaba, a raíz de un caso particular –la conducta que tuvieron las tropas españolas en Arronches–, nuevas medidas que impidiesen desórdenes como los cometidos en aquella villa portuguesa del Alentejo, mientras informaba a continuación sobre las quejas recibidas en Cádiz acerca de la «poca voluntad» con la que algunos pueblos de Portugal se prestaban a «auxiliar nuestras tropas que continuamente delante del enemigo y en medio de las privaciones de toda especie pelean por la causa común en la inmediación de la Frontera»[296].

En cualquier caso, buena parte de esos testimonios referidos vienen a mostrar además cómo los diferentes poderes, en sus distintas escalas jurisdiccionales, adoptaron medidas concretas para solventar los diversos problemas que fueron surgiendo, así como para garantizar la concordia y el buen entendimiento entre ambos países. Por ejemplo, la Junta de Sevilla gestionaría los primeros desencuentros y excesos hacia las tropas españolas desde la conciliación, apostando en consecuencia por la distensión y la mesura en las reclamaciones. Así, como refería en un escrito del 29 de abril de 1810, una vez que tuvo conocimiento de los insultos y atropellos cometidos contra un capitán español por unos soldados portugueses en Vila Real de Santo António, cuando la junta se encontraba precisamente en aquella plaza, solicitó al gobernador de ese enclave la competente satisfacción, la cual se limitó al arresto de uno de los soldados que participó en aquella agresión, pero «atendiendo la Junta la necesidad de conservar la buena harmonía con la nación Portuguesa», terminaba solicitando a las autoridades de Vila Real el indulto del militar portugués que se hallaba preso. Y en relación a otros insultos posteriores sobre oficiales e individuos españoles, a pesar de que no había obtenido la satisfacción correspondiente por parte de las autoridades lusas, manifestaba haber «disimulado este y otros desayes» en beneficio de la armonía y conciliación necesarias en aquellas circunstancias[297]. En otro documento de la junta de principios de junio de 1810 en el que esbozada a las autoridades superiores la conducta de algunos portugueses, anotaba que «sería interminable esta exposición, si se hubieran de referir a V. M. todos los hechos que han ocurrido en perjuicio del decoro de la Nación Española, y en desprecio y ajamiento de los individuos», pero que, para conservar la unión y la tranquilidad, había optado por «disimular insultos a que no está acostumbrada, ni debe»[298].

---

296. A Miguel Pereira Forjaz. Lisboa, 29 de agosto de 1810. ANTT, MNE, caja 435.
297. AHN, Estado, leg. 4510, caja 2, núm. 194.
298. AHN, Estado, leg. 4510, caja 1, núm. 115.

Con todo, más allá de acciones y reparaciones concretas, los poderes superiores intentaron solventar los escollos de los primeros momentos a partir del establecimiento de unas normas básicas de actuación que disponían una recepción basada en el buen trato y el auxilio hacia los llegados del otro país, una emigración que debía anunciarse previamente en caso de ser posible, y mostrar siempre orden y disciplina durante su estancia en tierras portuguesas:

> De todo se ha enterado S. M. y en vista de que ocurrirá con mucha frecuencia el que tengan que transitar cuerpos de tropas nuestras por el territorio Portugués, sin que la celeridad con que haya que hacer estos movimientos dé lugar a que pueda darse por nuestros Gefes el correspondiente aviso a las Autoridades competentes, según desea ese Gobierno, ha tenido a bien resolber el Consejo de Regencia que obtenga V. S. de aquél las ordenes necesarias para que siempre que nuestras tropas deban pasar por su territorio lexos de ser molestados e insultados, sean por el contrario bien tratadas y auxiliadas en quanto puedan necesitar; asegurándole al mismo tiempo que todas las vezes que sea posible a los Gefes españoles dar con antelación el aviso conveniente del movimiento que vaya a hacer las tropas de su mando, lo verificarán; como así mismo que estas siempre observarán el mejor orden y disciplina a su paso por Portugal; pues para que uno y otro tenga efecto, paso con esta misma fecha el correspondiente aviso al Señor Secretario del Despacho de la Guerra a fin de que por el Ministro de su cargo expida las ordenes conducentes a quienes corresponda[299].

Estas disposiciones dieron fruto poco tiempo después. Según los testimonios disponibles, en apenas tres meses se había pasado de la reserva a la cordialidad, circunstancia que quedaba marcada además de manera explícita en las comunicaciones establecidas por escrito entre distintos agentes a uno y otro lado de la raya. Al cabo de ese tiempo, no solo la recepción por parte de las autoridades portuguesas resultaba menos discordante, sino que también la propia conducta de las tropas del Condado sería más armoniosa y ajustada a una mayor disciplina y contención. El 13 de julio de 1810 Francisco de Copons y Navia dirigía un escrito desde Alcoutim al gobernador interino del Algarve manifestándole su gratitud por la buena acogida recibida en su última incursión en Portugal[300]. Tres días después, el juez de fora de esa villa certificaba haber entrado allí la tropa del Condado de Niebla, y que en todo tiempo se habían comportado con la más respetable disciplina y tranquilidad, además de

---

299. Del ministro Eusebio Bardaxí y Azara al representante en Lisboa Evaristo Pérez de Castro; Cádiz, 26 de junio de 1810 (AHN, Estado, leg. 4510, caja 1, núm. 92.). En similares términos se dirigía dicho ministro el 29 de junio a la Junta de Sevilla «para su govierno y cumplimiento en la parte que le toca». Esta junta enviaría el contenido del documento a Francisco de Copons y Navia con fecha de 8 de julio (RAH, CCN, sig. 9/6968).

300. RAH, CCN, sig. 9/6968.

haber satisfecho algún pequeño daño que resultó inevitable[301]. En el *Diario de las operaciones* se publicaba esta certificación, la cual estaba precedida significativamente de unas palabras muy elocuentes acerca del buen tino en el discurrir y el manejo de aquellas fuerzas por parte de su mando:

> Toda esta bien dirigida tropa guardó una indecible y rigorosa disciplina aun en las ocasiones más próximas a desorden. Mirando los soldados desenvaynada la espada de su General para castigar los delitos, y al mismo tiempo su mano liberal para premiar el mérito, ninguno se atrevía a desobedecerle[302].

Estos cambios serían también claros respecto a las lecturas sobre los conflictos que pudiesen surgir con el traslado, que pasaban a ser caracterizados como circunstanciales e inevitables, pero en ningún caso determinantes o generales respecto a las relaciones entabladas entre los agentes de uno y otro país. Dentro de este clima de entendimiento y cooperación más estrecha cabría situar, por ejemplo, la comunicación del oficial español Miguel de Alcega desde Sanlúcar de Guadiana el 13 de diciembre de 1810, en la que refería que el gobierno portugués había contestado a su oficio «con mucha finura» ofreciéndole su auxilio y colaboración en caso de resultar necesario el paso de las tropas hacia la otra orilla del río. Pero además de este ofrecimiento, le había remitido desde Portugal una importante cantidad de raciones de pan que, junto a las recogidas por su cuenta en la orilla izquierda, habían sido suministradas a los individuos que se encontraban en aquel enclave[303].

2.2.3. En la orilla izquierda: transmisión de información y actividad conjunta de las tropas

Las interacciones de frontera también implicaron la colaboración militar y la actividad conjunta entre los ejércitos. Uno de los campos más activos estaría vinculado con la transmisión de información entre las autoridades de uno y otro lado. Sirvan como ejemplo las palabras que John Austin dirigía a Francisco de Copons y Navia el 20 de junio de 1810, en las que afirmaba estar encargado no solo de facilitar a los «Patriotas Espanhóes» todo el auxilio, refugio y protección que le fuese posible, sino también entablar una estrecha y confidencial correspondencia con sus jefes a fin de concertar con estos las medidas más adecuadas. En base a esto, trasladaba asimismo su deseo de establecer comunicación con el referido mariscal Copons por medio de agentes

---

301. Alcoutim, 16 de julio de 1810. RAH, CCN, sig. 9/6968.
302. Ibáñez [s.a.]: 50-51.
303. RAH, CCN, sig. 9/6968.

de confianza para estar al tanto de todo aquello que resultase de interés para atender al cometido que se le había asignado[304]. La respuesta, fechada tres días después, refería que «los estrechos vínculos de amistad y lexítimas causas que las dos Naciones nos obliga a mantener una guerra que eternizará nuestra memoria, hacen que por todos los medios posibles mantengamos una verdadera unión», por lo que estaba pronto a contribuir a todo lo planteado, de tal manera que se comprometía a trasladar con celeridad, por Alcoutim y Vila Real de Santo António, cuantas noticias y movimientos hiciese el enemigo y pudiese tener conexión y utilidad para ese reino[305].

El desplazamiento de militares portugueses hacia tierras españolas para actuar junto a las tropas de este país también encontraría cierta proyección durante aquel tiempo. En este sentido, a los pocos días de la llegada del gobierno a Cádiz ya había quedado marcada la importancia de la unión de buques de los tres países aliados en la lucha común contra los franceses, circunstancia en la que se pretendía impulsar la asistencia de las fuerzas portuguesas en el mar al igual que venía haciéndose en tierra, en virtud del afecto y la adhesión que se daban entre una y otra corona:

> Habiendo llegado a noticia del Rey que en la Bahía de Cádiz se hallan varios buques de guerra Portugueses, y no dudando S. M. según la estrecha amistad y vínculos de sangre que unen a ambos soberanos, que cooperen a inutilizar y rechazar los ataques de nuestros comunes enemigos, espera el Consejo de Regencia que V. S. dispondrá se reúnan dichos buques a los Españoles e Ingleses que se hallan en dicha Bahía, y concurran de conformidad a repeler los ataques del enemigo y paralizar sus intentos hostiles en términos que se frustren por entero y resulte victorioza la justa causa que defienden con unanimidad las tres Potencias, no siendo de menor utilidad a la España esta cooperación del Portugal por mar que la que tan gloriozamente presta por tierra[306].

Dentro de este contexto se dieron algunas acciones conjuntas en el suroeste que se revelaron en ocasiones como muy valiosas y contaron con el reconocimiento expreso de los mandos españoles. Por ejemplo, entre las notas del encargado de los negocios de Portugal en Cádiz, Teodoro José Pinheiro, se hacía referencia al agradecimiento expresado por Eusebio de Bardaxi y Azara en nombre del gobierno español a finales de mayo de 1810 por la «victoria naval dos Portuguezes» en Moguer y Huelva[307]. El oficial Manuel de Torrontegui, a cargo del destacamento del área de Huelva, refería en un escrito

---

304. RAH, CCN, sig. 9/6968.

305. Villanueva de los Castillejos, 23 de junio de 1810. RAH, CCN, sig. 9/6966.

306. Del marqués de las Hormazas, secretario interino de Marina, al ministro de Portugal. Isla de León, 11 de febrero de 1810. ANTT, MNE, caja 654, núm. 50.

307. ANTT, MNE, libro 134, fol. 21.

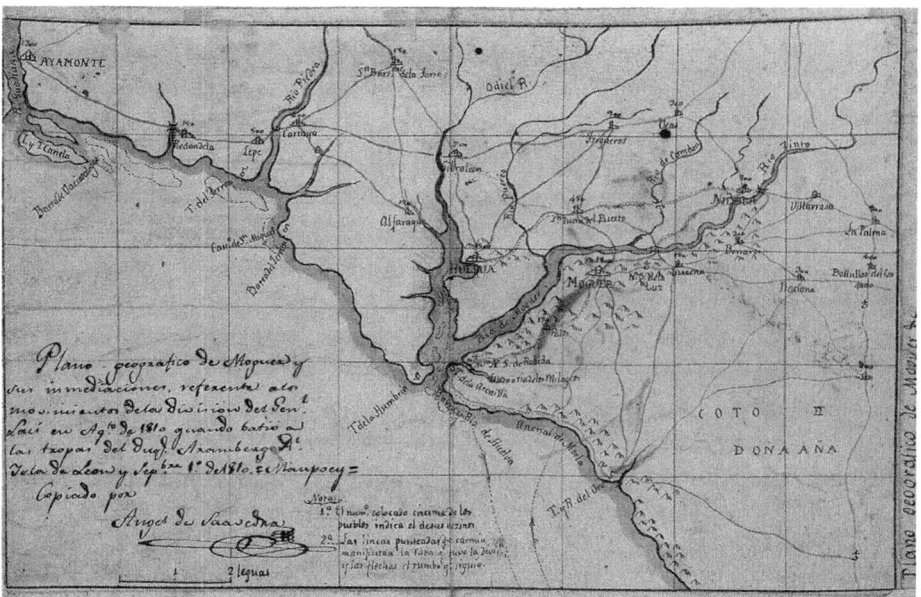

Figura 6. Plano geográfico de Moguer y sus inmediaciones referente a los movimientos de la división del general Lacy en agosto de 1810 frente a las tropas del duque de Aremberg (Isla de León, 1 de septiembre de 1810). Fuente: Biblioteca Virtual de Defensa. Localización: Archivo Cartográfico de Estudios Geográficos del Centro Geográfico del Ejército, signatura Ar.G-T.7-C.4-527

de finales de agosto de 1810 que, en previsión de la llegada de una expedición desde Cádiz hacia poniente para caer sobre los franceses, había aumentado sus fuerzas sutiles, entre otros medios, con una división de dos místicos de guerra portugueses. El enfrentamiento con los enemigos –que tuvo una duración de tres horas seguidas–, reportaría el elogio del oficial Torrontegui sobre algunos de sus participantes por la valentía demostrada en el combate, destacando así la actuación del comandante de la división portuguesa, João Victor Jorge, quien merecía «los maiores elogios»[308]. En todo caso, una cosa es la comunicación interna entre mandos y otra distinta el relato que trascendía en el espacio público. Como refería Pedro de Sousa y Holstein en una carta enviada a Miguel Pereira Forjaz a principios de septiembre de 1810, dado que en la relación publicada en la *Gazeta de la Regencia de España e Indias* sobre la expedición del general Lacy sobre Moguer no se hacía mención acerca del papel que en ella habían tenido los dos caiques portugueses comandados por João Victor

---

308. A Francisco de Copons y Navia. Falucho núm. 2, en el río de Huelva, 31 de agosto de 1810. RAH, CCN, sig. 9/6968.

Jorge y José Pereira da Silva, había procurado hacerles el competente elogio en presencia del secretario de Estado español Eusebio de Bardaxí y Azara[309].

Ahora bien, el traslado y la concurrencia hacia la orilla izquierda del Guadiana no siempre contarían con el compromiso de todas las autoridades ni serían objeto de aprobación y reconocimiento por parte de todos los poderes. De hecho, en alguna ocasión, el entusiasmo mostrado por el gobernador de las armas del Algarve para actuar de forma conjunta por tierras españolas encontraría en cambio la desaprobación del mando supremo de su ejército. Como John Austin comunicaba a Francisco de Copons el 20 de agosto de 1810, había una oportunidad muy favorable para atacar al Príncipe de Aremberg, por lo que si su gobierno, al que había escrito sobre este particular, lo permitiese, resultaría conveniente la unión de sus tropas –dos batallones de milicias y un cuerpo de artillería– con las del Condado para obrar conjuntamente contra el enemigo. Sin embargo, esta propuesta no se hizo efectiva al no haberse obtenido el permiso del mando inglés, ya que según refería el propio Austin el 10 de septiembre siguiente, el mariscal Beresford no consideraba conveniente que hiciese ningún movimiento en el otro lado de la raya, sino que debía dedicarse enteramente a las medidas de defensa[310].

En otros momentos serían las autoridades españolas las que reprobaban la actitud de los militares portugueses que incursionaron en las tierras del vecino país. Antonio Pío de los Santos, capitán de la escuadra de guerra portuguesa encargada de la defensa del Guadiana, había comandado una expedición en mayo de 1810 contra los franceses situados en Huelva y Moguer, a los que, entre otras cosas, les había tomado una barca cargada de trigo, quemado cinco místicos que estaban preparados para conducir a la caballería, incinerado tres carros cargados de artillería y arruinado la torre de Umbría, a la que habían quemado sus puertas[311]. Eusebio de Bardaxí y Azara comunicaba entonces haber trasladado al conocimiento del Consejo de Regencia las «agradables noticias» acerca de las ventajas obtenidas por las fuerzas sutiles portuguesas contra las que tenían los enemigos en Moguer y Huelva, «habiendo conseguido destruir la mayor parte de ellas y proponiéndose hacer lo mismo con las demás que puedan tener en los otros puertos del Condado de Niebla»[312]. Sin embargo, no sería este el parecer general de los poderes españoles de la desembocadura del Guadiana, cuya lectura sobre la actuación de aquella expedición por la costa se hacía en tono menos complaciente y laudatorio.

---

309. Cádiz, 1 de septiembre de 1810. ANTT, MNE, caja 654.

310. RAH, CCN, sig. 9/6968.

311. De Teodoro José Pinheiro al conde de Linhares. Cádiz, 1 de junio de 1810. ANTT, MNE, caja 653.

312. Escrito dirigido al encargado de negocios de Portugal. Isla de León, 25 de mayo de 1810. ANTT, MNE, caja 653.

La Junta Suprema de Sevilla denunciaba a primeros de junio de 1810 la actuación de la escuadra portuguesa que se presentó en los fondeaderos de Ayamonte a los pocos días de haber llegado desde la ciudad hispalense a ese punto y que tenía como objetivo recorrer las aguas del Guadiana e impedir que los enemigos atacasen la franja derecha. La crítica a la conducta del comandante portugués que se encontraba a su frente descansaba no solo en lo ocurrido durante su permanencia en la ría de Ayamonte, en la que había obligado a los buques españoles «a humillaciones muy violentas», sino también en lo sucedido durante su incursión por la costa hacia levante. Como recogía la denuncia, con tres o cuatro cañoneras, y sin haber informado previamente a la junta, pasó a recorrer la costa, desde Vila Real de Santo António hasta Huelva. En este último enclave se apoderó de algunos botes que usaban los enemigos para hacer sus correrías, «servicio bastante recomendable», pero no así el incendio que a continuación llevó a cabo de cinco místicos que sin timón ni vela se encontraban en la ría de Moguer. En todo caso, «no contento el comandante de las cañoneras Portuguesas con haber cometido un hecho tan inesperado de una Nación íntimamente aliada», detuvo a un falucho que se encontraba cargado de trigo en el desembarcadero de Moguer pero que en ningún caso pertenecía a los enemigos, por lo que «esta acción por qualquiera aspecto que se mire debe calificarse como una verdadera hostilidad». A esto añadía que el comandante había vendido antes de regresar a Vila Real una importante cantidad del trigo, y que además se había apoderado indebidamente de otra embarcación que estaba fondeada en uno de los esteros cargada de géneros ingleses que algunos vecinos de Ayamonte habían traído de Portugal con la intención de venderlos en Moguer una vez que se viese libre de enemigos. Finalmente, el comandante portugués dio cuenta a la Junta de Sevilla de la quema de los cinco místicos y de la recogida de un cañón y de cierta cantidad de balas de la Torre de Umbría, que puso a disposición de ella, pero no informaría de la aprehensión del falucho y su carga[313].

Ahora bien, con independencia de los aspectos más espinosos y conflictivos de aquel episodio, el mismo relato contenía elementos que resultaban acordes con el establecimiento de un marco de relación general de carácter dinámico y fluido. La última referencia acerca de la comunicación entre el comandante portugués y la Junta de Sevilla, en la que le trasladaba, aunque fuese parcialmente, la narración de sus acciones y ponía a disposición de la misma los enseres recogidos, puede dar buena muestra de ello. La disputa se resolvía finalmente gracias a la intervención de las autoridades superiores. Desde Lisboa y Cádiz se adoptaron las medidas más convenientes para la satisfacción de la otra parte implicada, por encima incluso de las lecturas diferentes que

---

313. Ayamonte, 1 de junio de 1810. AHN, Estado, leg. 4510, caja 1, núm. 115.

hacían de aquellos acontecimientos. El encargado de negocios en Lisboa informaba el 25 de julio de 1810 que una vez pasada la nota al gobierno portugués sobre la «tropelía» efectuada por el comandante Antonio Pío en las aguas de Ayamonte, aquel ministro le había contestado que cuando tuvo noticia de su proceder le quitó el mando de la flotilla y se lo dio a otro, y eso «a pesar de estar persuadidos que aquel oficial obró más por un celo indiscreto y una actividad poco prudente, que por ningún otro motivo»[314].

En líneas generales, los poderes superiores se implicaron directamente en la desactivación de los distintos desajustes que fueron surgiendo a escala local o regional, entablando para ello una fluida comunicación con sus homólogos del otro país. Esto no significa, sin embargo, que este intercambio estuviese libre de tensiones. En ocasiones las denuncias se hacían bajo fórmulas más sutiles que contemplaban la comparación entre las acciones de unos y de otros, intentando de esta manera relativizar las conductas de sus naturales estableciendo como referente las llevadas a cabo por los del país vecino. Por ejemplo, como señalaba el representante español en su escrito de 25 de julio comentado más arriba, en la respuesta satisfactoria a sus reclamaciones ofrecida por el ministro portugués se incluía una referencia a la actuación de las fuerzas españolas al mando de los generales Ballesteros e Imaz, si bien, según había podido inferir de la última conversación mantenida con el ministro, no pasaba de ser un recurso «únicamente para servir de contrapeso a nuestra queja, y no para exigir contestación», de tal forma que «por ahora y con las prevenciones» que se habían hecho a los mandos militares, y la participación que sobre esto también se había efectuado en Lisboa, aquel era un «asunto concluido»[315].

Estos desencuentros no supusieron ningún obstáculo, por tanto, a la hora de edificar un marco de unión que permitiría, en el plano militar, reducir la distancia que separaba al ejército de los ocupantes y a las fuerzas de los ocupados. Indudablemente, no en todo momento la colaboración era valorada en términos positivos y sin reserva alguna. Por ejemplo, como refería Pedro de Sousa y Holstein desde Cádiz en agosto de 1811, habiéndose frustrado las esperanzas quizás excesivas de los éxitos obtenidos en la frontera, en ninguna época desde que estaba en España había visto tan acentuada la «desconfiança popular desta nacção sobre a conducta dos seus Alliados»[316]. Pero más allá de los desánimos y la escasa convicción en ciertos momentos sobre la ayuda proporcionada, en conjunto la cooperación no solo siguió activa durante aquel tiempo, sino que terminaría jugando un papel determinante en algunas de las acciones que condujeron a la salida definitiva de los franceses de la región.

314. AHN, Estado, leg. 4510, caja 1, núm. 52.
315. AHN, Estado, leg. 4510, caja 1, núm. 52.
316. A Miguel Pereira Forjaz. Cádiz, 4 de agosto de 1811. ANTT, MNE, caja 655, oficio núm. 50.

Como refería John Austin en agosto de 1812, había llegado por aquellas fechas un destacamento de 5000 hombres desde Cádiz al mando de Juan de la Cruz Mourgeon con destino al Condado de Niebla, que desembarcó en Huelva y estaba compuesto de «2500 Espanhóes, 700 Portuguezes e o resto Yngleses»[317]. En el combate que propició la entrada en Sevilla participó un batallón portugués que «parece se comportou como era de esperar»[318], y en el que solo algunos pocos soldados resultaron heridos[319]. En definitiva, la toma de Sevilla, circunstancia que evidenciaba la derrota de los enemigos en el suroeste, se hacía bajo la cooperación de fuerzas aliadas, con presencia también de portugueses, constituyendo una muestra más de la importancia que había alcanzado la participación conjunta en aquel territorio desde el principio de la ocupación.

2.2.4. Las tensiones internas: de las disputas entre los mandos a la deserción de los reclutas

El mecanismo de la colaboración se haría necesario también para resolver otros problemas surgidos al interior del colectivo militar de cada país. Un buen ejemplo lo encontramos en la causa abierta por las autoridades de Cádiz contra Eugenio Eulalio Palafox y Portocarrero, conde de Montijo. Después de haber instigado contra la Junta Central y abrírsele causa judicial, fue detenido en noviembre de 1809, si bien sería liberado en el motín que se produjo cuando la junta se vio obligada a salir de Sevilla en enero de 1810. Montijo se trasladó poco después a Cádiz y a mediados de año sería enviado por la Regencia a Extremadura, a combatir a las órdenes de Ballesteros, donde sin embargo no logró entenderse con los mandos de ese ejército[320]. En aquel contexto específico habría que situar el escrito enviado por Evaristo Pérez de Castro a Miguel Pereira Forjaz que refería haber sido informado por el Consejo de Regencia de España e Indias «de las especies sediciosas, reductoras y subversivas del orden público que propalaba el Brigadier Conde del Montijo por sí y por medio de sus confidentes» con objeto de desacreditar al gobierno y de introducir «la confusión y la anarquía». Por entonces se creía que andaba por el Condado de Niebla o en sus inmediaciones y se buscaba la colaboración de las autoridades de Portugal para que, en caso de considerarse necesario por el sumario que se le había mandado realizar, fuese arrestado y conducido a Lisboa, en donde

---

317. A Miguel Pereira Forjaz. Tavira, 13 de agosto de 1812. AHM/L, 1-14-083-08, fol. 14.
318. Del conde de Palmela al conde das Galveias. Cádiz, 31 de agosto de 1812. ANTT, MNE, caja 654.
319. De Joaquim Severino Gomes, encargado de los negocios portugueses ante el gobierno español, a Miguel Pereira Forjaz. Cádiz, 28 de agosto de 1812. ANTT, MNE, caja 654.
320. Cassinello 2011: 1317-1318; Cassinello: «Eugenio Eulalio Palafox y Portocarrero».

debía ser custodiado «con decencia y toda seguridad» –las circunstancias locales, decía, obligaban a que por ahora permaneciese en aquella ciudad– y quedar a disposición del Consejo de Regencia. Y como se recogía al final del documento, esta medida resultaba de enorme interés a la causa pública, «pues nada puede ser mi más pernicioso ni más injusto que procurar desacreditar el Gobierno de la Monarquía que en nombre del Señor D. Fernando VII y con aceptación de todas las Provincias está a la cabeza de la gloriosa lucha en que nos hallamos metidos»[321].

Pero si hay un campo especialmente fructífero para la colaboración ese no es otro que el de los desertores y el de las estrategias puestas en marcha por soldados y particulares para eludir las obligaciones con el ejército. En este sentido, la frontera representó para la oficialidad militar no solo un lugar clave de cooperación y resguardo, sino también un territorio ajeno a su potestad y, en consecuencia, propicio para el refugio de prófugos y desertores del ejército a su mando. Como se ha anotado más arriba, el recurso a la deserción no fue inusual a lo largo de la guerra, y aunque los oficiales también lo harían, el mayor número se daría no obstante entre los conscriptos[322]. Este fenómeno, como había quedado constatado en momentos anteriores, se acentuaba en las áreas fronterizas. De hecho, desde la perspectiva de los mandos del Condado de Niebla, las tierras portuguesas tendrían un doble significado: por un lado, un territorio substancial para la supervivencia y el mantenimiento de sus partidas, y por otro, un espacio extraño, al margen de su control directo, que estaba propiciando la continua pérdida de efectivos.

La importancia que tendría esa última cuestión para el éxito de la resistencia llevaría a que la Junta de Sevilla proyectase, a los pocos días de llegar a la desembocadura, un mecanismo para recoger a los desertores que se habían refugiado en Portugal. Esta iniciativa contemplaba, por un lado, la acción de un comisionado en la orilla derecha del Guadiana, quien debía localizar a esos individuos y llevarlos, junto a sus caballos y enseres, ante su presencia. Y, por otro, el auxilio de las diversas autoridades al frente de los territorios por los que aquel transitase, no solo por el beneficio que esta acción reportaría a ambos países, sino también como muestra de la reciprocidad que cabría esperar tras haber acreditado la Junta de Sevilla una conducta similar en circunstancias pasadas:

> Ynstruida la Junta Suprema de la escandalosa deserción que han hecho de sus Banderas, varios oficiales y soldados, acogiéndose al inmediato Reyno de Portugal, los unos disfrazados, los otros con su propio Bestuario, armas, y aun caballos, esparciendo falsas noticias acerca de los enemigos, ha resuelto que el

---

321. Lisboa, 12 de junio de 1810. ANTT, MNE, caja 435.
322. Fraser 2006: 425.

Teniente Coronel D. Sebastián Vicente de Solís, comandante que fue del extinguido Batallón de Voluntarios de Galicia, persona de conocido patriotismo, pase a las Ciudades, Villas, y Lugares del Reino a reunir toda clase de dispersos, recoger sus armas, y los caballos que hayan llevado, y los remita de Justicia en Justicia a disposición de esta Suprema Junta. La utilidad de tan importante comisión es común a ambas Naciones, por lo que espera esta Junta que los Excelentísimos Señores Capitanes Generales de dicho Reyno, Señores Gobernadores y demás Autoridades, prestarán al referido Teniente coronel quantos auxilios necesite, para llenar con la prontitud debida los obgetos de esta comisión; pues esta Suprema Junta facilitaría los mismos a favor de la Nación Portuguesa en iguales circunstancias como lo tiene acreditado[323].

Sin embargo, los acuerdos generales entre las autoridades superiores de ambos países y las medidas concretas tomadas en ámbitos regional o local no lograron resolver de manera satisfactoria un problema que tendría, como ya se ha señalado en otro capítulo, un largo recorrido. De hecho, las constantes reclamaciones que se dieron a lo largo de aquellos años no estarían sino mostrando la consistencia de esa práctica, la cual incluso se vería acentuada respecto a otros momentos anteriores. Como señalaba en mayo de 1810 Evaristo Pérez de Castro respecto al encargo que tenía Sebastián Solís de recoger a los prófugos que se hallaban en el Algarve, así como a la petición ante la autoridad portuguesa competente para que aprehendiese y remitiese al ejército de la izquierda todos esos desertores, «esta solicitud al Gobierno Portugués está de mil modos repetida por mí diferentes veces, y se me ha asegurado siempre que quedan dadas las órdenes»[324]. A esto habría que añadir además la dificultad de ejecutar algunas de estas medidas. Según reconocía el representante español en Lisboa en el documento citado, «entre tanto hallo que tendría inconveniente dar a Solís esta Comisión, que en los momentos de la confusión primera y en una Provincia devió ser más practicable que ahora en esta Corte», ya que «los oficiales que puedan encontrarse saven que Solís no ha sido militar sino por un grado que su patriotismo le valió de la Junta de Sevilla, y tengo motivo para temer que semejante incumbencia podría causar desordenes»[325].

Así pues, la complicidad y la asistencia que encontraban buena parte de estas iniciativas entre los poderes del otro país no siempre se materializaban de manera automática y sin reserva alguna, y, en conjunto, no lograron acabar con una costumbre muy extendida entre los ejércitos de ambos reinos. Como refiere José Nogueira para el caso portugués, en conjunto se publicaron cerca de setenta piezas legislativas y de otra naturaleza –permisos, decretos, ordenanzas, edictos o pastorales– sobre reclutamiento militar, exenciones

323. Ayamonte, 13 de febrero de 1810. AHN, Estado, leg. 4510, caja 1, núm. 149.
324. Lisboa, 9 de mayo de 1810. AHN, Estado, leg. 4510, caja 1, núm. 149.
325. *Ibidem.*

al mismo, deserción, desertores y medidas contra ese «vicio» entre febrero de 1793 y octubre de 1814, mientras que sobre la deserción y las diversas formas de combatirla fueron publicados un número de diplomas legislativos cercano a cuarenta, dieciocho de los cuales lo harían durante el periodo de las invasiones francesas[326]. Estas cifras dan cuenta de manera muy significativa de la dimensión y la persistencia de ese fenómeno durante aquellos años.

Las iniciativas concretas implicaban necesariamente, por tanto, la colaboración y la asistencia entre autoridades de uno y otro lado de la frontera con objeto de localizar y conseguir la vuelta de los dispersos y desertores emigrados. Por ejemplo, a través de medidas que pretendían, mediante el nombramiento de un comisionado con ejercicio directamente en Portugal, la recogida de los muchos soldados dispersos que se encontraban en aquellas tierras y su posterior remisión a Cádiz, lo que implicaba asimismo la «protección y facilidades» de las autoridades portuguesas en los diferentes lugares donde debía trasladarse[327]. Acciones que, por lo demás, no dieron fruto de manera rápida ni satisfactoria. A la altura de principios de 1812 Miguel Pereira Forjaz decía haber teniendo conocimiento de que en distintos pueblos del Algarve se encontraban refugiados muchos dispersos y desertores de las tropas españolas y de otros muchos individuos aptos para el servicio de las armas, así como del nombramiento del comisario de guerra de marina Juan Ruiz Morales, que se hallaba entonces encargado de reunir gente en el Condado de Niebla, «para que se entregue de ellos» y se pusiesen a su disposición todos aquellos que se pudiesen reclamar para darles el destino que estimase conveniente[328]. El documento firmado algunos días después por Manuel González Salmón, encargado de Negocios en Lisboa, además de hacer referencia a ese nombramiento y a su encargo, apuntaba que el «Consejo de Regencia de los Reynos de España e Yndias se lisonjea» por «los justos motivos que impelen a S.A. a adoptar tan prudente y sabia medida», en cuya realización también estaba interesado el gobierno de Portugal, de quien esperaba accediese «gustoso a sus deseos», y lo hacía con más confianza si cabe por haber condescendido en los últimos tiempos a la petición que el ministro luso «hizo para que se presentasen al Vicecónsul de Portugal todos los individuos de esta Nación residentes en Cádiz y Real Ysla de León que fuesen aptos para el servicio militar»[329].

La situación resultaba más complicada y apremiante por cuanto, como se apuntaba en algunos de los documentos anteriores, la deserción no solo afectaba a los ya ingresados en las filas del ejército, sino también a aquellos

---

326. Nogueira 2012: 994.

327. De Juan del Castillo y Carroz a Miguel Pereira Forjaz. Lisboa, 27 de agosto de 1810. ANTT, MNE, caja 435.

328. Lisboa, 6 de enero de 1812. AHN, Estado, leg. 4514, caja 1.

329. A Miguel Pereira Forjaz. Lisboa, 16 de enero de 1812. ANTT, MNE, caja 436.

otros susceptibles de hacerlo en los diferentes alistamientos que se venían efectuando. Además, ambas circunstancias solían aparecer unidas y ocupaban la atención de manera conjunta. Como refería Eusebio de Bardaxí y Azara en un escrito del 11 de agosto de 1810 remitido a Juan del Castillo y Carroz, enviado extraordinario y ministro plenipotenciario en Lisboa[330], «la Junta Superior de Sevilla hace presente a S. M. desde Aiamonte que el Mariscal de Campo D. Francisco Copons y Navia le ha representado los males que ocasiona el abrigo que encuentran en Portugal los Desertores y Prófugos españoles que pasan a ese Reyno huyendo de las Partidas y Justicias que los persiguen, y dejando casi desiertos algunos Pueblos de aquella Provincia para eximirse del servicio militar»[331].

Los perjuicios que ambos fenómenos tenían para los intereses militares, y la misma impotencia que se advertía ante la escasa efectividad de las acciones emprendidas en su contra, llevarían finalmente a algunos desencuentros entre las autoridades de los dos países al considerar que no se estaban aplicando de manera rigurosa las medidas más urgentes y necesarias por parte de los distintos agentes implicados. En el documento firmado por Eusebio Bardaxí y Azara del 11 de agosto antes citado se instaba al representante español en Lisboa a que solicitase nuevamente a ese gobierno tanto la entrega de todos los desertores y prófugos que se encontrasen en aquellas tierras como la aplicación de las medidas de policía más severas para impedir esa emigración. Es por ello que, teniendo en cuenta las rigurosas providencias que la defensa de la causa común exigía, el gobierno de Lisboa debía hacer «responsables de su cumplimiento a las Justicias, visto que las anteriores órdenes no surten el efecto que el interés mutuo de ambos Estados reclama ya con la maior urgencia»[332].

Poco tiempo después volvía a ponerse de relevancia la necesidad de contar con la implicación de las autoridades regionales y locales de Portugal para resolver el problema de la huida a aquel territorio. El representante español en Lisboa apuntaba el 6 de octubre de 1810, en respuesta a una nota del 11 de septiembre anterior, que las solicitudes nuevamente extendidas sobre el gobierno portugués acerca de las quejas relacionadas con la profusión de prófugos y desertores, «que por el disimulo de las Justicias de los Pueblos Portugueses de nuestra frontera se refugian en este reino», habían encontrado eco de nuevo en Miguel Pereira Forjaz, quien aseguraba que iba a repetir las órdenes que ya había dado a los gobernadores de las provincias para su más puntual cumplimiento[333].

330. Badorrey: «Juan Castillo y Carroz».

331. AHN, Estado, leg. 4510, caja 1, núm. 92.

332. *Ibidem.*

333. AHN, Estado, leg. 4510, caja 2, núm. 149.

El problema se hacía más acuciante cuando al delito de deserción se le venía a sumar otras acciones criminales cometidas por los huidos en las zonas de refugio. Así ocurrió, por ejemplo, con una «partida de desertores Portuguezes e Hespanhoes» que se había reunido en los alrededores de Serpa y que en ocasiones entraban en el territorio de Mértola, cometiendo «roubos e transtornando a tranquilidade publica», y en cuya detención resultaron heridos dos de sus miembros, muriendo finalmente uno de ellos[334]. En este caso, la mayor preocupación estaba en la conducta de las autoridades del entorno a la hora de acabar con los delitos llevados a cabo por estas partidas, de quienes se esperaba el mismo celo que se había demostrado en aquella detención, y es que, como refería el gobernador militar del Algarve, si los capitanes mores y los oficiales de ordenanzas estuviesen vigilantes, «este mal cessaria em breve tempo»[335]. Pero más allá de las medidas concretas a adoptar y de las autoridades encargadas de encabezarlas, este ejemplo constituye una muestra más de las conexiones entre sujetos de uno y otro lado de la frontera, aunque desde la perspectiva de los militares desertados, ya que la partida estaba conformaba por sujetos de ambos países que, con toda probabilidad, encontraron en la cooperación y en la actuación conjunta el medio más eficaz para mantenerse libres de sus compromisos militares y garantizar además su supervivencia sobre el terreno en el que operaban.

En definitiva, tanto la dispersión como la deserción –parte de la cual, referida a la huida ante los procesos de alistamiento y sorteo, se desarrollará con más atención en el siguiente apartado– llegarían a generar no pocos problemas para las autoridades de uno y otro lado de la raya, provocando en ocasiones además algunos desencuentros entre ellas, si bien es cierto que los canales de comunicación formalmente establecidos, particularmente en lo que respecta a las autoridades superiores, permitirían encauzar esas disputas hacia escenarios menos estridentes. No obstante, las distintas formas de actuar en torno a ambos fenómenos evidenciaban asimismo las diferentes lecturas que se dieron entre los diversos actores implicados. De este modo, si la relajación en la requisición de prófugos y desertores por parte de las autoridades locales portuguesas de la frontera podía responder a las circunstancias propias de su misma realidad territorial –articulada en base a solidaridades exclusivas de ese marco específico–, el destino de los sujetos que cometían el delito de dispersión y deserción también debió de estar conectado con las posibilidades de éxito que se abrían en ese escenario fronterizo. Desde las filas del ejército la frontera adquiría, por tanto, más de un significado: a grandes trazos, una parte entendería que el vecino país proporcionaba elementos necesarios

---

334. De John Austin a Miguel Pereira Forjaz. Tavira, 4 de agosto de 1812. AHM/L, 1-14-083-08, fol. 1.
335. *Ibidem.*

para mantener la lucha conjunta, mientras que otra porción concebiría la orilla opuesta como un lugar de refugio para conservar su integridad y mantenerse a resguardo de los peligros del servicio de las armas. En esencia, unas actitudes controvertidas, no exclusivas del grupo militar, que vendrían a mostrar la complejidad de un conflicto enormemente exigente del que no se pudo abstraer ningún agente peninsular.

2.3. Población y frontera: el uso compartido del espacio

Las autoridades, en su distinta naturaleza, escala territorial o jurisdicción, serían las encargadas de articular las relaciones a ambas orillas del Guadiana, así como de armonizar los intereses del Estado con las conductas de los habitantes de aquel territorio. La población en su conjunto participaría activamente del marco de conexiones fronterizas, si bien desde enfoques diferenciados que no necesariamente tenían que coincidir entre sí. En líneas generales, la existencia de un espacio cotidiano de relaciones entre uno y otro margen del río no solo terminaría condicionando la forma en la que se materializaba el marco de colaboración intergubernamental, sino que marcaba además los contornos precisos de la experiencia de la guerra entre sus diferentes pobladores.

2.3.1. Refugio y cambio de residencia: traslado y convivencia al otro lado del río

Las tierras de la frontera actuaron como refugio y asilo para una población que abandonaba su hogar por la llegada de la guerra a su misma puerta. Hay que tener en cuenta que, según ha subrayado María Gemma Rubí, este conflicto se caracterizó por las deserciones y los abandonos, no solo en lo que respecta a los soldados, sino también a la población en general, que no quería verse arrastrada por sus consecuencias[336]. Una población que, como ha constatado María Antonia Peña para el caso del suroeste, quedaba agotada durante aquel tiempo no tanto por las operaciones militares sino por la continuada práctica de la requisa y el saqueo y la permanente exigencia de contribuciones ordinarias y extraordinarias de la que fueron objeto[337]. Los constantes y estrictos requerimientos de dinero, productos y hombres por parte de los distintos bandos enfrentados se dirigían además a una población que vivía en unas condiciones ya de por sí precarias y vulnerables. En líneas generales, los pueblos

---

336. Rubí 2007: 308.
337. Peña Guerrero 2010: 195.

de toda España quedaron entonces a merced del hambre y de la miseria[338]. Aquel contexto de exacciones, incertidumbres y fragilidades dio pie, como sostiene Emilio de Diego, a todo tipo de abusos, a algunos negocios especulativos y a conductas defensivas por parte de aquellos que eran víctimas de las requisiciones[339]. Entre las actitudes de defensa se encontrarían la ocultación de todo aquello que pudiesen quitarles o la emigración de manera puntual o permanente hacia lugares alejados de la acción de las tropas y de sus exigencias e imposiciones.

En no pocas ocasiones, las desconfianzas y los miedos que acompañaron a la guerra comportarían el traslado de residencia a puntos de la frontera con Portugal o directamente al país vecino. En este último caso habría que situar, por ejemplo, la llegada a aquel reino de unos religiosos procedentes de la Cartuja de Sevilla tras la caída de la ciudad hispalense a manos de los franceses, y que habían «tenido el atinado acuerdo de sacar algunos efectos o propiedad mobiliaria de aquella comunidad para salvarlos de la rapacidad enemiga»[340]. Por aquellas fechas se producía el regreso a Lagos, por mandato del gobierno de Cádiz, del cónsul español en el Algarve, quien había abandonado aquel encargo más de dos años atrás debido a la entrada de las tropas francesas en aquellas tierras, y que después de haber estado residiendo en Sevilla y ante la llegada de los enemigos a esa ciudad, volvía de nuevo al Algarve para continuar con su empleo anterior[341].

La llegada de un número importante de refugiados a Portugal ocasionaría, al menos en los primeros tiempos, algunas desconfianzas de carácter general sobre los efectos que tendría para el día a día del conjunto de residentes. Por ejemplo, el obispo y gobernador interino del Algarve advertía a principios de febrero de 1810 acerca de la posible carestía y la subida de precios que sufrirían los víveres si emigrasen de «Hespanha para este Reino» las familias que pretendían hacerlo[342]. En otros casos los recelos se relacionaban con sospechas concretas sobre la verdadera causa que había motivado el desplazamiento. En el ejemplo antes referido del regreso del cónsul español a Lagos, este decía haber comenzado a su llegada «quatro malas lenguas y personas mal intencionadas» a mover «corrillos en las tiendas» y en las iglesias acerca de que lo había hecho como espía del gobierno francés, junto a «otras espreciones cediciosas y revolucionarias», de tal forma que el pueblo se encontraba inquieto y no había sido suficiente para calmarlo el que las autoridades del lugar confirmasen que

---

338. Aragón 2008: 11.

339. De Diego 2009: 301.

340. Escrito firmado por Evaristo Pérez de Castro y dirigido a Miguel Pereira Forjaz. Lisboa, 4 de marzo de 1810. ANTT, MNE, caja 435.

341. De Francisco de Prado Ordóñez a Evaristo Pérez de Castro. Lisboa, 30 de marzo de 1810. ANTT, MNE, caja 435.

342. A Evaristo Pérez de Castro. Faro, 4 de febrero de 1810. AHM/L, 1-14-075-14, fol. 3.

venía con los pasaportes correspondientes del gobierno español[343]. Ante esta situación, resultaba finalmente necesaria la intercesión de las autoridades superiores para garantizar que la recepción resultase armoniosa y proporcionada a los intereses de ambos países[344].

La entrada de los franceses en Sevilla comportó a su vez la presencia de sus tropas en la región más al oeste, llegando en ocasiones hasta la misma línea fronteriza. Precisamente, el movimiento y la aparición –física o figurada, según los casos– de estas fuerzas enemigas por los diferentes pueblos del entorno generarían no pocos temores entre el vecindario y su rápida salida hacia lugares más seguros. En algunas ocasiones el traslado se producía hacia zonas cercanas al pueblo que contaban con unas condiciones de localización y acceso que permitían la ocultación y el refugio. Según refería el cura de Aljaraque en un informe elaborado algunos años después, el 19 de abril de 1810 llegó a la villa al oscurecer tras haber dado un paseo por el campo y la encontró desamparada de vecinos, los cuales se habían retirado a los montes huyendo del enemigo[345]. Más al norte, en los pueblos de la Sierra, también queda constancia del abandono apresurado de los hogares y del resguardo en lugares más seguros. Como dejaba anotado el cura de la iglesia parroquial de Alájar en el libro de bautismo, los franceses visitaron el pueblo el 6 de julio de 1810 y lo saquearon, «rompiendo las puertas por haverse fugado los vecinos a los montes y desiertos apartados» y escondido «en las breñas y cabernas con todo lo mejor que cada cual pudo llevarse consigo»[346].

En enclaves más próximos a la frontera el traslado se producía, en función de las circunstancias y las oportunidades concretas de cada momento, bien a lugares del margen izquierdo o bien a la orilla portuguesa. El ayuntamiento de Villanueva de los Castillejos refería el 11 de junio de 1812 que a causa de las repetidas invasiones del enemigo su vecindario había emigrado tanto a Portugal como a otras poblaciones de esta parte[347]. En Villablanca también se asistiría a continuas salidas en aquellas ocasiones en las que los enemigos se dirigieron al pueblo, si bien destacaba lo ocurrido el 24 de agosto de 1811, cuando, casi cercados por las tropas francesas, emigraron todos sus vecinos, pasando unos a los campos y otros, en unión con las autoridades, a localidades portuguesas de la frontera[348].

---

343. De Francisco de Prado Ordóñez a Evaristo Pérez de Castro. Lisboa, 30 de marzo de 1810. ANTT, MNE, caja 435.

344. De Evaristo Pérez de Castro a Miguel Pereira Forjaz. Lisboa, 4 de abril de 1810. ANTT, MNE, caja 435.

345. Aljaraque, 4 de enero de 1817. ADH, Aljaraque, Sección Justicia, Serie Ordinarios, Clase 1ª, leg. 1, expediente 6.

346. Menguiano 2017: 92.

347. AMVC, Actas Capitulares, leg. 10.

348. Informe de 16 de marzo de 1818. AMV, Autos, leg. 269.

Los pueblos situados en la misma línea fronteriza no solo constituían un punto de encuentro destacado al que confluían habitantes llegados de otros lugares, sino que componían asimismo un foco emisor de población hacia las tierras portuguesas más próximas. El caso más significativo estaría representado por la ciudad de Ayamonte. Por una parte, como ha señalado María Antonia Moreno, porque sus calles acogieron entonces a muchos individuos originarios de otras partes, un número considerable de los cuales dejaron rastro documental de su presencia en la ciudad al resultarles muy complicado regresar a sus lugares de procedencia para defender sus derechos y se vieron obligados a otorgar poderes para que otros lo hiciesen en su nombre[349]. Por otra, porque buena parte de sus residentes se trasladaría al otro lado del río en aquellas ocasiones en las que las fuerzas francesas llegaron hasta la misma desembocadura. Como publicaba la *Gazeta de la Regencia* en referencia al primer episodio de ocupación francesa de la ciudad, cuando en torno a las cuatro de la tarde del 6 de marzo de 1810 se produjo la entrada de los enemigos apenas quedaba una tercera parte de su vecindario[350].

Dado el volumen que llegó a alcanzar esta emigración puntual y las difíciles circunstancias en las que se desarrollaba –derivadas, entre otras cuestiones, de las limitaciones en cuanto a la disponibilidad de medios de transporte o por la celeridad ante el escaso tiempo del que se disponía–, resultaba fundamental para el éxito de la misma que las líneas de conexión interfronterizas estuviesen activas y bien engarzadas, ya fuese tanto en los discursos como en las prácticas. En particular, entre las autoridades del entorno. En un escrito enviado por la Junta de Sevilla al gobernador de la plaza de Vila Real de Santo António el 19 de abril de 1810 se ponía de manifiesto precisamente la importancia de la asistencia y la colaboración entre ambos mandos: por un lado, le trasladaba su agradecimiento por la consideración que había tenido con los «españoles vezinos de Ayamonte», a los que remitió unos botes que les permitieron ponerse a cubierto rápidamente del enemigo; y, por otro, le garantizaba que en iguales circunstancias el gobierno español se conduciría en los mismos términos, según lo había verificado en momentos anteriores[351].

En definitiva, la movilidad de la población y la estancia provisional en el país vecino requirieron para su buen desarrollo de la participación y la complicidad de las autoridades de la frontera. Entre los testimonios conservados puede referirse el caso de un comisionado, nombrado por el comandante de la matrícula de Ayamonte, que se encontraba el 21 de diciembre de 1811 en Vila Real de Santo António haciendo «que todos los barcos menores de ella» fuesen a la orilla izquierda para «conducir los vecinos» a Portugal, ya que un bergantín

349. Moreno Flores 2011: 41.
350. *Gazeta de la Regencia de España e Indias*, núm. 5 (23/03/1810).
351. Puerto de Ayamonte, a bordo del místico Trinidad. AHM/L, 1/14/169/112.

inglés había puesto señal a las siete de la mañana de ese día advirtiendo de la aproximación del enemigo a la desembocadura[352]. En buena medida, dada la premura con la que debía pasarse el Guadiana, este tipo de acciones de mediación y de búsqueda de medios resultarían fundamentales para poder movilizar a un número importante de población. No hay que perder de vista, como refería John Austin en diciembre de 1810 ante el avance del enemigo hacia Ayamonte, que esto había provocado una gran consternación en aquella ciudad y que toda la gente huía «para esta parte do Guadiana»[353]. En otra ocasión sostenía que, a pesar de que se esperaba que los franceses entrasen en Ayamonte, no se habían confirmado aún esas previsiones, retraso que había permitido a los habitantes de aquella ciudad contar con tiempo suficiente para trasladar al país vecino tanto sus propiedades como la pequeña porción de comestibles con la que contaban[354].

La información sobre la distancia y el tiempo previsto de llegada de los enemigos resultaría fundamental para poder organizar el viaje de la manera más adecuada. Pero también que esos datos fuesen precisos y veraces, lo que permitiría gestionar convenientemente los temores de los residentes de aquellos enclaves y ahorrarles esfuerzos innecesarios, también para las autoridades encargadas de auxiliar tanto el tránsito como la convivencia. Por ejemplo, como refería Francisco de Copons y Navia el 17 de octubre de 1810, había sido necesario en aquellos días, ante la difusión de rumores infundados sobre la cercanía de los franceses, fijar carteles anunciando su estado exacto para evitar así que emigrase la población sin necesidad alguna[355].

Por otro lado, el éxito del traslado descansaba asimismo en la posibilidad de contar con condiciones adecuadas para el alojamiento y el sustento durante el tiempo de permanencia. Algunas autoridades de la frontera también jugaron un papel destacado en este ámbito. Como refería John Austin, en julio de 1810 una incursión de franceses en la frontera obligó a retirarse a los españoles a Portugal, momento en el que, como prueba de amistad, se había dado «azylo e segurança a todos os habitantes de Ayamonte, Castillejos» y otros pueblos del entorno[356]. En ocasiones incluso llegaron a recibir públicamente el agradecimiento desde la otra orilla por su buena disposición y

---

352. El comisionado era Rafael de Guevara, quien ejercía como alférez de navío de la real armada, capitán del puerto de la ciudad de Ayamonte y diputado de su Junta de Sanidad. Ayamonte, 5 de febrero de 1812. ANTT, MNE, caja 436.

353. A Miguel Pereira Forjaz. Tavira, 13 de diciembre de 1810. AHM/L, 1/14/075/15, fol. 66.

354. A Miguel Pereira Forjaz. Castro Marim, 11 de mayo de 1812. AHM/L, 1/14/083/05, fol. 4.

355. Escrito enviado a la Junta Suprema de Sevilla. RAH, CCN, sig. 9/6968.

356. A Miguel Pereira Forjaz. Castro Marim, 27 de septiembre de 1810. AHM/L, 1-14-075-15, fols. 35-4-36.

el esfuerzo desempeñado. Tal fue el caso del texto publicado en *El Conciso* en septiembre de 1811 respecto a las acciones emprendidas por el juez de fora de Vila Real de Santo António ante la llegada de españoles que huían de los enemigos, y donde se destacaban los valores de humanidad y fraternidad que le habían movido durante aquellos críticos momentos:

> *Portugal; Villarreal 19 de Septiembre*. Todo elogio es poco para lo que merece este *Juis de Fora* por la hospitalidad que en él hemos encontrado quantos salimos huyendo de Ayamonte. No ha habido disposición que no haya tomado para ir proporcionando alojamiento a tantas familias españolas; recorre personalmente todo el pueblo y donde puede colocar alguna familia de las que se hallan baxo de toldos o cabañas, lo verifica inmediatamente; hasta en las salas de su casa ha acomodado algunas gentes, y llegan a 60 las personas que tiene en los quartos baxos de su casa. ¡Esto es lo que con verdad puede llamarse modelo de *humanidad* y *fraternidad*![357].

Ocupar el puesto de gobernador en una plaza como Vila Real de Santo António durante la guerra no debió de ser una tarea fácil, entre otras cuestiones porque, como refería John Austin, debido a su posición geográfica se había constituido en un refugio para emigrantes españoles de todas las clases. Precisamente, entre las virtudes que el militar inglés destacaba del sujeto que desempeñaba entonces aquel cargo se encontraban la de reconciliar las pasiones del pueblo más bajo de las dos naciones, acomodar a los huidos y preservar la tranquilidad de la plaza. Todo ello requería, a su entender, de mayor prudencia y previsión de las que resultaban habituales y necesarias en otros momentos, y mostraba asimismo las atenciones que había puesto el gobernador durante las ocasiones comprometidas en las que se vieron obligados a pasar el río sus vecinos españoles[358].

Pero también resultaba clave para el éxito de esa empresa que las relaciones entre los mismos paisanos se articulasen desde la cordialidad y la hospitalidad, no solo en relación al episodio concreto que se activaba en un momento dado, sino también de cara a otras eventualidades que se pudiesen dar en el futuro. Algunas conductas no ayudarían a trazar un clima de buena armonía y acogida, como ocurrió en el caso de un antiguo religioso de la orden de los Cartujos de Sevilla, que fue apresado en el Algarve por haberse «conducido escandalosamente» en todos los pueblos y parajes por donde había transitado[359].

---

357. Cursivas en texto original. *El Conciso*, 23/09/1811. Ejemplar conservado en ANTT, MNE, caja 436.

358. A Miguel Pereira Forjaz. Castro Marim, 27 de febrero de 1812. AHM/L, 1/14/083/02, fol. 9.

359. De Manuel González Salmón a Miguel Pereira Forjaz. Lisboa, 27 de febrero de 1812. ANTT, MNE, caja 436.

Sin embargo, en conjunto, los testimonios sobre este tipo de actuaciones problemáticas por parte de particulares resultaron escasos, al igual que las referencias a una recepción de los mismos en términos de rechazo y protesta. Precisamente, el ejemplo comentado permite una lectura complementaria en esta segunda línea. En las averiguaciones que hacía el obispo y gobernador interino del Algarve sobre las circunstancias y comportamiento del antiguo religioso constaba que los «bons Religiosos» de su misma orden que existían en el seminario que él había establecido en Faro mostraban su vergüenza e incredulidad de quien, habiendo sido uno de sus hermanos, abandonó su orden sin causa legítima y luego había actuado «de hum modo escandalozo nas terras por que tem pasado»[360]. Así pues, los religiosos cartujos que llegaron al Algarve a principios de la invasión de Sevilla y encontraron protección en las autoridades religiosas de Faro, escandalizados ante la actitud mostrada por su compatriota en aquel territorio, se distanciaban de su antiguo compañero y se sumaban a las críticas por su conducta, lo que en el fondo mostraba además el grado de integración de aquella comunidad religiosa foránea en el entramado social de su nuevo lugar de residencia.

La recepción cordial y hospitalaria iría de la mano, por tanto, de conductas afines y equiparables por parte de los recién llegados. Una cosa vendría a fomentar la otra, en ambas direcciones. Con todo, la necesidad de mantener esa buena armonía y actitud implicaba también evitar el tránsito de personas que con sus acciones la pudiesen poner en riesgo. De nuevo serían las autoridades las que asumían ese compromiso, por ejemplo, advirtiendo del tránsito por tierras portuguesas de españoles que habían tenido alguna conducta delictiva en su país de origen. Así ocurrió en el caso de un antiguo militar que había estado preso en Sevilla y que, tras salir de aquella ciudad y haber logrado engañar en las playas de Sanlúcar de Barrameda a dos «señoras de distinción» que se dirigirían junto a dos niñas y varios criados hacia la zona de Huelva huyendo de los franceses, se internó en Portugal valiéndose de un pasaporte en blanco que había obtenido de una de las mujeres. Desde el gobierno de Cádiz se solicitaba entonces la intervención de las autoridades de Lisboa para que se prendiese a ese sujeto que andaba por la «provincia de Alentejo o sus inmediatas» y que fuese llevado ante la justicia de Ayamonte, así como para que se liberasen a las mujeres, niñas y criada que tenía «engañadas» y se les diesen resguardo o facilitasen el regreso a España[361]. Indudablemente, este episodio también vendría a mostrar los esfuerzos por cortar el refugio de delincuentes y conseguir que no escapasen de la acción de la justicia.

---

360. A Miguel Pereira Forjaz. Faro, 17 de enero de 1812. AHM/L, 1/14/083/13, fol. 13.

361. De Juan del Castillo y Carroz a Miguel Pereira Forjaz. Lisboa, 3 de octubre de 1810. ANTT, MNE, caja 435.

En definitiva, por una u otra circunstancia, no parece que el traslado y la convivencia resultasen especialmente agitados y conflictivos, más allá, claro está, de que todo desplazamiento forzoso conllevaría una cierta dosis de tragedia y fatalidad. En buena medida, este tipo de conductas casaban bien con una particular forma de entender la frontera, con relaciones cotidianas y modos de convivencia que venían a desdibujar las líneas limítrofes trazadas sobre el papel entre los dos países.

2.3.2. La emigración como válvula de escape: los compromisos políticos, económicos y militares

Al margen de constituir una fórmula circunstancial para solventar situaciones apremiantes pero acotadas en el tiempo, el paso de la frontera también propiciaría estancias de mayor duración e implicaciones. Algunos testimonios hacían referencia precisamente a estadías más largas y sostenidas en el tiempo, y, como corolario, a los efectos negativos que estas causaban en ciertos campos de la política y la economía de su pueblo y país de procedencia. En Villanueva de los Castillejos y Ayamonte se abrieron a principios de 1812 nuevos escenarios de gestión en su ayuntamiento que se justificaban, al menos en parte, en los efectos que sobre la vida política municipal había tenido la alta y constante emigración de su vecindario. En el primer caso, los problemas y movimientos de algunos vecinos respecto a la conformación del ayuntamiento de aquel año descansaban en las «circunstancias actuales de despoblación»[362] y en que «las personas que la constituyen emigradas en Portugal y otros puntos no existen en esta sociedad»[363]. En el segundo, sería el cabildo del año anterior el que aludía a la alta expatriación y emigración de su vecindario para argumentar la continuidad en el cargo de algunos de sus miembros:

> El Ayuntamiento que representa está persuadido que según el Decreto de V. M. expedido en seis de Agosto último pertenece a esta elección en lugar del señor que fue territorial al tribunal de la Provincia […], mas a pesar de quantas diligencias ha practicado el cuerpo recurrente no ha podido evacuar el Ayuntamiento general de propuestas, ni cree puede verificarse, por quanto esta ciudad se halla enteramente desierta a causa de que sus vecinos y principalmente aquellos en quienes podía recaer la elección se hallan emigrados y avecindados en varias poblaciones del frontero Reino de Portugal, sin más obxeto que la inseguridad que tienen en esta ciudad por las continuas aproximaciones que a ella hace

---

362. Sesión del cabildo del 7 de enero de 1812. AMVC. Actas Capitulares, leg. 11.

363. Escrito firmado por cuatro vecinos. Villanueva de los Castillejos, 18 de enero de 1812. AMVC, Actas Capitulares, leg. 11.

el enemigo, a quienes durante las actuales circunstancias no cree el cuerpo que dice se le pueda obligar a una residencia fija en ella.

[…] No es menos imposible la elección de Síndico y Diputado del común que deve hacerse por el Pueblo tan luego como se dé la posesión a las nuevas Justicias, la que no podrá verificarse en esta ciudad a causa de no residir Pueblo alguno en ella como va expuesto, pues aun quando haya algunos pocos vecinos son aquellos que para nada son útiles por su notoria indigencia y falta de discernimiento[364].

La emigración de parte del vecindario terminaba afectando no solo a la renovación y la conformación de los ayuntamientos, sino también a las funciones específicas que venían asumiendo los poderes locales en el contexto específico de la guerra. Un buen ejemplo de todo ello lo encontramos en las acciones emprendidas por el ayuntamiento de El Almendro para conseguir la vuelta de algunos de sus capitulares residentes en Portugal. En concreto, en junio de 1811 llegaba a enviar a un comisionado a Lisboa para lograr la intervención de las autoridades portuguesas contra dos individuos que formaban parte de aquel cabildo pero que desde hacía mucho tiempo se encontraban ausentes en la provincia del Alentejo y no habían querido regresar a tomar posesión de sus empleos en notorio perjuicio de la causa pública[365]. Entre las causas que motivaban su solicitud se encontraba el hecho de tener que socorrer a las tropas, al situarse en aquel pueblo el cuartel general, «de pan, carne, menestras, paja, sevada, aceite, tosino, leña y otros diferentes pedidos de ropa y calsado», así como «aloxar y solicitar vagages» para las muchas partidas que constantemente pasaban por allí. Y todo ello con la dificultad añadida de que solo podían atender a esos requerimientos un alcalde y un regidor, los dos únicos cargos que estaban entonces en su ayuntamiento; circunstancia que se había agravado además en los últimos tiempos debido a que, por el afán y los esfuerzos puestos en el desempeño de sus funciones, estaba haciéndolo solo el primero por haber caído enfermo el regidor[366]. La respuesta de Miguel Pereira Forjaz, con referencia al tiempo de avecindamiento de ambos individuos, a los negocios y oficios que allí desempeñaban y a la naturaleza de los tratados efectuados entre ambas coronas, decía no poder reclamar ni obligar al cumplimiento de lo recogido en la petición[367]. Con ello quedaba confirmada la plena integración de ambos sujetos en sus lugares de residencia del Alentejo,

---

364. Ayamonte, 3 de diciembre de 1811. AMA, Actas Capitulares, leg. 23.

365. De Juan del Castillo y Carroz a Miguel Pereira Forjaz informando de la llegada del comisionado y del cometido de su encargo. Lisboa, 18 de junio de 1811. ANTT, MNE, caja 435.

366. Escrito del ayuntamiento de El Almendro, 10 de junio de 1811. ANTT, MNE, caja 435.

367. Escrito dirigido a Juan del Castillo y Carroz. Lisboa, 13 de agosto de 1811. AHN, Estado, leg. 4514, caja 2.

de la que habían dado cuenta incluso los magistrados portugueses de sus respectivos distritos, mientras que el ayuntamiento de El Almendro debía seguir afrontando los requerimientos de las tropas con un cuadro de gobierno muy mermado y en unas condiciones muy precarias.

Pero además de los problemas en las instituciones municipales encargadas de la dotación y el alojamiento del ejército, la propia adquisición de los suministros resultaba claramente afectada en su conjunto al haber decaído por la emigración el número de contribuyentes. En el acta capitular de Villanueva de los Castillejos del 11 de junio de 1812 se anotaba que con motivo de la traslación de sus moradores «se mira esta infeliz población en la más triste situación» y sin capacidad para contribuir a los necesarios suministros[368]. En Ayamonte se discutía en la sesión del 19 de octubre de 1811 sobre la imposibilidad de poder suministrar alguna cosa a las tropas que se encontraban en la ciudad tanto por el estado de ruina en que se hallaba su vecindario, como por la emigración que había sufrido[369]. El problema se hacía extensivo asimismo sobre otros planos de orden económico y fiscal. La corporación ayamontina hacía mención también a los efectos negativos que tendría en la localidad el cobro de determinada contribución en aquel contexto caracterizado por la elevada emigración de su vecindario, principalmente porque sería motivo para que los vecinos expatriados se avecindasen perpetuamente en el reino de Portugal[370].

En fin, las tierras del país vecino actuaban como válvula de escape para la población ante la presión ejercida por los diferentes poderes de la franja izquierda del Guadiana. Ahora bien, la continua pérdida de habitantes que esto suponía para los pueblos del entorno fronterizo, en la que se combinaban salidas de pocos días con otras de mayor duración, tendría asimismo consecuencias directas sobre el propio tejido productivo de la región. En concreto, sobre la agricultura, base de la economía local en la mayoría de los casos. Y con ello, de manera indirecta, para el sostenimiento de las fuerzas militares que se alimentaban sobre el terreno. La conexión de ambos elementos se presentaba en ocasiones en las fuentes de manera nítida. Así, por ejemplo, según informaba a Joaquín Blake el oficial de una partida desde San Silvestre de Guzmán en julio de 1811, hallaron el pueblo desierto debido a las noticias falsas que indicaban que los franceses se encontraban el día anterior en Lepe, un nuevo motivo que había contribuido a que fuese mayor la carencia de medios para la subsistencia de hombres y caballos, ya que, además de encontrarse con todas las puertas de las casas cerradas, el campo estaba «sin producir más que jarales,

---

368. AMVC, Actas Capitulares, leg. 10.
369. AMA, Actas Capitulares, leg. 23.
370. *Ibidem.*

de modo que hasta el agua falta» y quedaba finalmente comprometida su capacidad de combate[371].

En todo caso, la desatención de las labores agrícolas estaría conectada no solo con la carestía de hombres para trabajar los campos, sino también con la exigua voluntad de producir para que su fruto terminase en manos del ejército[372]. A fin de cuentas, Portugal también constituiría una zona de resguardo frente a las exigentes requisiciones de las distintas fuerzas militares, de distinto signo y bandera, que se movían y aprovisionaban sobre el territorio. Y es que, como sostiene Ronald Fraser, la población rural se vio obligada a mantener, prácticamente de forma gratuita, dos, y a veces a tres, ejércitos muy destructivos y también a fuerzas de la guerrilla, mientras trataba al mismo tiempo de conservar su vida, de lo que concluye que «una cuestión vital, o mejor *la* cuestión vital, de la guerra se convirtió, pues, en el control de los limitados recursos alimenticios»[373].

El problema de falta de mano de obra para el cultivo de los campos quedaba también vinculado con la demanda de hombres para el servicio de las armas. Así al menos lo harían las autoridades del Algarve. El obispo lo haría en abril de 1810 cuando, al tratar sobre los problemas de las «Ordenanças» y su servicio sin sueldo –y que refería estar compuesta por gente pobre y mal vestida que enfermaba y había dejado sus sementeras sin atender y a sus familias en total desamparo–, marcaba la conveniencia de que se enviasen al Algarve varios regimientos de milicia –cuyo empleo en la defensa comportaba, en cambio, pan y paga– para que las ordenanzas pudiesen retirarse «a cultivar a terra para beneficio commun»[374]. Algunos meses después sería John Austin quien encontraba la ocasión de alcanzar un objetivo que siempre tenía en mente como era la disminución en lo posible del servicio militar de las ordenanzas para que no padeciese «a agricultura e a industria do pays», al mismo tiempo que se conseguía reducir el gasto de raciones que debían destinarse a ese cuerpo[375].

A la problemática de la desatención del tejido productivo y de la merma sobre la capacidad de suministrar alimentos a las tropas se añadía la cuestión del alistamiento y la necesidad de aumentar el número de efectivos en el ejercicio de las armas. Encontrar el equilibrio entre esos diferentes ejes no resultaría posible. El último de esos campos ocuparía además una atención preferente en muchos momentos, ya sea por parte de las autoridades con objeto

---

371. 11 de julio de 1811. AGMM, CB, caja 6, doc. 24.

372. Aragón 2008: 11.

373. Fraser 2006: 401.

374. Tavira, 9 de abril de 1810. AHM/L, 1-14-219-02, fol. 21.

375. De John Austin a Miguel Pereira Forjaz. Castro Marim, 13 de septiembre de 1810. AHM/L, 1-14-075-15, fol. 25.

de conseguir elevar el número de conscriptos, o ya sea por parte de los particulares para liberarse de los compromisos que ello suponía. De nuevo la frontera se presentaba como un espacio subversivo y desafiante para unos, y de ventajas y oportunidades para otros, y donde confluían intereses diversos y en ocasiones enfrentados.

Los pueblos tuvieron que efectuar durante aquellos años repetidos sorteos de quinta para atender al cupo que, en función del número de su vecindario, se le había asignado. Ello supondría un enorme reto para la población desde una perspectiva individual, familiar y local, lo que en no pocas ocasiones implicaría la desobediencia mediante el recurso a la deserción. De todas formas, como sostiene Carrasco Álvarez, esto no suponía necesariamente posicionarse en contra de la resistencia frente a las tropas francesas y a sus colaboradores, sino que se trataba más bien de una reacción inevitable a las perturbaciones económicas inherentes a una guerra de esas características[376]. De hecho, esta misma conducta se observaba en aquellos territorios ocupados por los franceses y en los que estos pretendían reclutar hombres para su ejército, y es que, como refería John Austin para el caso de Sevilla a finales de 1810, no parecía probable que pudiesen llevar a cabo esa medida ya que «as pessoas capazes de serviço» se escondían y huían «para os districtos não occupados pelo inimigo»[377].

En definitiva, el alejamiento del hogar, la merma que ello suponía para las frágiles economías familiares o las penosas condiciones de vida que les esperaban en los regimientos, llevarían, entre otras muchas y variadas motivaciones, a la ocultación y al abandono del domicilio, al menos durante las fechas en las que se llevaba a cabo el sorteo para conformar el cupo de hombres que correspondía enviar a cada pueblo.

El suroeste proporcionaría muchos ejemplos al respecto. Francisco de Copons y Navia elevaría ante la Junta de Sevilla una denuncia sobre los males que ocasionaba el abrigo que encontraban en Portugal los desertores y prófugos españoles que pasaban desde la orilla izquierda huyendo de las partidas y autoridades que les perseguían, «y dejando casi desiertos algunos Pueblos de aquella Provincia para eximirse del servicio militar»[378]. En Isla Cristina, las autoridades locales llegaron a denunciar en marzo de 1811 no solo las alteraciones y perjuicios que, en relación a los distintos actos de alistamiento, estaba provocando esta emigración hacia tierras portuguesas, sino también las

---

376. Carrasco 2007: 89.

377. A Miguel Pereira Forjaz. Tavira, 31 de diciembre de 1810. AHM/L, 1-14-075-15, fols. 77-78.

378. Referencia contenida en un documento firmado por Eusebio Bardají y Azara desde Cádiz con fecha de 11 de agosto de 1810 y dirigido a Juan del Castillo. AHN, Estado, leg. 4510, caja 1, núm. 92.

escasas posibilidades con las que contaban para cortar un movimiento que resultaba claramente opuesto a los intereses del ejército del Condado:

> A pesar de los reiterados llamamientos que persuaden los edictos que originales acompaño no se han presentado más que seis Yndividuos inútiles por notoriedad, fugándose los demás como en los otros alistamientos favorecidos de la proximidad del Reino de Portugal, y prevalidos de hallarme sin fuerza armada para sugetarlos y abolir su fea costumbre, por cuya razón paso por el disgusto de mirar esta Población y su término infestada de desertores[379].

En estas circunstancias no resulta extraño observar el interés mostrado por las autoridades del Condado en detener este tránsito fronterizo, un hecho que estaba vaciando a los pueblos, usurpándolos de posibles efectivos militares, restándoles capacidad de suministro y, en última instancia, mermando el potencial defensivo de las tropas. En concreto, estos poderes no solo se preocuparían por estrechar ese tránsito, sino también por conseguir la vuelta de los emigrados. Dentro del primer grupo cabría destacar alguna medida disuasoria que llegaba a afectar incluso a los familiares de los ausentes. En el sorteo efectuado en Villanueva de los Castillejos el 4 de mayo de 1810 había salido como soldado Bartolomé Giraldo, pero como hubo que buscarle un sustituto por encontrarse huido en Portugal, la real justicia procedió al apremio por prisión y embargo de bienes a María Rodríguez, su madre, aunque como esta se encontraba enferma fue arrestada finalmente María Rodríguez Limón, su nieta[380]. En el segundo, se podía destacar la denuncia que elevaba Francisco de Copons a las autoridades de Cádiz en enero de 1811 sobre la enorme emigración que se advertía entre los vecinos del suroeste con dirección a Portugal y la necesaria adopción de las providencias necesarias para su remedio, en cuya respuesta el Consejo de Regencia instaba a que el propio Copons y Navia exigiese a las autoridades portuguesas la entrega de los emigrados, debiendo además conducirse de forma recíproca en virtud del convenio que sobre este asunto tenían firmado ambos países[381].

En Portugal también se pusieron en marcha medidas que pretendían acabar con la deserción y aumentar el número de conscriptos, y que contenían acciones coercitivas contra los desertores o sobre aquellos que colaborasen con ellos. Por ejemplo, en la carta real enviada al mariscal Beresford el 16 de noviembre de 1811 se ponía el acento precisamente en la promoción del reclutamiento y la supresión de la deserción como dos aspectos fundamentales a la

---

379. 27 de marzo de 1811. AMIC, Correspondencia, leg. 132.

380. APNA, Escribanía de Isidoro Ponce de Torres, Villanueva de los Castillejos, año 1810, leg. 1066, fols. 39-40.

381. Oficio de Francisco de Copons y Navia del 4 de enero de 1811. Documento de respuesta firmado por Heredia en la Isla de León del 30 de enero. RAH, CCN, sig. 9/6969.

hora de formar y conservar un buen y numeroso ejército, y se establecían diferentes prevenciones y controles acerca del tránsito y el examen de viajeros, así como premios a los que colaborasen en el arresto de los desertores y castigos a sus encubridores[382].

Ahora bien, los portugueses que pretendían evitar el reclutamiento no solo emigraban «de distrito para distrito, de província para província»[383], sino que también lo harían fuera del país. Como se recogía en un documento de enero de 1810, después del reclutamiento general decretado por las autoridades de Portugal era de «recelar» que algunos de sus habitantes, «señaladamente los de las provincias fronterizas de España», se habían refugiado en el país vecino y lograban evitar de esta manera el ingreso en el ejército[384]. El volumen que debió de alcanzar entonces esa emigración no solo llevaría a que el representante portugués ante el gobierno español solicitase la puesta en marcha de algunas medidas contra ese tráfico por la frontera[385], sino a que los poderes centrales españoles, considerando los efectos que aquella movilidad estaba teniendo sobre la capacidad de «juntar una fuerza capaz de resistir a su común enemigo», intimasen a sus autoridades de las «provincias limítrofes» para que no solo atajasen ese tránsito «por quantos medios estén en su poder», sino también a que localizasen a aquellos individuos que se encontraban ya en su territorio sin el «competente pasaporte o licencia» y los obligasen a volver a su país de procedencia[386].

Pero la emigración también se produjo hacia lugares más alejados. De nuevo en un volumen que no debió de ser menor, de ahí los esfuerzos de las autoridades portuguesas en llevar a cabo tanto el alistamiento en el mismo territorio de acogida, como el posterior regreso a suelo luso. Así al menos lo manifestaba el obispo y gobernador interino del Algarve en marzo de 1810 en referencia al reclutamiento de portugueses que estaba efectuándose entonces en Gibraltar, donde se había dado un gran paso al enviar a buscar a los que estaban allí «refugiados»[387]. En cualquier caso, como trasladaba Miguel Pereira Forjaz al ministro plenipotenciario de Gran Bretaña algún tiempo después, no le había sido posible al cónsul portugués en Gibraltar satisfacer las órdenes que se le expidieron para realizar las solicitudes y diligencias necesarias para que

---

382. Nogueira 2012: 1010.

383. *Ibidem*.

384. De Francisco de Saavedra al ministro de Portugal. Sevilla, 13 de enero de 1810. ANTT, MNE, caja 654.

385. De Pedro de Sousa y Holstein a Francisco de Saavedra. Sevilla, 2 de enero de 1810. ANTT, MNE, caja 654.

386. De Francisco de Saavedra al ministro de Portugal. Sevilla, 13 de enero de 1810. ANTT, MNE, caja 654.

387. A Manuel de Brito Mozinho. Tavira, 2 de marzo de 1810. AHM/L, 1/14/219/02, fol. 16.

fuesen devueltos al gobierno del Algarve «os moços Portugueses» que con el fin de sustraerse del reclutamiento se habían refugiado en aquel puerto[388]. Algunos meses más tarde volvía a insistirse sobre la «contumácia» manifestada por la autoridad de Gibraltar en no querer deshacerse de «nossa melhor gente» que allí se encontraba pese a las numerosas reclamaciones del consulado y gobierno portugués[389].

El tránsito entre Portugal y España contenía sin embargo otros retos adicionales para las autoridades de uno y otro país. El paso de la frontera no solo permitía eximirse de las cargas de su lugar de procedencia, sino que también facultaba la exención, según privilegios reconocidos por ambas coronas, de las de acogida. Esta situación de exoneraciones y ventajas no haría sino impulsar este tipo de desplazamientos entre los desertores de ambos lados. Pero también iniciativas en contra por parte de algunas autoridades que, si bien generaron inicialmente algún desencuentro entre los dos países, terminaron por albergar finalmente nuevas muestras de compromiso y colaboración.

Por tanto, lo primero a tener en consideración es que no siempre se respetaron las exenciones previamente reconocidas. En un documento firmado por Evaristo Pérez de Castro en abril de 1810 se constataba la existencia de españoles enrolados en tropas portuguesas y que tenían intención de regresar a su país de origen para atender allí sus compromisos militares[390]. Varios meses después se dirigía a las autoridades portuguesas en relación al alistamiento forzoso que había sufrido un español en Setúbal y al que se le estaba formando un consejo de guerra por haber desertado del regimiento de aquella villa al que se le había adscrito. En este sentido, además de insistir en que dicho sujeto estaba exento de aquel servicio por los «privilegios que goza como vasallo del S. M. R.», solicitaba que se diesen las órdenes correspondientes para que pudiese regresar a «su patria en donde quiere alistarse para defender su justa causa, y no esté expuesto a sufrir la suerte que me aseguran ha experimentado, aunque no tengo certeza del hecho, otro Español, que habiendo sido alistado forzosamente en un regimiento de milicias de este Reyno del que se escapó viendo que le tardaba su baxa, fue aprehendido, puesto en Consejo de Guerra, y por sentencia de este fusilado»[391].

Precisamente, ante los distintos casos de reclutamiento forzoso y la inseguridad que generaban por contravenir la práctica asentada entre ambos países en materia de conscripción, el gobierno portugués propuso al ministro

---

388. A Carlos Stuart, 6 de agosto de 1810. ANTT, MNE, caja 435.
389. Correspondencia de Pedro de Sousa y Holstein, registro número 5, con fecha 15 de marzo de 1811. ANTT, MNE, libro 134, fol. 56.
390. Lisboa, 28 de abril de 1810. ANTT, MNE, caja 435.
391. A Miguel Pereira Forjaz. Lisboa, 2 de junio de 1810. ANTT, MNE, caja 435.

plenipotenciario español en Lisboa en julio de 1810 la puesta en marcha de nuevas providencias que permitiesen «que los Españoles establecidos en Portugal fuesen sugetos al reclutamiento de este Reyno, y que lo mismo podría hacerse con los Portugueses en España durante las actuales circunstancias». En este sentido, pese a que Juan del Castillo y Carroz reconocía la utilidad de tal disposición, decía no obstante que su ejecución resultaba muy difícil por cuanto produciría «reclamaciones y quejas que siempre se deben evitar», de ahí que no se atreviese a concertar por su cuenta sobre este asunto y esperase a conocer el parecer de su gobierno[392]. La autoridad de Cádiz, considerando «la utilidad común que debe resultar del aumento de brazos en los Exércitos», convenía a mediados de septiembre en declarar la suspensión recíproca y temporal de la parte de los privilegios que se referían al servicio militar[393]. En todo caso, sería a finales de mes cuando se firmase en Lisboa el convenio por parte de los representantes de ambos gobiernos, y que establecía, respondiendo a «la recíproca utilidad que resulta a ambos Reynos de España y Portugal de aumentar quanto fuese posible el número de los defensores de la justa causa de la independencia de ambas Monarquías, y de poner un término quanto antes a la cruel lucha en que desgraciadamente se halla envuelta la Península», la suspensión temporal de los privilegios de los vasallos de ambas coronas, «a fin de que tanto los súbditos Portugueses que se hallaren residiendo en España, como los Españoles en Portugal que sean propios para el servicio militar, y no tengan justa causa para ser exceptuados», quedaban sujetos al reclutamiento en el país en el que residían en aquel momento, a menos que prefiriesen ir a servir al suyo propio[394]. Finalmente, la convención sería ratificada por ambos gobiernos el 15 de diciembre de 1810[395].

En ese mismo mes de diciembre se publicaron los indultos para aquellos que, habiendo huido del alistamiento y pasado la frontera, pudiesen volver a su país natal para servir en su ejército, y en enero y febrero de 1811 otras órdenes promoviendo la aplicación del convenio sobre aquellos que no se habían acogido al perdón general y estaban en condiciones de ser alistados en las tropas del nuevo país de residencia[396]. También sobre la forma de aplicar restrictivamente algunos de los beneficios en aquellos individuos que

---

392. A Miguel Pereira Forjaz. Lisboa, 29 de julio de 1810. ANTT, MNE, caja 435.

393. De Juan del Castillo y Carroz a Miguel Pereira Forjaz. Lisboa, 12 de septiembre de 1810. ANTT, MNE, caja 435.

394. Convención firmada por Juan del Castillo y Carroz y Miguel Pereira Forjaz en calidad de plenipotenciarios autorizados por ambos gobiernos; Lisboa, 29 de septiembre de 1810. Aprobada y ratificada por el Consejo de Regencia y refrendada por el consejero de Estado y primer secretario de Estado y del Despacho; Isla de León, 20 de noviembre de 1810. AHM/L, 1/14/186/11, fols. 1-3.

395. MNE, caja 435.

396. AHM/L, 1/14/186/11, fols. 4, 9, 12 y 21.

hubiesen «buscado aquel asilo, en perjuicio de la ley», después de publicada la convención[397].

Sin embargo, la firma de este convenio no trajo consigo la inmediata resolución del problema de la deserción y del refugio más allá de la frontera. Para ello resultaba indispensable, como se refería desde Isla Cristina en marzo de 1811, contar con fuerzas sobre el terreno que permitiesen no solo evitar la salida de los mozos durante los procesos de alistamiento, sino también aplicar el contenido del acuerdo sobre la numerosa población llegada del país vecino:

> [...] y como la inmediación al Reyno de Portugal facilita a este vecindario el refugio [...] se hace nesesario tener fuerza con que sugetar este desorden, a cuyo efecto en la última remeza de gente vino comisionado un oficial con tropa que impidiéndoles la fuga tubo el resultado que se deseaba, lo qual hago presente a V. E. a los efectos convenientes, añadiendo que mucha parte de esta Población son oriundos de Portugal y sólo la fuerza puede reducirlas al servicio de la Patria[398].

Pero no solo resultaba necesario contar con mayores medios sobre el terreno, sino también que las autoridades territoriales actuasen conforme a los intereses acordados entre los poderes centrales. Así, por ejemplo, según refería Juan del Castillo y Carroz en enero de 1811, había en Lisboa muchos desertores españoles a los que convenía apresar, ya que su «libertad no puede menos de ser perjudicial a este mismo público, porque aumenta el número de los holgazanes y mal entendidos, que son las heces de todas las capitales del mundo». En buena medida, achacaba parte de este problema a los subalternos portugueses encargados de labores policiales, «que no siendo gentes de la moral más arreglada, y por otro lado siendo pobres, se dexan corromper fácilmente a la menor insinuación, y aun muchas veces ellos mismos buscan y proponen la impunidad a precio de dinero»[399]. Esta denuncia generó algunas fricciones entre los poderes de ambos países, y donde quedaban de manifiesto además los posibles excesos cometidos en ciertos casos al resultar aprehendidos con el pretexto de ser desertores sin serlo[400]. Con todo, algunos meses después insistía en la necesidad de recoger no solo a los muchos desertores españoles que se paseaban libremente por Lisboa, sino también a todos los mozos que huían de los alistamientos de sus provincias en España, para lo cual solicitaba que las justicias de los pueblos de la frontera no los amparasen sino que los prendiesen y entregasen a las autoridades españolas más cercanas. A fin de cuentas, que

---

397. De Juan del Castillo y Carroz a Miguel Pereira Forjaz. Lisboa, 3 de enero de 1811. ANTT, MNE, caja 435.

398. 12 de marzo de 1811. AMIC, Correspondencia, leg. 132.

399. A Miguel Pereira Forjaz. Lisboa, 3 de enero de 1811. ANTT, MNE, caja 435.

400. De Juan del Castillo y Carroz a Miguel Pereira Forjaz. Lisboa, 26 de marzo de 1811. ANTT, MNE, caja 435.

no dejasen entrar en Portugal a los que no presentasen los pasaportes firmados por los capitanes generales o los gobernadores de las provincias inmediatas, «pues de otro modo es imposible contener la fraudulenta expatriación de los jóvenes que huyen de los alistamientos»[401].

Más allá de algunas referencias concretas sobre la relajación de los poderes locales en materia de control y apresamiento de los desertores y de los roces que esta situación había ocasionado entre las autoridades de ambos reinos, en los siguientes meses siguió practicándose el reclutamiento forzoso sobre aquellos individuos que seguían buscando refugio en tierras del país vecino. Eso sí, la aplicación del convenio de septiembre de 1810 no se hacía de forma automática y continuaba requiriendo además del impulso de las autoridades superiores. En octubre de 1811 se daba cuenta de la autorización concedida desde el gobierno español para reclutar a los portugueses que se encontraban en Cádiz, circunstancia que procuraría hacerse extensiva en las demás provincias libres de España, evitando así la emigración de los individuos que huyeron «ao serviço das armas»[402]. En enero de 1812 sería Miguel Pereira Forjaz quien decía haber recibido en aquellos días una nota del encargado de negocios de España en Lisboa solicitando, en razón al convenio firmado entre ambos países, la entrega a las autoridades españolas de dispersos, desertores y otros individuos aptos para el servicio de las armas que se habían refugiado en Portugal, y en cuya petición refería, «para dar mais força a sua reclamação», haber actuado así el gobierno español últimamente, presentando al vicecónsul de Portugal todos los portugueses que residieran en Cádiz y en la Isla de León, «e que fossem aptos para o Serviço militar». Pero, además, la respuesta no resultaba inmediata, sino que trasladaba la consulta al representante del gobierno portugués en Cádiz para que le informase de lo que se había hecho en relación a este asunto con anterioridad, para poder dar la contestación al encargado español «com a brevidade que elle exige»[403]. Finalmente, en su escrito de contestación, Pedro de Sousa y Holstein se inclinaba por conceder a los españoles residentes en Portugal la misma libre elección que la otorgada en aquel momento a los vasallos portugueses, si bien de ninguna manera decía poder acceder completamente a aquella pretensión por juzgarla contraria al espíritu de la convención[404].

Y junto a los desajustes en la aplicación del convenio también se dieron algunos espacios de tensión respecto a su materialización y el reconocimiento

---

401. De Juan del Castillo y Carroz a Miguel Pereira Forjaz. Lisboa, 10 de mayo de 1811. ANTT, MNE, caja 435.

402. De Pedro de Sousa y Holstein al conde de Linhares. Cádiz, 25 de octubre de 1811. ANTT, MNE, caja 655.

403. A Pedro de Sousa y Holstein. Lisboa, 20 de enero de 1812. ANTT, MNE, libro 115, fols. 104-105.

404. A Miguel Pereira Forjaz. Cádiz, 14 de febrero de 1812. ANTT, MNE, caja 656.

de las exenciones contempladas en aquel. Así al menos parece desprenderse de las quejas elevadas por el representante español en Lisboa en abril de 1812 por la «continua violación de los privilegios» de los vicecónsules españoles en distintos puntos del Algarve al hacerlos «servir por fuerza en las Milicias del pays, empleando sus criados y bestias, según la requisición que hacen los Ministros de aquellas comarcas», y todo ello «sin respeto alguno a su calidad»[405]. Algunos meses después seguía coleando este asunto, ya que el gobierno portugués pretendía entonces aclarar la cuestión del nombramiento de cónsules y vicecónsules de España en determinados lugares, para evitar que con ese pretexto «muitos Nacionães» quisieran aprovecharse de los privilegios que otorgaban esos nombramientos, todo ello «em detrimento do serviço publico e da cauza geral»[406].

En definitiva, la firma del convenio, cuya aplicación no siempre resultaría fácil al darse algunas discordancias y desajustes en la práctica en torno a su ejecución y exenciones, no conseguiría evitar el tránsito de desertores entre uno y otro país y obligaba a activar, en consecuencia, otras fórmulas complementarias para lograr la vuelta de los emigrados. Esto podría explicar la concesión que hacía el gobierno portugués en agosto de 1812 de un indulto general «do crime de Deserção», así como de su interés en que fuese conocido por los portugueses residentes en España[407]. Pero más allá de la efectividad de algunas de las medidas adoptadas conjuntamente en materia de alistamiento y deserción, tanto las autoridades como los particulares también tuvieron que afrontar, ya sea desde la colaboración o desde el conflicto, otros espacios de relación interfronterizos de enorme significación durante aquel tiempo.

2.3.3. Comercio y contrabando: las dinámicas de colaboración y los problemas de abastecimiento de las tropas enemigas

La frontera se estableció también como un marco preferente de intercambio de productos destinados para el consumo, ya fuese para los residentes de las áreas rayanas o para otros localizados en puntos más distantes. De la importancia que adquiría el comercio de productos llegados desde Portugal daban buena cuenta las autoridades tanto del suroeste como las situadas en Cádiz, particularmente por las consecuencias que traía para los lugares de exportación.

---

405. De Manuel González Salmón a Miguel Pereira Forjaz. Lisboa, 11 de abril de 1812. ANTT, MNE, caja 436.

406. De Miguel Pereira Forjaz a Joaquim Severino Gomes. Lisboa, Palacio de gobierno, 19 de octubre de 1812. ANTT, MNE, libro 115, fol. 161.

407. De Miguel Pereira Forjaz a Joaquim Severino Gomes. Lisboa, Palacio de gobierno, 25 de agosto de 1812. ANTT, MNE, libro 115, fol. 146.

En algunos casos, analizadas en clave de riesgo como haría el obispo y gobernador interino del Algarve en febrero de 1810 cuando advertía de la subida de los precios que ocasionaba el «clandestino transporte», lo que sería mucho mayor en ciertos productos si se permitía además la salida «franca»[408]. En otros, en término de oportunidad como reconocía Pedro de Sousa y Holstein en abril de 1810 cuando, en referencia al abastecimiento del puerto de Cádiz, comentaba la gran contribución que hacían los barcos del Algarve, «o quaes nos trazem com muita abundancia víveres de toda a costa», y que, en caso de que esa situación se extendiese en el tiempo, generaría un «grande lucro» a los pueblos de aquella región[409]. Siguiendo este esquema, a la altura de 1811 llegaría incluso a plantear algunas medidas que facilitasen el comercio de víveres en dirección a Cádiz, principalmente desde los puertos del Algarve[410].

Desde luego, también llegarían productos desde otros puntos de la costa del Condado de Niebla. Esto propiciaría ocasionalmente algunas incursiones de tropas francesas en puertos como Cartaya o Huelva que serían interpretadas desde Cádiz como «pequenas excursões» con objeto de robar y dificultar el aprovisionamiento de víveres para aquella ciudad[411].

Ahora bien, la significación de este comercio por vía marítima y la necesidad de garantizar la seguridad de los barcos frente a los ataques de corsarios franceses y del norte de África[412], condujeron a consolidar el escenario de colaboración entre agentes de uno y otro país también en este campo. Algunas embarcaciones portuguesas de guerra se encargaron de proteger a los barcos que hacían la ruta entre el Algarve y Cádiz, en ambas direcciones[413], en ocasiones sobre convoyes que estaban integrados por naves de los dos países[414].

Pero más allá de garantizar la seguridad del trayecto por mar hasta la plaza de Cádiz, también resultaba conveniente disponer del control del tramo final del Guadiana para poder canalizar desde allí la salida y la llegada de productos. En este sentido, cuando John Austin advertía en enero de 1812, en un nuevo contexto de acercamiento de los franceses a la frontera, de que el mayor

---

408. A Miguel Pereira Forjaz. Faro, 4 de febrero de 1810. AHM/L, 1-14-075-14, fol. 3.

409. A Miguel Pereira Forjaz; Cádiz, 18 de abril de 1810. Otro de la misma fecha al conde de Linhares. ANTT, MNE, caja 654.

410. Al conde de Linhares. Cádiz, 25 de octubre de 1811. ANTT, MNE, caja 655.

411. De Pedro de Sousa y Holstein a Miguel Pereira Forjaz. Cádiz, 26 de abril de 1810. ANTT, MNE, caja 654.

412. En diferentes escritos de abril, mayo, junio y septiembre de 1810, así como de febrero y julio de 1812, se advertía expresamente sobre la presencia de corsarios franceses, argelinos, tunecinos y tripolitanos en las aguas del suroeste. ANTT, MNE, cajas 653, 654 y 656; AHM/L, 1-14-075-14, fol. 15.

413. Anotaciones de 6 de mayo y 31 de julio de 1810; ANTT, MNE, libro 134, fols. 25-26 y 38.

414. De Teodoro José Pinheiro a Miguel Pereira Forjaz. Cádiz, 31 de julio de 1810. ANTT, MNE, caja 654.

peligro no estaba en la posible ocupación de las tierras portuguesas, sino en que los enemigos terminasen dominando el margen izquierda del río y destruyesen la navegación en aquel tramo, «medida esta que nos traria incalculavel damno»[415], puede que no se estuviese refiriendo exclusivamente a la travesía de las embarcaciones militares, sino también a aquellas otras que tenían un papel fundamental en el comercio y distribución de productos entre puntos del suroeste más o menos distantes.

En todo caso, el comercio en la frontera sur no quedó restringido a la conexión con Cádiz ni articulado necesariamente desde la desembocadura del Guadiana. De hecho, también es posible identificar a algunos individuos de los pueblos del suroeste en operaciones comerciales y de transporte alejadas de uno y otro escenario. En octubre de 1811 se trasladaba una queja de «españoles traficantes vecinos del lugar del Alosno» por habérseles embargado sus caballerías en la villa de Moita[416]. Varios meses después serían dos vecinas de la villa de Cabezas Rubias las que solicitaban la puesta en libertad de sus maridos, arrestados en Portugal a causa de haber sido sorprendidos con cargas de tabaco para el ejército «y que de ningún modo era su objeto el venderlos de contrabando en el País en el que solo habían entrado obligados por las circunstancias»[417].

Estos dos ejemplos permiten aproximarnos además al marco específico de relaciones que fue tejiéndose en torno a la actividad comercial y el transporte de productos entre los dos países. Porque más allá de lo estipulado y acordado formalmente por las autoridades, la práctica concreta podría adquirir asimismo otros desarrollos alternativos y no faltos de estridencias. En el primer caso, por ejemplo, además de las tensiones entre autoridades y particulares a raíz de la aplicación de determinadas medidas de gobierno, también es posible identificar otras líneas de confrontación a partir de lecturas en clave nacional. Ante el volumen que estaba alcanzando el embargo de las caballerías en suelo portugués, el representante español en Lisboa refería al gobierno de ese país que, si bien los «traginantes españoles» no se negaban a prestar el servicio al que eran requeridos, protestaban sin embargo «contra la arbitrariedad con que se exerce dicho embargo, recayendo siempre en sus caballerías al paso que quedan libres las de los Portugueses que deberían ser los primeros gravados con semejantes servicios»[418].

---

415. A Miguel Pereira Forjaz. Faro, 3 de enero de 1812. AHM/L, 1-14-083-01, fols. 1-2.
416. De Manuel González Salmón a Miguel Pereira Forjaz. Lisboa, 28 de octubre de 1811. AHN, Estado, leg. 4514, caja 1 y ANTT, MNE, caja 436.
417. De Manuel González Salmón a Miguel Pereira Forjaz. Lisboa, 17 de enero de 1812. AHN, Estado, leg. 4514, caja 1 y ANTT, MNE, caja 436.
418. De Manuel González Salmón a Miguel Pereira Forjaz. Lisboa, 28 de octubre de 1811. ANTT, MNE, caja 436.

En el segundo caso, de nuevo sería el representante español en Lisboa quien intercedía en defensa de los españoles acusados de contrabando, esperando que fuesen «puestos en libertad» y les devolviesen «sus efectos y caballerías»[419]. Sin embargo, lo hacía en un momento especialmente sensible a este tipo de delitos, entre otras cuestiones por los perjuicios que ocasionaba a la causa común que compartían.

Indudablemente, los temores ante el uso personal e interesado que pudiese hacerse de la normativa general no eran nuevos. Con anterioridad ya se habían puesto en marcha algunas iniciativas gubernamentales para evitar que determinadas acciones particulares pudiesen comprometer la eficacia de los acuerdos comerciales adoptados en el ámbito de la colaboración y la lucha conjunta. Evaristo Pérez de Castro refería a principios de 1810 el acuerdo firmado entre ambos países en agosto del año anterior para dejar libre de derechos de aduana los géneros que comprasen los comisarios españoles con destino al uso de las tropas[420], y que «para impedir que el interés de los especuladores particulares vicie esta resolución y altere el fin del Real Decreto en perjuicio del mismo Soberano que tan generoso se muestra con los Exercitos de S. M. E.», no debía concederse esa franquicia a ningún comisario español que no se presentase autorizado con una certificación suya que «legitime su comisión o encargo», y poder así «evitar fraudes como el de suponer sea para el uso de los Exércitos lo que solo se destine a las especulaciones de los particulares»[421].

Sin embargo, medidas como estas resultaron insuficientes para acabar con unas prácticas que, en el campo específico del comercio y en el escenario característico de la frontera, no solo habían tenido una larga proyección en el tiempo, sino adquirido además desde el inicio del conflicto nuevos perfiles e impulsos. Y resultaban poco eficaces porque, más allá de carecerse de los medios necesarios para su control y extinción, se hacían en no pocas ocasiones desde la colaboración entre residentes de uno y otro lado de la raya. Como refería el obispo y gobernador interino del Algarve en octubre de 1810, resultaba muy difícil de eliminar en aquel territorio el contrabando de tabaco y jabón a pesar de las penas, ya que los «Povos marítimos de alguns lugares» mostraban en esto su «insubordinação», tienen muchas embarcaciones y son «auxiliados pelos Contrabandistas Espanhóes», que los exportan en gran número y

---

419. De Manuel González Salmón a Miguel Pereira Forjaz. Lisboa, 17 de enero de 1812. AHN, Estado, leg. 4514, caja 1 y ANTT, MNE, caja 436.

420. Por aquellos días se había vuelto a insistir por el Consejo de Regencia que, en correspondencia de las demostraciones hechas por «S. A. Real Sr. D. Juan Príncipe Regente de Portugal», no se cobrasen «derechos algunos en las Administraciones y Aduanas del Reyno a los géneros y efectos que se comprasen por comisionados del Govierno Portugués» o se introdujesen «por el mismo para la subsistencia de sus tropas». De Francisco de Saavedra al ministro de Portugal. Sevilla, 16 de enero de 1810. ANTT, MNE, caja 654.

421. A Miguel Pereira Forjaz. Lisboa, 23 de enero de 1810. ANTT, MNE, caja 435.

van armadaos para resistir cuando se les opone; tampoco se contaba con tropas suficientes, «daqui procede o não se poder acabar com o sem numero de Contrabandistas, que ha por todo elhe»[422].

La guerra también se jugaba en el terreno de los suministros y de la disponibilidad de víveres, de ahí los esfuerzos de unos y otros poderes por garantizarse el acceso y, en su defecto, dificultárselo a sus enemigos. Desde la perspectiva aliada resultaba necesario actuar contra los particulares, naturales de uno y otro país, que, sorteando la legalidad y los procedimientos marcados por sus respectivas autoridades, lograban sacar productos desde zonas de control portugués o español y comerciar con ellos en los territorios controlados por los franceses. Así lo ponía de manifiesto John Austin en enero de 1812 cuando decía encontrarse en el Algarve «muitos Hespanhóes que estão em inteligencia com o inimigo», los cuales compraban allí suministros que después transportaban a los puertos del Condado de Niebla para el ejército de aquel distrito[423]. Entre las medidas concretas que se aplicaron cabe señalar el encarcelamiento de los sospechosos y la investigación en torno a sus acciones y redes de contacto, como ocurrió con los tripulantes de un barco español que estaba del puerto de Tavira con destino a Cartaya sin contar con los correspondientes despachos de la aduana, o con los españoles residentes en Vila Real de Santo António sobre los que se tenía «alguma suspeição de ser delinquente» por mantener correspondencia con el enemigo y proporcionarles suministros, y donde se establecía la realización de todas las investigaciones necesarias para descubrir a las personas que se dedicaban a este negocio «com o inimigo tão prejudicial»[424].

Pero también se pusieron en marcha estrategias más generales que pretendían cerrar el comercio con los puertos del suroeste que estuviesen en manos de los enemigos, si bien con algunos problemas a la hora de determinar la situación real en cada caso y, por tanto, de cortar el tráfico hacia algunos de ellos. Así, pese a que John Austin refería en marzo de 1812 que el gobierno español tenía prohibido la exportación de harinas y otros comestibles desde Cádiz para Huelva o Cartaya, así como otros puntos de aquella costa, estaban llegando sin embargo desde la ciudad gaditana a Vila Real de Santo António grandes cantidades de harinas y trigos, como también algunas porciones desde Lisboa, parte de las cuales habían sido exportadas para puertos como Ayamonte o Sanlúcar

---

422. A Miguel Pereira Forjaz. Faro, 12 de octubre de 1810. AHM/L, 1/14/075/14, fol. 52.

423. Al gobernador de Vila Real de Santo António. Tavira, 15 de enero de 1812. AHM/L, 1-14-083-01, fol. 21.

424. Varios documentos de John Austin, el primero dirigido al gobernador de Vila Real de Santo António y el segundo al superintendente de las alfándegas y tabaco del Algarve. Tavira, 15 de enero de 1812; AHM/L, 1-14-083-01, fols. 21-22. Documentos sobre el proceso de la investigación efectuado a varios residentes españoles en diferentes puntos de la frontera en AHM/L, 1-14-083-03, fol. 8 y ss.

de Guadiana[425]. Algunos días antes se había denunciado el intento de un comerciante inglés de llevar hasta Cartaya una parte importante de la harina que había traído a Vila Real de Santo António desde Cádiz, así como la tentativa posterior, ante la negativa al primer envío, de hacerlo a Cádiz, al que de nuevo se le negaba la licencia «pois paresse esta bem conheçida a fraude»[426]. Y es que, según las fuentes portuguesas, la villa de Cartaya estaba considerada entre el conjunto de pueblos ocupados por los franceses porque, además de pagarles mensualmente contribución y recibirles cuando allí llegaban «como amigos», se encontraba sujeta a sus órdenes y todos los suministros que entraban en aquel puerto, como en los de Lepe, Huelva y Moguer, eran entregados inmediatamente para su sustento[427].

En aquellas circunstancias, el encargado de las armas del Algarve, si bien reconocía que en las partes inmediatas de España había «grande escassez de víveres», consideraba no obstante especialmente relevante evitar que estos cayesen en manos de los franceses, de tal forma que, dado que no había parte alguna que pudiese juzgarse libre de ellos, convendría hacer la exportación «com muita cautella» hasta tener la certeza de que los géneros no estaban destinados al abastecimiento de los enemigos, «o que agora hé muito duvidozo»[428]. En su respuesta, Miguel Pereira Forjaz se alineaba con este parecer y marcaba la prohibición de la exportación de harinas hacia Ayamonte, Sanlúcar de Guadiana y tierras de sus inmediaciones salvo «em pequenas quantidades, e com as cautellas de serem proporcionadas ao consumo dos Povos libres»[429]. La precaución no solo se extendía, pues, sobre los lugares más distantes a la frontera sino también sobre los situados en la misma orilla del Guadiana.

Por entonces, según mandato del gobierno de Cádiz de mediados de marzo de 1812, la costa comprendida entre El Puerto de Santa María y Ayamonte quedaba bloqueada para toda embarcación nacional o extranjera, pudiéndose solo introducir en ella los productos que aquella autoridad dispusiese en defensa de sus intereses[430]. La autoridad militar del Algarve se lamentaba pocos días después de que esta medida no se hubiese adoptado antes dado que el enemigo ya se había aprovechado mucho, y que, aunque tarde, debía

---

425. A Miguel Pereira Forjaz. Faro, 12 de marzo de 1812. AHM/L, 1-14-083-03, fol. 37.

426. De João António da Fonseca al obispo y gobernador interino del Algarve. Vila Real de Santo António, 22 de febrero de 1812. AHM/L, 1-14-083-03, fol. 41.

427. De João Antonio da Fonseca. Vila Real de Santo António, 21 de febrero de 1812. AHM/L, 1-14-083-03, fol. 44.

428. De John Austin a Miguel Pereira Forjaz. Faro, 12 de marzo de 1812. AHM/L, 1-14-083-03, fol. 37.

429. Lisboa, palacio del gobierno, 18 de marzo de 1812. AHM/L, 1-14-083-03, fol. 48.

430. Comunicación de José Pizarro al ministro de Portugal. Cádiz, 17 de marzo de 1812. ANTT, MNE, caja 656.

darse todo el apoyo desde su mando a «huma medida tao preciza nas actuães circunstancias»[431].

Sin embargo, nuevas referencias posteriores sobre prevenciones para impedir la exportación de géneros desde Portugal con destino a los enemigos evidenciaban la extensión y la consistencia que seguía teniendo esta práctica en los meses siguientes. Varios escritos de John Austin de finales de mayo de 1812 daban cuenta, por un lado, de la investigación efectuada en la desembocadura del Guadiana acerca de un sujeto portugués del que se tenía sospechas de estar ayudando al enemigo, prefiriendo sus intereses privados «ao bem da sua Pátria», y utilizando la estratagema de difundir ser espía para encubrir sus «malvados designios», y, por otro, de la comunicación entre las autoridades lusas ante la necesidad de reforzar con gente armada los puntos principales del tráfico con objeto de atajar la exportación de los géneros que se recelaba eran tomados «para soccorro do inimigo»[432].

Por su parte, si a mediados de mayo el gobernador interino del Algarve intimaba al cónsul portugués en Cádiz para que tomase las precauciones convenientes para impedir que los capitanes «das nossas Embarcações» llevasen a los enemigos cualquier tipo de mantenimiento[433], a principios de junio presentaba algunas propuestas encaminadas a obstaculizar las exportaciones de comestibles desde los muelles y las playas del Algarve hacia los puertos de las costas de España, donde eran llevados «aos inimigos da Pátria». Entre los puntos a tener en consideración se encontraban las diferencias entre los despachos expedidos desde las aduanas o los consulados y las cargas reales que se encontraban en las embarcaciones, así como el desajuste entre esos despachos y las necesidades reales de los pueblos para los que se expedían. En referencia a dos residentes del Algarve considerados culpables como «exportadores clandestinos» y sobre los que el superintendente había solicitado un castigo corporal «para exemplo», entendía que debía esperarse a las instrucciones de la autoridad superior para crímenes semejantes, de aplicación cuando los reos hubiesen sido procesados. Y entre las medidas concretas para cortar los males «nas suas mesmas raízes», proponía la limitación del permiso que tenía la gente del mar del Algarve, y particularmente los de Olhão, para navegar, ya que, según decía, en otros tiempos eran mayoritariamente hombres humildes, obedientes a la ley e ignorantes de todos los delitos, mientras que ahora, ya orgullosos de los «lucros criminosos» que habían obtenido, se mostraban desobedientes a las

---

431. De John Austin a Miguel Pereira Forjaz. Tavira, 28 de marzo de 1812. AHM/L, 1/14/083/04, fol. 5.

432. Ambos escritos dirigidos a Miguel Pereira Forjaz. Tavira, 28 de mayo de 1812. AHM/L, 1/14/083/05, fols. 11-12 y 9 respectivamente.

433. Oficio del 12 de mayo según referencia contenida en un escrito posterior del vicecónsul en Cádiz al gobernador interino del Algarve. Cádiz, 10 de junio de 1812. AHM/L, 1/14/083/16, fol. 40.

leyes «é por isso mesmo perpetrando crimes», de tal forma que se dedicaban a las exportaciones «em nosso manifesto damno», introduciendo luego un contrabando infinito, del cual estaba lleno tanto el Algarve como todo el reino, y donde no respetan a las autoridades en absoluto, «desmentindo assim o Patriotismo» de que tanto hablan. También proponía medidas de control sobre la exportación del atún propia de aquella época, en la que, gracias a la colaboración con el gobierno español, se podría buscar el medio para que aquellas cantidades que cargaban y expedían «os Cataláens, naturaes da Figueirita», no terminasen en manos de los franceses[434].

A finales de junio el obispo gobernador interino del Algarve volvía a tratar algunos asuntos que daban cuenta de la importancia y extensión del contrabando hacia tierras españolas. Por ejemplo, cuando refería la necesidad de seguir contando con las guardias establecidas contra las «exportaçõens criminosas» y de la imposibilidad de reducir su número sin merma del servicio, o cuando atendía a la denuncia sobre el proceder de un militar portugués de la desembocadura en cuanto a la compra y traslado de víveres por particulares del otro lado del río[435]. No en vano, el gobernador de Vila Real de Santo António le había hecho llegar un escrito firmado por una veintena de moradores, tanto hombres como mujeres, de Monte Gordo y otros lugares cercanos denunciando la conducta de su escribano de aduana que «asociado com vários contrabandistas» permitía y consentía el tránsito de toda clase de géneros para enclaves de España ocupados por el enemigo común, a quienes recibía además en su propia casa y almacén, «comendo e benbendo con elles» y apoyando todas las fechorías que quisiesen hacer con «público e geral escandolo». La denuncia recogía que los barcos ocupados en el contrabando se encontraban frente a la playa y que recibían la carga por la noche, una operación que terminaba afectando a los intereses tanto de los reclamantes como de los pueblos vecinos. Y señalaba asimismo que debiendo prohibir y evitar los robos, el escribano era sin embargo el primero en practicarlo, no solo comprando cosas que sabía eran hurtadas, sino robándolas él directamente cuando podía de los campos; y que estando prohibido que los españoles transportasen sardinas para los puertos de España, y sobre todo para los ocupados por el enemigo, lo permitía si recibía donaciones, y que incluso también vendía lo que tenía y compraba para revender[436].

Otra denuncia de aquel mes venía a mostrar cómo un cabo de la compañía de artillería fija de Vila Real de Santo António había permitido el transporte de harinas para el lado izquierdo previo pago de una cantidad económica

---

434. Faro, 5 de junio de 1812. AHM/L, 1/14/244/39, fols. 1-6.
435. A Miguel Pereira Forjaz. Faro, 26 de junio de 1812. AHM/L, 1/14/083/16, fols. 15-18.
436. Testimonios para la investigación con fecha de 11 de junio de 1812. AHM/L, 1/14/083/16, fols. 20-23 y 24-35.

determinada. En este caso se daba la circunstancia que los compradores, residentes en Isla Cristina, aprovechando la venta de pescado que hacían en Vila Real, compraron allí unas barricas de harinas para sus gastos y de sus familias, abonando a continuación la cantidad monetaria solicitada por el referido cabo pensando que actuaban bajo la legalidad de aquel país, pero que una vez embarcado el producto adquirido se encontraron con la sorpresa de la requisición tanto de la carga como de la embarcación que la transportaba[437]. Según parece, no debió de tratarse de una situación excepcional. De hecho, desde Vila Real de Santo António se apuntaba a raíz de esta denuncia que aquel cabo ya había sido castigado con algunos días de cárcel por no cumplir con sus deberes a la hora de controlar el embarque de harinas y otros suministros y por haber recibido cierta cantidad de dinero por dejar embarcar algunas barricas de aquel género[438]. Ni tampoco sería un proceder aislado y desconectado de su entorno social más inmediato. Como se recogía en la denuncia, antes de la adquisición los compradores también habían hecho la consulta sobre la legalidad de la transacción a un sargento, quien repitió lo mismo que ya le había dicho el cabo[439]. Así pues, la existencia de ciertos mecanismos informales, incluso de naturaleza ilícita, contribuyeron también a mantener abierto el marco de comunicación y cooperación en la frontera, y con ello, a paliar además los problemas de subsistencia de la población de la orilla izquierda.

2.3.4. Las dificultades de la subsistencia y los mecanismos de solidaridad

Los meses iniciales de 1812 debieron de resultar especialmente difíciles para los habitantes de la orilla izquierda tanto por la carestía de víveres que entonces experimentaban como por los obstáculos establecidos por las autoridades superiores que impedían la llegada de productos directamente desde Cádiz y Portugal. Pero en paralelo se pusieron en marcha en el espacio fronterizo algunas iniciativas que, bajo el amparo de políticas de buena vecindad, abrían la posibilidad de paliar algunos de sus efectos más negativos.

En los convulsos días de febrero de 1812, cuando se estaba poniendo en entredicho por algunos de los poderes del Algarve el envío de productos al otro lado del río, se dieron sin embargo algunos movimientos tanto de autoridades locales como de particulares de la orilla izquierda para la obtención de comestibles en el país vecino, los cuales serían correspondidos además desde el otro margen. Como certificaba el mando político de Isla Cristina en febrero

---

437. AHM/L, 1/14/083/16, fols. 38-39.

438. A John Austin. Vila Real de Santo António, 15 de junio de 1812. AHM/L, 1/14/083/16, fol. 37.

439. AHM/L, 1/14/083/16, fols. 38-39.

de 1812, debido a la falta absoluta de trigo y harina para la subsistencia de aquella población, se habían dirigido algunos de sus vecinos a la ciudad de Cádiz para proveerse de estos productos, aunque sin encontrar el respaldo del gobierno para esta empresa. En consecuencia, hallándose el pueblo sin auxilio alguno y para evitar la «triste sorte» que esa carestía estaba provocando, envió a un subordinado para que se presentase ante las autoridades de Vila Real de Santo António y adquiriese entre cuarenta y cincuenta barricas de harina de trigo para el «pronto socorro deste Povo»[440]. Pocos días después serían algunos de sus vecinos quienes manifestaban que, ante la carencia de harinas y víveres de primera necesidad, habían salido a Vila Real de Santo António por el estero de Canela con cinco botes, con el objetivo de cargar los efectos que pudiesen «con tanto más empeño» cuanto sabían «positivamente» de la inminente prohibición de la transacción en aquella villa. Finalmente, llegaron a cargar, con el permiso de las autoridades de Vila Real de Santo António, más de ciento cuarenta barricas de harina y cinco sacos de arroz, todo con destino a Isla Cristina, «pueblo libre de los enemigos, jamás hoyado por ellos ni sugeto a su dominación a pesar de haverlo solicitado con las mayores instancias». No obstante, a su regreso a España, al llegar al punto de control que contaba con guardia, fueron detenidos por un ayudante militar por no disponer en su navegación por el estero de Canela del preceptivo pase del comandante de marina[441]. El contratiempo se dio en esta ocasión no por la actitud de las autoridades lusas de la desembocadura, que según parece se prestaron rápidamente a proporcionar los comestibles demandados por los comerciantes de Isla Cristina, sino de las autoridades españolas del otro lado de la frontera, que en su afán por atender al control del tráfico de productos, al pago de impuestos y a la erradicación del contrabando, terminaron por impedir la llegada de víveres para una población que se encontraba libre de ocupación pero en unas condiciones de subsistencia muy difíciles y comprometidas.

Por aquellas fechas también se emprendieron algunas acciones desde Ayamonte con objeto de sortear los obstáculos a la llegada de productos desde Portugal y de mejorar con ello la situación de sus residentes. La Junta Patriótica de Ayamonte proponía al juez de fora de Vila Real de Santo António que, para que no se extraviasen artículos de primera necesidad a manos de los enemigos, todos los comestibles que tuviese la «bondade de permetir passar a Hespanha», tanto los que estaban depositados allí y pertenecían a españoles como los que se compraban en aquel puerto, debían contar con la firma de la autoridad de Ayamonte competente, a lo que esperaba además que aquella autoridad de Vila Real contribuyese con su «acreditado zelo, patriotismo, talento, actividad e

---

440. Joaquín Camacho, teniente de navío de la real armada y juez político. Isla Cristina, 21 de febrero de 1812. AHM/L, 1-14-083-03, fol. 45.

441. Ayamonte, 29 de febrero de 1812. AMIC, Autos de oficio, leg. 1339.

execução»[442]. Con ello se actuaba frente al contrabando de productos en la frontera, pero también se arbitraba un mecanismo que garantizaba el flujo del tránsito y la disponibilidad de productos entre la población de su jurisdicción.

Algunos días después sería el ayuntamiento de Ayamonte quien contactaba con las autoridades portuguesas con el objetivo de poder seguir sacando los víveres que sus vecinos tenían depositados en los almacenes al otro lado del río. Según comentaba, la población de Ayamonte, durante los traslados a Portugal buscando refugio, había depositado en aquella parte las «riquezas, bienes y demás efectos» aprovechándose del «generoso acilo que tan francamente le ha dispensado esa noble nación», unos almacenes desde los que había estado extrayendo los comestibles necesarios para su consumo, así como para la venta en los pueblos del entorno, aunque en ningún caso se habían introducido en aquellos que realmente estaban ocupados «por los viles opresores de la Nación». En esta situación se encontraban cuando, de repente, la autoridad civil y cámara de Vila Real de Santo António prohibieron «absolutamente» toda extracción de víveres para Ayamonte, circunstancia que, según decía, dejaba en una posición «muy triste» no solo a su vecindario, sino también a los demás pueblos en los que continuamente residían «nuestras tropas y en el día no tienen otro punto ni recurso de donde poderse surtir»[443]. La versión del obispo gobernador interino del Algarve resultaba muy diferente, con referencias a la salida de géneros desde Vila Real para Ayamonte que después fueron llevados por tierra de modo clandestino hacia lugares ocupados por el «común enemigo de la Europa», así como reproches sobre el envío de una gran cantidad de harinas a Ayamonte algunos días atrás, la cual hubiese permitido abastecer a sus moradores en caso de que hubiese tenido su «devido consumo»[444].

En aquel clima de denuncias y tensiones entre autoridades de uno y otro lado de la frontera, pero en el que no se había perdido de vista las especiales dificultades «del noble vecindario de esta Ciudad de Ayamonte que sufre las calamidades que ofrece la escasez de víveres tan notoria»[445], sería el juez de fora de Vila Real de Santo António quien el 18 de marzo proponía un plan para el abastecimiento de géneros a aquel pueblo, y que presentaba ante el obispo gobernador interino del Algarve como la posibilidad de aunar la «Innata Piedade de V. Exa.», el «dever da Aliança» y el «proveito do Estado». Entre otras cuestiones, establecía la necesidad de calcular el número exacto de individuos de Ayamonte y de los suministros necesarios para su subsistencia; la prohibición

---

442. A José Joaquim Gerardo de Sampaio. Ayamonte, 17 de febrero de 1812. AHM/L, 1-14-083-03, fol. 42.

443. Al obispo y gobernador interino del Algarve. Ayamonte, 6 de marzo de 1812. AHM/L, 1-14-083-04, fols. 32-33.

444. Faro, palacio del gobierno del Algarve, 11 de marzo de 1812. AHM/L, 1-14-083-04, fol. 34.

445. Ayamonte, 16 de marzo de 1812. AHM/L, 1-14-083-04, fols. 28-31.

de que ningún español se llevase más de una arroba de harina o de otro género, para lo que además debía presentar un certificado ante las autoridades de Vila Real de Santo António en el que constase necesitarla para la manutención de su propia familia; y la actuación con la mayor cautela para evitar que cualquier individuo español, una vez satisfechas sus necesidades de suministro, intentase de manera engañosa hacer una nueva requisición, para lo cual resultaba conveniente la combinación de las autoridades de los dos países[446]. Varios días después el obispo gobernador interino del Algarve venía a aceptar la puesta en marcha de las medidas contenidas en el plan, aunque con la indicación expresa de que no contradijesen en su aplicación las estipulaciones establecidas para este caso por él mismo y por los poderes superiores, y que cerraba con una mención a los «sentimentos da humanidade, bem entendida nas actuaes circunstancias»[447]. Por entonces también se contemplaba su aplicación en el caso de Alcoutim y Sanlúcar de Guadiana, de lo que se esperaba confirmación por parte de las autoridades superiores, deteniéndose su ejecución en caso de que no fuese finalmente aprobado[448].

En fin, a pesar de las tensiones y exigencias de la guerra y de la necesidad de acabar con el tránsito clandestino para el abastecimiento de las tropas enemigas, en el bajo Guadiana siguieron activos algunos canales de comunicación y mecanismos de solidaridad entre las poblaciones de uno y otro lado de la frontera. Esta circunstancia vendría a paliar, al menos en parte, las difíciles condiciones de vida que tenía su parte izquierda como consecuencia de la falta de víveres y que las medidas adoptadas por los poderes superiores no hicieron más que agudizar.

De hecho, según se ha comentado en el apartado anterior, mientras el gobierno de Cádiz decretaba a mediados de marzo de 1812 el bloqueo de la costa comprendida entre El Puerto de Santa María y Ayamonte, la autoridad del Algarve se felicitaba por aquella iniciativa y se comprometía a apoyar una medida tan necesaria en aquel tiempo[449]. Sin embargo, a finales de abril este último mando se expresaba en términos muy diferentes. Por una parte, porque si bien seguía reconociendo que «prohibir uma exportação sem limites» había sido «muito acertada e muito precisa» algo más de un mes atrás por cuanto ninguno de los vecindarios españoles estaba en ese momento libre de las amenazas de los enemigos, esta situación no podía sin embargo establecerse de manera indefinida en el tiempo teniendo en cuenta el menor daño

---

446. De José Joaquim Gerardo de Sampaio. Vila Real de Santo António, 18 de maro de 1812. AHM/L, 1-14-244-41.

447. A José Joaquim Gerardo de Sampaio. Faro, 20 de marzo de 1812. AHM/L, 1/14/244/41.

448. Del obispo gobernador interino del Algarve a Alexandre José Ferreira Castelo. Faro, 24 de marzo de 1812. AHM/L, 1/14/258/06, fol. 1.

449. ANTT, MNE, caja 656 y AHM/L, 1/14/083/04, fol. 5.

que ahora podían infringir los franceses tanto por el conocimiento que se tenía de sus movimientos, como por el sistema de exportación de productos que
se había implementado y donde las autoridades territoriales de la frontera ejercían un papel de control fundamental. Por otra, porque ponía el acento en el
padecimiento constante de los pueblos de la orilla izquierda y en la necesidad
de aliviar sus necesidades, de tal forma que resultaba entonces compatible el
esfuerzo para cortar el tráfico de productos para los enemigos y el auxilio de
las desdichadas poblaciones vecinas cuando lo permitían las circunstancias[450].

Las medidas anunciadas desde los poderes del suroeste debieron de tener
un importante impacto para las poblaciones españolas de la raya, que verían
aliviada a partir de ellas su situación de carencia e indefensión. En definitiva,
la frontera no supuso durante el tiempo de presencia francesa en el suroeste,
como había ocurrido en anteriores ocasiones, un obstáculo insalvable para las
relaciones entre los habitantes de una y otra orilla del río, sino que representaba más bien un espacio de continua interacción fruto del histórico tejido de
conexiones cotidianas de carácter social, económico o cultural. Pero tampoco,
al igual que se había dado en momentos precedentes, existía una lectura uniforme y homogénea en torno al significado y alcance de la frontera, obser-
vándose acciones no siempre coincidentes ni equilibradas ya sea entre ambos
márgenes de la raya o en el interior de cada uno de ellos.

---

450. De John Austin a Miguel Pereira Forjaz. Tavira, 30 de abril de 1812. AHM/L,
1/14/083/04, fol. 27.

Capítulo 3
LA FRONTERA COMO RETAGUARDIA.
LA GUERRA MÁS ALLÁ DE LOS FRANCESES
(1812-1814)

Los franceses abandonaron definitivamente el suroeste en agosto de 1812. La guerra continuaba, pero la raya perdía a partir de entonces el protagonismo que había tenido desde principios de 1810. El nuevo contexto, menos apremiante desde el punto de vista defensivo, generaba en el lado español un cuadro de prioridades diferente. En líneas generales, era el momento de implementar y afianzar el régimen traído por los ahora vencedores: entre otras cuestiones, de recibir y poner en marcha las disposiciones normativas impulsadas por las Cortes de Cádiz y recogidas en la Constitución de 1812, toda vez que la salida de los poderes josefinos había supuesto la eliminación de los obstáculos externos que impedían su extensión y aplicación.

3.1. LAS CONEXIONES MILITARES: COLABORACIÓN Y CONFLICTOS

La interconexión entre ambos márgenes del Guadiana se vería también alterada, aunque en ningún caso sin romper de forma completa con los modos de relación abiertos en los años anteriores. Entre otras cuestiones, continuaba abierta la colaboración en materia militar a través de la participación conjunta de fuerzas portuguesas y españolas, si bien se daría principalmente en lugares alejados del suroeste y bajo nuevas coordenadas y requerimientos, surgiendo además nuevos puntos de atención y desacuerdo entre las autoridades de uno y otro país. A partir de entonces resultaba más habitual el tránsito de soldados portugueses por tierras españolas siguiendo el desarrollo de la guerra, pero también lo sería la extensión de algunos desajustes y disputas entre los poderes superiores a raíz de los gastos asociados a su mantenimiento.

Miguel Pereira Forjaz hacía referencia en noviembre de 1813 a la representación del marqués de Campo Maior, mariscal comandante en jefe del ejército, sobre las dificultades que encontraba en los diferentes pueblos de

España a la hora de atender a las diversas necesidades de las tropas portuguesas[451], y ello a pesar de que, como reconocía poco después, en septiembre de 1812 los poderes españoles prometieron auxiliar a dichas fuerzas lusas, cuyas bases deberían ser los suministros o adelantos necesarios de alimentos y otros géneros esenciales que no podían proporcionar allí para el ejército, «e asegurança do pagamento desses mesmos objectos em epocas determinadas»[452]. A principios de febrero de 1814 volvía a insistir en la necesidad de que la Regencia de España diese las providencias más eficaces para el socorro de las tropas portuguesas que se hallaban en territorio español «para consolidar a sua liberdade, e independencia nacional», circunstancia en la que esa autoridad debería observar además que no estaban en Portugal en mejores circunstancias cuando «neste Reyno se achavao Tropas da sua Nação» y así y todo su gobierno «com providências enérgicas» atendió, siempre que fue preciso, la «subsistência das ditas Tropas»[453]. Sin embargo, algunos días después, aunque se afirmaba que el gobierno español había expedido las órdenes para que se hiciesen frente a los suministros de las tropas lusas en la forma solicitada por sus autoridades[454], por parte del representante portugués no se daba por resuelta definitivamente esta cuestión y ponía el acento en la gran diferencia que había en la forma de actuar de las autoridades de uno y otro país, ya que si bien las portuguesas habían facilitado las cosas a las tropas españolas en los momentos más calamitosos en los que estuvieron en Portugal porque así lo había ordenado el gobierno, en el caso de España «estas nem sempre obedecem como por experiencia estamos observando»[455].

3.2. VALORACIONES Y RECONOCIMIENTOS MUTUOS: LOS LÍMITES DEL RELATO

Junto al desplazamiento de tropas o a la extensión de algunos problemas de provisión y amparo, se asistía en paralelo a acciones de reconocimiento mutuo –o al menos de visibilización y rédito social– en torno a la labor conjunta

---

451. A Joaquim Severino Gomes. Lisboa, 19 de noviembre de 1814. ANTT, MNE, libro 116, fol. 12.

452. A Joaquim Severino Gomes. Lisboa, 8 de enero de 1814. ANTT, MNE, libro 116, fols. 18-19.

453. A Joaquim Severino Gomes. Lisboa, 1 de febrero de 1814. ANTT, MNE, libro 116, fols. 23-24.

454. De José Luyando, secretario de Estado, a Joaquim Severino Gomes, 11 de febrero de 1814. ANTT, MNE, caja 657.

455. De Joaquim Severino Gomes a Miguel Pereira Forjaz. Madrid, 22 de febrero de 1814. ANTT, MNE, caja 657.

desarrollada entre los agentes de uno y otro reino, cuya mayor proyección se había alcanzado, como hemos señalado, durante los años de presencia francesa en la zona.

En aquel contexto habría que considerar la nota que se pasaba desde la delegación española a Miguel Pereira Forjaz el 14 noviembre de 1813 recomendando la solicitud del juez de fora de Alcoutim «por los buenos servicios prestados a las tropas españolas»[456]. O también el caso de José Morales Gallego, miembro de la Junta Suprema de Sevilla desde su creación y figura fundamental durante su estancia en Ayamonte, quien sería distinguido por la Regencia de Portugal con el hábito de la Orden de Cristo por los servicios prestados como miembro de aquella junta en los levantamientos del Algarve y Beja[457]. De la proyección otorgada a esa distinción daba cuenta el hecho de que en el año 1814, siendo jefe superior político de la provincia de Sevilla, encabezaba sus escritos públicos remarcando su membresía en aquella orden[458].

Por aquellas fechas, ya en pleno proceso de desmantelamiento del régimen constitucional, se concedía a Antonio José de Vasconcelos, gobernador de Vila Real de Santo António, la cruz supernumeraria de la Real Orden de Carlos III por los servicios hechos a favor de la «nación española»[459]. No obstante, este último caso suscitaría algunas prevenciones por parte de la autoridad de Lisboa, quien, una vez conocida la concesión de aquella gracia «pelos seus serviços feitos a Espanha, em todo o tempo que os Inimigos occuparao as Andaluzias», deseaba saber la manera precisa en la que se había obtenido dicha concesión y si ella había sido resultado de una solicitud realizada al gobierno de España, ya que le parecía «pouco próprio e menos decorozo» que sus oficiales se sirviesen de tales medios para obtener mercedes de un «Soberano Estrangeiro»[460]. En su respuesta, el representante luso en Madrid comentaba que ese proceder no había sido muy diferente al seguido por algunos sujetos

---

456. AHN, Estado, leg. 4514, caja 2.

457. Así se recogía en un documento enviado desde Cádiz por Pedro de Sousa y Holstein al conde de Linhares el 4 de febrero de 1811. ANTT, MNE, caja 654.

458. Valga como ejemplo el siguiente bando impreso del 12 de marzo de 1814: *D. José Morales Gallego, Caballero de la Orden de Cristo en Portugal, Gefe superior político de esta Provincia, hago saber que, con fecha de 9 del corriente… el… Secretario del Despacho de la Gobernación… me remite un exemplar rubricado de la Gazeta extraordinaria del… día 9 y otro del decreto expedido en el anterior 8 por el soberano Congreso nacional… y son del tenor siguiente… nuestro Monarca se halla ya en territorio español… y las Cortes, después de haber oído… el aviso… han decretado que se hagan rogativas… por la feliz llegada… y por el buen éxito de su gobierno…* [s.l., s.n., s.a.] BNE, CGI, R. 60258(46).

459. 28 de junio de 1814. ANTT, MNE, caja 657.

460. De Miguel Pereira Forjaz a Joaquim Severino Gomes. Lisboa, 8 de julio de 1814. ANTT, MNE, libro 116, fols. 56-57.

españoles que habían solicitado ante la corte portuguesa la concesión honorífica del hábito de la Orden de Cristo[461].

En el plano militar también se concedieron algunas gracias honoríficas como quedaba patente, por ejemplo, en el otorgamiento efectuado por el Consejo de Regencia en octubre de 1812 de la cruz supernumeraria de la Orden de Carlos III a José Joaquín Alvares, teniente capitán de la armada real y comandante de la escuadrilla portuguesa del Guadiana, en atención a los buenos servicios que había realizado a favor de la causa de España[462], un hecho que quedaba avalado además por el interés que habían mostrado en la verificación de aquella distinción tanto el encargado de los negocios de Portugal en Cádiz como el conde de Palmela[463]. Precisamente, algunos meses antes había sido otorgada a este último representante la «Gran Cruz de la Real y distinguida orden» de Carlos III por parte de la Regencia de España e Indias en consideración, además de «lo ilustre» de su familia, de los «distinguidos servicios» que había hecho durante el tiempo de permanencia junto al gobierno español «en favor de la justa causa que con tanta gloria defiende la Nación Española»[464].

Estos reconocimientos públicos de carácter individual no podrían desligarse de las dinámicas de colaboración trazadas entre ambos gobiernos, y de manera muy particular respecto a las situaciones vividas en las tierras de la frontera sur. Pero tampoco podrían separarse del juego de afinidades y de asociaciones conformado de manera más general, aquel en el que la presencia británica alcanzaba un especial protagonismo y significación. Dentro de este marco no faltarían algunas muestras de reconocimiento sobre la contribución a la derrota francesa tanto de militares ingleses como de portugueses. En un escrito del ministro plenipotenciario luso en Madrid de finales de 1814 se hacía referencia al envío para su reconocimiento de una relación con los oficiales portugueses e ingleses que más se distinguieron en acciones «dentro do Território Hespanhol», cuestión que sin embargo se había demorado debido a algunas dudas surgidas en el gobierno español respecto a las características de la insignia a conceder y el procedimiento a seguir[465].

---

461. De Joaquim Severino Gomes a Miguel Pereira Forjaz. Madrid, 20 de julio de 1814. ANTT, MNE, caja 657.

462. Documento firmado por Santiago Usoz, representante español en Lisboa, dirigido a Miguel Pereira Forjaz, informando de la concesión según decreto de la Regencia del 14 de octubre; Lisboa, 15 de noviembre de 1812 (ANTT, MNE, caja 436). Escrito de respuesta donde Miguel Pereira comunicaba haber notificado al gobierno portugués sobre el otorgamiento de la condecoración; Lisboa, 18 de noviembre de 1812 (AHN, Estado, leg. 4514, caja 1).

463. De Ignacio de la Pezuela al encargado de negocios de Portugal. Cádiz, 28 de septiembre de 1812. ANTT, MNE, caja 656.

464. De Ignacio de la Pezuela al conde de Palmela. Cádiz, 16 de agosto de 1812. ANTT, MNE, caja 656.

465. De José Luis de Sousa a Miguel Pereira Forjaz. Madrid, 28 de diciembre de 1814. ANTT. MNE, caja 657.

En otros momentos la actuación portuguesa quedaba eclipsada por su conjunta conducción con los británicos, resultando finalmente diferente la distinción pública que se hacía a uno y otro aliado[466]. En parte, esa falta de atención y consideración sobre el aliado portugués se hizo patente en el campo de la opinión pública, en ocasiones incluso al calor de algunas de las batallas más destacadas y determinantes. Así al menos lo ponía de manifiesto Miguel Pereira Forjaz en octubre de 1812, quien se quejaba de que en la mayor parte de los periódicos españoles jamás se hacía mención a las tropas portuguesas, cuando estas siempre habían estado unidas a las británicas y habían participado en todas las acciones en las que aquellas se habían encontrado, por lo que le resultaba bastante sensible «esta falta de justiça» a los esfuerzos que «esta Naçao está fazendo para libertar aquella do tirano jugo que ainda a oprime»; circunstancia más agraviante si cabe, además, después de lo ocurrido recientemente en la acción de Salamanca, en la que decía haber perdido más de dos mil hombres mientras que los españoles apenas tuvieron seis bajas. No sorprende, por tanto, los esfuerzos puestos en marcha a la hora de mantener ante el público español el buen nombre, la atención y el reconocimiento del ejército portugués, particularmente por las acciones sostenidas conjuntamente con los británicos en suelo hispano:

> [...] seria por tanto muito conveniente que V. Ma fizesse inserir em hum dos sobreditos Periodicos que melhor lhe parecer, e com adescripção conveniente, algum artigo que indique ao publico Espanhol o direito que temos a esperar pelo menos este signal do seu reconhecimento, e para que se veja que aparte que temos nesta luta, e de huma extenção tal a não merecer que se nao faça mençao das nossas Tropas em qualquier parte que ellas se achao[467].

Joaquim Severino Gomes refería en su respuesta que una de las principales labores de su cargo consistía en «conservar a amizade de todos os

---

466. Incluso en una memoria de gobierno firmada por Eusebio de Bardaxí y Azara sobre el «Estado de las relaciones diplomáticas de España con las demás potencias», de 20 de abril de 1811, a pesar de que hacía referencia a la situación mantenida con muy distintos países –Estados Unidos, Brasil, Sicilia, Cerdeña, Roma, Berbería, Marruecos, Constantinopla, Rusia, Prusia, Austria, Dinamarca y Suecia–, en cambio no hacía mención expresa al vecino Portugal, mientras que por el contrario dedicaba bastantes líneas a la situación con Inglaterra, donde apuntaba que era «la única potencia de Europa aliada de la España por intereses indestructibles», que ha puesto a «cubierto nuestra Península de toda invasión marítima», además de que «ha suministrado desde el principio de la guerra una inmensa cantidad de armas, municiones, vestuario y algún dinero», y «ha tenido constantemente en la península una fuerza armada que ha ocupado siempre un número superior o al menos igual a las del enemigo, en qualquier punto donde se haya establecido». ACD, SGE, leg. 82, núm. 1.

467. A Joaquim Severino Gomes. Lisboa, 21 de octubre de 1812. ANTT, MNE, libro 115, fol. 158.

Periodistas», pero que esto no impedía que apareciesen algunas publicaciones contrarias a los intereses portugueses, tal como había ocurrido recientemente con un «papel tao escandaloso que tem merecido o desprezo geral», lo que le había llevado finalmente a intervenir para contrarrestar al «partido republicano, que procura desunir a alliança e amizade que tanto prospera entre as duas Nações»[468]. Pocos días después insistía en esa misma idea: sobre el mucho trabajo que tenía en evitar los artículos que resultaban «em certo modo desairosos», mientras consideraba muy beneficioso cuando los periodistas decían algunas palabras a su favor, por lo que intentaba propiciar este tipo de publicaciones[469]. A principios de 1813 volvía a señalar, dentro del marco de «liberdade» con que se hablaba y escribía en Cádiz, que el mayor trabajo entonces era tener contentos y en buena armonía a los periodistas, no esperando que comentasen cosas buenas sobre Portugal, pero que al menos no dijesen solo las malas[470].

A pesar de los esfuerzos referidos, Miguel Pereira Forjaz volvía a manifestar en agosto de 1813 su desazón por tener observado que en las gacetas españolas no se había publicado el orden del día del mariscal marqués de Campo Maior que elogiaba el comportamiento de las tropas portuguesas en la batalla de Vitoria, ni tampoco el mapa de aquellas partidas[471]. Mientras que en mayo de 1814 decía haber «observado com bastante sentimento» que en todos los actos públicos que habían tenido lugar en Valencia y Madrid y que aparecían mencionados en las gacetas españolas solo se exhibían banderas de España e Inglaterra, como si fuesen las «únicas Potências Alliadas na Península»[472].

En definitiva, en paralelo a las acciones de reconocimiento político y social de los aliados portugueses, se fueron abriendo también algunas fisuras en el relato de la colaboración que tendían a minusvalorar –si no a silenciar directamente– el protagonismo de esos vecinos en la derrota de los franceses. En los lugares más alejados de la frontera, aquellos en los que la relación ya no se establecía bajo las dinámicas y los compromisos propios de ese marco particular de convivencia, la participación concreta de los portugueses en suelo hispano terminaba diluyéndose, al menos en parte, entre el conjunto de los aliados, viéndose finalmente afectado su reconocimiento y consideración públicos ante la presencia y proyección política y social de los socios británicos.

---

468. A Miguel Pereira Forjaz. Cádiz, 23 de octubre de 1812. ANTT, MNE, caja 656.

469. A Miguel Pereira Forjaz. Cádiz, 13 de noviembre de 1812. ANTT, MNE, caja 656.

470. A Miguel Pereira Forjaz. Cádiz, 19 de enero de 1813. ANTT, MNE, caja 657.

471. A Joaquim Severino Gomes. Lisboa, 9 de agosto de 1813. ANTT, MNE, libro 115, fol. 224.

472. Lisboa, 25 de mayo de 1814. ANTT, MNE, libro 116, fol. 47.

3.3. EMIGRACIÓN Y EXILIO: DE LO ECONÓMICO A LO POLÍTICO

Más allá de la continuidad de las conexiones en los ámbitos político y militar y de los reconocimientos y distinciones oficiales, las relaciones entre el resto de actores y la movilización hacia el otro margen del Guadiana continuaron activándose en la fase última del conflicto. Indudablemente, el traslado ya no estaba conectado directamente con la presencia y el hostigamiento del ejército francés, pero sí con algunas de las consecuencias que la guerra había tenido en la comarca en su fase más dura y comprometida.

En algunos pueblos del entorno se hacía constar entonces cómo muchos de sus vecinos, particularmente los de mayores recursos, se habían instalado en Portugal de manera permanente. Por ejemplo, el ayuntamiento de El Almendro refería en septiembre de 1814 que «durante el dominio de los enemigos» muchos de sus vecinos habían «emigrado con sus familias» y domiciliado en un «Reino estraño» con el «conocido ánimo de no volver al pueblo», mientras que en junio de 1815 manifestaba que su vecindario había quedado reducido a una tercera porción del que tenía antes de la guerra, siendo además la parte «más pobre y desdichada»[473]. El ayuntamiento de Villanueva de los Castillejos recogía el mismo día en el que había llegado la noticia de «la plausible noticia de la entrada en España de nuestro amado Rey el Sr. D. Fernando Séptimo», que con la invasión de los franceses había empezado a experimentar aquella villa «su ruina», ya que muchos vecinos se vieron «en la forsosa de emigrar a los Puertos y transmigrar a poner en medio las aguas del Guadiana y Reyno de Portugal en que se han quedado establecidas muchas familias», mientras que las que habían regresado se encontraban en «solemne pobreza e indigencia sin havitaciones ni ganados»[474]. En líneas generales, no debió de resultar una situación ajena al resto de poblaciones del entorno.

Las tierras portuguesas también acogieron a otros individuos procedentes de España, pero por motivos y circunstancias diferentes a los de los pobladores más próximos a la frontera. Por ejemplo, si ya en febrero de 1812 el encargado de negocios en Lisboa daba cuenta de que el arzobispo de Toledo residía entonces en Tavira[475], durante los siguientes meses otros prelados trasladaron también sus domicilios a enclaves del Algarve, en cuyos desplazamiento e instalación contaron con el apoyo de las autoridades portuguesas. Así al menos se constataba en el caso del nuncio en España, monseñor Pietro Gravina, que en julio de 1813 había contactado con el representante luso en Cádiz

---

473. El Almendro, 16 de septiembre de 1814 y 6 de junio de 1815. Cit. en Mira, Villegas y Suardíaz 2010: 214 y 216.

474. AMVC, Actas Capitulares, leg. 12, año 1814.

475. De Manuel González Salmón a Miguel Pereira Forjaz. Lisboa, 27 de febrero de 1812. ANTT, MNE, caja 436.

solicitando un pasaporte para poder ser recibido en Tavira, el cual, considerando su nacimiento, virtudes y circunstancias –por encontrarse perseguido hasta el punto «de ser obrigado a sahir de Espanha sem demora»[476]–, le había enviado rápidamente el pasaporte y algunas cartas de recomendación para que emprendiese el viaje al Algarve[477].

En definitiva, las tierras y las autoridades de Portugal ofrecieron la posibilidad de asilarse al conjunto de eclesiásticos, particularmente miembros de su jerarquía, que se habían posicionados en aquellos momentos contra los cambios traídos por las Cortes y el régimen liberal. Esta circunstancia generaría algunas desavenencias entre los poderes de uno y otro país. Miguel Pereira Forjaz daba cuenta a finales de septiembre de 1813 de la comunicación abierta entre su gobierno y el español en relación a la residencia del obispo de Orense en una freguesia de la provincia de Trás-os-Montes, al norte del país, así como de «outros Prelados retirados de Espanha a estes Reynos», y donde se apuntaba que sería indecoroso para la soberanía de aquel reino no prestar asistencia a esos prelados que eran perseguidos por cuestiones que habían alcanzado una gran importancia[478]. A fin de cuentas, más allá del trato dispensado a esos eclesiásticos emigrados, en algunas de las comunicaciones de aquel tiempo parecían entreverse asimismo ciertas diferencias de criterio en el plano político de carácter más general, incluso con algunas críticas veladas de los representantes portugueses al ambiente exaltado que despuntaba entonces en Cádiz.

Según refería Joaquim Severino Gomes en una comunicación dirigida a Miguel Pereira Forjaz en marzo de 1813, el pueblo, en general proclive a las novedades, en el caso de Cádiz estaba aún más agrandado por el espíritu de exaltada libertad que le habían inculcado los liberales, hasta el punto de que había ciertos días en las Cortes en los que el llamado partido servil no tenía esa libertad de expresión que prescribía el reglamento[479].

Todo ello requería además de la discreción y el control respecto a la comunicación mantenida entre las autoridades de Lisboa y sus representantes en Cádiz, lo que implicaba finalmente la búsqueda de seguridad por la vía del Algarve y la disposición de recursos propios. Joaquim Severino Gomes enviaba en enero de 1813 una carta reservada por su cuenta hasta Faro, la cual debía llegar a Lisboa por vía del gobernador de Vila Real, librándose de esta manera de la administración de los «Corsarios Espanhoes aonde ha desonfiança que

---

476.   Pietro Gravina se opuso al decreto de supresión de la Inquisición y organizó una campaña contra las Cortes, circunstancia que le obligó a abandonar España. La Parra y Casado 2013: 124-125.

477.   De Joaquim Severino Gomes a Miguel Pereira Forjaz. Cádiz, 10 de julio de 1813. ANTT, MNE, caja 657.

478.   De Miguel Pereira Forjaz a Joaquim Severino Gomes. Lisboa, 30 de septiembre de 1813. ANTT, MNE, libro 116, fols. 3-4.

479.   Cádiz, 9 de marzo de 1813. ANTT, MNE, caja 657.

abrem alguas cartas»[480]. En el mismo escrito de marzo de 1813 referido más arriba comentaba que las noticas del interior de Cádiz eran de tanta importancia que se veía obligado a dirigir la carta «por hum próprio até ao Algarve», para enviarla desde allí por correo seguro[481]. Algunos días después enviaba una carta reservada aprovechando la ocasión de contar con un «portador fiel» en dirección al Algarve, y donde venía a mostrar el «horrorozo quadro» por el «veneno» que entonces había dentro de las murallas de Cádiz y se derramaba por las provincias[482]. Pocos días más tarde volvía a enviar otra carta reservada en la que decía disponer de un «portador de confiança» para el Algarve, y donde recalcaba la «intriga» que existía y aumentaba diariamente en Cádiz contra los ingleses[483]. En julio de aquel año solicitaba que los despachos que llegasen a Cádiz desde Río de Janeiro se dirigiesen primeramente al obispo gobernador del Algarve, quien finalmente se los haría llegar a través de los barcos que llegaban de Faro a aquella ciudad casi todas las semanas, para de este modo evitar que las cartas de importancia fuesen inspeccionadas por los correos españoles[484].

3.4. RECLUTAMIENTO Y DESERCIÓN: LAS MEDIDAS DE PREVENCIÓN Y LOS MECANISMOS DE SOLIDARIDAD

Las relaciones entre las autoridades de ambos países, con sus espacios de conexión y sus puntos de fricción, también resultaron cruciales en otros ámbitos y dinámicas fronterizas de más largo recorrido. Entre otros, en lo que respecta a la deserción y el tránsito hacia el país vecino. Por entonces los franceses habían abandonado definitivamente sus posiciones en las tierras del suroeste, pero la guerra continuaba su curso y requería continuamente de nuevos soldados para poder seguir avanzando en la lucha. En aquel contexto, los pobladores del entorno siguieron recurriendo al paso de la frontera como fórmula para solventar sus compromisos militares, lo que en la práctica venía a mostrar no solo la enorme proyección y arraigo que seguía teniendo esa estrategia entre los paisanos de uno y otro país, sino también la consistencia de los lazos de solidaridad

---

480. De Joaquim Severino Gomes a Miguel Pereira Forjaz. Cádiz, 3 de enero de 1813. ANTT, MNE, caja 657.
481. De Joaquim Severino Gomes a Miguel Pereira Forjaz. Cádiz, 9 de marzo de 1813. ANTT, MNE, caja 657.
482. De Joaquim Severino Gomes a Miguel Pereira Forjaz. Cádiz, 27 de marzo de 1813. ANTT, MNE, caja 657.
483. De Joaquim Severino Gomes a Miguel Pereira Forjaz. Cádiz, 3 de abril de 1813. ANTT, MNE, caja 657.
484. De Joaquim Severino Gomes a Miguel Pereira Forjaz. Cádiz, 27 de julio de 1813. ANTT, MNE, caja 657.

trazados entre ellos, circunstancia que en última instancia resultaba de gran importancia para el buen éxito del proyecto.

Un buen ejemplo de todo ello estaría representado por el sorteo de quintas efectuado en Isla Cristina en septiembre de 1813. De aquel acto debían salir los once hombres que aún faltaban para completar el cupo asignado al pueblo, y sin embargo solo se presentaron cinco individuos, todos incapacitados para el servicio de las armas:

> Reunidos los Señores Alcalde Presidente, Regidores y Síndico, el Cavallero Comisionado, y el Señor Teniente de Cura, se procedió al alistamiento de todos los mozos comprendidos en la primera clase […] y en efecto resultaron los mozos siguientes: Manuel García hijo de Antonio, tuerto y absolutamente ciego del ojo derecho e inútil para el servicio de las armas; Ygnacio Sereto de Juan Bautista, tuerto, baldado, tartamudo fatuo y absolutamente imposivilitado e inútil; Vicente Varón de Mariano afecto al pecho por constitución, postrado en cama, y absolutamente imposibilitado e inútil; Manuel Cárdenas de Manuel quebrado completamente de las dos yngles, e inútil absolutamente; Pedro Gómez de José corto de talla, jorovado, y absolutamente imposibilitado e inútil. Que son los únicos mozos de primera clase que han resultado estantes y residentes con vecindad constituhida en esta Real Ysla, y con naturaleza en los Reinos y Dominios de España, los cuales aseguran no saben firmar[485].

El ayuntamiento achacaba esta situación a la falta de juventud de su vecindario. En el juicio de excepciones efectuado pocos días después sostenía que «careciendo de jubentud, no es agraciado en los términos a que por su egemplar conducta en esta lucha cruel se hizo acrehedor»[486]. No obstante, la referencia que hacía a que eran los únicos mozos que se encontraban residiendo y estantes en aquel pueblo y con naturaleza en el reino de España permite entender las circunstancias precisas de tan corto y peculiar alistamiento. En este sentido, da la impresión de que los únicos que participaron en el acto fueron aquellos que tenían garantizada su exclusión debido a las taras físicas tan evidentes que presentaban, y que aquellos que tenían posibilidades de entrar en el sorteo recurrirían sin embargo al desplazamiento y a la emigración hacia lugares más o menos distantes. En otro reclutamiento llevado a cabo ya en marzo de 1814 se incluía una lista con veintiséis individuos sobre los que llevar a cabo el sorteo de los once que le correspondía enviar al municipio, si bien volvían a presentarse solo aquellos que resultaron no aptos para el servicio «por los impedimentos y defectos físicos» que padecían[487],

---

485. Isla Cristina, 20 de septiembre de 1813. AMIC, Expediente de quintas, leg. 439.

486. Isla Cristina, 24 de septiembre de 1813. AMIC, Expediente de quintas, leg. 439.

487. Al acto de comprobación y verificación del alistamiento, celebrado el 10 de marzo de 1814, se presentaron varios mozos que quedaron excluidos al ser cortos de talla. El juicio de

habiendo encontrado el resto, como cabe suponer, un lugar de refugio en el vecino país.

Estas prácticas venían a comprometer no solo el reclutamiento de nuevos miembros para el ejército, sino también la capacidad que tenían las autoridades de los distintos pueblos del suroeste para atender a los requerimientos de soldados. Esto explicaría que, como en momentos anteriores, algunos ayuntamientos adoptasen medidas concretas para dificultar la deserción entre sus vecinos. En octubre de 1813 el ayuntamiento de Lepe, teniendo en cuenta que uno de sus mozos solteros podía ausentarse de la villa y faltar al sorteo que debía celebrarse algunos días después, decidía ponerlo en la cárcel en calidad de retenido hasta tanto no se llevase a cabo aquel acto[488]. En El Almendro llegaron incluso a ponerse en marcha una vez finalizada la guerra algunas medidas que pretendían la concurrencia al alistamiento de los individuos que vivían en Portugal, pero cuyas familias seguían residiendo en la villa. De hecho, al no presentarse al llamamiento, serían declarados como prófugos y sus madres encarceladas «a fin de estrecharlas y compelerlas a la presentación de sus hijos»[489].

Los poderes superiores también continuaron tomando algunas prevenciones contra la deserción. No en vano, aunque se plantearon la revocación o el ajuste de la normativa anterior a las nuevas circunstancias de aquel tiempo, ello no significó en ningún caso la desatención de las medidas contra la huida y el abandono de las obligaciones militares. Así, por ejemplo, el representante español en Lisboa se dirigía al gobierno portugués en noviembre de 1812 refiriendo los términos del posible arreglo del convenio del 29 de septiembre de 1810 con objeto de suspender «los privilegios que recíprocamente obtenían los súbditos de ambos países para no estar sujetos al alistamiento del de su residencia», aunque insistiendo que en el nuevo acuerdo se estipulase la «exacta y puntual restitución recíproca» de los desertores que se refugiaban en España y Portugal y «de todos aquellos yndividuos que estando sujetos al alistamiento se pasan de un Reyno a otro para evitarlo»[490].

El cambio definitivo no se daría hasta después de la guerra. Miguel Pereira Forjaz hacía referencia en abril de 1814 a los intentos que se dieron a lo largo de 1812 de anular el convenio de septiembre de 1810 sobre la obligación de realizar el servicio militar en el país en que se hallasen residiendo, y cuya experiencia había demostrado en uno y otro país que esa medida no correspondía

excepciones, efectuado el día 13 de ese mes, confirmaría la exclusión. AMIC, Expediente de quintas, leg. 439.

488. APNA, Escribanía de Alonso Tomás López, Lepe, año 1813, leg. 927, fols. 124-125.

489. El Almendro, 19 de agosto de 1815. Cit. en Mira, Villegas y Suardíaz 2010: 216.

490. De Santiago Usoz a Miguel Pereira Forjaz. Lisboa, 17 de noviembre de 1812. AHN, Estado, leg. 4514, caja 1.

al objetivo propuesto por los dos gobiernos. Sin embargo, también decía haberse considerado inconveniente en aquella fecha hacer pública la anulación de la convención y que, en consecuencia, se había acordado su mantenimiento aunque con algunos ajustes. Con todo, siguió fomentándose la entrega de los reclutados a su país procedencia: en septiembre de 1812 las autoridades portuguesas devolvieron noventa reclutas españoles que se hallaban disciplinados y capacitados para entrar en servicio, mientras que los poderes españoles se comprometían entonces a tener igualdad de trato con los portugueses que se encontrasen en esas mismas circunstancias. Finalmente, una vez acabada la guerra, el gobierno portugués expediría las órdenes más generales a todas las provincias para que no se reclutasen españoles y exigía el mismo proceder por parte de la Regencia de España con los portugueses residentes en su país, a menos que fuesen reclamados para el «serviço Militar deste Reyno»[491].

Otro de los campos que generó algún problema durante aquel tiempo fue el de la aplicación de las excepciones correspondientes al alistamiento de los individuos que ostentaban cargos de representación. Por ejemplo, en el caso del vicecónsul de España en Albufeira, quien en mayo de 1813 fue obligado a alistarse en el ejército portugués cuando se encontraba en Lisboa haciendo gestiones propias de su puesto[492]. No sorprende entonces que en la comunicación establecida en diciembre de 1813 entre las autoridades españolas y portuguesas a raíz del nombramiento del vicecónsul de España en Olhão se insistiese en que ese individuo no estaba sujeto a reclutamiento, hecho que debía ser confirmado por los poderes lusos «por la falta que hace en el referido puerto [de] un vicecónsul de la Nación que está vacante hace tiempo»[493].

3.5. LAS TRANSACCIONES COMERCIALES: LA PERVIVENCIA DEL CONTRABANDO

En el ámbito del comercio, la situación tras la salida de los franceses del suroeste tampoco varió en exceso respecto a los momentos anteriores, y ello a pesar de la rapidez con la que las autoridades revocaron algunas de las medidas adoptadas durante la fase más aguda de la guerra. De hecho, como se ha anotado más arriba, el gobierno de Cádiz había establecido en marzo de 1812 el bloqueo de la costa comprendida entre El Puerto de Santa María y Ayamonte,

---

491. De Miguel Pereira Forjaz a Joaquim Severino Gomes. Lisboa, 1 de abril de 1814. ANTT, MNE, libro 116, fol. 34.

492. De Santiago Usoz a Miguel Pereira Forjaz. Lisboa, 11 de mayo de 1813. ANTT, MNE, caja 437.

493. De Ignacio de la Pezuela a Miguel Pereira Forjaz. Lisboa, 20 de diciembre de 1813. ANTT, MNE, caja 437.

medida que, entre otras cuestiones, pretendía evitar la llegada de productos a manos de los enemigos. Sin embargo, a finales de agosto de aquel año la Regencia de España disponía que, encontrándose libre de enemigos la costa de Poniente entre El Puerto de Santa María y Ayamonte, la navegación debía hacerse de nuevo «francamente», como sucedía con anterioridad, pudiendo los buques navegar «sin necesidad de convoy ni otra restricción»[494].

Ahora bien, más allá del levantamiento general de las restricciones decretado por el gobierno español, las autoridades portuguesas ya habían tratado a finales de julio desde el Algarve acerca de la suspensión de la diligencia que impedía las continuas exportaciones clandestinas de géneros hacia algunos puertos españoles ocupados por el enemigo y, en consecuencia, sobre la retirada de las tropas que se encontraban empleadas en diversos puntos de aquel reino[495]. No obstante, algunos meses después sería el encargado de las armas del Algarve quien hacía constar la imposibilidad de disminuir las guarniciones permanentes sin abandonar muchas fortalezas de la costa y de la frontera a las depredaciones de los contrabandistas[496]. E incluso una vez finalizada la guerra, el ministro plenipotenciario portugués en Madrid seguía haciendo referencia a la dificultad de contener a los contrabandistas en una frontera tan amplia y abierta:

> A isto se respondeo que em huma frontera tao extensa como era a de Portugal, e aberta, não era certamente Olivença o ponto unico pelo qual os contrabandistas poderião introduzir as suas fazendas, nem o lemite do Guadiana naquella pequena extensão de territorio poderia ser hum obstaculo as suas incursoes[497].

El comercio ilícito entre uno y otro lado de la frontera siguió ocupando la atención de las autoridades del entorno en la última fase del conflicto, y no vendría sino a confirmar la consistencia de una práctica muy asentada entre sus pobladores a lo largo del tiempo y que alcanzaba entonces, durante las diferentes circunstancias que se dieron en el suroeste a lo largo de la guerra, nuevos contornos y materializaciones.

En conjunto, a partir de 1808 se abrieron líneas de conexión entre ambos márgenes de la raya en las que los distintos agentes sociales del entorno, lejos de mostrar comportamientos uniformes, desarrollaron actuaciones heterogéneas y diferenciadas, ya fuesen de carácter grupal o individual. En este

---

494. Ministerio de Hacienda. Cádiz, 30 de agosto de 1812.

495. Del obispo y gobernador interino del Algarve a Miguel Pereira Forjaz. Faro, 9 de agosto de 1812. AHM/L, 1/14/083/18, fol. 1.

496. De John Austin a Miguel Pereira Forjaz. Tavira, 9 de enero de 1813. AHM/L, 1/14/083/22, fol. 1.

497. De José Luis de Sousa al marqués de Aguiar. Madrid, 17 de agosto de 1814. ANTT, MNE, caja 657.

sentido, las relaciones fronterizas no resultaron ni lineales ni unidireccionales, sino que, en función de los distintos contextos que surgieron a lo largo de toda la coyuntura, mostraron diferentes ritmos y contornos, y estuvieron salpicadas en no pocas ocasiones de fricciones y controversias. En cualquier caso, esas interacciones rayanas resultaron finalmente capitales y reportaron, como reconocieron sus mismos protagonistas, incuestionables beneficios a la causa común, aunque bien es cierto que su memoria posterior se situaba finalmente en un terreno muy distinto.

PARTE II
GUERRA Y REVOLUCIÓN. LAS JUNTAS Y LA NUEVA DISTRIBUCIÓN DEL PODER

Capítulo 4
MOVILIZACIÓN Y RESISTENCIA.
LA RENOVACIÓN INSTITUCIONAL
EN LOS PRIMEROS TIEMPOS DE LA GUERRA
(1808-1809)

El proceso político desarrollado en España entre 1808 y 1810 descansó, según ha señalado Moliner Prada (2006: 37), en tres pilares básicos: la formación de las Juntas Supremas provinciales, la configuración de la Junta Central
y la constitución del Consejo de Regencia, cuya consecuencia más notable sería la convocatoria de Cortes[498]. El punto de partida sería, por tanto, la creación entre mayo y junio de 1808, en un contexto caracterizado por el vacío de
poder[499] y la excitación e inquietud de la población[500], de una serie de juntas
que presentaban distintas escalas de representación, ya fuese regional, provincial, comarcal o municipal. Este proceso generaría algunos conflictos entre las
juntas provinciales hasta desembocar en la instauración en los últimos días de
septiembre de 1808 de la Junta Central Suprema y Gubernativa del Reino[501],
que se convirtió en el máximo órgano de poder fernandino hasta principios de
1810 –primero en Aranjuez y desde diciembre de 1808 con sede en Sevilla[502]–,
cuando se asistiría a su disolución y sustitución por el Consejo de Regencia.

Las primeras juntas se presentaban, pues, como piezas fundamentales del
proceso de configuración del poder abierto por el conflicto antinapoleónico.
Mucho se ha debatido en torno a estas instituciones, que si bien contaban, al
menos desde una perspectiva formal, con algunos antecedentes en la monarquía española[503], las que ahora se formaban lo hacían sin embargo como instrumentos originales al no disponer de ningún marco jurídico que amparase
su creación[504].

---

498. Véase también Moliner 2007b y 2008a.
499. De Diego 2006, Moliner 2004b.
500. Moliner 2000.
501. Martínez de Velasco 1971 y 1992, Pérez Garzón 2010, Dufour 2010, Hocquellet 1999
y 2009.
502. Moreno Alonso 2010a y 2010b.
503. Fraser 2006: 192, Hocquellet 2008a: 161.
504. De Diego 2006: 28.

En líneas generales, las interpretaciones de este fenómeno han resultado muy dispares desde prácticamente los mismos acontecimientos[505]. Uno de los campos que ha suscitado mayor atención ha sido el de la definición de su carácter revolucionario o continuista[506]. Claude Morange (1993: 42) ha argumentado que, desde el punto de vista institucional, representan una virtualidad revolucionaria al crearse al margen del orden establecido, si bien las circunstancias de su nacimiento, la composición u orientación ideológica las situarían más próximas a la contrarrevolución que entre los impulsores de ella. Por su parte, Antonio Moliner (1997: 37), además de poner de relevancia esa dualidad, ha venido a apuntar que, por un lado, esas instituciones se proclamaron soberanas y basaron su autoridad en la legitimidad popular, asumiendo así facultades militares, políticas y fiscales, pero, por otro, defendieron el orden social vigente y obligaron a asumir el pago de las rentas, de los derechos señoriales o de los diezmos eclesiásticos. En todo caso, pese a que las juntas no tomaron medidas revolucionarias y fueron controladas por los estamentos tradicionales, se convirtieron sin embargo «en instrumentos de socialización política, capaces de politizar a amplios grupos de la población», constituyéndose, por tanto, no solo en «motor del cambio político desde abajo y plataforma de acción interclasista», sino en símbolo de la revolución española, de ahí su utilización en todas las crisis políticas entre 1808 y 1868[507].

La composición de las juntas constituye otra pieza esencial para la definición de su naturaleza. De hecho, su marco de análisis no solo ha comportado la reflexión en torno a conceptos como los de pueblo o élite[508], sino que incluso ha dado lugar, gracias principalmente a los trabajos de Richard Hocquellet, a un ensayo de clasificación atendiendo a la naturaleza de sus integrantes[509].

En líneas generales, pues, son muchos los espacios de interés que reúne el fenómeno de las juntas. Y en esto, como en otros muchos aspectos, la perspectiva espacial puede contribuir a abrir nuevos caminos de análisis e interpretación. El suroeste amparó durante aquellos años no solo la creación de diferentes juntas de base municipal, sino que acogió asimismo a la Junta Suprema de Sevilla después de que abandonase la capital hispalense tras la llegada de los franceses. En cualquier caso, la nueva realidad institucional del suroeste no quedaba restringida al escenario propio de la causa fernandina, de tal forma que también en algún enclave regido por la normativa josefina se conformaba alguna junta que alcanzaba un incuestionable protagonismo como instrumento colaborador en el ejercicio del poder municipal.

---

505. Aymes 1992.
506. Maestrojuán 2001-2002.
507. Moliner 2007c y 2008b: 224.
508. Hocquellet 2011a.
509. Hocquellet 2008a, 2008b y 2011b.

En definitiva, las referencias a este tipo de instituciones no resultaron extrañas en nuestro contexto de análisis, aunque bien es cierto que el perfil institucional de las mismas sería muy diferente. Por un lado, por la diversidad de significados que tenía el término por entonces, y que podía remitir a una especie de comisión mixta que había funcionado en distintos momentos anteriores, o incluso se podía emplear como sinónimo de asamblea[510]. Por otro, por los cambios que se dieron conforme al curso y la cronología de los acontecimientos.

Entre las que se constituyeron en los primeros momentos las diferencias resultaban patentes. En algunas ocasiones la referencia a la junta no fue sino un recurso nominal que se adjuntaba, a modo de añadido o reajuste simbólico, a la denominación del anteriormente constituido ayuntamiento, en tanto que en otras se materializó con la exclusiva incorporación de asesores para que amparasen las decisiones que debía adoptar el cabildo en cuestiones defensivas y fiscales. Distinta sería la situación vivida en Ayamonte durante esas mismas fechas, tanto en lo que respecta al proceso de creación y al contorno institucional de la junta de gobierno, como en la relación que entablaba con el ayuntamiento de la ciudad.

Durante los siguientes años continuaron conformándose nuevas juntas, proceso que alcanzaba una especial dimensión desde los últimos meses de 1811, después de la salida de la Suprema de Sevilla de la desembocadura del Guadiana. Adquirieron entonces un tono algo diferente, particularmente en lo que respecta al marco normativo que las amparaba, aunque no por ello dejaron de estar presentes ni las urgencias económicas de los primeros tiempos ni los compromisos o las tensiones respecto a otros órganos de poder.

En líneas generales, no resulta fácil trazar un panorama general y homogéneo sobre el movimiento juntero implementado en el suroeste, si bien resulta conveniente abordar de forma individualizada los casos más representativos, aquellos que se activaron en la desembocadura del Guadiana en conexión en buena medida con las dinámicas fronterizas que tanta importancia tuvieron para el desarrollo de la guerra en el marco suroccidental.

4.1. NUEVOS RETOS INSTITUCIONALES. LA JUNTA DE HUELVA Y LOS LÍMITES DEL CAMBIO

El proceso de creación de estos nuevos instrumentos de poder no resultó unidireccional ni estuvo falto de contradicciones, ni se correspondió en todos los casos con un esquema que partía de lo particular y se encaminaba hacia lo

---

510. Hocquellet 2008a: 162-163.

general. Los cuerpos intermedios provinciales resultaron determinantes, como ocurrió en el caso de la Junta Suprema de Sevilla, no solo a la hora de aglutinar intereses comunes mediante la creación de la Junta Central, sino también en lo que respecta a la formación de nuevas juntas a escala municipal o comarcal.

El triunfo de la revolución en Sevilla y la instalación de la Junta Suprema el 27 de mayo de 1808 –intitulada Suprema de España e Indias[511]– iban a traer importantes desafíos para las autoridades municipales del suroeste. Principalmente, porque tendrían que atender a las disposiciones de aquella institución, la cual además pondría un especial cuidado en ello. Por ejemplo, la Junta Suprema de Sevilla llegaba a nombrar a un delegado entre el vecindario de Villanueva de los Castillejos, quien estaría encargado de agilizar la recepción y la aplicación de sus bandos e instrucciones en aquel pueblo. El marqués de Carrión, diputado de aquella junta y encargado de «alarmar los Pueblos de su Reinado y evaquar otros asuntos interesantísimos al mejor servicio del Rey y de la Patria», decía desde Cartaya en los primeros días de junio de 1808 que, no siéndole posible pasar por entonces a Castillejos «con la celeridad que el caso exige», debía actuar como subdelegado ante su ayuntamiento Domingo Ponce Pérez, uno de sus vecinos[512].

No obstante, una de sus primeras preocupaciones sería la extensión del movimiento en el antiguo reino de Sevilla, su principal área de actuación y que llegaba en su parte más occidental hasta la frontera sur con Portugal. De esta manera, publicaba el 29 de mayo de 1808 una *Instrucción* en la que mandaba crear juntas en aquellos lugares que contasen con más de dos mil vecinos, haciendo los ayuntamientos la función de tales en los de menor vecindario[513]. Francisco de Saavedra, presidente de la Junta Suprema de Sevilla, refería en su *Diario* que aquella medida se había tomado «para uniformar el gobierno en todas partes», debiendo formarse además bajo el modelo y la dependencia de la institución sevillana[514].

Los pueblos que no alcanzasen el número de vecinos establecido quedaban fuera de la reestructuración institucional, siendo los ayuntamientos en esos casos los que ocuparían el lugar y las facultades de esas juntas. Así debió de ocurrir en pueblos como Cartaya o Isla Cristina, en los que comenzaba a emplearse el nuevo término junto al nombre de la autoridad municipal más tradicional. En el primer caso, en una sesión del cabildo de junio de 1808 se hacía referencia a la asistencia de los «Señores Justicia, Ayuntamiento y Junta

---

511. Moreno Alonso 1997b y 2001, Romero 2000.

512. Cartaya, 3 de junio de 1808. AMVC, Actas Capitulares, leg. 10.

513. *Instrucción que la Junta Suprema de Gobierno manda a todas las ciudades y villas de este reinado, y quiere sea executada con la mayor prontitud. Sevilla, 29 de mayo de 1808* [s.l., s.n., 1808]. Visto en AMVC, Actas Capitulares, leg. 10.

514. Entrada del 28 de mayo de 1808. Saavedra y Moreno Alonso (ed.) 2011: 86.

Municipal de Gobierno»[515]. En el segundo, uno de sus vecinos dirigía un escrito en noviembre de aquel año al «Señor Presidente y Señores de la Junta o Ayuntamiento de esta Real Isla»[516]. Lo que no resulta fácil de determinar en ambas circunstancias es el contenido específico de aquel término desde el punto de vista institucional: es decir, si se trataba de un añadido al nombre utilizado en algunas ocasiones especiales como, por ejemplo, cuando se trataban asuntos relacionados con el alistamiento y la defensa, o si, por el contrario, supuso algún tipo de modificación sobre la composición del ayuntamiento.

Más nítidos se presentan los cambios experimentados en Huelva tras la insurrección de mayo. A pesar de que aquella villa no alcanzaba el número de vecinos establecido en la *Instrucción* del 29 de mayo, los miembros de su cabildo intentaron crear una junta de gobierno propia recurriendo para ello a diferentes argumentos de carácter fiscal, estratégico y político. En la sesión del 3 de junio se daba cuenta de la creación de la Junta Suprema de Sevilla, quien en su «defensa de la religión y de la Patria contra la Francia hasta conseguir el feliz efecto que desea de la reintegración de su Augusto Monarca al Supremo Trono de que violentamente se le ha despojado por un Tirano», venía impulsando la formación de juntas municipales que «por todos sus vecinos sea exactamente obedecida». Sin embargo, el ayuntamiento consideraba que «aunque le falten algunos vecinos» quedaba justificada la constitución de una junta de gobierno «por ser cabeza de partido en Rentas Reales, haverse estimado así en los casos de crear Junta de Sanidad y por ser un puerto de mar de los de mayor matrícula y contribuyente a el Real Servicio»[517]. Bajo estas consideraciones se establecía el procedimiento para el nombramiento de sus miembros y la manera de dotar a esta nueva institución de autoridad plena. En este sentido, contemplaba, por una parte, la reunión de todos los vecinos por parroquias para que llevasen a cabo la designación de los doce vocales que, en representación de toda la feligresía, debían elegir finalmente a los seis individuos que compondrían la junta, y, por otra, la proyección de un clima sereno y pacífico que no entorpeciese la tranquilidad que resultaba tan necesaria en aquellas fechas:

[...] para formalisar el nombramiento de las Personas de que haya de componerse y que sea con concurrencia de todo el Pueblo devía de acordar y acordaron

---

515. Cartaya, 18 de junio de 1808. AMC, Actas Capitulares, leg. 9. Esta fórmula no volvió a emplearse en ninguna otra acta de cuantas se conservan de aquella primera época. No obstante, en distintas escrituras públicas relacionadas con ventas judiciales, fechadas en los meses finales de 1808 y principios de 1809, aparecía la figura del alcalde mayor encabezando la junta de gobierno. AHPH, Cartaya, Escribanía de Sebastián Balbuena, leg. 4009, año 1808, fols. 31-32; año 1809, fols. 12-15.

516. AMIC, Correspondencia, leg. 132.

517. AMH, Actas Capitulares, leg. 26, fols. 409-411.

se fixe bando zitando a todos los vesinos de ambas Parroquias para que en el día de mañana concurran respectivamente cada uno a la suya para nombrar doze Bocales de aquellos sujetos de más providad zelo y amor Patriótico para que estos llevando la voz de toda su feligresía recayga el verdadero nombramiento en los seis sujetos que hallan de componer dicha Junta de Govierno, pues de este modo se evitará la confusión de todo un Pueblo a quien es dificultoso y dila-tadísimo el recibirle sus botos y que para su aprobacion se dirija a la Suprema Junta de la Capital la disposición de este Ayuntamiento para que llevándolo a bien se sirva dar la por bien creada y en su consequencia tenga toda la autori-dad que a las de esta Naturaleza se le concede y que para que lleven adelante todos estos vezinos aquel dulze entusiasmo de que ya han empezado a dar verda-deras muestras desde luego puedan usar libremente de la escarapela encarnada con el Viva de nuestro Augusto Soberano el Sr. D. Fernando Séptimo sin distin-ción de Personas, amonestándole la tranquilidad a todos a que no halla alboro-tos que entorpescan el gusto actual que tiene la Nación y que se observe la mayor tranquilidad para no experimenten los que causan los bullicios conspirándose todos al verdadero fin que nos anima como fieles y verdaderos Españoles y así lo acordaron[518].

En cualquier caso, la junta no llegó finalmente a constituirse. Como se re-cogía en el siguiente acta capitular[519], un conocimiento más exacto de la nor-mativa de la Suprema de Sevilla había llevado, por un lado, a reconsiderar los términos del anterior acuerdo, y, por otro, a reajustar la propia composición del ayuntamiento, al que se incorporaba nuevos miembros. Las presiones que pudieron llegar desde Sevilla para el seguimiento exacto de la orden podrían explicar aquel cambio de último momento, al igual también que las proba-bles divergencias que se pudiesen producir entre la larga lista de capitulares. Son escenarios, no obstante, difíciles de calibrar a la luz de una documenta-ción poco precisa. Por ejemplo, nada se recoge acerca de las distintas lecturas que pudieron darse en relación a la fórmula a desarrollar. De hecho, en aque-lla ocasión se abría el proceso a todos los vecinos de Huelva a partir de su adscripción por parroquias, mientras que la normativa de la Suprema de Sevi-lla resultaba más restrictiva, estableciendo exclusivamente la concurrencia de «Ayuntamiento, Clero y Prelados de las Religiones, Curas, Nobles y demás per-sonas que congregados estos estimen convenientes»[520].

El reajuste se hacía, por tanto, mediante la ampliación del número de ca-pitulares. Como finalmente no se constituía una junta y el ayuntamiento debía

---

518. *Ibidem*.

519. Con fecha nuevamente del 3 de junio. Con todo, como en él se apuntaba que se «pro-cedió en el día de ayer a celebrar la Junta que antecede», habría que considerar una posible errata a la hora de datar una u otra reunión. AMH, Actas Capitulares, leg. 26, fol. 411.

520. *Instrucción que la Junta Suprema de Gobierno... 1808*.

asumir la gestión de materias como la del alistamiento de su vecindario[521], se abría la puerta a la incorporación de cuatro individuos que hasta ahora no formaban parte del mismo para que actuasen como asesores en aquellas ocasiones en que tuviesen que abordarse esos asuntos:

> [...] considerando por otra parte que los individuos de que se compone el Ayuntamiento son Personas legas y que no podrán cumplir sus deveres con el acierto que desea desde luego nombraban y nombraron en calidad de acompañado para que juntamente con el Cavildo asistan a las Juntas que se hagan sobre la materia a los Señores D. Francisco Cabrera, Caballero de la Real Orden de Carlos Tercero, D. Pedro de Rioja y Murias, Abogado de los Reales Consejos, el Licenciado D. Thomás Díaz Blanco y D. Miguel de Vides, Presvítero Cura de las Parroquiales de esta villa, a los quales mandaron sus mercedes se les intime y ruegue concurran en los casos que se ofrescan para las determinaciones del Ayuntamiento[522].

Habría que esperar algunos días para la institucionalización de estos cambios, hasta tanto no se contase con el visto bueno de la Suprema de Sevilla. Esto es al menos lo que se desprende del acta correspondiente a la sesión del día 10 de junio[523], en la que se daba lectura a una orden del 7 de ese mes de la junta hispalense respecto a que «en vista de la representación de este Ayuntamiento» se decretaba que «sea este la Junta de que se componga esta villa, y que nombre los Diputados que tenga por combeniente para el desempeño de sus funciones». La nómina de los individuos que, gracias a su mayor capacitación, terminaban siendo designados para el auxilio del ayuntamiento en los casos señalados –«la defensa de la religión, de nuestro Augusto Soberano Don Fernando Séptimo y de la Patria»–, resultaba algo mayor de lo manifestado algunos días atrás:

> [...] siendo preciso por estas razones y otras que se omiten el nombrar seis Personas de provida, instrucsión e inteligencia, y entre ellos algunos Letrados, procedieron a dicho nombramiento para lo que nombraban a el Señor Don Francisco de Cabrera, Caballero de la Real y distinguida orden Española de Carlos Tercero, Don Diego Mª de Ureta del orden de Calatraba, Ayudante Militar de Marina de este distrito Naval, Don Josef Bazquez Santana y Don Miguel de Vides, ambos Curas de las Parroquiales de esta Villa, los Lizenciados Don Pedro de Rioja y Murias y Don Martin Barrera y Alvares, todos vezinos de esta dicha villa en lo que estubo conforme el Ayuntamiento[524].

---

521. Esta circunstancia quedaba indicada en el propio encabezamiento del segundo acta capitular del 3 de junio, cuyo texto de apertura aludía expresamente a ello: «Sobre Junta de Gobierno para alistamiento de los vezinos». AMH, Actas Capitulares, leg. 26, fol. 411.

522. *Ibidem*.

523. Acta encabezada con el siguiente texto: «Sobre nombrar individuos que se incorporen en la Junta para defensa de la Patria». AMH, Actas Capitulares, leg. 26, fols. 412-414.

524. *Ibidem*.

Estas incorporaciones no tendrían una presencia permanente en el cabildo, sino que respondían a necesidades puntuales vinculadas con las funciones de reclutamiento y movilización que ahora asumían. Los nuevos integrantes eran miembros de la élite local, representantes de tradicionales espacios de poder, vinculados al campo militar, civil o eclesiástico. Ahora bien, esos ingresos no se ajustaban al procedimiento tradicional y habitual con el que se accedía al ayuntamiento y no contaban además con la autorización expresa por parte de la casa ducal de Medina Sidonia, titular de la jurisdicción en aquella villa, salvo la del corregidor, su representante directo en ese cabildo. Jacinto de Mármol y Hurtado ocupaba ese cargo y haría constar en esa misma sesión que se conformaba con el nombramiento «siempre que los sujetos anteriores no sean en ninguna manera deudores a los fondos públicos», y que, en consecuencia, «resiste y protexta el nombramiento o elección de Diputados en personas deudoras a dichos fondos públicos sean de la clase que fueren y lo protextaba para usar de su derecho ante la Suprema Junta»[525].

En cierta manera, esa intervención del corregidor no podría desmarcarse de su posicionamiento y compromiso institucional. Aunque el señor jurisdiccional se viese perjudicado en sus intereses con este proceso, su representante en el cabildo tendría en cambio que dar una respuesta de perfil bajo impelido no solo por la urgencia y la excepcionalidad de la medida, sino también por los nuevos instrumentos de poder que la impulsaban. Pero en el fondo se evidenciaba una cierta indefinición e incertidumbre –incluso una pugna en el terreno jurisdiccional– a raíz de los acelerados cambios de los últimos días. Así quedaba constatado, al menos en parte, en algunas de las respuestas de los recién nombrados asesores. De hecho, cuando los abogados Martín Barrera y Pedro de Rioja tuvieron conocimiento del nombramiento, manifestaron su aceptación y estar «prontos a concurrir a todo lo que sea de utilidad de la Patria, defensa de la Religión y de nuestro Soberano Fernando Séptimo», aunque no sin antes mostrar su negativa a concurrir a las reuniones hasta tanto la Junta de Sevilla no «determine lo que sea de su agrado» para «no exponerse a un sonrrojo ni altercados con el señor corregidor y maiormente quando la Suprema Junta tiene mandado se eviten etiquetas y disgustos que puedan conspirar a retener el servicio»[526]. Finalmente, por orden firmada en el Real Alcázar de Sevilla el 10 de julio –y leída en la sesión del cabildo onubense del 18 del mismo mes–, la Junta Suprema notificaba la aprobación de cuanto había determinado el ayuntamiento respecto a la incorporación de asesores[527].

En líneas generales, no parece que el proceso de cambio al que se vio afectado el cabildo onubense en aquellos primeros días de junio de 1808 se

---

525. *Ibidem.*
526. Notificación unida al acta del 10 de junio. AMH, Actas Capitulares, leg. 26, fol. 414.
527. AMH, Actas Capitulares, leg. 26, fol. 417.

produjese sin objeciones o resistencias más o menos veladas. Aun así, se asistió por entonces no solo a la apertura de vías alternativas de gestión municipal, sino también a la modificación de la composición y el sistema de acceso al ayuntamiento, aunque sin abandonar ciertos cauces de control social ni determinados mecanismos de reafirmación elitista. En cualquier caso, pese a esas puntuales fisuras, el marco señorial se mostraría en conjunto muy consistente en esos primeros tiempos, de tal manera que continuaría articulando las relaciones comunitarias hasta, al menos, la llegada de los franceses a las tierras del suroeste, si bien no siempre desde una posición sosegada ni apacible.

4.2. La frontera como coartada. La Junta de Gobierno de Ayamonte y la reestructuración de la soberanía

La *Instrucción* del 29 de mayo de 1808 de la Junta de Sevilla también trajo consigo importantes cambios en la frontera del Guadiana. En Ayamonte llegaba a formarse una nueva institución de gobierno muy poco después. Como apuntaba uno de sus vocales, «desde la llegada a esta Ciudad de los Pliegos de la Suprema Junta de Sevilla en el principio de nuestra gloriosa insurrección se creó aquí Junta de Gobierno»[528]. Sin embargo, esto se haría sin ajustarse plenamente a los requisitos marcados desde Sevilla, ya que Ayamonte no contaba con la cifra de dos mil vecinos. En cualquier caso, esta circunstancia no se explicaría sin tomar en consideración que la Suprema de Sevilla, consciente de la importancia que tenía el resguardo de la franja occidental de Andalucía, se vería intimada a hacer una lectura amplia de su propia *Instrucción* y a dar carta de validez a la formación de esa junta de Ayamonte, precisamente para que prestase una especial atención a la defensa de la frontera. Así lo confirman tanto la situación vivida en la villa de Huelva –enclave más alejado de la línea fronteriza y que, tal como se ha visto en el apartado anterior, no se constituyó de manera independiente por no alcanzar el número de vecinos señalado–, como las manifestaciones hechas por la junta ayamontina con posterioridad, en las que venía a vincular, al menos de forma indirecta, los peligros y los apremios que ocasionaba la presencia de los franceses en el otro margen de la raya con el momento de su creación:

> Desde principio de Junio de 1808, días felices en que se manifestó la Gloriosa Revolución que arma la Nación, y cuando los Enemigos de la Europa ocupaban el frontero Portugal, teniendo en la orilla opuesta del Guadiana más de cincuenta piezas de cañón asestadas a esta Plaza, entonces a la vista del mismo

---

528. Escrito de fecha indeterminada, cuya autoría debió de corresponder a José Girón y Moctezuma. ARS, PF, archivo II, carpeta 4, doc. 32.

Francés se erige esta Junta por aclamación del Pueblo, enarbola el estandarte de la independencia, jura públicamente a su idolatrado Monarca, y se propone ser víctima de su lealtad y de su zelo[529].

Bajo esas difíciles circunstancias, la Junta de Gobierno de Ayamonte quedaba conformada por miembros muy destacados de su comunidad local, representantes de los distintos poderes de la ciudad: el gobernador militar Manuel Arnaiz actuaba como presidente; como vocales ejercían el alcalde mayor Juan Manuel de Moya, el presbítero Domingo Baias, el administrador principal de rentas unidas Tomás Lladosa, el teniente de navío José María Tagle y el coronel de milicias urbanas y caballero de la Orden de Santiago José Girón y Moctezuma; el oficial segundo de la administración de rentas reales y capitán de milicias urbanas Vidal de Páramo y Gutiérrez realizaba las funciones de tesorero interino; y finalmente el escribano Francisco Javier Granados hacía labores de secretario. En total quedaba integrada por ocho sujetos. Aunque la *Instrucción* establecía que la junta debía componerse de seis personas –el presidente y sus cinco vocales–, dejaba la puerta abierta a la designación de un sujeto de confianza para que se encargase del manejo de los fondos, bajo cuya prescripción se nombraba al tesorero interino. En cambio, no se recogía nada de forma expresa sobre la figura del secretario, si bien en este caso se incorporaba este cargo para que atendiese a las cuestiones de gestión y administración.

En momentos posteriores se asistiría a determinadas modificaciones de este cuadro inicial. La presidencia recaería de forma temporal en Manuel de Flores y Joaquín Raimundo de Leceta, ambos gobernadores interinos de la plaza, mientras que la secretaría estaría compartida desde el mes de diciembre de 1808 por el citado Francisco Javier Granados y el escribano Diego Bolaños Maldonado. Además, el traslado de Juan Manuel de Moya a la villa de Aracena en septiembre de ese mismo año propiciaría la entrada de José Barragán y Carballar, su sustituto en el cargo de alcalde mayor, aunque algún tiempo después se asistiría al abandono definitivo de este último como vocal[530].

En conjunto, podría caracterizarse a estos hombres como garantes de los principios y valores de las distintas jurisdicciones a las que se adscribían, tanto civil como militar y eclesiástica. Precisamente por ello, contaban con intereses

---

529. Misiva dirigida a la Junta Central en agosto de 1809 que contenía una relación de los servicios hasta entonces prestados por la Junta de Gobierno de Ayamonte. AHN. Estado, leg. 61-T, doc. 426.

530. Como no se ha conservado la documentación originaria de la junta, la reconstrucción se ha efectuado en buena medida atendiendo a la correspondencia que dicha institución mantuvo en momentos muy puntuales con la Junta Central. Esta carencia de documentación directa podría haber afectado, por ejemplo, al conocimiento acerca de los individuos que inicialmente formaban parte de ella, la secuencia de los cambios o sobre el orden de los que ocuparon la presidencia.

diversos e incluso enfrentados, de ahí que, una vez pasado el momento de euforia inicial, se abriese paso una etapa caracterizada por el desarrollo de tensiones internas.

Por otro lado, más allá del papel desempeñado por la Junta de Sevilla en el proceso de creación, no hay que perder de vista además que se puso en marcha un sistema restrictivo de representación que, sin embargo, no generó en apariencia ninguna resistencia dentro de su vecindario. Como se recogía en una certificación de la Junta de Ayamonte de octubre de 1808, en el momento en el que Juan Manuel de Moya, corregidor y alcalde mayor de aquella ciudad, recibió las órdenes de la «Suprema Junta del Reyno relatibas a la gloriosa Ynsurrección de toda la nación por la defensa de la Patria», congregó en las casas del ayuntamiento «al Pueblo, Estado eclesiástico secular y regular, estado Militar y Autoridades», en donde «habiéndosele reconocido y sometido a sus decisiones» se conformó la nueva institución[531].

En buena medida, la sociedad ayamontina en su conjunto debió de acoger con cierto entusiasmo la formación de este nuevo cuerpo de gobierno no solo como respuesta en el plano práctico a los problemas que suscitaba la presencia cercana del enemigo francés, sino también como marco de representación de la misma comunidad local. Precisamente, como ha planteado Richard Hocquellet, el término junta como sinónimo de asamblea fue acogido y asumido en las distintas ciudades que se levantaron precisamente porque, además de que era una solución pragmática ante el vacío de poder y la lucha contra los franceses, también era una manera de afirmar la representación de toda la comunidad que se reunía en la misma[532]. Por su parte, la propia referencia al término «pueblo»[533] que se hacía en el escrito más arriba citado de agosto de 1809[534] podría tener un sentido amplio e interpretarse no exclusivamente como parte de un discurso patriótico legitimador, sino además como descriptivo de una realidad general que, en todo caso, resultaba difícil desligar de la propia representación que de ella hacían por aquellas fechas sus mismos protagonistas.

En líneas generales, pues, cabría sostener que si, por un lado, la creación de la Junta de Gobierno de Ayamonte se mantuvo circunscrita dentro de los cauces elitistas tradicionales, por otro, la participación popular no quedó ajena a la misma, adoptando vías informales y alternativas de concurrencia[535]. De este doble juego de confluencia, formal e informal, se harían eco varios escritos

---

531. 14 de octubre de 1808. AHN, Estado, leg. 61-T, doc. 445.

532. Hocquellet 2008a: 162.

533. Interesantes reflexiones sobre esta cuestión en Hocquellet 2008a: 133 y ss. y 2011a: 159 y ss.; Aymes 2002.

534. AHN, Estado, leg. 61-T, doc. 426.

535. Una sugerente reflexión en torno a la movilización popular en Rújula 2011.

autobiográficos de oficiales británicos que habían pasado por Ayamonte hacia mediados del mes de junio de 1808. Estos testimonios subrayaban la afectuosa recepción que les brindaron tanto las élites locales como la población en general, animadas, como recordaba Charles Leslie, por el desembarco de los primeros ingleses desde el levantamiento antinapoleónico. Según reconocía, el recibimiento efectuado por todos sus habitantes contaría con claras muestras de entusiasmo y alegría, si bien las restantes demostraciones de regocijo se canalizaron a través de las élites de la localidad. Por una parte, el gobernador invitaría a una fiesta «a todos los oficiales» y mediaría para que se alojasen en las mejores casas. Y, por otra, los «oficiales españoles», tanto del ejército como de la armada, que también manifestaron efusivamente el afecto a los recién llegados, los fueron llevando de casa en casa y presentando a las «damas guapas del lugar», las cuales como muestra asimismo de su bienvenida y cordialidad cantaron canciones patrióticas e himnos militares[536]. Los recuerdos de los oficiales ingleses dejaban igualmente reflejados los dos planos en los que estos se movían: el espacio gubernativo cerrado para unos, el espacio público abierto para otros. Así lo expresaba el oficial del cuerpo de ingenieros George Landmann, que no solo narraba el recibimiento entusiasta y multitudinario que tuvo a su llegada o el cortejo numeroso con el que contó a la salida, sino que también refería cómo había sido agasajado en el ayuntamiento con una espléndida comida a la que concurrieron exclusivamente las autoridades y algunos de los habitantes de la ciudad, si bien este ágape fue seguido por muchas personas que se congregaron en la calle y que participaron activamente en las muestras de regocijo que se iniciaron desde el interior de la sala:

> Se había acordado que un falucho español viniera a buscarme a mi transporte al anochecer, y en el cual debería embarcarme y dirigirme a Ayamonte [...] donde fui recibido por una gran multitud dando muestras de alegría, lo cual daba a entender que mi llegada era esperada [...].
>
> Habiendo completado mi reconocimiento y recogido mucha información muy valiosa, fui conducido sobre la una al Ayuntamiento, donde se había preparado una espléndida comida, servida toda ella en plata. Según la costumbre española, se me colocó en la cabecera de la mesa para hacer los honores del banquete; unas cuarenta autoridades públicas, civiles, navales y militares, y algunos de los habitantes principales de Ayamonte se sentaron a mi izquierda y derecha.
>
> [...] Al proponer un brindis a la salud y restauración de *Fernando Séptimo* a los brazos de la nación española y de sus fieles vasallos, las más grandes aclamaciones rasgaron el aire, tanto en la sala como fuera en la calle, donde se habían reunido miles de personas y a las cuales se les había transmitido mi brindis. Durante cinco minutos, por lo menos, fue imposible para ninguna persona en la sala

---

536. Leslie 1887. Cit. por Santacara 2005: 22.

hacerse oír, debido al ensordecedor ruido de los cañonazos, tiros de mosquetes y pistolas, botellas rotas, y los gritos de '*Vivan los Ingleses*' […].

Pedí que se me dejara marchar, para que pudiera informar al comandante en jefe británico del resultado de mi visita. Fui seguido al embarcadero por casi toda la población de Ayamonte, o más bien, toda[537].

La articulación entre ambas esferas no debió de producirse, al menos necesariamente, de manera conflictiva, de la misma forma que buena parte de la población, siguiendo previsiblemente dinámicas e inercias del pasado, podría haber arropado la elevación de una institución de gobierno que, tanto en el proceso de creación como en el resultado del mismo, se había movido exclusivamente entre un sector restringido y privilegiado de la ciudad. En torno a un escenario público amplio y un espacio político reducido debió de moverse, por tanto, la Junta de Gobierno de Ayamonte, quien terminaría desempeñando funciones más allá del marco municipal del que había surgido.

4.2.1. En defensa del territorio: proyecciones más allá de lo local

La *Instrucción* de 29 de mayo de la Junta Suprema de Sevilla recogía en su articulado las dos principales funciones que debían desempeñar las nuevas instituciones. En primer lugar, el alistamiento y la formación de cuerpos armados tanto en el pueblo de creación como en los enclaves más próximos; tal como establecían el punto tercero, que obligaba a las juntas a alistar a los vecinos de entre 16 y 45 años, primero a los que se presentaran voluntarios y después al resto –designando igualmente «las personas honradas» que debían comandar las compañías que se formaran como capitanes, tenientes y subtenientes–, y los puntos cuarto y quinto, que las facultaban para organizar el mismo proceso de alistamiento en los pueblos vecinos[538]. En segundo lugar, la gestión de los gastos y la búsqueda de recursos económicos entre el vecindario, según se determinaba en el punto sexto, que establecía el nombramiento de una persona de confianza que atendiese a la distribución de los fondos; en el séptimo, que recogía la composición de los fondos a través de los oficios que debían pasarse a todos los cuerpos y personas hacendadas y de la subscripción de «todos los vecinos» para que aportasen las cantidades que «a cada uno dicte su zelo por el Rey, Patria» y las urgentes necesidades de la causa; y en el octavo, que fijaba la agregación de préstamos patrióticos con calidad de reintegro, para lo que se esperaba «del amor al bien público de todos los vecinos» con el fin de no recurrir a empréstitos forzados ni violentos,

---

537. Landmann 1854. Cit. por Santacara 2005: 20-21.
538. *Instrucción que la Junta Suprema de Gobierno... 1808.*

los cuales estaban por otro lado justificados atendiendo a la urgencia y necesidad del momento[539].

La Junta de Gobierno de Ayamonte dirigiría buena parte de su atención hacia estas cuestiones de intendencia militar y defensiva, si bien llegaba además a sobrepasar el campo inicialmente asignado por la normativa y se dotaba de una carga política de enorme significación a uno y otro lado de la raya. No se trató de una cuestión exclusiva de aquella institución en concreto, ya que, tal como ha planteado Antonio Moliner (2003: 233-234), además de dirigir y controlar la resistencia en sus propios espacios jurisdiccionales, las juntas también presentarían un matiz político al personificar el reparto del poder en sus territorios de actuación.

La nueva institución estaría presente en los procesos de alistamiento y recaudación de fondos efectuados en Ayamonte, en los que, entre otras cuestiones, actuaría como transmisor e intérprete de la normativa de la Junta Suprema de Sevilla[540]. También tendría cierta presencia en los procesos llevados a cabo en otros pueblos más o menos próximos a la desembocadura, como quedaba atestiguado documentalmente para los casos de Lepe[541] e Isla Cristina. A través de lo ocurrido en este último enclave pueden considerarse tanto la proyección como las limitaciones que presentaba a la hora de ejercer su autoridad en otras poblaciones del entorno. El ayuntamiento de Isla Cristina atendía al alistamiento trasladado por la Junta de Ayamonte en los primeros días de septiembre de 1808[542], aunque lo hacía, como recogía expresamente, «por no retardar el servicio de S. M. y de la Patria»[543], mientras que se negaba a reconocer en paralelo, amparándose en una resolución de la Junta Suprema de Sevilla de 7 de junio de 1808[544], la jurisdicción y competencia de la junta ayamontina sobre ese pueblo en la materia señalada:

> El alistamiento prevenido por el vando de la Suprema Junta del Reyno de 13 de Agosto último, que V.S.S. se sirvieron remitir a este Ayuntamiento con las demás órdenes y formularios que le acompañaban en nuebe del corriente; se halla

---

539. *Ibidem.*

540. Según quedaba constatado, por ejemplo, en un expediente sobre franquicia de derechos durante el acantonamiento de tropas. Documento firmado por el secretario Francisco Javier Granados, 8 de julio de 1808. AMA, Actas Capitules, leg. 23.

541. Sesión del ayuntamiento de Lepe de 12 de septiembre de 1808 y oficio del presidente de la Junta de Gobierno de Ayamonte de 16 de diciembre de 1808 dirigido a las autoridades de Lepe. AML, Expedientes de quintas, leg. 100.

542. 9 de septiembre de 1808. AMIC, Expedientes de quintas, leg. 439 (Expediente sobre alistamiento y quintas año 1808, fol. 1).

543. Auto de 22 de septiembre de 1808. AMIC, Expedientes de quintas, leg. 439 (Expediente sobre alistamiento y quintas año 1808, fols. 19-20).

544. AMIC, Expediente de quintas, leg. 439 (Expediente sobre alistamiento y quintas año 1808, fol. 20).

realizado desde el día 20 del mismo, de cuyo alistamiento dirijirá el propio Ayuntamiento el competente testimonio, o estado de su resultado a la citada Suprema Junta, de quien inmediatamente depende según la orden que acompaña. Si V. S. S. se hallan con alguna otra posterior a la que va copiada por la que este Ayuntamiento y Real Villa, separada de un todo de ese corregimiento, deva comprehenderse nuebamente en él, se servirán V. S. S. comunicarla; pues en otro caso, solo cumplirá las órdenes que vengan por el conducto de V. S. S. en el consepto puramente a que ellas se dirijen al mejor servicio del Rey y de la Patria, mas con la protexta de no atribuir a V. S. S. jurisdicción que no le competa, según que así lo previno este Ayuntamiento en su auto de cumplimiento fecha catorce del corriente que obra en el espediente de dicho alistamiento[545].

La extensión de la nueva estructuración institucional sobre un espacio amplio y afectado por realidades jurisdiccionales diferentes no iba a resultar sencilla ni ajena a toda fricción y resistencia. No tanto, como se observa en este caso, por la elevación de instrumentos de poder a escala superior, sino más bien por la reconfiguración producida entre las autoridades a escala más pequeña. En este contexto, la proyección de la Junta de Ayamonte fuera del marco concreto de la ciudad en la que había visto la luz sería interpretada desde Isla Cristina como una amenaza a la jurisdicción real en la que se circunscribía. Es decir, se identificaba el papel comarcal que asumía la nueva junta con la comarcalidad que definía a los tradicionales poderes señoriales del marquesado de Ayamonte. En buena medida, esta percepción quedaba potenciada además por el papel que en esa junta ejercía el alcalde mayor de la ciudad y corregidor en los pueblos adscritos a dicho territorio señorial.

De las posibles tensiones con los pueblos del marquesado también daba cuenta un escrito del ayuntamiento de Ayamonte enviado a la Junta Central en agosto de 1809, en plena disputa institucional, tal como veremos más adelante, entre el primero y la junta de gobierno erigida en la ciudad. No en vano, en él se apuntaba que «los Pueblos de su circunferencia pertenecientes al Marquesado de S. A. S. el Señor Presidente a la distancia de quatro leguas en contorno, han reconocido siempre privativamente a sus respectivas Justicias en los objetos de Alistamientos, Armamentos, Donativos y demás servicios que han hecho a la Patria en las presentes circunstancias»[546].

Menos problemático debió de resultar el reconocimiento de la nueva autoridad comarcal desde otros enclaves del entorno, particularmente por la intensa actividad que, según sus propios testimonios, llevó a cabo en defensa y auxilio del amplio espacio de la frontera. La Junta de Ayamonte no solo

---

545. Escrito enviado por el ayuntamiento de Isla Cristina a la Junta de Gobierno de Ayamonte con fecha de 27 de septiembre de 1808. AMIC, Expediente de quintas, leg. 439 (Expediente sobre alistamiento y quintas año 1808, fols. 21-22).

546. Ayamonte, 10 de agosto de 1809. AHN, Estado, leg. 61-T, doc. 423.

destacaba que el impulso otorgado a la movilización de los pueblos del Guadiana y la acertada dirección ejercida sobre estos habían permitido desmantelar los planes franceses sobre el paso a la orilla izquierda, sino que además
había encabezado «los repetidos alistamientos, la formación de un Batallón de
Milicias Urbanas y de varias Escuadras de Voluntarios honrrados», así como
atendido «el suministro de las tropas de su dicho cantón» y a «los prontos socorros de Partidas a los Castillos de Aroche, Paymogo, Puebla de Guzmán y
Sanlúcar de Guadiana, puntos todos amenazados por los Enemigos»[547].

La defensa de su propio territorio también comportó la actuación directa
en el flanco opuesto del río, llegando a montar algunas expediciones que pasaron el Guadiana con el fin tanto de expulsar a los franceses como de lograr
la movilización de los portugueses[548]. A esto habría que añadir la posición que
ocupaba respecto a los primeros levantamientos en el sur de Portugal. Como
se ha apuntado con anterioridad, las narraciones de los portugueses que en-
cabezaron la insurrección de algunos pueblos del Algarve hacían mención a
cómo, ante la imposibilidad de contar con el auxilio de los británicos apostados en la zona, se habían dirigido hacia la recién creada junta ayamontina y
habían logrado de esta el apoyo para sustentar el levantamiento, al igual que
también hacían referencia al empuje que había dado la Junta Suprema de Sevilla en esta misma dirección.

En líneas generales, pues, el protagonismo que alcanzaba la Junta de Gobierno de Ayamonte en la otra orilla del Guadiana llevaría a su reconocimiento
como interlocutor legítimo entre las autoridades de aquel país. Al igual que venía ocurriendo en el margen izquierdo del río, la junta ayamontina se encargaría de trasladar y ejecutar las disposiciones de las autoridades superiores hacia
el otro lado de la raya, lo que llevaría asimismo a que las propias autoridades
portuguesas otorgasen a la nueva institución de Ayamonte el papel de receptora
y mediadora de providencias y asuntos que afectaban a distintos pueblos de la
frontera. Así ocurrió, por ejemplo, con una queja trasladada desde Alcoutim el
29 de octubre de 1808 a raíz de las acciones llevadas a cabo por las autoridades
militares situadas en Sanlúcar de Guadiana contra los barcos portugueses que
navegaban por esa parte del río, o con una comunicación dirigida desde Faro el
6 de noviembre de ese mismo año en la que se le hacía partícipe del altercado
ocurrido en Castro Marim y donde habían participado varios españoles[549].

Esos testimonios inducen a sostener, por tanto, que la Junta de Gobierno
de Ayamonte había alcanzado entre las autoridades portuguesas un cierto
grado de consideración y reconocimiento institucional, llegando incluso a ser
identificada como un agente gubernativo capacitado para actuar en un marco

---

547. AHN, Estado, leg. 61-T, doc. 426.
548. AHN, Estado, leg. 61-T, docs. 426 y 445.
549. Estos casos han sido analizados en el capítulo 1, apartado 1.4.3.

comarcal compuesto por diferentes unidades de poder municipal. Otra cosa distinta sería determinar el grado de acción y de maniobra con los que contaba, más si tenemos en cuenta que se movió en un escenario muy complejo y que sus acciones debieron de estar condicionadas tanto por los poderes de base local –en sus distintas adscripciones jurisdiccionales– como por la superior Junta de Sevilla. La ampliación de sus atribuciones tanto en el plano defensivo como en el político supondría además la apertura de espacios de confrontación –cuya mayor resonancia se alcanzaría, según se desprende de la documentación conservada, en el marco de su pueblo de arraigo– que, en última instancia, vendría a condicionar su propia existencia institucional.

4.2.2. El difícil encaje institucional: fractura interna y conflictividad política

La creación de nuevos instrumentos de poder no se produciría sin coste alguno. La concordia institucional y la euforia de los momentos iniciales daría paso a un periodo más contenido en el que florecerían los conflictos. A los pocos meses de la creación de la Junta de Gobierno de Ayamonte comenzaban a detectarse ciertas tensiones que irían paulatinamente acrecentándose hasta mediados de 1809, momento en que se produciría su cese definitivo. Este proceso de aparente deterioro afectaría a las relaciones sostenidas con otras autoridades locales, pero también entre sus propios integrantes.

Como se ha comentado con anterioridad, la junta ayamontina estaba formada por ocho individuos, todos ellos de relevancia y reconocimiento dentro de la comunidad local, procedentes de distintas esferas jurisdiccionales –de carácter civil, militar y eclesiástica–, y, como tal, garantes de las mismas. Esta nueva autoridad contaba ya en origen, pues, con los ingredientes propicios para el desarrollo de conflictos internos, toda vez que la propia asignación de cargos había llevado incluso a la preeminencia de unos sobre otros. En esas circunstancias, el frágil equilibrio inicial comenzaba a resquebrajarse una vez pasados los primeros momentos de mayor urgencia y necesidad.

La presidencia de la nueva autoridad recaía desde un principio en la figura del gobernador de la plaza, un destino de carácter militar que implicaba una determinada movilidad geográfica y, por tanto, relevos en su titularidad. En este sentido, la Junta Suprema de Sevilla había manifestado el 24 de noviembre de 1808 –en respuesta a la consulta de la Junta de Ayamonte del 21 de ese mismo mes– que el corregidor sucesor debía ocupar la plaza de vocal que disfrutaba el anterior, mientras que la presidencia estaba anexa a la figura del gobernador, «sin que haya libertad para poder variar»[550]. En ambos casos, los

---

550. AHN, Estado, leg. 61-T, doc. 406.

cargos que ocupaban en la junta no estaban vinculados a personas concretas, sino que lo hacían en calidad de representantes de los poderes de procedencia.

El reemplazo regular de los cuadros directivos estaba sustentado en instrucciones de la superioridad, aunque estas no serían consideradas como firmes o definitivas. La creación de nuevos poderes superiores a diferentes escalas alentaría además algunos desajustes e imprecisiones que se extenderían también sobre las autoridades bajo su control. En este contexto habría que situar el nombramiento que hacía la Junta de Ayamonte a finales de enero de 1809 de un vicepresidente para que actuase interinamente como presidente en ausencia del titular, contraviniendo así lo estipulado por la autoridad de Sevilla en esta materia:

> Estando en sesión los señores Presidente y vocales de esta Junta de Gobierno por antemi el secretario dijeron que pudiendo ocurrir las circunstancias de que el señor Governador Presidente Propietario de esta Junta pueda por asuntos del Servicio ausentarse de esta Plaza o incidir en alguna enfermedad que le obste exercer la citada Presidencia, a efecto de que por ningún evento se retarde el dicho servicio ni padezca la más lebe demora. Acordaron nombrar y de hecho de unánime consentimiento nombraron por Vicepresidente de esta Junta para que en los dichos casos exerza interinamente la citada Presidencia a su vocal el Coronel don Josef Girón y Motezuma[551].

Este reajuste interno no vendría sino a alimentar futuras disputas entre sus miembros. La mudanza en la dirección militar de la plaza provocaría, lejos de los deseos de la propia junta, no solo los lógicos inconvenientes del cambio, sino el inicio de un arduo debate por la determinación de su presidencia. El entonces gobernador militar Manuel de Flores, una vez que se evidenciase su salida de Ayamonte en mayo de 1809, se negaría a acatar la decisión adoptada en enero en la que él mismo había participado y designaría como presidente de la junta a su sustituto en la dirección militar de ese enclave. En aquel momento argumentaba su falta de autonomía en esta materia mientras afirmaba que en la junta tenía libertad para dar su voto, pero que no disponía de «livertad ni facultad para despojar de esta al Sargento Mayor de la Plaza»[552].

En adelante se asistiría al incremento de la conflictividad interna por la ocupación de la presidencia entre, por un lado, los representantes de la gobernación militar de la plaza y, por otro, el resto de sus miembros, a cuyo frente se situaba el electo vicepresidente José Girón[553]. Una disputa en la que se estaba

---

551. Ayamonte, 29 de enero de 1809. AHN, Estado, leg. 61-T, doc. 393.

552. Oficio firmado por Manuel de Flores y dirigido a José Girón. Ayamonte, 23 de mayo de 1809. AHN, Estado, leg. 61-T, doc. 395.

553. De la importancia que había alcanzado la figura de José Girón y Moctezuma en la gestión interna de la junta antes incluso de su nombramiento como vicepresidente da cuenta el

dilucidando el nombre del representante institucional al que correspondía la presidencia, pero que tenía también un claro componente de signo municipal y jurisdiccional, en el sentido de que estaba en juego la procedencia de la persona que ocuparía dicho cargo, así como la defensa de su autonomía y el rechazo a la injerencia externa. De hecho, el gobernador militar pretendía designar como sustituto a un subordinado directo, garantizándose entonces no solo su poder sobre la junta, sino además la continua identificación de la presidencia con la gobernación militar, legitimando en tal caso su papel preponderante dentro de la misma. Por su parte, el resto de sus miembros intentaba hacer valer sus propias disposiciones, confirmando así la designación de un vicepresidente salido de sus mismas filas, y evitando por tanto la vinculación automática de cargos que hacía que la dirección recayera, bajo cualquier circunstancia, sobre el gobernador militar, una figura mutable y generalmente de procedencia foránea y extraña a la junta. Los escritos del vicepresidente José Girón, un destacado miembro de la comunidad local[554], se centrarían tanto en la censura individual del nuevo encargado de la gobernación de la plaza y en el ejemplo proporcionado por la autoridad superior de Sevilla, como en las repercusiones negativas que tendría para el prestigio de sus componentes que un advenedizo ocupase la presidencia:

> […] debo manifestar a V. I. que en las actuales circunstancias no me sería decoroso recahiga por ningún motivo en el mayor de la Plaza, así por su casi demencia conocida como por los malos resultados que V. S. ha visto de pérdida de papeles de su archivo y de extracción de otros que él mismo ha entregado hallándose en su poder. Que el mando de las armas recahiga en el expresado mayor, es preciso, pues así lo previene la ordenanza, pero la vice-Presidencia no, pues sería un agravio conocido a todos los vocales de la Junta el benir uno de fuera a Presidirnos, y si no sirva de exemplo lo mandado por la Junta Superior de Sevilla en la erección de ésta, y es que por sus operaciones se nivelen las nuestras: aquella jamás ha nombrado ninguno de fuera para que la Presida, y en las barias ausencias de su Serenísimo Señor Presidente, ha nombrado uno de sus vocales para el efecto; además de ser bien notorios los excesos cometidos por el citado Mayor siempre que en él ha recahído el mando[555].

---

hecho de que había acogido en su propia casa la celebración de buena parte de sus reuniones. ARS, PF, archivo II, carpeta 4, doc. 32.

554. José Girón Moctezuma y su mujer, Francisca de Paula Rivero, heredarían el mayorazgo fundado en Ayamonte por Manuel Rivero, un vínculo del que formaron parte un considerable número de edificios importantes, así como la práctica totalidad del patrimonio artístico de su fundador. Ocuparía además durante la guerra distintos cargos de distinción. Pleguezuelo 2005: 61, Moreno Alonso y Solesio 2009: 182.

555. Escrito dirigido al gobernador de la plaza. Ayamonte, 23 de mayo de 1809 (AHN, Estado, leg. 61-T, doc. 394). En otro enviado a la Junta Central decía no estar conforme con que viniese una «persona estraña» a presidirla. Ayamonte, 24 de mayo de 1809 (AHN, Estado, leg. 61-T, doc. 396).

Por las particularidades del cargo, la dirección de la Junta de Ayamonte había recaído provisionalmente, antes de la designación del cargo de vicepresidente, en Joaquín Raimundo de Leceta en calidad de gobernador interino de la plaza[556]. En aquel momento podrían haber surgido algunas discrepancias de carácter particular. Sin embargo, una vez nombrado el puesto de vicepresidente, la polémica se situaba en términos principalmente jurisdiccionales y territoriales. Por una parte, entre el gobernador, representante de la autoridad militar y empeñado en mantener anexo, bajo cualquier coyuntura y variación en la dirección castrense de la plaza, el cargo de presidente; y por otra, el resto de sus miembros, donde se inscribían militares, civiles y eclesiásticos, figuras no solo vinculadas desde un principio a la junta, sino también sujetas en buena medida al espacio municipal supeditado a la misma.

Los términos en los que las autoridades superiores resolvían este asunto resultaban muy esclarecedores. La Junta Central solicitaba a la de Sevilla un informe a mediados de junio de 1809[557]. La junta sevillana contestaba, modificando el criterio que había adoptado algunos meses atrás, que no solo le parecía justo que José Girón se mantuviese al frente de la Junta de Ayamonte por estar suficientemente acreditada su elección como vicepresidente, sino también porque no parecía adecuado poner a su cabeza a un individuo que no fuese miembro de la misma[558]. Algunos días después la Central resolvía que, en ausencia del gobernador, la junta ayamontina debía estar presidida por el vicepresidente que había sido nombrado por ella misma, y no por el sargento mayor «por no ser yndividuo del mismo cuerpo»[559].

Ahora bien, Joaquín Raimundo de Leceta, el gobernador interino de la plaza, se negaba inicialmente a acatar ese dictamen. En este caso argumentaba que, desde la creación de la junta, el pueblo había erigido por presidente al gobernador, habiéndolo sido en consecuencia todos los que venían sucediendo al primer propietario –incluso él mismo en dos ocasiones–, de ahí que no cupiese entonces desplazarlo al haberle pasado el oficio el gobernador saliente:

> Don Joaquín Raymundo de Leceta, Theniente Coronel de Infantería, Sargento Mayor y Governador Militar interino de esta Plaza, Presidente nato de sus Juntas de Govierno y de Sanidad [...] con el más profundo respeto hace presente: Que ha recivido la Real orden de V. M. fecha 30 de Junio último relativa a que por Representación que ha hecho el vocal de esta Junta Don Josef Girón y Motezuma, Vicepresidente que dice ser de la misma, le ha declarado V. M. la Presidencia en ausencia del Governador, y no el Mayor de la Plaza por no ser Yndividuo del mismo Cuerpo; sin perjuicio de obedecerla como corresponde debo hacer

---

556. AHN, Estado, leg. 61-T, doc. 405.
557. Sevilla, 14 de junio de 1809. AHN, Estado, leg. 61-T, doc. 397.
558. Real Alcázar de Sevilla, 15 de junio de 1809. AHN, Estado, leg. 61-T, doc. 398.
559. Sevilla, 30 de junio de 1809. AHN, Estado, leg. 61-T, doc. 399.

presente a V. M. que el Sargento Maior preside la referida Junta por hallarse exerciendo el Empleo de Governador interino por ausencia del Coronel Don Manuel de Florez, Gobernador interino de la misma, y por lo tanto al retirarse éste le pasó el oficio[560].

La actitud del gobernador interino llevaría a que los miembros de la Junta de Ayamonte expresasen su malestar ante la Central e informasen acerca de las irregularidades cometidas en los últimos tiempos por aquel. En concreto, por haber forzado a Francisco Javier Granados y Diego Bolaños, los secretarios de la junta, para que le diesen testimonios de algunas órdenes superiores que voluntariamente había extraído de su archivo sin contar con el consentimiento de ella. Además, «esa violencia acompañada de no leve ultraje» había movido a ambos secretarios a desistir de su encargo, «pues después de haver sacrificado sus tareas en beneficio de la Patria con singular esmero, temen comprometerse en lances ruidosos con el susodicho»[561]. En su respuesta, la Junta Central volvía a ratificar su orden de 30 de junio, declarando que en ausencia del gobernador la presidencia debía recaer sobre el cargo de vicepresidente, mientras que mostraba también su disgusto por la desobediencia de Joaquín Raimundo de Leceta, instándole por ello a que en el plazo de tres días se presentase ante el capitán general de la provincia «para la determinación que sea del Soberano agrado de S. M.»[562].

En cualquier caso, no sería esta la única disputa que se daría al interior de la Junta de Ayamonte, asistiéndose asimismo a otros desajustes en el que se mezclaban factores tanto internos como externos. La Junta de Gobierno de Ayamonte, como las restantes instituciones análogas que surgieron al amparo de la insurrección de mayo, se movería entre la acción política y la articulación de la lucha. Como nueva estructura de poder arrogada de amplias facultades, y en pleno proceso de consolidación institucional y expansión funcional, entraría en confrontación con otras autoridades tradicionales, principalmente por la defensa y la conservación de sus particulares espacios de gobierno.

En este contexto se explicaría el enfrentamiento surgido entre la Junta de Ayamonte y los miembros del ayuntamiento, una situación que, aunque venía de lejos, se agudizaría en los momentos previos a la disolución de la primera. La aplicación de la instrucción de la Junta Suprema de Sevilla en materia financiera había provocado algunos recelos entre ambas instituciones. La junta ayamontina enviaba un oficio al cabildo en septiembre de 1808 en el que manifestaba disponer de plena autoridad para exigir a las justicias sujetas a su mando, así como a los demás empleados y particulares, cuantos fondos

---

560. Ayamonte, 6 de julio de 1809. AHN, Estado, leg. 61-T, doc. 408.
561. Ayamonte, 7 de julio de 1809. AHN, Estado, leg. 61-T, doc. 410.
562. Sevilla, 14 y 24 de julio de 1809. AHN, Estado, leg. 61-T, docs. 416 y 419.

fuesen necesarios para atender a las urgencias del Estado. Es por ello que había visto «con escándalo las reconvenciones y aún amenazas» que le había hecho el ayuntamiento en «su oficio fecha de ayer, quando no deve ni le compete otra cosa que obedecer ciegamente quanto le mande ni más recurso ni advitrio que el dar parte a la superioridad de que depende para la inteligencia de la Providencia»[563]. Con todo, conforme se fuese superando el contenido de esa primera norma, el ambiente iría paulatinamente radicalizándose. Como consecuencia, en un primer momento se producía la salida del alcalde mayor, quien había venido ejerciendo como representante del cabildo en la junta desde su creación[564]. Y a continuación se solicitaba la supresión de la misma. En un escrito enviado a la Junta Central en julio de 1809, el ayuntamiento de Ayamonte mostraba su disgusto porque la junta de aquella ciudad se había arrogado una soberanía superior y unas funciones ajenas a su mando:

> El Alcalde Mayor, Ordinarios y Síndico General de la ciudad de Ayamonte, a V. M. con todo respeto esponen que, aunque las Ordenes comunicadas en un principio por la Junta Superior de Sevilla para la creación de las de Gobierno en los Pueblos de la Provincia que tuviesen el vecindario y qualidades que señalaban no las estimaron aplicables al de esta Ciudad por el corto número de vecinos, no obstante, se conformaron con su establecimiento atendidas las circunstancias de hallarse en aquella época el Enemigo común en los Pueblos fronteros de Portugal, y porque jamás creyeron estas Justicias que aquella se diese una estención tan ilimitada a su objeto, atribuyéndose una jurisdicción absoluta y superior, que por ella quisiesen anonadar, estrechar, y aun estinguir si le fuera posible todas las demás, y especialmente la Real Ordinaria que los exponentes exercen[565].

El ayuntamiento denunciaba entonces el fraude de ley que supuso la instalación de la junta, y ello a pesar de reconocer su indulgencia y relajación respecto a lo estipulado por la *Instrucción* de finales de mayo de 1808 en cuanto

---

563. Oficio firmado por Manuel Arnaiz del 12 de septiembre de 1808. Copia certificada por Francisco Javier Granados con fecha de 12 de julio de 1809. AHN, Estado, leg. 61-T, doc. 415.

564. Los documentos de la junta fechados en enero de 1809 todavía contaban con la firma del alcalde mayor (AHN, Estado, leg. 61-T, docs. 393 y 435). Sin embargo, los escritos del cabildo de julio de 1809 que pedían la anulación de la junta estarían encabezados por dicho alcalde mayor, con lo que cabría pensar que ya por aquella fecha había abandonado su puesto en la citada institución. José Barragán y Carballar firmaba un documento con fecha de 10 de agosto que empezaba de la siguiente manera: «El Alcalde Mayor de la Ciudad de Ayamonte, vocal que fue de su Junta de Gobierno» (AHN, Estado, leg. 61-T, doc. 421).

565. El escrito, con fecha de 13 de julio de 1809, estaba rubricado por los siguientes miembros del cabildo: José Barragán y Carballar como alcalde mayor, Romualdo Bezares y José Alonso Barroso como alcaldes de primer y segundo voto respectivamente, y Plácido Matamoros como síndico procurador general. AHN, Estado, leg. 61-T, doc. 413.

al número de vecinos. En todo caso, lo realmente censurable se encontraba en su proceder, tanto hacia la causa pública en general –por cuanto creía que las justicias estaban sujetas indistintamente a su mando y les oficiaba de modo impropio e inadecuado, entorpeciendo con ello las funciones de las demás jurisdicciones en perjuicio de los asuntos públicos y de la recta administración de justicia–, como hacia los vecinos de Ayamonte en particular –por el aumento del número de jueces y el entorpecimiento en el servicio que ello comportaba–, circunstancias que en última instancia impulsarían la solicitud de cese remitida a la superioridad:

> De todo presindirían los exponentes si no tocaran por la esperiencia otro mayor y más grave mal, qual es el de que especialmente los trecientos poco más vecinos del fuero Real se hallen vejados y molestados por ocho Jueses, los tres natos Reales Ordinarios y los sinco Vocales de que se componen la Junta, de modo que con la multitud de mandactos se ven aquellos implicados y el servicio entorpecido, en términos que jamás puede éste verificarse con la puntualidad y firmesa que se deve; así es que las Justicias no pueden menos que solicitar ante V. M. la sinplificación de tantos Jueses, como origen de la efectiva y esencial ruina de los súbditos [...]. Suplican a V. M. se digne espedir la correspondiente Real Orden por la que se declare haver sesado en sus funciones la Junta de Gobierno de esta Ciudad, puesto que sesaron dichas circunstancias, igualmente que su vecindario no fue ni lo es suceptible de la referida Junta, y también porque en su erección se procedió contra expresa disposición de Ley[566].

Esta competencia no resultaba exclusiva de esta última época, sino que ya había provocado, según reconocía el propio cabildo, muchos requerimientos y recursos desde el mismo nacimiento de la junta[567]. Sin embargo, pese a la prolijidad de pleitos entre ambas instituciones, no parece que el ayuntamiento instase en términos de supresión con anterioridad a julio de 1809. Según los datos disponibles, no lo haría hasta esa fecha, pocos días antes de la aparición de una ordenanza que establecía el cese de aquellas juntas que no fuesen superiores o de partido[568]. El clima resultaba propicio, pues, para que el cabildo alcanzase sus aspiraciones, aunque no como resultado de sus denuncias sobre la actividad fraudulenta de la junta ayamontina, sino por el efecto de una normativa de carácter general que debía aplicarse al conjunto de juntas municipales.

---

566. AHN. Estado, leg. 61-T, doc. 413.

567. *Ibidem.*

568. En un escrito enviado por la Junta de Gobierno de Ayamonte a la Central refería habérsele comunicado por el capitán general de la provincia, con fecha 4 de agosto, la real resolución del 31 de julio por la que se declaraba la supresión «de todas las Juntas que no sean Superiores o de Partido». Ayamonte, 11 de agosto de 1809. AHN, Estado, leg. 61-T, doc. 426.

En cualquier caso, el litigio entre ambas instituciones no se resolvería de manera inmediata, tan solo variaba el tono de sus argumentaciones. Durante algún tiempo más continuaría el enfrentamiento entre una junta que se resistía a su eliminación y un ayuntamiento que pretendía su supresión con carácter definitivo. Como la orden de 31 de julio hacía referencia a la naturaleza que cabía otorgar a la junta y establecía como criterio para su mantenimiento el que contase con un campo de acción jurisdiccional de alcance al menos comarcal, los escritos del cabildo posteriores a esa fecha subrayaban no tanto la usurpación de funciones llevada a cabo por la Junta de Gobierno de Ayamonte, sino su consideración gubernativa y la trascendencia exclusivamente municipal de sus operaciones. Según decía, aparte de que los pueblos del marquesado habían reconocido siempre a sus respectivos cabildos privativamente en los casos de alistamiento, armamento, donativos y demás servicios que habían hecho desde el inicio de la guerra, la única prerrogativa que se le atribuyó en los primeros días de la insurrección fue la de que se denominase junta de cantón, con referencia a las tropas acantonadas en los márgenes del Guadiana. Sin embargo, una vez perdida dicha distinción con la retirada de las citadas tropas, quedó reducida puramente a junta de gobierno de la ciudad de Ayamonte, sin que antes ni después hubiese sido considerada de partido[569]. Por su parte, la junta, aunque reconocía haber dado cumplimiento a la orden de finales de julio, solicitaba no obstante su rehabilitación. Para ello se amparaba, entre otras cuestiones, en las imprecisiones de la superioridad en materia reglamentaria –por cuanto el propio capitán general había remitido la referida disposición previniéndole que fuese comunicada «a todos los Pueblos de que éste es Cavesa, sin incluirle»[570]–, en los propios méritos y sacrificios que había contraído desde su instalación, y en la trascendencia y proyección comarcal que tenía su localidad de origen, pues refería ser cabeza de cantón, capital de la provincia de su nombre por el ramo marítimo y de su marquesado bajo la casa de Astorga[571].

Finalmente, superados los primeros momentos de cierto desconcierto e indeterminación, la Junta Central confirmaba en septiembre la supresión de la Junta de Gobierno de Ayamonte, a la vez que reconocía el alcance de sus servicios y agradecía la rectitud demostrada en el desempeño de sus funciones:

> La Junta Suprema Gubernativa del Reyno, enterada de la representación dirigida por esa Junta de Gobierno sobre deber subsistir sin embargo de la Real

---

569. Ayamonte, 10 de agosto de 1809. AHN, Estado, leg. 61-T, doc. 423.

570. Ayamonte, 11 de agosto de 1809. AHN, Estado, leg. 61-T, doc. 426. De hecho, varios días atrás el vicepresidente José Girón había trasladado a la «Junta o Ayuntamiento de la Puebla de Guzmán» el contenido de la orden de 31 de julio, «para su cumplimiento en la parte que les toca»; Ayamonte, 8 de agosto de 1809. AMPG, Reales Órdenes, leg. 47.

571. AHN, Estado, leg. 61-T, doc. 426.

orden de 31 de Julio último, se ha servido acordar que se quede lo resuelto en ella y quede disuelto ese cuerpo, declarando al mismo tiempo que han sido muy aceptos a S. M. los servicios que la Junta de Ayamonte ha hecho al Estado en las presentes circunstancias, y mandando que se den a la Junta como lo hago por medio de V. S. las más expresivas gracias por su zelo y patriotismo[572].

Con esta nueva disposición se daba por finalizado un conflicto de largo recorrido, dejando así el terreno libre para que el ayuntamiento recuperase su protagonismo y ocupase sin interferencias sus específicas parcelas de gobierno. Y lo haría como resultado de un proceso de redefinición y reajuste institucional a escala general. Ahora bien, en la aplicación concreta de la norma podría haber jugado un papel destacado la realidad en la que entonces se encontraba la desembocadura del Guadiana. Así, si inicialmente la cercanía del enemigo francés en el vecino Portugal había conducido a una lectura amplia de la instrucción que daba origen a las nuevas entidades municipales e impulsado la creación de la junta en una población como Ayamonte que no cumplía los requisitos establecidos, en cambio, con la desaparición de ese peligro tras los levantamientos del Algarve, ya no sería especialmente necesaria su existencia, con lo que finalmente se llevaría a cabo una lectura restrictiva de la orden de 31 de julio y se decretaba su disolución. En consecuencia, su posición estratégica y las circunstancias concretas de la guerra en la desembocadura habrían condicionado, aunque de forma un tanto indirecta, la estructura institucional de Ayamonte, así como la existencia y la duración de su junta de gobierno.

La labor desarrollada por la junta ayamontina en el difícil contexto de la frontera explicaría no solo la concesión de honores por parte de las autoridades superiores durante el tiempo de su mandato –como el uso de la banda celeste «para pública manifestación de su zelo»[573]–, sino también el reconocimiento posterior del que fueron objeto sus integrantes. En este sentido, y en respuesta a la solicitud de sus antiguos componentes[574], la Junta Central concedía, previo informe favorable de la Junta de Sevilla –que reconocía «los grandes y señalados servicios con que la expresada ha contribuido a la santa causa de nuestra livertad e independencia»[575]–, la distinción de seguir usando la banda celeste que habían llevado por insignia durante su mando:

En atención al zelo con que la Junta extinguida de esa Ciudad ha desempeñado las funciones de su instituto, a sus particulares servicios y al patriotismo que

---

572. Documento dirigido a José Girón. Sevilla, 14 de septiembre de 1809. AHN, Estado, leg. 61-T, doc. 427.

573. AHN, Estado, leg. 61-T, doc. 426.

574. Ayamonte, 17 de septiembre de 1809. AHN, Estado, leg. 61-T, doc. 428.

575. Alcázar de Sevilla, 10 de octubre de 1809. AHN, Estado, leg. 61-T, doc. 431.

ha manifestado desde el principio de nuestra gloriosa sublevación, se ha signado la Junta Suprema Gubernativa del Reyno conceder a nombre del Rey nuestro Señor don Fernando VII a V. S. y demás vocales de la citada Junta suprimida el permiso de seguir usando de la banda celeste que han llevado por insignia todo el tiempo de su duración, según han solicitado, en señal de lo apreciables que han sido a S. M. los méritos que han contraído[576].

Este distintivo honorífico tendría un indudable valor para las personas a las que se les había concedido, pues resaltaba su protagonismo en la vida municipal posterior a la disolución de la junta y garantizaba, en cierta forma, su posición privilegiada dentro de la comunidad. Sin embargo, la condecoración fue otorgada expresamente al presidente y a los vocales, pero no así a aquellos miembros encargados de la administración[577], circunstancia que propiciaría algunas solicitudes por parte de ellos para acabar con una situación que consideraban agraviante y discriminatoria[578]. En concreto, tanto los secretarios Francisco Javier Granados y Diego Bolaños Maldonado como el tesorero interino Vidal de Páramo y Gutiérrez[579] requerirían del uso de dicha distinción amparándose en los antecedentes, ya que hasta el momento de la extinción habían usado de la banda celeste sin diferencia de los demás[580]. Finalmente, aunque poco después obtenían ese derecho[581], se establecían ciertas limitaciones en su utilización para marcar la diferencia entre unos y otros miembros, ya que debían usarla debajo del frac o casaca mientras que el resto la llevaría encima[582].

En definitiva, las disputas tanto a nivel interno como externo en las que se vio envuelta la Junta de Gobierno de Ayamonte no pasaron factura a sus

---

576. Sevilla, 26 de octubre de 1809. AHN, Estado, leg. 61-T, doc. 432.

577. De José Girón a Francisco Javier Granados. Ayamonte, 2 de noviembre de 1809. AHN, Estado, leg. 61-T, doc. 439.

578. El caso de Juan Manuel de Moya resultaba algo diferente. Nombrado vocal en los orígenes de la junta, había abandonado aquel puesto algún tiempo después por haberse trasladado a la villa de Aracena para ejercer como alcalde mayor. El 24 de noviembre de 1809 solicitaba la concesión otorgada al resto de vocales, obteniendo el derecho de uso el 12 de diciembre de ese mismo año. AHN, Estado, leg. 61-T, docs. 447 y 449.

579. Granados dirigió un oficio a la Junta Central con fecha de 2 de noviembre, Bolaños el 19 de noviembre y Páramo el 24 de noviembre de 1809. AHN, Estado, leg. 61-T, docs. 433, 451 y 442.

580. Francisco Javier Granados manifestaba además que la junta le había considerado siempre como un miembro integrante e inseparable de ella. Ayamonte, 3 de noviembre de 1809. AHN, Estado, leg. 61-T, doc. 437.

581. A Francisco Javier Granados se le notificaba con fecha de 14 de noviembre, y a Diego Bolaños Maldonado de 12 de diciembre (AHN, Estado, leg. 61-T, docs. 436 y 453). Sin embargo, no hay constancia de que a Vidal de Páramo se le otorgase también la referida distinción.

582. De la Junta Central a José Girón. Sevilla, 28 de diciembre de 1809. AHN, Estado, leg. 61-T, doc. 457.

miembros, al menos de forma drástica. De hecho, incluso fueron condecorados por sus quehaceres, alargando en cierta manera la preeminencia pública de estos sujetos sobre la comunidad local, si bien bajo un nuevo escenario institucional en el que había desaparecido la primera junta y surgido nuevos poderes en la desembocadura –la Junta Suprema de Sevilla, primero, y la Junta Patriótica de Ayamonte, después–, que venían a contribuir activamente a la articulación de la resistencia durante el tiempo en el que los franceses volvieron a moverse por la frontera.

Capítulo 5
LA PERIFERIA COMO CENTRO DE PODER. LA JUNTA SUPREMA DE SEVILLA EN LA DESEMBOCADURA DEL GUADIANA (1810-1811)

La creación de la Junta de Sevilla, intitulada Suprema de España e Indias, tuvo lugar el 27 de mayo de 1808, destacándose como una de las más activas en los primeros tiempos de la guerra. Sin embargo, una vez que se formaba en Aranjuez la Junta Central Suprema Gubernativa del Reino a finales de septiembre de 1808, y particularmente con su llegada a la ciudad hispalense en diciembre de aquel mismo año, comenzaba un nuevo tiempo para la Suprema de Sevilla. Como ha señalado Manuel Moreno Alonso, con el «gobierno supremo de la nación» en Sevilla, esta ciudad terminaba convirtiéndose en la capital de la España libre. En este contexto, conforme la Central se hacía con los resortes del poder, se entablaba entre ambas instituciones una «lucha a muerte». En ella, si bien durante 1809 la balanza recayó sobre la Central, cuando esta salió de la ciudad hispalense en dirección a Cádiz en enero de 1810, la Junta de Sevilla «tomó la revancha y de nuevo, aunque con los días contados, recobró sus humos», aunque se trataba ya por entonces de «otra Junta que tenía que ver muy poco con la anterior»[583].

En fin, la entrada de los franceses en Andalucía propiciaba un nuevo reajuste del cuadro institucional. El 24 de enero de 1810, tras producirse nuevos disturbios en Sevilla, se reinstalaba la Junta Suprema sevillana[584], aunque más mermada en autoridad que la primera de 1808, particularmente por la existencia de otras instituciones identificadas con el poder central y que se habían

---

583. Moreno Alonso 2001: 283.
584. En la documentación utilizada, esta junta quedaba definida y caracterizada bien como Suprema o bien como Superior. El empleo que se hacía de ambas denominaciones a partir de 1810, en un escenario en el que las jerarquías institucionales aparecían bien establecidas y definidas, podría explicarse por variadas circunstancias. En todo caso, hay una cuestión que llama especialmente la atención: los miembros de la junta y los sujetos de otros cuerpos que actuaban en combinación con ella en las tierras del suroeste utilizaban generalmente el término Suprema; las autoridades situadas en Cádiz solían referirse a esta junta bajo la calificación de Superior.

dirigido hacia Cádiz. Esta nueva Junta Suprema de Sevilla sería la que pasaba a Ayamonte y se erigiría en una pieza clave de la resistencia, no solo para el escenario fronterizo en el que entonces se situaba, sino también para la misma ciudad de Cádiz por su destacada contribución a la hora de paliar los efectos del sitio francés.

5.1. LA OCUPACIÓN FRANCESA Y EL PROTAGONISMO DE AYAMONTE: LA REVITALIZACIÓN DE LA FRONTERA

Una vez reinstaurada, la Junta Suprema de Sevilla se vio obligada a abandonar la ciudad hispalense por la llegada de los franceses. Como ella misma reconocía en el primer número de la *Gazeta de Ayamonte* algún tiempo después, «acordó su retirada señalando por punto de reunión a esta Ciudad de Ayamonte, como más a propósito para los fines interesantes que desde entonces se propuso», emprendiendo a continuación una marcha «costosa, difícil y arriesgada»[585]. Entre los motivos que llevaron a su nueva ubicación cabría considerar cuestiones de oportunidad defensiva o de carácter territorial y jurisdiccional, pero también relacionadas con la propia dirección que había tomado la Junta Central a su salida de Sevilla. No en vano, podría también haber elegido esta zona como síntoma de independencia y para garantizar su funcionamiento después de los meses anteriores en los que, precisamente por compartir el mismo espacio con la Central, se había visto abocada a su práctica desaparición. Así, pese a las dificultades con las que se encontró en los primeros tiempos de su estancia en Ayamonte, optó por mantenerse en este punto, y eso que el Consejo de Regencia le había comunicado desde la Isla de León en febrero de 1810 que «si las vicisitudes de la guerra le obligan a buscar un refugio», podía dirigirse hacia aquel enclave, «donde hallará toda la acogida a que se ha hecho acreedora esa Junta»[586].

La posición fronteriza jugaría, con todo, un papel determinante en aquella elección. El Guadiana y las tierras de un Portugal entonces aliado ofrecían la oportunidad a la Suprema de Sevilla de continuar ejerciendo sus funciones incluso en los momentos en los que las tropas francesas llegaban hasta la misma orilla izquierda del Guadiana. Las nuevas necesidades de la guerra obligaban a dirigir la mirada hacia una zona sobre la que la Junta de Sevilla siempre había mostrado un especial interés, particularmente en los primeros tiempos de la lucha, en los que había amparado el movimiento insurrecto a uno y otro lado de la raya.

---

585. *Gazeta de Ayamonte*, núm. 1 (18/07/1810), pp. 3-4.
586. 19 de febrero de 1810. Cit. en Moreno Alonso 2001: 336.

Ya desde su nueva ubicación, la junta firmaba una proclama el 12 de febrero de 1810 dirigida a los pueblos del Condado y la serranía de Andévalo en la que se hacía referencia a su decisión de «retirarse a qualquier parage desocupado desde donde pudiese obrar y activar providencias para continuar la Guerra que nos ha de salvar», de ahí que, «con estos sentimientos», se hubiese «reunido en esta Ciudad de Ayamonte a costa de muchos riesgos y peligros», lugar desde el que «se desvela sin perdonar incomodidad alguna para conseguir la felicidad común que apetecemos»[587]. Al siguiente día enviaba un escrito a la autoridad de Cádiz en el que comentaba las circunstancias de su salida de Sevilla y su instalación en Ayamonte, la legitimidad de su formación y la representatividad provincial de sus acciones de gobierno:

> Luego que los Enemigos iban a ocupar la Ciudad de Sevilla Capital de Andalucía, la Junta de Gobierno establecida en ella, y con autoridad Soberana a que la elevó el Pueblo en la resolución del día 24 de Enero, tubo por necesario huir para trasladar la representación de la Provincia adonde pudiera ser útil a la Nación y a V. M.: Con efecto se han reunido en esta Ciudad[588].

De igual modo, manifestaba que se encontraba satisfecha por la reciente formación de un «Consejo de Regencia que gobierna en España e Indias a nombre de nuestro Rey y Señor Don Fernando VII», cuya noticia, a través de una «proclama manuscrita», había difundido por Ayamonte y otros puntos del entorno, «bien ciertos de la complacencia con que será recibido en toda la Nación un Gobierno que tanto deseaba»[589].

En definitiva, en apenas diez días la Junta Suprema, después de un aparatoso viaje, comenzaba a actuar desde su nuevo lugar de residencia. Su actuación recibiría el respaldo del Consejo de Regencia, que respondió al escrito del 13 de febrero con un oficio en el que aprobada en todo la conducta de la junta, desde su instalación en Ayamonte hasta las primeras medidas tomadas para reorganizar el ejército y evitar que los franceses arrasaran los pueblos de la Sierra y el Condado, así como el reconocimiento y la publicación que prematuramente había hecho sobre la creación de la Regencia incluso «antes de haberlo sabido de oficio»[590]. A partir de este momento comenzaba una etapa de al menos catorce meses en la que la Junta Suprema de Sevilla desarrollaba desde

---

587. Proclama publicada algún tiempo después en el segundo número de la *Gazeta de Ayamonte* (25/07/1810), pp. 1-2.

588. Publicada meses después en la *Gazeta de Ayamonte* bajo el siguiente encabezamiento: «Representación que hizo la Junta de Sevilla al Supremo Consejo de Regencia de España e Indias habiendo recibido noticia de su instalación en el día 12 de Febrero», *Gazeta de Ayamonte*, núm. 2 (25/07/1810), p. 3.

589. *Ibidem*, p. 4.

590. Isla de León, 15 de febrero de 1810. Cit. en Moreno Alonso 2001: 336.

Ayamonte un papel clave en la defensa no solo de la franja más occidental de Andalucía, sino, por extensión, de la propia área de Cádiz.

En el escrito que enviaba a la Junta Central el 13 de febrero de 1810 también se hacía referencia a sus miembros, todos llegados desde Sevilla. Como había sido desde su creación, su cuadro respondía al marco representativo que era propio de la antigua administración: Juan Fernando de Aguirre, oidor, actuaba como representante de la Audiencia territorial; José Morales Gallego, abogado, síndico personero por el ayuntamiento de Sevilla[591]; Víctor Soret por el comercio; el canónigo Francisco Javier Cienfuegos por el cabildo eclesiástico[592]; y José María García Carrillo como secretario. Además, en un pueblo inmediato se encontraba el deán Fabián de Miranda, representante también de la santa iglesia catedral por el cabildo eclesiástico, mientras que el marqués de Grañina, también en Ayamonte, representante de la nobleza, se encontraba enfermo[593].

El esquema de la representación de la antigua administración –y, con ella, del clero, la nobleza, la ciudad, la milicia, los cabildos de jurado y del común y el ejército– no quedaba entonces completo, a diferencia de lo ocurrido al inicio de la guerra. Esta circunstancia llevaría en sus primeros momentos a una cierta confusión e incluso replanteamiento acerca de su naturaleza institucional. Así, por ejemplo, hacia mediados de marzo de 1810 tenemos noticias de la extrema dificultad en la que se encontraba la junta porque solo contaba entonces con dos vocales, ya que en una de las retiradas precipitadas desde Ayamonte a Portugal había desaparecido Juan de Aguirre y no se había vuelto a saber de él. Esto llevaría a que los vocales José Morales Gallego y Francisco Cienfuegos enviasen un escrito desde Vila Real de Santo António al Consejo de Regencia para que determinara si debía hacerse algún cambio o qué título había que emplear hasta que pudiera aumentarse su número, bien recuperando su salud el marqués de Grañina, o bien mediante la asistencia de algunos de los que emigraron de Sevilla pero estaban refugiados en otras poblaciones, «pues los que existen al frente, no se atreven a cargar sobre sí tamañas responsabilidades, ni separarse un punto de las intenciones de V. M.»[594]. El Consejo de Regencia fue

---

591. Intentó paliar los perjuicios que su salida precipitada de Sevilla podía traer sobre sus intereses mediante el otorgamiento de un poder, efectuado en el mes de marzo, en la persona de Juan Domínguez Vázquez, presbítero y vecino de Sevilla, para «que cuidase y administrase todos sus bienes, rentas y posesiones» localizados en la referida ciudad. APNA, Escribanía de Francisco Javier Granados, Ayamonte, leg. 323, año 1810, fols. 24-25.

592. Atendió desde Ayamonte a algún asunto que tenía pendiente en Sevilla mediante el otorgamiento de un poder. En el mes de marzo firmaba una escritura a favor de Manuel Duarte para llevar a cabo la venta de una casa que poseía en la ciudad hispalense. APNA, Escribanía de Francisco Javier Granados, Ayamonte, leg. 323, año 1810, fols. 47-48.

593. Moreno Alonso 2001: 335.

594. Vila Real de Santo António, 11 de marzo de 1810. José María Carrillo aparecía como secretario. *Gazeta de Ayamonte*, núm. 5 (15/08/1810), p. 2.

claro en este punto, señalando que aunque no quedase «más que un vocal», este debía representar a «la Junta de Sevilla como si estuvieran unidos los demás vocales»[595].

Con posterioridad se incorporarían nuevos integrantes. Un escrito de la junta de abril de 1810 estaba firmado por José Morales Gallego, Francisco Javier Cienfuegos y Pedro Rodríguez de la Buria[596]. Este último había llegado a Ayamonte con intención de seguir a Cádiz, pero la Regencia le ordenó que permaneciera allí, colaborando con la junta durante su presencia en la ciudad fronteriza. Algún tiempo más tarde, además de recoger esa circunstancia y dejar constancia que recibió «la orden de permanecer cerca de la Junta superior, para auxiliarla, y dirigir el ramo militar del Condado de Niebla», se había quedado allí «catorce meses» y asistido «a sus Sesiones con aquella asiduidad» que le animaba «la buena causa que defendemos»[597]. De igual modo, también consta la incorporación de Juan Antonio Ramírez y Cárdenas[598], que Manuel Moreno Alonso identifica como uno de los tres oficiales con que contaba la junta además de José María García Carrillo[599].

Estos añadidos procedían del tejido social de la ciudad hispalense, si bien la junta no podría gestionar su amplio campo de actuación sin la asistencia de otros agentes que no formaban parte del mismo. Por ejemplo, en una escritura pública de 26 agosto de 1812 se recogía una información a instancia de Francisco Granados, escribano que fue del ayuntamiento de Ayamonte, sobre su actuación desde el inicio de la guerra y entre cuyos testimonios se encontraba una carta de Francisco Xavier de Cienfuegos sobre la conducta de dicho escribano en la que se indicaba que «mientras la Junta Superior de Sevilla residió en esa ciudad, el citado escribano mayor despachó baxo las órdenes y a satisfacción de la misma varios negocios»[600].

La merma en el número de integrantes o la necesidad de abandonar apresuradamente la plaza de Ayamonte en aquellas ocasiones en las que se acercaban los enemigos no hacen sino mostrar las difíciles y siempre frágiles circunstancias en las que tuvo que moverse la Junta Suprema desde su retirada de Sevilla. Ahora bien, lo que en otros emplazamientos hubiese provocado la salida definitiva y, presumiblemente, la dispersión de sus miembros y enseres, con los riesgos que todo ello ocasionaba para su propia existencia, en el caso

---

595. Isla de León, 16 de marzo de 1810. *Gazeta de Ayamonte*, núm. 5 (15/08/1810), p. 3.

596. A Francisco de Copons y Navia, 17 de abril de 1810. RAH, CNN, sign. 9/6966.

597. *El Teniente General Don Pedro Rodríguez de la Buria, a las Cortes Generales Extraordinarias de España e Indias*. Cádiz: En la imprenta de Niel, 1811, pp. 14-15. BNE, CGI, R/61016.

598. En un escrito que la junta enviaba a Francisco de Copons y Navia con fecha 2 de mayo de 1810 se hacía referencia a que actuaba como secretario. RAH, CCN, sig. 9/6967.

599. Moreno Alonso 2001: 337.

600. APNA, Escribanía de Diego Bolaños Maldonado, Ayamonte, leg. 325, año 1812, fols. 124-152.

de Ayamonte la proximidad del enemigo traía consigo el desplazamiento provisional hacia Portugal y, una vez que se retiraba, la vuelta a la orilla izquierda. El Guadiana actuaba como barrera de contención, a lo que deberíamos sumar el papel asumido por los aliados anglo-portugueses.

En definitiva, la Junta Suprema de Sevilla, aunque mermada en sus efectivos, lograría mantener su supervivencia institucional y la materialización prácticamente sin interferencias de sus competencias gracias a las oportunidades que ofrecía Ayamonte como lugar fronterizo y costero.

5.2. EL EJERCICIO DEL PODER EN UN ESCENARIO DE IDA Y VUELTA

La Junta Suprema de Sevilla ocuparía, en conexión con las amplias facultades que tenía concedidas, espacios de gestión muy diversos, integrando distintas esferas y niveles de trabajo. En líneas generales, fue la institución de referencia para activar lo que podría calificarse como mecanismo de ida y vuelta, cuyos vértices se encontraban situados en Ayamonte y Cádiz, y que se materializaba en una relación continua que afectaba tanto a circunstancias materiales –recursos y hombres, entre otros–, como también a cuestiones menos tangibles vinculadas, por ejemplo, con los discursos o las representaciones. En cualquier caso, no se trató de una relación cómoda o armoniosa en las que ambas líneas de conexión estuviesen siempre activas. La realidad de una guerra enormemente exigente, y cuyo cuadro de prioridades se iría modificando en función de las necesidades y los recursos disponibles, marcaría las pautas de esa bidireccionalidad, así como la apertura de nuevas vías de conexión con otros actores, principalmente portugueses o británicos.

5.2.1. Mediación y articulación de la resistencia: la lucha en el suroeste

La Junta de Sevilla actuaría como interlocutora frente a las autoridades de Cádiz y los militares del Condado de Niebla. Francisco de Copons y Navia afirmaba en abril de 1810 haber llegado «a esta Plaza destinado por S. M. el Sr. D. Fernando 7º de comandante general de las tropas de este Condado a la inmediación de esta Suprema Junta de Sevilla»[601]. Entre las funciones de la junta hispalense se encontraba, por tanto, conjuntamente con los mandos castrenses destinados por las autoridades de Cádiz, la defensa y la articulación de

---

601. Cuartel general de Ayamonte, 13 de abril de 1810. RAH, CCN, sig. 9/6966.

la lucha en el suroeste mediante la formación, mantenimiento y dotación de cuerpos militares.

En el campo de la creación de unidades militares, la Junta de Sevilla auspiciaba la aparición de la «Partida de Guerrilla de Contrabandistas»[602]. Pero también de otros cuerpos siguiendo los planteamientos de Copons, que pretendía reunir a «todos los Dispersos y Desertores que del Exército de Andalucía se hallan en este País en sus casas, como también el alistamiento de mosos que a cada pueblo corresponda con cuyos auxilios se podrá poner una Fuerza respetable organizada con los cuadros de cuerpos que aquí hay»[603]. En este sentido, el Consejo de Regencia daría el visto bueno al establecimiento de un cuerpo de infantería y caballería según el plan formado por la Junta de Sevilla y que tenía por objeto incomodar a los franceses «por aquella parte» e impedir que llevasen a cabo sus extracciones[604], quedando por tanto el camino expedito desde ese momento para la formación de las partidas «de a 50 plazas montadas y 50 de ynfantería»[605].

En todo caso, desde los primeros momentos la situación resultaba un tanto crítica por el insuficiente número y la deficiente organización de las tropas. A mediados de abril de 1810 Francisco de Copons y Navia cifraba su composición en algo más de quinientos hombres de infantería, en torno a ciento setenta de caballería y doscientos cincuenta de tropa ligera, a los que en general les faltaban armas y vestuario[606]. En el mismo escrito sostenía además que aquellas fuerzas, reunidas por el vizconde de Gante, «jamás pueden ser útiles» por su «desorganización» y estar formadas por «restos de cuerpos unidos sin gefes naturales», situación que ya había «manifestado a esta Suprema Junta»[607]. Algunos días más tarde volvía a denunciar la escasa preparación y dotación de medios con los que contaban esas tropas, con armas «descompuestas», la caballería «en malísimo estado» y con soldados poco adiestrados y mal vestidos, «en término que todo parecen menos soldados»[608].

La atenuación de esos problemas pasaba por conseguir el compromiso y la asistencia de las autoridades gaditanas. En abril de 1810, tras conocer la noticia de la próxima llegada de un batallón desde Cádiz, expondría a Francisco de Copons que iba a repetir «eficazmente sus instancias al Gobierno para la remisión de todos los auxilios que se han pedido, e exigen tan imperiosamente

---

602. De la Junta de Sevilla a Francisco de Copons y Navia. Lepe, 19 de abril de 1810. RAH, CCN, sig. 9/6966.

603. *Ibidem*.

604. Cádiz, 10 de junio de 1810. RAH, CCN, sig. 9/6966.

605. RAH, CCN, sig. 9/6967.

606. De Francisco de Copons a Francisco de Eguía, secretario de Guerra, 14 de abril de 1810. RAH, CCN, sig. 9/6966.

607. *Ibidem*.

608. Francisco de Copons y Navia, 17 de abril de 1810. RAH, CCN, sig. 9/6966.

las circunstancias en que se halla este País»[609]. Petición que trasladaría nuevamente en los siguientes días desde territorio portugués, donde reconocía haber instado «sin cesar a la Regencia pidiendo auxilios»[610]. En los siguientes
meses siguieron trasladándose solicitudes de ayuda según exigía «la urgencia
e importante conservación de este punto», de ahí que, según reconocía, se estaban llevando a cabo «las más eficaces instancias» para que se remitiesen «los
dos obuses de a quatro y dos cañones de montaña que hace tiempo» la junta
había pedido[611].

Francisco de Copons también había solicitado directamente a los poderes de Cádiz el envío de auxilios, encontrando en algunos casos una respuesta
satisfactoria. La Junta de Cádiz le decía a finales de agosto de 1810 haber recibido su oficio en el que elevaba a la Regencia la solicitud del pago de sus
tropas, por lo que se ofrecía a hacer en este punto cuanto pudiese, facilitán-
dole, una vez que recibiese la orden, la cantidad que fuese posible dada la escasez del real erario[612]. Precisamente, algunos días después sería Francisco de
Copons y Navia quien escribía a la Junta Superior de Cádiz agradeciéndole
el envío de cierta cantidad de dinero con dirección a las tropas del Condado
de Niebla[613].

Sin embargo, parte de esos recursos llegados desde Cádiz se canalizaron
a través de la Junta Suprema de Sevilla, que, por ejemplo, recibía en abril de
1810 una notificación de la secretaría de guerra sobre el envío de una importante cantidad económica para que atendiese a las obligaciones defensivas que
tenía encomendadas:

> Consecuente a los varios oficios y representaciones que con fecha de 14 de
> este mes ha dirigido el Mariscal de Campo don Francisco de Copons y Navia, pi-
> diendo con urgencia el embío de tropas, caudales y otros varios efectos para la
> asistencia de esas tropas y defensa del Condado de Niebla; ha mandado el Con-
> sejo de Regencia de España e Yndias que se ponga a disposición de V. E. un millón
> de reales para cubrir las atenciones que están confiadas a esa Junta, a cuio efecto
> he comunicado al Señor Secretario del Despacho de Hacienda[614].

609. De la Junta de Sevilla a Francisco de Copons y Navia. Ayamonte, 17 de abril de 1810.
RAH, CCN, sig. 9/6966.
610. De la Junta de Sevilla a Francisco de Copons y Navia. Vila Real de Santo António,
20 de abril de 1810. RAH, CCN, sig. 9/6966.
611. De la Junta de Sevilla a Francisco de Copons y Navia. Ayamonte, 9 de junio de 1810.
RAH, CCN, sig. 9/6966.
612. Cádiz, 31 de agosto de 1810. RAH, CCN, sig. 9/6968.
613. Cuartel general de Villanueva de los Castillejos, 20 de septiembre de 1810. RAH,
CCN, sig. 9/6968.
614. De Francisco de Eguía, secretario de Guerra, al presidente y Junta Superior de Sevilla. Isla de León, 21 de abril de 1810. RAH, CCN, sig. 9/6967.

En todo caso, la llegada de esta importante cuantía no se produjo de manera inmediata, con lo que continuaron los problemas de mantenimiento de las tropas del Condado durante algún tiempo después. Como refería la Junta de Sevilla a Francisco de Copons a finales del mes de julio de 1810, quedaba entonces enterada, después del oficio que le había remitido, de las pocas esperanzas que tenía de recibir desde Cádiz los vestuarios para sus tropas, «de suerte que no se podrán contar en este ramo con más recursos de los que puedan proporcionarse por aquí». Además, como ella misma reconocía, los fondos que estaban a su disposición se encontraban prontos a expirar, circunstancia que había hecho presente en repetidas ocasiones al Consejo de Regencia y a la Junta de Cádiz, «solicitando la remesa del millón que hace tanto tiempo está decretado pero hasta ahora sin fruto alguno»[615]. Pocos días después volvía a comentar, en referencia a la elaboración de vestuarios para la tropa, que la escasez de fondos no permitía avanzar mucho en este trabajo, el cual se activaría siempre y cuando «tenga a bien S. M. mandar librar los fondos de que ya se carece absolutamente»[616]. Varios días más tarde se veía obligada a suspender los pagos porque «ni sus instancias ni las órdenes repetidas y terminantes de S. M. a la Junta de Cádiz, para la remisión del millón que hace tiempo está decretado, hayan producido el menor efecto»[617]. Esto implicaba la imposibilidad de socorrer a las tropas «por haverse apurado los fondos que tenía a su disposición», de ahí que volviese a repetir las instancias sobre el Consejo de Regencia para hacerle ver «el apuro en que se halla y las fatales consecuencias que deben resultar» por tener que suspender toda especie de trabajos, mientras instaba a su vez a que Francisco de Copons representase por su cuenta a Cádiz «a fin de lograr se remitan por el pronto algunos caudales»[618].

La llegada de los recursos no resolvió los problemas del sustento diario de las tropas, ya que lo hizo en cantidades inferiores a las comprometidas. Además, al quedar una parte pendiente de cobro, tampoco resultaba fácil asumir el pago de las cuantiosas deudas contraídas hasta ese momento. Así, como refería la Junta de Sevilla a mediados de septiembre de 1810, pese a la nueva orden del Consejo de Regencia que establecía el envío a la mayor brevedad posible del millón de reales de vellón, el barco que había fondeado recientemente en el puerto de Ayamonte tan solo trajo quinientos mil con destino a ella, además de tres millones para el marqués de la Romana. Esto llevaría a que la junta volviese a representar «a S. M. para que no se retarde la remesa del otro medio

---

615. Vila Real de Santo António, 24 de julio de 1810. RAH, CCN, sig. 9/6967.

616. Ayamonte, 8 de agosto de 1810. RAH, CCN, sig. 9/6967.

617. Ayamonte, 11 de agosto de 1810. RAH, CCN, sig. 9/6967.

618. De la Junta Suprema de Sevilla a Francisco de Copons y Navia. Ayamonte, 12 de agosto de 1810. RAH, CCN, sig. 9/6967.

millón, respecto a lo mucho que se debe a las tropas, y a los talleres y demás objetos destinados para su armamento, subsistencia y equipo»[619].

Hasta tanto no llegasen los capitales pendientes, la Junta de Sevilla impulsaría la recaudación de recursos entre las poblaciones del entorno. Como manifestaba en un escrito de mediados de octubre de 1810, tenía advertido a sus comisionados que, mientras no recibiesen los caudales de Cádiz, debían entregar al ministro de Real Hacienda de ese ejército las cantidades que recaudasen de los pueblos, principalmente para el pago destinado a las tropas, «en la confianza que la pronta remesa de los caudales resuelta por el govierno le facilitará salir de los apuros en que se halla», y poder así «atender a que se activen los trabajos de los talleres de monturas, vestuario, armamento» y «pagar con exactitud las fuerzas sutiles del Guadiana»[620].

En los siguientes meses llegaron nuevas partidas económicas desde Cádiz que contribuirían, en combinación con la recaudación de recursos propios impulsada por la Junta de Sevilla en su entorno más inmediato, al mantenimiento de las tropas del Condado de Niebla. Como trasladaba la Junta de Cádiz al mariscal Francisco de Copons y Navia en octubre de 1810, había remitido a su disposición, «para las atenciones de la división valiente de su mando», un millón de reales de vellón en razón a lo prevenido el 29 de septiembre por el Consejo de Regencia[621], y cuya recepción era confirmada algunos días después[622].

Con todo, el nivel de ingresos no permitía atender con holgura a todos los gastos que comportaba la defensa del suroeste. En ocasiones, esto provocaría ciertas discrepancias entre poderes que no solo tenían espacios de actuación diferenciados, sino también líneas de financiación no siempre coincidentes entre sí. De hecho, Francisco de Copons y Navia, tras haber recibido directamente desde Cádiz una importante cuantía económica para el mantenimiento de sus tropas, fue requerido por la Junta de Sevilla para que abonase cierta cantidad que esta le había facilitado con anterioridad. Sin embargo, pese a que el mando del ejército señalaba que «toda consideración es poca para con V. E. porque es notorio su desinterés y manejo y este me hace no detenerme a franquear lo que me pide, como otra mayor cantidad si la necesita y puedo darla», no por ello dejaba de manifestar que «el anterior millón vino destinado directamente para mis tropas [y] que si en ellas se huviera

619. A Francisco de Copons y Navia. Ayamonte, 17 de septiembre de 1810. RAH, CCN, sig. 9/6967.

620. De la Junta Suprema de Sevilla a Francisco de Copons y Navia, 16 de octubre de 1810. RAH, CCN, sig. 9/6967.

621. Cádiz, 8 de octubre de 1810. RAH, CCN, sig. 9/6967.

622. De Francisco de Copons y Navia a la Junta de Cádiz, 21 de octubre de 1810. RAH, CCN, sig. 9/6967.

empleado no tendría esta deuda y sí un sobrante»[623]. En su escrito de contestación, la junta refería, en relación al millón recibido en el mes de mayo, que aunque era cierto que si todos los caudales se hubiesen empleado en pagar las tropas a su mando habría «dinero sobrante», no lo era menos, en cambio, que aquellas fuerzas carecían de «armamento, monturas y otros objetos» y que había sido necesario proporcionárselos «a costa de crecidos gastos y diligencias y manteniendo los talleres de armamento, monturas y vestuario», de la misma forma que se había tenido que atender a los gastos de otros cuerpos y servicios y que de no haber sido así se habrían visto comprometidas las acciones de esas partidas:

> [...] las fuerzas sutiles hubieran estado sin pagar y careciendo de las raciones de Reglamento, como también las Guerrillas, el destacamento de Artillería y los Dispersos de Canelas: sin sueldo alguno todos los empleados en los diversos ramos, y desatendidas las demás urgencias del servicio[624].

Además, la Junta de Sevilla ponía el acento no solo en la necesidad de aumentar su partida presupuestaria, sino también en los desajustes ocasionados por el envío del dinero a Francisco de Copons de forma directa, pasando por encima de las prácticas de intermediación que hasta entonces ella había ejercido. Y ello a pesar de recalcar que, cuando se le habían dispuestos caudales a su disposición, siempre había preferido emplearlos en «el pago de las tropas, su manutención, armamento y equipo»[625]. En otro escrito de la misma fecha la junta pedía a Francisco de Copons que, dadas las difíciles circunstancias en las que se encontraba –«por no exceder de tres a quatro mil reales el caudal existente en esta Pagaduría»–, tuviese a bien reintegrar las cantidades que últimamente había percibido de los pueblos, ya que de esta forma podría ella atender al pago de las fuerzas sutiles y demás atenciones que tenía a su cargo, «ínterin el Supremo Consejo de Regencia a quien representa sobre estas urgencias, y manifestándole su sentimiento, por una novedad que hace tan poco honor a la integridad y economía con que ha manejado los Reales intereses, toma la resolución combeniente»[626].

No obstante, estas disonancias quedarían resueltas con cierta rapidez, al menos en lo que respecta a las autoridades civiles y militares del suroeste. Francisco de Copons se dirigía a la Junta de Sevilla a finales de octubre y, además de reconocerle expresamente su honorabilidad en la gestión de los recursos y destacar la trascendencia de la colaboración que habían mantenido a la

---

623. Cuartel general de Villanueva de los Castillejos, 23 de octubre de 1810. RAH, CCN, sig. 9/6967.

624. Ayamonte, 24 de octubre de 1810. RAH, CCN, sig. 9/6967.

625. *Ibidem*.

626. RAH, CCN, sig. 9/6967.

hora de llevar a cabo la recaudación de los fondos en los distintos parajes del suroeste, le manifestaba su sorpresa por la lectura negativa que se había hecho de ella al no haber sido la receptora del dinero llegado de Cádiz. Asimismo, le anunciaba la remisión de las cantidades sobrantes para que les diese el destino que fuera necesario, contribuyendo con ello además a despejar las interpretaciones infundadas que se habían generado durante aquellos días:

> No me parece era necesario que esa Suprema Junta me huviera hecho una menuda explicación de en qué ha distribuido el millón y medio recivido para mi inteligencia cuando desde que tengo el honor de tratarla estoy enterado del honor con que se maneja; y si ha juzgado la Suprema Junta lo devió hacer porque manifesté en mi anterior oficio que si de lo librado directamente para mis tropas se huviese solo a ellas atendido y entonces havría quedado sobrante, fue porque yo miraba solo a mis atenciones, y no a todas las que la Suprema Junta tiene a su cargo. Son muchas y para patentizar que las del Exército son grandes, y lo que a él se le ha destinado no llega a cubrir la data incluyendo en el cargo los 149 321 reales entregados por los Comisionados que la Suprema Junta reclama por el Estado que acompaña, verá que el descubierto en deudas tan precisas de satisfacer huviera sido mucho mayor que el alcance que resulta a favor de esta caxa, lo que a tenido fondos para suplir por la incesante atención mía en recaudar fondos en parajes donde la Suprema Junta careciendo de la fuerza por ahora se hallava distante de tener este caudal, a los que he unido todas las multas y exaciones justas que he mandado exijir; con lo que quedará combencida la Suprema Junta que sus cuidados huvieran sidos mayores a no ayudarla yo para el mismo objeto de sus desvelos.
>
> Me es sensible que por haver librado S. M. directamente el millón de reales a mi favor se haya proporcionado a esa Suprema Junta la más ligera interpretación; aseguro a V. E. con la mayor ingenuidad que no sé en que puedan fundarla cuando hasta aora todos los Exércitos han recivido sus Intendentes directamente el caudal librado de la Tesorería mayor pues lo ocurrido con la Junta de Cádiz provino de circunstancias que no son comunes: esto ha sido razón para no endosar a favor de la Suprema Junta el libramiento; para que V. E. haga el uso que necesite en sus atenciones del dinero sobrante como para contribuir por mi parte a que desaparesca toda interpretación infundada incluio la adjunta orden al pagador[627].

Aparte de cantidades monetarias, desde Cádiz también remitieron a la Suprema de Sevilla enseres militares y alimentos con destino al ejército de la zona. Por ejemplo, en mayo de 1810 llegaba una importante cantidad de pólvora y piedras de chispa que, debido a que en aquellos días los franceses se encontraban muy próximos a la desembocadura, la junta decía mantener

---

627. Cuartel general de Villanueva de los Castillejos, 27 de octubre de 1810. RAH, CCN, sig. 9/6967.

«a bordo para no arriesgarlas»[628]. En el mes de julio recibía de la Junta de Cádiz una importante cantidad de bacalao[629]. Ahora bien, los productos no siempre llegaban en las condiciones más idóneas, debiendo incluso ajustarse en ocasiones la cantidad que estaba inicialmente prevista distribuir entre las tropas. Como sostenía el oficial Miguel Alcega en un escrito remitido a Francisco de Copons en julio de 1810, el tocino que había sido enviado por el ministro de la Real Hacienda traía «un dedo de porquería», de tal manera que una vez quitada aquella corteza quedaba muy poca ración, con lo que había mandado dar seis onzas en lugar de las cuatro que estaban determinadas desde un principio[630].

Por otro lado, ya fuese porque las autoridades de Cádiz no atendían a sus solicitudes, o ya sea porque el volumen de lo recibido resultaba menor de lo requerido, resultarían habitual tanto la reiteración de la petición ante los poderes gaditanos, como la búsqueda de itinerarios alternativos y de nuevos proveedores y lugares de suministro. En un escrito de la Junta de Sevilla enviado a Francisco de Copons y Navia en mayo de 1810 decía no haberse olvidado en ningún momento de las necesidades que tenían esas tropas ni descansaba en la búsqueda de su remedio, y que, por tanto, no habiendo surtido efecto hasta entonces las instancias que había dirigido al gobierno, enviaba un nuevo comisionado a Cádiz con el objeto de solicitar enseres para el equipamiento de las tropas de infantería y caballería del Condado. Pero, además, aunque esperaba que no fuesen infructuosas estas gestiones, anunciaba que mientras tanto «no descuidará adquirir de otras partes las cosas más necesarias»[631]. La limitada llegada de productos desde Cádiz condicionaría incluso la realización de los encargos que tenía la Junta de Sevilla asignados por parte de las autoridades de aquella ciudad. Tal como se hacía referencia en el documento anteriormente citado, el comisionado se encargaría también de solicitar los enseres necesarios para la construcción de los salchichones que debían remitirse a Cádiz[632].

La Regencia también remitió tropas desde Cádiz. Entre ellas, el batallón de Guadix, enviado con el objeto de paliar la inferioridad, «comparándolas con las del enemigo», de las fuerzas del Condado[633]. Sin embargo, tampoco se cumplieron las expectativas de la Junta de Sevilla sobre este particular, frustrándose muchos de los envíos esperados. Por ejemplo, la junta manifestaba en julio de 1810 que le resultaba «muy sensible el disgusto que le ocasiona la

---

628. A Francisco de Copons y Navia. Vila Real de Santo António, 10 de mayo de 1810. RAH, CCN, sig. 9/6966.

629. Cádiz, 26 de julio de 1810. RAH, CCN, sig. 9/6967.

630. Villanueva de los Castillejos, 29 de julio de 1810. RAH, CCN, sig. 9/6967.

631. Vila Real de Santo António, 14 de mayo de 1810. RAH, CCN, sig. 9/6967.

632. *Ibidem.*

633. De la Junta de Cádiz a Francisco de Copons y Navia. Cádiz, 24 de mayo de 1810. RAH, CCN, sig. 9/6966.

actual situación de las cosas, resultando inevitable de las circunstancias y falta de fuerzas», mientras que en un documento adjunto anotaba que el ministro de Guerra había ordenado la llegada al Condado de la caballería «tantas veces anunciada, aunque sin armas»[634]. Algún tiempo después tendría noticias de que desde Cádiz se pretendía enviar una importante cantidad económica y tres mil individuos para reforzar a las tropas del Condado, aunque asimismo se informaba de que esta remesa se había suspendido a raíz de la derrota que habían sufrido por aquellas fechas las tropas de Ballesteros. Ante esta situación, la junta se pondría en contacto con el gobierno instándole a que enviase los recursos y los efectivos anunciados «por la absoluta falta de caudales que hay en este punto», lo que «impide socorrer las tropas, causando incalculables perjuicios»[635]. En la misma línea, manifestaba abiertamente su incredulidad ante las noticias remitidas desde Cádiz sobre el envío de cuerpos armados, puesto que «se ha anunciado tantas veces que no puede darse asenso a estas noticias»[636]. Algunos de aquellos envíos frustrados encontraban justificación en que la Regencia no podía desprenderse de las fuerzas solicitadas para la protección y la seguridad de las tierras del suroeste mientras no se construyesen en aquel «destino las obras que son tan urgentes para su defensa»[637].

Las tropas que llegaban de refuerzo a la desembocadura no siempre lo hacían además en las mejores condiciones, lo que supondría asimismo no solo una mayor obligación de gasto para la débil economía de la Junta Suprema de Sevilla, sino también un cierto desajuste y desagravio para las fuerzas que venían actuando con extrema dificultad en las tierras del suroeste. Así quedaba recogido en la correspondencia cruzada entre la junta y Francisco de Copons de mediados de agosto de 1810. En todo caso, si la primera mostraba su descontento al informar al mariscal de que no podía «mirar con indiferencia las malas consecuencias» que debían resultar de la formación de un «Regimiento Provincial que ni ahora ni en lo sucesivo» prometía «la menor ventaja a los individuos que han servido en este Condado»[638], Copons se mostraba sin embargo algo más condescendiente con la Regencia, reconociendo que seguramente hacía lo que podía:

> Conosco todo lo que esa Suprema Junta me dice en Oficio de 11 acerca del mal estado en que ha llegado los pocos cavallos que han remitido de Cádiz, la desnudez de sus soldados y multitud de oficiales que solo aumentan estos gastos y aquellos nos exponen a infestar los cavallos que aquí tengo que tanto travajo y

634. A Francisco de Copons y Navia. Vila Real de Santo António, 20 de julio de 1810. RAH, CCN, sig. 9/6968.

635. Ayamonte, 18 de agosto de 1810. RAH, CCN, sig. 9/6968.

636. Ayamonte, 28 de julio de 1810. RAH, CCN, sig. 9/6967.

637. Isla de León, 21 de abril de 1810. RAH, CCN, sig. 9/6967.

638. Ayamonte, 11 de agosto de 1810, RAH, CCN, sig. 9/6967.

desvelos han costado a esa Suprema Junta y a mí, no siendo menos el sentimiento que conosco la deve de causar el que estos oficiales después de los servicios que aquí han hecho no tengan un premio de ellos, y sí un conocido trabajo. Razones poderosas para todo habrá tenido el Supremo Consejo de Regencia que mis cortos conocimientos no son capaces de alcanzar. Todo aquello que he conocido o al menos así lo he creído pueda ser en veneficio de S. M. y de la justa causa que defendemos lo he hecho presente y lo haré siempre aunque no se verifiquen mis intenciones como hasta de presente ha sucedido[639].

La frontera no solo se proyectaba como un lugar de recepción de enseres y unidades militares procedentes de Cádiz, sino que también saldrían de ella con dirección a esa ciudad un importante número de efectivos para el ejército. Como la Junta de Sevilla manifestaba en un oficio de finales de abril de 1810, había llegado el oficial del regimiento de Barbastro encargado de los dispersos, los cuales se embarcarían esa misma tarde a cargo de otro oficial del regimiento de España, y señalaba además que ya estaban embarcados más de ciento veinte dispersos que serían conducidos a Cádiz por un oficial del mismo cuerpo, mientras que había salido en la mañana de ese día una tartana con casi doscientos bajo la supervisión de un teniente coronel[640]. Algunos días después sostenía, en referencia al envío de efectivos para la isla gaditana, que habían salido el día anterior del puerto de Ayamonte cuatro buques con más de setecientos hombres, y que ese mismo día había «salido otra remesa, que seguirá sin demora a proporción que se faciliten Buques»[641]. Poco más tarde sería el Consejo de Regencia quien comentaba a Francisco de Copons haber tenido conocimiento de la reunión en Ayamonte de más de dos mil hombres que estaban prontos a embarcarse con dirección a la Isla de León, de los cuales ya habían llegado a aquel punto en torno a setecientos[642].

Desde la desembocadura del Guadiana también se enviaron alimentos y pertrechos de guerra con dirección a Cádiz. Como refería la junta gaditana en mayo de 1810, además de la «frequente remesa de reclutas para engrosar el Exército de la Ysla, a donde se dirigen sin distinción», de manera continua llegaban desde aquel enclave «embarcaciones cargadas de artículos utilísimos porque todo viene a tiempo, todo se necesita», de ahí que diese las gracias «que tan dignamente merece» al militar que estaba al frente de aquellas fuerzas[643].

En todo caso, la salida de productos y soldados para la plaza de Cádiz terminaba afectando a la posibilidad de aumentar las tropas del Condado de

---

639. Villanueva de los Castillejos, 13 de agosto de 1810. RAH, CCN, sig. 9/6967.
640. A Francisco de Copons y Navia. Ayamonte, 28 de abril de 1810. RAH, CCN, sig. 9/6967.
641. Ayamonte, 9 de mayo de 1810. RAH, CCN, sig. 9/6967.
642. Isla de León, 14 de mayo de 1810. RAH, CCN, sig. 9/6966.
643. A Francisco de Copons y Navia. Cádiz, 24 de mayo de 1810. RAH, CCN, sig. 9/6966.

Niebla y, en consecuencia, a la capacidad de defensa de las tierras del suroeste. Por ejemplo, como Francisco de Copons y Navia trasladaba a la Junta Superior de Cádiz en mayo de 1810, no podía aumentar las tropas a su mando con dispersos ni con alistados «porque teniendo a la vista siempre el mejor servicio del Rey» había enviado a todos los recogidos por ambas vías –en torno a cuatro mil hombres– a aquella ciudad «sin quedarme ninguno»[644]. En estas circunstancias, la Junta de Sevilla se vería en la necesidad de tomar algunas precauciones: según apuntaba por aquellas mismas fechas, aunque tenía noticias de la llegada desde Cádiz de cierta cantidad de tropa y caballos, desconocía la fuerza y la naturaleza exacta de sus integrantes, y dado que siempre resultaba oportuno su aumento, tomaba la decisión de suspender el embarco de los cupos que llegasen de la Sierra[645].

Otros problemas se encontraban relacionados con las limitaciones que presentaba la desembocadura para acoger el importante número de alistados que debía remitirse a Cádiz, en particular en los primeros momentos de la llegada de la Junta Suprema de Sevilla. Así quedaría reflejado, por ejemplo, en una de sus comunicaciones de abril de 1810, donde hacía referencia a las dificultades de mantener a un conjunto de tropas situado en el entorno de Ayamonte en espera de su embarque, «pues ni en Villarreal puede alojarse ni en este pueblo desierto enteramente tendrá auxilio ni seguridad»[646].

La complicidad y la colaboración entre la junta hispalense y el mariscal Francisco de Copons y Navia resultaron, por tanto, esenciales. La transmisión de información entre una y otro, las indicaciones respecto a los objetivos bélicos[647], o las sugerencias en cuanto a los movimientos a adoptar para el mejor resguardo de la tropa[648] son algunos de los puntos que articularon la comunicación entre ambos, que se canalizaría a través tanto de despachos y oficios como de forma directa y en persona[649]. Con todo, este intercambio no siempre resultó fluido, entre otras cuestiones, por las precauciones que había que adoptar para evitar que la información llegase al enemigo. Según manifestaba Francisco de Copons en referencia a una solicitud trasladada por la Junta de Sevilla sobre la realización de un movimiento en Moguer, si no se lo había notificado

---

644. Cuartel general de Villanueva de los Castillejos, 18 de mayo de 1810. RAH, CCN, sig. 9/6966.

645. Vila Real de Santo António, 20 de mayo de 1810. RAH, CCN, sig. 9/6966.

646. A Francisco de Copons y Navia. Ayamonte, 24 de abril de 1810. RAH, CCN, sig. 9/6966.

647. Por ejemplo, las comunicaciones de 20 y 24 de abril, 1 de mayo, 23 de agosto y 26 de diciembre de 1810. RAH, CCN, sig. 9/6966 y 9/6968.

648. Por ejemplo, la comunicación de 20 de abril de 1810. RAH, CCN, sig. 9/6966.

649. Como anunciaba John Austin a Miguel Pereira Forjas después de haber hablado con el mariscal Copons, «elle esta em Ayamonte tratando negocios com a Junta de Sevilha». Castro Marim, 8 de noviembre de 1810. AHM/L, 1/14/075/15.

era porque las operaciones militares debían ser reservadas, «y aunque esa Suprema Junta es capaz de todo sigilo, la casualidad que podía haver si se estraviava el aviso, era un riesgo»[650].

Indudablemente, este espacio de entendimiento, cuya dirección tomaría un sentido u otro en función de las circunstancias, llevaría a la configuración de un clima de conformidad y reconocimiento entre ambos poderes. Por ejemplo, la Junta de Sevilla trasladaba a Francisco de Copons y Navia en relación a una acción efectuada sobre el cupo de la villa de Huelva que, «no pudiendo permitir jamás que las sanas intenciones de V. S. sean otras que las de hacer el mejor servicio del Rey, queda muy satisfecha de quanto ha obrado», conservando «V. S. el respeto que se merece por todas las circunstancias»[651]; mientras que el mismo Copons y Navia señalaba en otro momento que «antepondré a mi existencia el sacrificarme y el complacer a esa Suprema Junta que tanto aprecio y respeto devido me impone»[652].

Esto no significa, con todo, que no se diesen algunas disputas entre ambos mandos, no solo respecto a la aplicación de sus respectivas competencias, sino también por la definición y la defensa de sus específicas parcelas de poder. En buena medida, la adscripción jurisdiccional de sus acciones de gobierno, de carácter civil o militar según los casos, se encontraría en la base de algunos de los episodios más convulsos. Así ocurrió, por ejemplo, con la disputa abierta en los últimos días de noviembre de 1810 respecto al alistamiento efectuado en Huelva, en el que la Junta de Sevilla había decretado una cierta flexibilidad en la aplicación del cupo, mientras que Francisco de Copons había ordenado la ejecución en su totalidad. En aquel contexto la junta manifestaba que «no puede menos de admirarse del poco decoro con que» el mariscal Copons «la trata, atribuyéndole indolencia en no haber hecho se complete el cupo de quintos señalado» a la villa de Huelva, un encargo que, según recordaba, le estaba «particularmente cometido por S. M.», por lo que incluso en el caso de que la villa onubense hubiese ya completado el alistamiento siguiendo lo decretado por ella misma, «no devía despojársele de él, sin que primero se le manifestara otra orden que derogase la anterior». Y concluía haber «acreditado en todas épocas que no cede en interés y amor a la Patria a ninguna persona ni autoridad constituida», de ahí que encontrase «más sensible» que Francisco de Copons le hubiese imputado «indolencias u omisiones que están mui lejos del carácter que ha sostenido»[653]. En su respuesta, Francisco de Copons y Navia negaba el sentido de discordancia o usurpación que tenía su acción, mientras

---

650. Aljaraque, 6 de julio de 1810. RAH, CCN, sig. 9/6968.
651. Isla de Canela, 13 de julio de 1810. RAH, CCN, sig. 9/6968.
652. Cuartel general de Calañas, 1 de septiembre de 1810. RAH, CCN, sig. 9/6966.
653. A Francisco de Copons y Navia. Ayamonte, 24 de noviembre de 1810. RAH, CCN, sig. 9/6967.

insistía, por un lado, en la coherencia y la necesidad de sus actos en base al papel que había representado desde su llegada al suroeste, y, por otro, en la potestad y la capacitación de la que gozaba en este sentido como mando militar de las tropas del Condado de Niebla:

> Si a esa Suprema Junta le a causado admiración el oficio que anoche la dirijí en contestación a otro suyo por el poco decoro con que la trato, a mi me ha sorprendido el que la Suprema Junta se explique conmigo en esos términos quando mi citado oficio se refería a las faltas que advierto repetidas en las Justicias de este Condado. El no haverme quedado con copia de mi Oficio me hace no poder contestar refiriéndome a lo que dije, pero sí estoy bien persuadido que mis palabras e intenciones son las más rectas pare el servicio del Rey, y siendo esa Junta de este mismo modo de pensar nunca podía creer me dirijía contra ella. Pero su incomodidad en la contestación me hace explicarme menudamente en todos los particulares que comprende el Oficio de la Junta que recibí anoche a las 10.
>
> Se reciente la Junta de que se le despoje de la autoridad que tiene cometida por S. M. para el encargo de los alistamientos: me es preciso recordar a la Junta que este mismo encargo tenía quando el Rey me encargó el mando de las Armas de este Condado, los deseos patrióticos de la Junta eran los mejores, pero sus órdenes eran desatendidas aun en Pueblos enteramente libres, así fue que desde principio de Febrero que se estableció en el Condado no havía podido sacar un solo hombre a pesar de sus repetidos oficios hasta que Yo tomé a mi cargo este importante servicio [...].
>
> La Junta debe igualmente tener presente que un General que mande un Exército o División independiente tiene autoridad para sacar quanta gente comprenda sea útil para el Servicio del Rey; es cosa bien savida, y últimamente corroborada por Real de 1º de Agosto de este año. Este encargo en mí ha sido tan unido con la Junta que no comprendo el cómo se persuade la quiero quitar su autoridad.
>
> El mismo interés y amor a la Patria de que se gloria con razón la Junta no me parece se oculte a ninguna autoridad, como el que a la Junta tampoco se le oscurecerá el mérito que contraen las autoridades militares que a sus tareas políticas acompañan el sacrificio de sus vidas al frente de los Enemigos[654].

En todo caso, las discrepancias irían encontrando acomodo paulatinamente, de tal manera que cuando las autoridades de Cádiz resolvieron relevar a Francisco de Copons y Navia del mando del Condado de Niebla, la Junta de Sevilla se postulaba contraria a esta decisión, defendiendo además el buen nombre y el prestigio del mariscal. De hecho, esta última remitía a Copons y Navia el contenido de un escrito de contestación que había recibido desde la Isla de León con fecha de 30 de enero de 1811 por el cual se le informaba que el Consejo de Regencia había quedado enterado de la exposición que la junta le había hecho sobre los inconvenientes que podría producir el relevo de las

---

654. Ayamonte, 25 de noviembre de 1810. RAH, CCN, sig. 9/6967.

tropas que por entonces defendían el Condado de Niebla, y en la que se quejaba además de las «expresiones poco decorosas al honor» que se habían publicado en algunos papeles públicos contra el mariscal de campo, con grave perjuicio tanto del crédito de ese jefe como del servicio[655].

Algunos días atrás había sido Francisco de Copons quien manifestaba su cercanía a la Junta de Sevilla a raíz de ciertas discrepancias surgidas entre esta y las autoridades de Cádiz por las consecuencias del nombramiento del ministro de Real Hacienda de la división del Condado de Niebla. En aquel contexto, el mariscal decía a la Suprema de Sevilla que «exige mi modo de pensar, a pesar de que mis determinaciones prontas indiquen otra cosa, el no separarme en nada de las ideas de unos individuos como son los que componen la Junta cuyos pasos siempre se dirijen al acierto», y que «en mí encontrará la Suprema Junta un escudo para sostener sus providencias manifestándolo al Soberano si es preciso»[656].

Ahora bien, no fue ese el único eje de relación entre la Junta de Sevilla y las fuerzas militares, pues también se constata la apertura de comunicación con agentes de otros cuerpos no adscritos al suroeste[657]. Con todo, tampoco la relación con estos otros poderes se manejó siempre en el terreno de la complacencia y la cordialidad, de tal forma que incluso la junta llegaría a supervisar las conductas de algunos de esos militares que operaron en algún momento por la zona[658]. En aquel contexto encontraba explicación el escrito que Francisco de Copons enviaba a la Junta de Sevilla en el que le instaba a que trasladase a todo agente militar que actuase en la región la obligación que tenía de informar de sus movimientos al mando de las tropas del Condado:

> He tenido suma satisfacción en que la Partida de D. Donato González haya hecho una acción distinguida y que según me la pintan no todas las veces sale vien, pero no en que haya hecho esta marcha sin mi conocimiento por las consecuencias tan fatales que a mis operaciones puede ocasionar cualquier movimiento que se haga sin mi noticia [...]. La guerra tiene sus reglas y el que sale de ellas o no lo entiende o a su capricho puede sacrificar una porción de hombres y tal vez la felicidad de la Patria [...] esa Suprema Junta como interesada en el buen orden y observancia de las órdenes de S. M. me persuado a que este

655. RAH, CCN, sig. 9/6969.

656. Cuartel general de Villanueva de los Castillejos, 27 de diciembre de 1810. RAH, CCN, sig. 9/6967.

657. Así ocurrió, por ejemplo, con el conde de Montijo –agente del marqués de la Romana– respecto a la ejecución de un plan de acción sobre Extremadura. Puebla de Guzmán, 5 de mayo de 1810. RAH, CCN, sig. 9/6966.

658. Por ejemplo, en relación al proceder de la partida de contrabandistas y del comisionado Andrés Icharlan, según escrito de 29 de abril de 1810. Otros sobre la conducta e ideas del conde de Montijo en su tránsito por las tierras del suroeste, del 6 y 10 de mayo. RAH, CCN, sig. 9/6966 y 9/6967.

comandante o otro alguno que se presente le prevendrá la obligación que tiene a no emprender operación alguna sin mi conocimiento, dándome parte diario del punto que ocupa, cierto de que contribuiré a todo lo que conosca puede ser útil al servicio de S. M., con lo cual se evitará algún suceso desgraciado como llevo manifestado[659].

La Junta Suprema de Sevilla actuaría asimismo como interlocutora, impelida por el mando castrense del Condado de Niebla, ante los poderes superiores situados tanto en el Algarve como en Cádiz, respecto a cuestiones de orden militar y defensivo. Por ejemplo, además de interceder con los mandos anglo-portugueses para que le remitiesen información sobre sus movimientos y posiciones[660], contactaría con la Regencia o la Junta Superior de Cádiz para obstaculizar la llegada y salida de desertores de la región. Francisco de Copons instaba a la Junta de Sevilla a finales de junio de 1810 a que se pusiese en contacto con ambas autoridades para informarles de la frecuente llegada de desertores en los buques que arribaban a los puertos del suroeste –bien por la complicidad de los patrones o bien porque se estaba embarcando a gente sin solicitar el pasaporte o carta de sanidad necesarios–, circunstancia que resultaba muy perjudicial para la causa común, «pues el comercio que estos serranos hacen con aquella Plaza y los que en ella están establecidos es un motivo para proporcionar la deserción, si hay facilidad en el transporte»[661].

Esta última cuestión, la del alistamiento y los huidos del ejército, y esa vía de comunicación, la de Cádiz, iban a ocupar de manera especial la atención de la Junta de Sevilla en distintos momentos. Así, además de las acciones encomendadas para la recogida de desertores en algunos puntos del suroeste[662], también despacharía pliegos para el Consejo de Regencia sobre este asunto, «por lo mucho que puedan interesar se tengan en Cádiz los avisos con la posible anticipación», y sería receptora de papeles con información procedentes de aquel enclave[663].

Desde el punto de vista de la dotación y la disponibilidad de medios, la Junta Suprema de Sevilla contaba con ciertos recursos particulares de defensa que no solo tendrían repercusiones a la hora de gestionar la resistencia en

---

659. Cuartel general de Villanueva de los Castillejos, 20 de agosto de 1810. La respuesta de la junta apoyando esa medida de fecha 25 de agosto. RAH, CCN, sig. 9/6968.

660. Como quedaba recogido, por ejemplo, en un escrito de la Junta de Sevilla del 28 de julio de 1810 acerca de la información de las posiciones ocupadas por el mariscal Beresford. RAH, CCN, sig. 9/6968.

661. Aunque el documento no aparece firmado, se puede concluir por su localización y contenido que tendría como autor a Francisco de Copons y Navia. RAH, CCN, sig. 9/6968.

662. Por ejemplo, como se recogía en los escritos del 2 y 25 de agosto de 1810. RAH, CCN, sig. 9/6968.

663. Algunos escritos firmados en Ayamonte los días 14 y 18 de agosto y 9 de septiembre de 1810. RAH, CCN, sig. 9/6968.

su espacio de actuación[664], sino también respecto a la relación entablada con los poderes militares, así como a su manera de actuar en el marco más general del suroeste. De hecho, respondiendo a la amplia representación territorial que le asistía, atendió además a otros escenarios más o menos alejados de la desembocadura del Guadiana, a los que además de enviar víveres y enseres para la defensa, tomaba algunas decisiones en cuanto a sus infraestructuras. En algunos de sus oficios de finales de abril y principios de mayo de 1810 hacía referencia de manera expresa al envío de cartuchos de fusil y de lienzos para Sanlúcar de Guadiana y al surtimiento de víveres y de otros artículos para Paymogo, donde se habían dado las providencias además para que se trasladase su hospital cuando fuese posible[665].

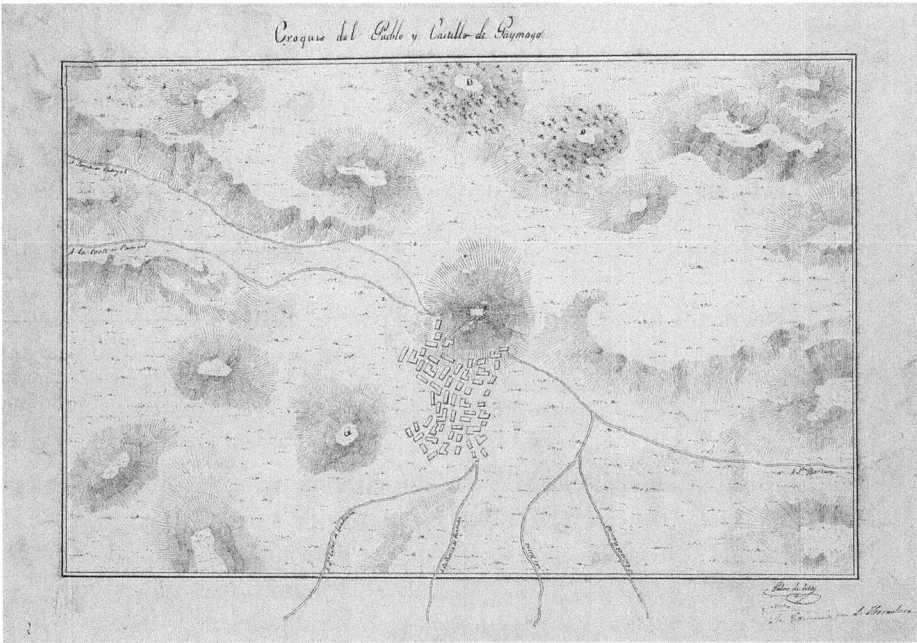

Figura 7. Croquis del pueblo y castillo de Paymogo hacia 1811, por Pedro de Zea. Fuente: Biblioteca Virtual de Defensa. Localización: Archivo Cartográfico de Estudios Geográficos del Centro Geográfico del Ejército, signatura Ar.G-T.7-C.4-534

---

664. Tenía a su disposición algunas lanchas cañoneras de enorme utilidad en los momentos en los que debía desplazarse a la otra orilla del Guadiana ante la llegada de los franceses. Escrito firmado en el puerto de Ayamonte, a bordo del místico Trinidad, 20 de abril de 1810. RAH, CCN, sig. 9/6966.

665. Escritos del 24 de abril y 10 de mayo de 1810. RAH, CCN, sig. 9/6966.

En este escenario resultó relativamente habitual la participación de la Junta de Sevilla en la distribución de algunos pertrechos con destino al ejército del Condado de Niebla, circunstancia que debió de canalizarse a partir del espacio habilitado en la desembocadura para la fabricación y el almacenaje de productos. No en vano, en el lugar conocido como la isla de Canela[666] se establecía un espacio acuartelado que resultaría fundamental para el desarrollo de la guerra en la frontera.

Con anterioridad este enclave se encontraba escasamente poblado y poco aprovechado en sus recursos, ya que, como se recogía en un croquis de 1778, contaba «con pinos y algunas higueras y sirve para Dehesa de Yeguas y confina con las playas del mar»[667]. Las primeras noticias sobre la isla de Canela en tiempos de la Junta Suprema de Sevilla hacían referencia a su utilización para el cuidado y preparación de los caballos y el asentamiento de los talleres para la recomposición de los enseres y útiles para su manejo[668], constituyéndose además en un lugar de resguardo ante la llegada puntual de los enemigos:

> Noticiosa esta Junta de que los enemigos se habían adelantado a Cartaya, ha dispuesto extraer de Ayamonte y depositar en barcos y en la Ysla de Canela todos los efectos del Rey y víveres que había en aquella Plaza, de donde ha salido la tropa disponible a ocupar los puntos convenientes para proteger la retirada de la que defiende el Río Cartaya, en caso de replegarse hacia a Ayamonte por no poderse sostener en aquellos puntos.
>
> Ygualmente se han aprontado barcos para facilitar el paso de la tropa a la Ysla de Canela, si se viesen forzados por el enemigo a retirarse a ella; y se han dado las disposiciones posibles para su defensa, auxiliadas de dos cañones de a 3 que se han llevado a ella[669].

La proximidad del ejército francés induciría, pues, a la utilización inicial de la isla de Canela como refugio para las tropas y de almacén para los enseres militares. La efectividad de estas medidas, que quedaría demostrada durante aquellos primeros meses, abriría las puertas finalmente a la ocupación permanente de este espacio, ampliando además su uso más allá de lo estrictamente

---

666. En dos escrituras públicas de septiembre y noviembre de 1810 se referían bajo otra denominación a un espacio que, según se desprende de su contenido, podía corresponderse con la isla de Canela. En el primer caso se apuntaba que a «la Real Ysla de San Fernando, término y jurisdicción de Ayamonte» habían sido conducidos presos los tres otorgantes que firmaban el poder. La segunda escritura comenzaba con la siguiente descripción: «en la varra del Paraje y a su vordo frente de la Ysla de San Fernando Riberas del Guadiana, término y jurisdicción de esta Ciudad de Ayamonte». APNA, Escribanía de Diego Bolaños Maldonado, Ayamonte, leg. 324, año 1810, fols. 49 y 74-75.

667. Villegas y Mira 2011a: 132.

668. Escritos del 27 y 29 de abril, 11 y 15 de mayo de 1810. RAH, CCN, sig. 9/6967.

669. Vila Real de Santo António, 10 de mayo de 1810. RAH, CCN, sig. 9/6966.

militar. Como se recogía en la *Gazeta de la Regencia de España e Indias*, a la necesidad de acuartelamiento y depósito habría que añadir «otras poderosas consideraciones»[670]. Otros motivos debieron de acompañar, por tanto, la adopción de una medida que resultaba compleja y de costosa realización. De hecho, según se recogía en la *Gazeta de Ayamonte* algunos meses después, «era forzoso reunir fondos y arbitrios para la población de un terreno arenoso por la mayor parte, enteramente inculto», que no disponía de «pozos, aunque con buenos manantiales a varias distancias en leguas y media, que rodean el mar, sus esteros, y el Guadiana por el frente y costados»[671].

En fin, entre las razones habría que considerar las oportunidades que ofrecía este espacio para la protección y el sostenimiento de los que allí se trasladasen, gracias a su «extensión y natural defensa» y contar con «manantiales de agua potable»[672]. Pero también la posibilidad de romper con ciertas dinámicas de frontera desarrolladas en esos primeros momentos y que estaban generando algunos inconvenientes tanto para la Junta de Sevilla como para las poblaciones del entorno. En el primer caso, por la conveniencia de buscar un mejor encuadre a algunas de las disputas abiertas entonces con las autoridades portuguesas. En el segundo, por la ventaja de encontrar una alternativa al paso de la población a la otra orilla del Guadiana, ya que la expatriación permanente a Portugal a causa de las reiteradas incursiones francesas traía consigo una pérdida de su capacidad recaudatoria. No en vano, como se recogía en la prensa respecto al traslado de la Junta de Sevilla y de los vecinos de Ayamonte al país vecino, «este recurso precario y del momento no es todo el que se necesita»[673]. En consecuencia, ya fuese por unos u otros factores, la Junta de Sevilla, contenida en un principio por «la falta de fondos necesarios para la empresa» –los cuales además «urgía destinar a otros ramos»–, decidía finalmente «dedicar gran parte de su atención e inversiones a tan importante establecimiento»[674], poniendo así las bases necesarias para la ocupación de la isla de Canela por militares y civiles de manera tanto puntual como permanente:

> En pocos días se fabricaron barracas, tiendas de Campaña, almacenes, talleres, pozos, hornos, con lo demás necesario para los fines que se propuso; y un terreno inculto, desierto y desconocido, es hoy una Población en donde viven muchas familias, donde se refugian Pueblos enteros, quando se creen amenazados de los enemigos, donde se construyen monturas, zapatos y botas para el

---

670. *Gazeta de la Regencia de España e Indias*, núm. 77 (04/10/1810), p. 746.

671. *Gazeta de Ayamonte*, núm. 8 (05/09/1810), p. 1.

672. *Gazeta de Ayamonte*, núm. 8 (05/09/1810), p. 1 y *Gazeta de la Regencia de España e Indias*, núm. 77 (04/10/1810), p. 746.

673. *Gazeta de la Regencia de España e Indias*, núm. 77 (04/10/1810), p. 746.

674. *Ibidem*, p. 747.

Exército, se componen fusiles y toda clase de armas, se labran cartuchos, salchichones y otros efectos, se almacena con la debida separación estos, y los víveres que de repuesto se preparan para las tropas. En la misma se han recaudado y conservado muchos meses más de 400 caballos, que en otro qualquier parage acaso habrían caído en manos de nuestros enemigos; también se ha surtido de los botes necesarios para el continuo tránsito de artesanos, alistados y dependientes; en ella se ha repartido cupos, se han disciplinado quintos, se ha adiestrado en el exército del fusil y del cañón[675].

Buena parte de la actividad desplegada en la isla de Canela durante aquellos meses estuvo conectada con el traslado y resguardo de utensilios ante la llegada de los enemigos, el almacenaje y la fabricación de pertrechos y enseres para la tropa y de material de construcción para la fortificación de diferentes puntos, o la recomposición de armas y la preparación de municiones[676]. De la misma manera, representó un punto de adiestramiento, preparación y estacionamiento de cuerpos militares, y de recepción de alistados, que eran remitidos con posterioridad al ejército del Condado de Niebla o con dirección al gobierno de Cádiz[677]; un destino cuya determinación última debió de ajustarse a los intereses y los propósitos marcados por las autoridades gaditanas:

> Por la carta de V. E. de 25 de este mes se ha enterado el Consejo de Regencia de haber distribuido hace tiempo entre los Cuerpos de la División del mando de D. Francisco de Copons los quinientos alistados útiles que se hallaban en la Ysla de la Canela; y quiere que en lo subcesivo no se destinen otros algunos sin su expresa Orden y que los que existan y se adquieran en lo subcesivo se remitan hasta nueva prevención a este Exército para que pueda verificarse el relevo del 2º Batallón del Regimiento de Ynfanteria 2º de Sevilla con el de Murcia como se mandó en Orden de 14 del corriente[678].

La isla de Canela también pudo acoger la instalación de un hospital militar de carácter provisional a cuyo frente se situaba personal facultativo[679], y que debió de atender a los heridos en combinación con otros emplazamientos sanitarios de la zona. En Canela se emplazaron asimismo los prisioneros

---

675. *Gazeta de Ayamonte*, núm. 8 (05/09/1810), pp. 1-2.

676. Por ejemplo, comunicaciones de la Junta de Sevilla a Francisco de Copons y Navia del 4, 7, 14, 15 y 29 de julio, 19 de agosto, 5 y 16 de septiembre, 5 de octubre y 15 de diciembre de 1810. RAH, CCN, sig. 9/6967 y 9/6968. Véase también Villegas y Mira 2011a: 134.

677. Escritos de distinta autoría del 14 y 20 de julio, 10 y 19 de agosto, y 15 de diciembre de 1810. RAH, CCN, sig. 9/6967 y 9/6968.

678. Documento firmado por Heredia y dirigido a la Junta Superior de Sevilla. Isla de León, 30 de octubre de 1810. RAH, CCN, sig. 9/6967.

679. Comunicaciones del 14 de abril, 26 de julio y 3 de septiembre de 1810. RAH, CCN, sig. 9/6967. Véase también Villegas y Mira 2011a: 135.

que eran remitidos a la custodia de la Junta Suprema de Sevilla[680], si bien no en todos los casos permanecieron en este punto, pues en ocasiones fueron enviados a Cádiz[681]. En buena medida, los prisioneros fueron usados como medida de presión para evitar que los enemigos actuasen de manera fatídica contra los cautivos que tenían en su poder. La Junta de Sevilla escribía a Francisco de Copons en septiembre de 1810 acerca de las acciones que había protagonizado la caballería en Villarrasa y La Palma, y donde apuntaba que «respecto a la perfidia que han usado los enemigos con los heridos que quedaron en el campo de batalla, si V. S. considerase oportuno usar de represalias con los prisioneros franceses que hay en esta Plaza para contener al enemigo, puede determinar lo combeniente sobre este punto»[682].

Ahora bien, para poder ocupar y utilizar la isla de Canela se hacía necesario garantizar su defensa en aquellas ocasiones en las que se produjese la llegada de los enemigos a la desembocadura del Guadiana. Esta cuestión resultaría de especial importancia debido, principalmente, a la falta de infraestructuras defensivas que presentaba inicialmente ese espacio. La primera referencia sobre su arreglo data de mayo de 1810, cuando el Consejo de Regencia providenciaba el nombramiento de un oficial de ingenieros con el fin de fortificar «pasageramente» la isla de Canela para que pudiese así cubrirse a los dispersos y los alistados recogidos en ella[683]. Como sostiene Manuel Moreno Alonso (2011b: 690), el gobierno trató entonces de fortificar algunos puntos, desde el Levante en la serranía de Ronda, a la costa del Poniente entre Huelva y Ayamonte. En cualquier caso, no parece que la defensa de la isla de Canela quedase garantizada con este tipo de actuaciones puntuales. Ya en el mes de mayo se había comenzado a sentar las bases de un proyecto de fortificación para aquel espacio[684], aunque tardaría algún tiempo en ejecutarse. Francisco de Copons y Navia todavía manifestaba en el mes de julio que la Junta de Sevilla debía evacuar todo lo que hubiese en la isla de Canela en aquel momento, porque las fuerzas que traerían los enemigos si finalmente se aproximaban «sin dificultad la pasarán»[685]. Por entonces se había tratado de fortificar los vados y colocar artillería en la isla, aunque su ejecución contaría con algunas limitaciones por la falta de medios[686].

---

680. Comunicación con Francisco de Copons y Navia de 30 de agosto de 1810. RAH, CCN, sig. 9/6967.

681. Comunicaciones del 13 de julio y 5 de septiembre de 1810. RAH, CCN, sig. 9/6967.

682. Ayamonte, 1 de septiembre de 1810. RAH, CCN, sig. 9/6968.

683. Documento firmado por Eguía y enviado a la Junta Superior de Sevilla. Isla de León, 18 de mayo de 1810. RAH, CCN, sig. 9/6967.

684. Villegas y Mira 2011a: 142.

685. Aljaraque, 9 de julio de 1810. RAH, CCN, sig. 9/6968.

686. De la Junta de Sevilla a Francisco de Copons y Navia. Ayamonte, 22 de julio de 1810. RAH, CCN, sig. 9/6967.

El proceso de fortificación encontraría un nuevo impulso en el mes de septiembre. Por un lado, estaban entonces «prontas para colocarse» diez piezas de artillería para la defensa de sus vados, si bien se anunciaba asimismo que se tendrían que pedir algunos artilleros a Cádiz una vez que estuviesen construidas las baterías y colocadas las piezas en ellas[687]. Por otro, en aquella fecha el Consejo de Regencia destinaba a Ayamonte, a petición del mariscal Francisco de Copons y Navia, un nuevo oficial de ingenieros «al qual podrá emplear según desea, y en los objetos que expresa en su citado oficio»[688]. No obstante, la edificación de las primeras baterías no se produciría de manera inmediata[689]. En una publicación de principios de octubre de 1810 se podía leer que era «ya la isla de Canela un puesto inaccesible que fortificado por el arte con artillería competente sobre su defensa natural», podría «competir con la Real Isla de León, con Cádiz y qualquier otro punto inexpugnable»[690].

A la altura de diciembre de 1810, en un nuevo acercamiento del ejército francés a la desembocadura, la Junta de Sevilla volvía a recurrir al paso del Guadiana. Eso sí, según dejaba constancia en un escrito remitido desde Vila Real de Santo António, se había trasladado a ese enclave después de haber puesto a salvo en la isla de Canela todos los efectos que estaban bajo su custodia, y que regresaría a Ayamonte de forma inmediata cuando lo permitiesen las circunstancias[691]. En definitiva, como había ocurrido en ocasiones anteriores[692], el paso del Guadiana seguía ofreciendo una mayor garantía en los momentos de extrema agitación y necesidad defensiva, por encima de la protección que proporcionaba la combinación de la disposición natural de la isla y el papel de las defensas apostadas en su entorno, tanto terrestres como marítimas[693]. Y ello a pesar de los recursos que en su resguardo se empleaban y de los efectos que toda esa movilización tendría para el resto de las poblaciones del entorno, que se veían expuestas en las circunstancias críticas en las que llegaban las fuerzas francesas:

---

687. De la Junta de Sevilla a Francisco de Copons y Navia. Ayamonte, 13 de septiembre de 1810. RAH, CCN, sig. 9/6967.

688. Escrito firmado por Eusebio Bardaxí y Azara. Cádiz, 13 de septiembre de 1810. RAH, CCN, sig. 9/6967.

689. Juan Villegas y Antonio Mira (2011a: 145) sitúan la construcción entre finales de 1810 y la primavera de 1811.

690. *Gazeta de la Regencia de España e Indias*, núm. 77 (04/10/1810), p. 747.

691. 14 de diciembre de 1810. RAH, CCN, sig. 9/6968.

692. Por ejemplo, la Junta de Sevilla firmaba sus escritos del 13 y 14 de julio de 1810 desde la isla de Canela, si bien desde el día 15 ya lo haría desde Vila Real de Santo António. RAH, CCN, sig. 9/6968.

693. Por entonces se informaba del embarque de tropas en dos bergantines con la finalidad de sostener en lo que pudiese el paso a la isla de Canela. De Ramón Alburquerque a Francisco de Copons y Navia. Real Isla de la Higuerita, 13 de diciembre de 1810. RAH, CCN, sig. 9/6968.

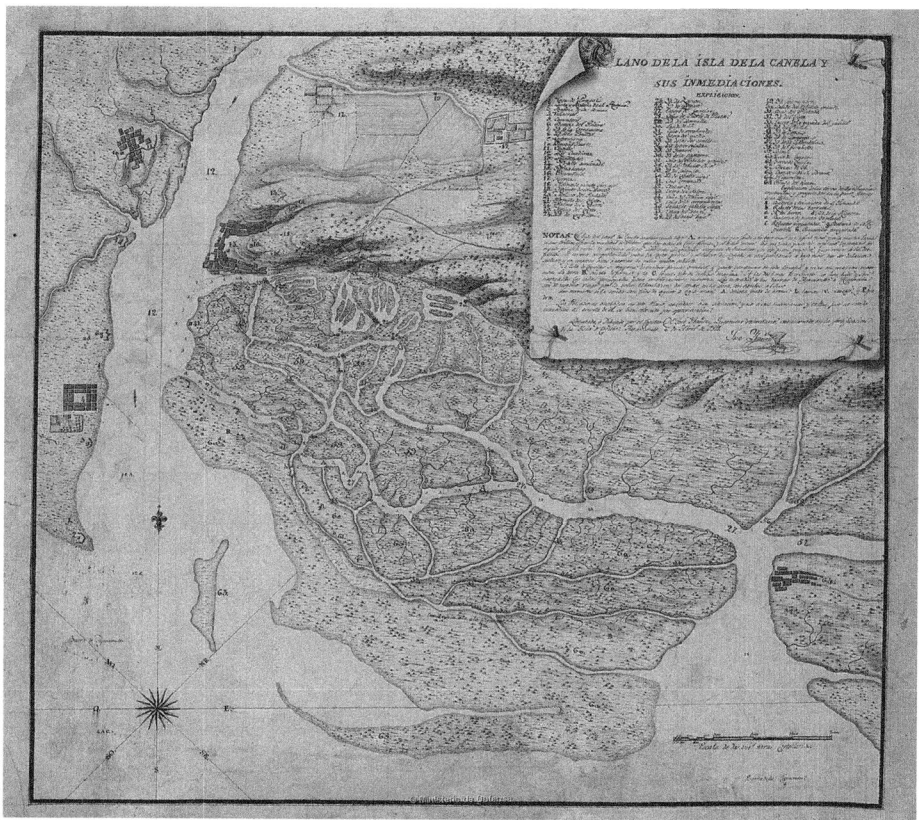

Figura 8. Plano de la isla de la Canela y sus inmediaciones, levantado y dibujado por el capitán José Ibañez (Ayamonte, 6 de abril de 1811). Fuente: Biblioteca Virtual de Defensa. Localización: Archivo Cartográfico de Estudios Geográficos del Centro Geográfico del Ejército, signatura Ar.G-T.7-C.4-517

Esta Junta ha recivido el Parte de V. S. fecho de ayer, y queda enterada de la situación del Enemigo, y prevenciones hechas a los Pueblos sobre raciones, y le da a V. S. gracias por su cuidado y consideración con ella evitando penetren aquellos en Ayamonte; pero le es mui doloroso que por esta causa padezcan otros Pueblos, pues como es igual su amor a todos, quisiera pudiesen disfrutar el mismo venefi-cio que este, cuya consideración no se la tiene esta Junta con respecto a su segu-ridad, ni aun a la de los Yndividuos que la componen, sino es porque hay en su recinto efectos que perteneciendo a la Real Hacienda, y siendo necesarios e indis-pensables para el Exército, ni tiene donde ponerlos con una completa seguridad, ni es fácil su transportación[694].

---

694. De la Junta de Sevilla a Francisco de Copons y Navia. Ayamonte, 19 de enero de 1811. RAH, CCN, sig. 9/6969.

La ejecución del proyecto de fortificación que se había diseñado para la defensa de la isla de Canela[695] podría haber alterado esta circunstancia. No obstante, la carencia de documentación y la salida de la Junta de Sevilla de la desembocadura en los siguientes meses no hacen posible vislumbrar las dinámicas precisas de aquel espacio fortificado durante las nuevas aproximaciones de los enemigos a partir de aquel momento.

5.2.2. La gestión de los recursos más allá de la frontera: el eje Algarve-Ayamonte-Cádiz

La Junta Suprema de Sevilla contaría con dinero y enseres procedentes de Cádiz con objeto de poder atender a la dotación y al mantenimiento de las fuerzas del suroeste. Pero esta junta también se preocuparía por la recaudación de recursos económicos y de pertrechos en las tierras de su jurisdicción, tanto para su manejo y distribución en el marco suroccidental, como para su remisión a los poderes gaditanos. En estas operaciones contaría con la asistencia y la participación de los mandos militares del Condado de Niebla, agentes y receptores a fin de cuentas de aquellas importantes y necesarias diligencias. De hecho, como sostenía el mariscal Francisco de Copons y Navia en mayo de 1810, todo lo referente al territorio suroccidental «depende de la Suprema Junta de Sevilla», quien debía «prestar auxilios a la Plaza de Cádiz, como a la tropa de mi mando»[696].

Para la extracción de fondos de los pueblos del suroeste, la Junta de Sevilla contaba con el reconocimiento y el aval del Consejo de Regencia. No en vano, la autoridad de Cádiz, teniendo conocimiento de la delicada situación en la que se encontraba aquella zona, había resuelto en abril de 1810 que los caudales del Condado de Niebla quedasen siempre «como es justo» a disposición de la Junta de Sevilla para que pudiese atender a sus obligaciones[697]. Este mecanismo permitiría solventar, al menos en parte, la tardanza que se experimentaba en la remisión de los recursos por parte de los poderes de Cádiz. Así, por ejemplo, en un escrito de mediados de agosto refería haberse dirigido a las autoridades gaditanas reclamando las cantidades monetarias pendientes, mientras que anunciaba que en caso de que esta diligencia no surtiese efecto, entre otras medidas enviaría a un comisionado a los pueblos para recoger algunos caudales[698]. Con todo, dados los inconvenientes que la proximidad

---

695. Un análisis detallado en Villegas y Mira 2011a: 138 y ss.

696. Escrito dirigido al conde de Montijo. Cuartel general de Puebla de Guzmán, 5 de mayo de 1810. RAH, CCN, sig. 9/6966.

697. Escrito firmado por Eguía. Isla de León, 22 de abril de 1810. RAH, CCN, sig. 9/6967.

698. De la Junta de Sevilla a Francisco de Copons y Navia, 14 de agosto de 1810. RAH, CCN, sig. 9/6967.

del enemigo ocasionaba en este tipo de acciones, resultaría habitual no solo la elección de comisionados para que se encargasen de llevar a cabo estas requisiciones de la manera más diligente y adecuada, sino también la búsqueda de asistencia por parte de las tropas del Condado de Niebla:

> Esta Junta ha recivido en el oficio de V. S. de 3 del corriente, las noticias que le comunica y ha recivido de Sevilla acerca de las fuerzas enemigas y su distribución, y persuadida de la necesidad de extraer de los Pueblos del Condado los fondos & [*sic*] y quanto pueda aprovechar al Enemigo, ha comisionado al Corregidor de Gibraleón que saldrá mañana de esta Ciudad para que execute desde luego esta operación en los Pueblos de Gibraleón, Lepe y Cartaya y en los demás en que no lo impidan la mucha proximidad del Enemigo. Lo que manifiesto a V. S. para su devido conocimiento y que auxilie a este comisionado para el mejor desempeño de su interesante encargo[699].

Los objetos de oro y plata constituirían un apartado especial, sobre los cuales los enemigos también habían puesto su atención. Según se informaba a Francisco de Copons en mayo de 1810, los franceses habían estado en Palos de la Frontera y desde allí habían remitido un bando a Huelva en el que se hacía referencia a la requisición de oro y plata «por mitad de todos los ramos»[700]. Indudablemente, dada esa competencia y dificultad, esta acción requería de la participación de agentes militares sobre el terreno. En este sentido, el Consejo de Regencia, siguiendo lo manifestado por la Junta de Sevilla, había aprobado que las fuerzas del Condado de Niebla recogiesen la plata labrada de las iglesias del suroeste por cuanto era lo primero que tomaban los enemigos cuando ocupaban los pueblos[701]. En este contexto se produjo la recogida de los enseres pertenecientes a diferentes establecimientos eclesiásticos[702], los que fueron remitidos en no pocas ocasiones a la Junta de Sevilla para su control y gestión:

> En este día y en su mañana pasé a Gibraleón a executar lo que por V. S. se me mandó, lo que en el término presiso de dos horas fueron echos los cajones donde con el mayor primor fue arrecojida la Plata de las dos Yglesias y también la de las

---

699. A Francisco de Copons y Navia. Ayamonte, 5 de mayo de 1810. RAH, CCN, sig. 9/6967.

700. Huelva, 22 de mayo de 1810. RAH, CCN, sig. 9/6966.

701. Documento firmado por el marqués de las Hormazas y dirigido a Francisco de Copons y Navia. Cádiz, 29 de mayo de 1810. RAH, CCN, sig. 9/6967.

702. En una de estas acciones se sacaron de Huelva dos carretas cargadas con la plata, más de doscientas arrobas de arroz –dejando el trigo para que su vecindario se pudiese mantener hasta la recolección de la cosecha–, los mozos del pueblo y varios desertores. En San Juan del Puerto no pudo sacarse la custodia por no disponer de carreta para su traslado, y había quedado escondida en espera de poder hacerlo más adelante. Escrito sin fecha, firma ni destinatario. RAH, CCN, sig. 9/6966.

monjas, la que boy en persona a conducirla a la Junta Suprema lo primero por aberme mandado a llamar antes de esto y lo segundo ir cosas mui interesantes y no fiar este asunto en nadie más que en mi propia persona[703].

A manos de la Junta de Sevilla llegarían incluso algunos objetos de plata procedentes de lugares alejados de la desembocadura y que se encontraban ocupados por los franceses de manera permanente, tal como quedaba recogido en una notificación de octubre de 1810 en la que se informaba a Francisco de Copons sobre la recepción de las piezas de ese metal que fueron enviadas por él desde Bollullos[704]. Ahora bien, a pesar de los esfuerzos puestos en la requisición de la plata, en ningún caso se confiscaron todas las piezas de las iglesias, ya que se establecieron algunas excepciones con la finalidad de poder celebrar el culto de manera decente. Ante la Junta de Sevilla se había presentado en junio de 1810 el cura de El Granado con un manifestador y un incensario, únicos enseres que decía tener aquella iglesia, por lo que, siendo indispensables para llevar a cabo el culto con la dignidad necesaria, se los había devuelto con la advertencia de que en caso de que los enemigos se aproximasen al pueblo debía ponerlos a salvo[705].

Más allá de esos objetos de plata, los poderes del suroeste pusieron también la atención sobre el dinero y las rentas vinculadas a determinadas instituciones eclesiásticas. Francisco Xavier de Cienfuegos, canónigo de la santa iglesia de Sevilla, residente en Ayamonte y encargado de la recaudación y administración de las rentas decimales que en los distintos pueblos del entorno pudieran corresponder a dicha iglesia, remitía un escrito a Francisco de Copons a finales de agosto de 1810 en el que decía que aprovechando la retirada de los enemigos había despachado comisiones a las vicarías de Trigueros, La Palma, Almonte y Moguer para el cobro de las rentas decimales correspondientes al año 1809, así como órdenes a los administradores para la preparación de las de 1810, y que había advertido además a esos agentes que si para llevar a cabo sus funciones necesitaban de algún tipo de auxilio de carácter militar debían recurrir al mariscal de campo, teniendo en cuenta que con esos productos serían socorridas las tropas que estaban a su mando[706].

Por su parte, la Junta de Sevilla instaba a Francisco de Copons en julio de 1810 a que previniese a su agente que se encontraba con las cañoneras de Huelva para que, cuando tuviese oportunidad, desembarcase en Moguer y sorprendiese al administrador de los bienes del convento de la Luz y le requisase

---

703. De Donato González Cortes a Francisco de Copons y Navia. Tariquejo, 20 de mayo de 1810. RAH, CCN, sig. 9/6966.

704. De la Junta de Sevilla. Ayamonte, 4 de octubre de 1810. RAH, CCN, sig. 9/6967.

705. De la Junta de Sevilla a Francisco de Copons y Navia. Ayamonte, 13 de junio de 1810. RAH, CCN, sig. 9/6967.

706. Ayamonte, 28 de agosto de 1810. RAH, CCN, sig. 9/6967.

todo el dinero que tuviese en su poder procedente de los objetos que había vendido por orden de los franceses, obligándole a presentar las cuentas con el objeto de evitar el fraude, y en caso de que se negase a ello debía ser arrestado y remitido a su disposición[707]. En Trigueros también se podría proceder en términos muy parecidos, actuando, por una parte, contra el administrador de una capellanía o patronato de legos para recoger el dinero existente y remitirlo a la junta con las cuentas para examinarlas, y, por otra, sobre el gerente de las temporalidades de los extinguidos jesuitas, con cuyo sujeto convenía practicar una diligencia similar[708].

Indudablemente, la colaboración y el buen entendimiento entre las autoridades del suroeste, tanto de carácter político como militar, resultaban cruciales a la hora de incrementar la recaudación de los caudales. Como muestra de esta cooperación, Francisco de Copons y Navia haría saber a la Junta de Sevilla en julio de 1810 que sus quehaceres no se ajustaban exclusivamente «a las funciones de armas», de tal forma que no solo había puesto el mayor empeño en mejorar la recaudación –en este caso concreto, la correspondiente a las rentas de la capellanía de Trigueros–, sino que actuaría además en todo momento sobre asuntos militares y políticos que estuviesen a su alcance para poder obtener de esta manera «el fin de nuestros deseos»[709].

Buena parte de esa movilización y manejo de recursos estaría encaminada al sostenimiento de enclaves fuera del propio marco fronterizo. En particular, de la plaza de Cádiz, que, si bien se encontraba asediada por las fuerzas francesas, mantenía en cambio, gracias al apoyo de la armada británica[710], un tráfico marítimo muy activo que permitía la entrada y salida de mercancías desde puntos muy diversos, y en el que una parte significativa se establecía con la costa andaluza occidental[711]. En este sentido, además del envío de productos para el consumo de los habitantes de la isla gaditana, también quedaron a disposición de las autoridades situadas en aquella ciudad distintas cantidades de dinero, metales y objetos de plata que resultaron de enorme importancia para atender a sus necesidades de financiación.

La prensa dio cuenta habitualmente de esta relación, en unos casos con fines meramente comerciales –como las relaciones de entradas y salidas de mercancías que publicaron el *Diario de la Vigía*, el *Diario Mercantil* o *El Conciso*[712]–, y en otras ocasiones con intenciones claramente propagandísticas,

---

707. Ayamonte, 4 de julio de 1810. RAH, CCN, sig. 9/6968.
708. *Ibidem*.
709. Aljaraque, 6 de julio de 1810. RAH, CCN, sig. 9/6968.
710. Solís 2000: 156-157.
711. Saldaña y Butrón 2012.
712. Para profundizar sobre estas cabeceras véanse, por ejemplo, Sánchez Hita 2008, Ramos Santana 2008.

con el fin de dejar constancia de la firmeza de la resistencia gaditana[713]. En aquel medio se recogía, por ejemplo, el arribo a la sitiada Cádiz de embarcaciones procedentes de Huelva cargadas con naranjas, de Ayamonte y Huelva con chacina, verduras y carbón, y de Faro y Vila Real de Santo António con paja y provisiones[714].

Otras publicaciones también dejaron constancia de la dimensión que alcanzaba la costa suroccidental en el sostenimiento de Cádiz. Tal fue el caso de *Felix Alvarez or Manners in Spain*, el relato novelado compuesto por Alexander Dallas –un joven oficial inglés que estuvo en el Cádiz sitiado– a partir de su experiencia en distintos escenarios peninsulares durante la guerra y que vería la luz en Londres en 1818[715]. En él sostenía que si bien el ejército francés había cerrado en buena medida las comunicaciones entre la Isla de León y Cádiz con las poblaciones de la bahía, aquello no había supuesto el desabastecimiento de sus mercados[716], ni había impedido en ningún caso el aprovisionamiento de las tropas que se localizaban en esos puntos[717]. En alguna ocasión hacía referencia de manera expresa a las conexiones que se habían trazado con la costa suroccidental. En una de las escenas narraba el viaje de dos de los protagonistas a la costa onubense para trasladar información a los franceses allí situados, momento en el que ambos, dado que su embarcación estuvo a punto de naufragar a la salida del puerto de Cádiz, para ser auxiliados se hicieron pasar por «pobres habitantes de Huelva que se ganaban la vida llevando fruta en barca al mercado de Cádiz». Interrogados por el patrón que les había rescatado sobre la actividad de los franceses en Huelva, contestaron que existía un pequeño destacamento en Moguer que en ocasiones se trasladaba a ese pueblo para efectuar requisiciones, pero que en líneas generales no contaban con muchos obstáculos a la hora de cargar y partir con destino a Cádiz[718].

Más allá de lo relatado por Dallas, lo cierto es que esas iniciativas particulares contarían, de una u otra manera, con el impulso y el apoyo de las autoridades situadas en ambos vértices. Los poderes gaditanos no solo solicitaron la remisión de productos de primera necesidad para la asistencia de la población sitiada o de recursos económicos para contribuir al sostenimiento de las finanzas públicas, sino que a su vez arbitraron mecanismos de requisición que permitieran, por un lado, facilitar el sustento y la colaboración de los pueblos y, por otro, sortear las medidas coercitivas impuestas a estos por los enemigos.

---

713. Una breve muestra en Villegas y Mira 2011a: 136-138.

714. *El Conciso*, núm. 22 (22/04/1812), p. 5 y núm. 23 (23/04/1812), p. 5.

715. Dallas 1818.

716. Dallas 1818, vol. I, p. 53. Incluso se constataría, en más de una ocasión, la llegada de pescado a la ciudad a través de barcas de pescadores que habían burlado el control francés y que habían permitido trazar una línea de contacto con El Puerto de Santa María (pp. 184-185 y 200).

717. Dallas 1818, vol. I, p. 92.

718. Dallas 1818, vol. I, pp. 216-217.

Valga como muestra la orden enviada por el Consejo de Regencia en mayo de 1810 a la Junta Suprema de Sevilla, y después comunicada a Francisco de Copons y Navia, por la cual no solo se dotaba a este último de la autoridad competente para llevar a cabo la delicada operación de hacer efectivos estos requerimientos en un espacio amplio y no siempre libre de la presencia francesa, sino que, en conexión, se intimaba a la Junta de Sevilla a participar y colaborar en tan necesario y conveniente encargo:

> El Consejo de Regencia de España e Yndias se halla penetrado de la buena disposición de los vecinos de todos los Pueblos del Condado de Niebla para concurrir por su parte a franquear todos los granos y demás artículos que existen en su poder y son de primera necesidad en esta Ysla y Cádiz, así como la plata de las Yglesias Parroquiales y Conventos, que hasta ahora no han sido obgeto de la rapacidad del Enemigo. Y queriendo S. M. conciliar el buen deseo de los indicados vecinos con la seguridad personal que necesitan para no incurrir en las atroces penas impuestas por el Rey intruso a los que presten el menor auxilio para la defensa de la justa causa que sostiene la Nación, se ha servido resolver que el Mariscal de Campo D. Francisco Copons y Navia proceda desde luego, sin causar vexación particular, a extraher de cada Pueblo con la fuerza armada de su mando, dividida según lo exijan las circunstancias, todos los granos, semillas y paja que haya en dichos Pueblos, de qualquiera pertenencia que sean, dexando lo que prudentemente se regule necesario para el consumo del vecindario, dando los correspondientes recivos y manifestando a los dueños el motivo de esta providencia, asegurará la certeza y puntualidad de su pago, que se verificará a la mayor brevedad. Del mismo modo se recogerá también toda la plata, a excepción de los vasos sagrados más precisos para el culto, de las Yglesias Parroquiales y Conventos, baxo el correspondiente inventario; dando V. E. las providencias más activas que le dicte su celo y patriotismo a fin de que se embarquen en el puerto más inmediato los referidos efectos a medida que se vayan reuniendo y auxiliando a Copons por quantos medios sean posibles para el logro de tan interesante servicio[719].

La situación se complicaba desde el momento en que las tropas francesas también concedían gran importancia a todo el territorio suroccidental para el suministro y la obtención de recursos. De los efectos que tendrían para los habitantes del Condado las prácticas de requisición, así como la continua exigencia de contribuciones ordinarias y extraordinarias, daban cuenta las palabras que dirigían los capitulares de Niebla a los de Almonte en julio de 1810 cuando, en referencia a las exacciones efectuadas por el acuartelamiento francés, afirmaban que «para cumplir con las tropas, el día de hoy en esta villa han quedado sus vecinos a pedir limosna, sin que parezca esto exageración»[720].

---

719. Documento firmado por el marqués de las Hormazas. Isla de León, 12 de mayo de 1810. RAH, CCN, sig. 9/6967.
720. Peña Guerrero 2010: 196.

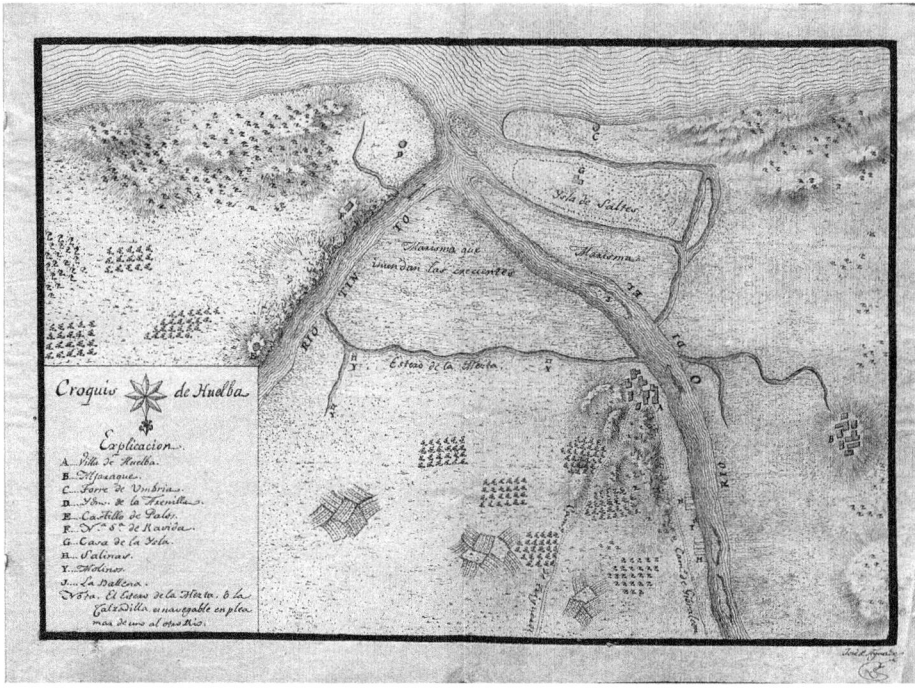

Figura 9. Puntos observados en el reconocimiento sobre la villa de Huelva en 1810, por José de Aguado. Fuente: Biblioteca Virtual de Defensa. Localización: Archivo Cartográfico de Estudios Geográficos del Centro Geográfico del Ejército, signatura C.63-N.20

Desde esa perspectiva, el interés de ambos contendientes respecto a los requerimientos efectuados sobre las poblaciones del suroeste tendría una doble dimensión. Por un lado, surtirse de productos necesarios para la subsistencia, y, por otro, evitar que estos cayesen en manos del enemigo y terminasen proporcionando impulso a sus propósitos. En mayo y agosto de 1810 tuvieron lugar algunos movimientos de las tropas francesas hacia Moguer, Palos y Huelva para impedir el embarque de diferentes efectos y alimentos para Cádiz[721], mientras que la Junta de Sevilla se congratulaba en mayo de 1810 por las acciones militares que habían permitido el embarco de granos en Cartaya para la plaza gaditana «a pesar del embargo del enemigo, y que se le haya frustrado su intento de apoderarse de los barcos cargados de Moguer», así como porque desde Ayamonte había «salido también en la mañana de ayer un comboy

---

721. De Francisco de Copons y Navia a Francisco de Eguía (cuartel general de la Puebla, 8 de mayo de 1810. RAH, CCN, sig. 9/6966). Y del agente militar Manuel Francisco Gordillo a Francisco de Copons y Navia (San Bartolomé de la Torre, 14 de agosto de 1810. RAH, CCN, sig. 9/6968).

de 56 velas escoltadas por tres cañoneras abundantemente cargado de varios artículos muy interesantes para Cádiz»[722].

Las autoridades del suroeste intentaron además reducir la presencia francesa a puntos concretos, facilitando así la remisión de las provisiones desde los enclaves no controlados por los enemigos. Este fue el caso de Moguer durante el verano de 1810. De hecho, Francisco de Copons señalaba en el mes de junio que obligaba a las fuerzas francesas a no salir de aquel pueblo y que así le dejaban «libres los puertos para el embarco de víveres de la importante plaza de Cádiz»[723], mientras que en julio daba cuenta de haber aprovechado la desatención puntual de aquel enclave para extraer recursos económicos que de otra manera no podría haber ingresado en sus arcas[724].

Entre los productos sacados del suroeste para evitar que cayesen en poder del enemigo y remitidos a Cádiz se encontraban no solo víveres y provisiones para el sustento de sus habitantes[725], sino también ciertas cantidades de paja[726], cabezas de ganado[727] y de metales, ya fuesen procedentes de las diferentes iglesias del suroeste[728], o ya fuesen extraídos directamente de las minas de la región. En este último caso ocuparían un lugar preferente las de Riotinto como quedaba constatado tanto por las presiones que sobre ellas ejercerían los poderes josefinos situados en Sevilla[729], como por la atención que de manera combinada les prestaban los poderes del suroeste y las autoridades de Cádiz, quienes promovieron su explotación y provecho para la causa fernandina[730]:

> La interesante operación de extraer el metal de las minas de Rio Tinto que tanto deseaba no la pude realizar por que ocupava el Enemigo el Castillo de las

---

722. A Francisco de Copons y Navia. Ayamonte, 9 de mayo de 1810. RAH, CCN, sig. 9/6966.

723. Al gobernador de las armas del Algarve. Cuartel general de Castillejos, 23 de junio de 1810. RAH, CCN, sig. 9/6966.

724. A Eusebio de Bardaxi. Cuartel general de Alcoutim, 11 de julio de 1810. RAH, CCN, sig. 9/6968.

725. En alguna ocasión se hizo referencia al embarque de vino para Cádiz desde Moguer y Huelva. Escrito de la Junta de Sevilla a Francisco de Copons y Navia. Vila Real de Santo António, 15 de julio de 1810. RAH, CCN, sig. 9/6968.

726. De Cayetano Alberto Quintero a Francisco de Copons y Navia. Huelva, 8 de diciembre de 1810. RAH, CCN, sig. 9/6967.

727. De Francisco de Copons y Navia a la Junta de Sevilla. Ayamonte, 28 de noviembre de 1810. RAH, CCN, sig. 9/6967.

728. Por ejemplo, varias comunicaciones de la Junta de Sevilla a Francisco de Copons y Navia. Ayamonte, 31 de mayo y 4 de octubre de 1810. RAH, CCN, sig. 9/6967.

729. Entre los papeles transcritos por Manuel Gómez Imaz, los fechados en Sevilla el 24 de septiembre y en las reales minas de Riotinto el 3 de octubre de 1810. BNE, CGI, R/62676.

730. De Francisco de Copons y Navia a José de Heredia; Ayamonte, 29 de noviembre de 1810. El escrito de contestación, en la Isla de León, 10 de diciembre de 1810. RAH, CCN, sig. 9/6967.

Guardas; evacuado por este siempre me se presentavan dificultades por la distancia, y por las Partidas Enemigas que sobre aquellos puntos observan. No obstante destaqué de mi vanguardia 200 hombres, y tengo la satisfacción de que hayan llegado a esta ciudad 2535 arrobas de cobre punto de Artillería y de martinete y el resto hasta 3 mil y más arrobas vienen de camino a pesar de haver intentado el Enemigo impedir la salida en las inmediaciones de las minas. Espero que esa Suprema Junta se sirva remitirlo a Cádiz por lo que interesa para las fábricas, como por su valor[731].

El grado de presión de los poderes franceses y la posibilidad real de asiento y operación de las tropas del Condado de Niebla condicionarían la efectividad de las acciones de requisición desarrolladas en los distintos pueblos del suroeste. Este hecho no pasaba inadvertido a las autoridades de Cádiz, como lo viene a demostrar la comunicación enviada a Francisco de Copons y Navia algunos días después de remitirle la orden sobre el modo de proceder en aquella confiscación. En ella se reiteraba la misma «Real Orden por si hubiese padecido extravío la anterior», y se le intimaba a ejecutar su puntual y rápido cumplimiento, para lo cual debía concurrir con sus recursos militares, «en el concepto de que S. M. medita constantemente los medios de proporcionarle fuerzas para que atienda a dispensar y alejar las partidas enemigas que saquean los Pueblos del Condado de Niebla»[732].

Pero las posiciones sobre el terreno y la capacidad real de control por parte de unos y otros también tendrían repercusiones sobre la forma en la que las comunidades locales reaccionaban ante los diversos requerimientos de los que eran objeto, parte de los cuales terminaba llegando a la ciudad de Cádiz. En este sentido, a las dificultades derivadas de la falta de materiales y medios adecuados para llevar a cabo la extracción y la conducción de géneros desde las áreas controladas por los franceses[733], habría que añadir las resistencias que manifestaban los pueblos, al menos de manera puntual, ante el temor a las represalias de las fuerzas ocupantes. Por ejemplo, desde uno de los pueblos se informaba que se habían presentado algunos comisionados con el objeto de comprar víveres, y a pesar de que había disponibilidad de barcos, lo había impedido su justicia bajo el argumento «del temor de los enemigos». Y continuaba diciendo que «todo es menos tratándose de salvar la Patria y soberano», por lo que ante cualquier leve sospecha que tuviese sobre el proceder

---

731. De Francisco de Copons y Navia a la Junta de Sevilla. Ayamonte, 28 de noviembre de 1810. RAH, CCN, sig. 9/6967.

732. Escrito firmado por el marqués de las Hormazas. Isla de León, 18 de mayo de 1810. RAH, CCN, sig. 9/6967.

733. Francisco de Copons informaba que, tras una incursión en Moguer, la falta de buques no había permitido embarcar los granos que se habían obtenido. Río de Huelva, 13 de diciembre de 1810. RAH, CCN, sig. 9/6968.

de su ayuntamiento, este tendría que responder con sus personas y sus bienes, a quienes se juzgaría militarmente, y si algún vecino, «que no lo espero», se opusiese al embarco de efectos con destino a la plaza de Cádiz, aquella corporación tendría que castigarlo al quedar como responsable en el cumplimiento de esta orden[734].

En definitiva, aunque no siempre fue necesaria la asistencia militar, se activaron sin embargo algunos mecanismos de presión sobre los poderes municipales para hacer frente a las resistencias y garantizar el envío de productos. Por ejemplo, en una comunicación entre Francisco de Copons y Navia y la Junta Superior de Cádiz de mayo de 1810 se hacía referencia a las presiones y los encargos de los que eran objeto las autoridades locales con el propósito de garantizar el tráfico corriente con la isla gaditana:

> […] tengo hecho estrechos cargos a las Justicias para que faciliten auxilios de toda especie a esa importantísima Plaza, y los repito a las de Cartaya, Lepe, Higuerita, que sin mi auxilio lo pueden verificar sin ningún riesgo pues cubre Cartaya una poca de infantería mía, no así Moguer y Huelva por que los enemigos ocupan la llanura situados en Trigueros, y se corren por ellas en todas direcciones[735].

En todo caso, esas medidas de presión sobre los pueblos no se tomaban en cambio sin tener en consideración las necesidades de subsistencia de sus habitantes. En un escrito relativo al cumplimiento de la orden de 12 de mayo de 1810 sobre la requisición de productos con destino a la isla gaditana se instaba a pasar «circulares a todas las Justicias insertándoles este oficio», y en el que se prevenía que bajo ningún pretexto debían darse salida a los efectos de la actual cosecha, y que en caso contrario se les impondrían las «mayores y graves penas». Sin embargo, también refería que las justicias, acompañadas del síndico del común y del párroco, debían hacer un cálculo tanto de las necesidades que tenía cada pueblo como del volumen de la cosecha que se esperaba, siendo el sobrante conducido a los puertos de Ayamonte y Sanlúcar de Guadiana, y a las rías de Cartaya y Lepe[736].

En fin, todos estos esfuerzos, ya implicasen la movilización y el enfrentamiento directo de las tropas o tan solo el apremio a los poderes municipales, condujeron al establecimiento de líneas de relación y abastecimiento más o menos fluidas y constantes entre las tierras del suroeste y la ciudad de Cádiz, circunstancia que reportaría, a ojos de sus propios protagonistas, indudables

---

734. El documento no cuenta con los datos de fecha, firma ni destinatario, si bien forma parte de una carpeta correspondiente a julio-diciembre de 1810. RAH, CCN, sig. 9/6968.

735. Cuartel general de Villanueva de los Castillejos, 18 de mayo de 1810. RAH, CCN, sig. 9/6966.

736. Cuartel general de Villanueva de los Castillejos, 29 de mayo de 1810. RAH, CCN, sig. 9/6967.

beneficios tanto a la causa común como a la población gaditana. En este contexto encontraba explicación el reconocimiento otorgado a aquellos individuos que impulsaron y propiciaron ese tránsito, como fue el caso de Francisco de Copons y Navia, a quien los poderes gaditanos felicitaron reiteradamente en el verano de 1810. De hecho, en mayo reconocían que «el celo con que V. S. trabaja en todo ese País a beneficio de la causa pública se experimenta en esta ciudad»[737]; en julio se felicitaban de su capacidad para controlar a un enemigo superior en fuerza y «conservar libres los Puertos de esa parte de Poniente y recivir de ellos los víveres y socorros de que tanta necesidad tiene esta Plaza», haciéndole llegar su agradecimiento «en nombre de su vecindario y de la nación toda»[738]; y en septiembre sería la Junta de Cádiz la que le reiteraba sus palabras de reconocimiento y agradecimiento «por mantener como hasta el día felizmente ha mantenido libres los principales Puertos de esta Costa»[739]. Estas expresiones servirían meses más tarde de argumento al mariscal de campo para contrarrestar las críticas vertidas por el *Semanario Patriótico* sobre la debilidad de su actuación en el Condado de Niebla:

> ¿Y quién entre tanto ponía freno al enemigo a sus tan conocidos desórdenes? Una simple orden suya entonces a todos los puertos de la costa sería más que suficiente para impedir la extracción de víveres a la plaza de Cádiz, tantos otros efectos del mayor interés que llegan continuamente al mismo fin de Castilla, Extremadura, y de las mismas Andalucías que domina el tirano. Vd. es buen testigo, señor editor, de los numerosos y repetidos comboyes de ochenta y de cien velas que salieron de Ayamonte y Puertos inmediatos. Sin ellos habría Vd. carecido de carnes, de vinos, y de frutos indispensables a la vida, y sin estos abundantes auxilios que recibió Cádiz desde que estuve mandando difícilmente pudiera mantenerse ese numeroso vecindario, ni subsistir la caballería que guarnece la Isla de León. Estos milagros no son hijos de la apatía que Vd. me supone a la ligera, son efectos de mi zelo ardiente y de mi constante deseo del bien de la patria[740].

En definitiva, la requisición de productos entre los pueblos del suroeste y su envío posterior a la sitiada Cádiz no se podrían haber gestionado sin el concurso de las distintas autoridades del Condado de Niebla. Entre ellas, la Junta de Sevilla, quien asumiría un claro papel, en combinación con los poderes militares de la zona, tanto en la requisa y el manejo de los diferentes géneros

---

737. Cádiz, 24 de mayo de 1810. RAH, CCN, sig. 9/6966.
738. Cádiz, 31 de julio de 1810. RAH, CCN, sig. 9/6968.
739. Cádiz, 27 de septiembre de 1810. RAH, CCN, sig. 9/6967.
740. Ayamonte, 26 de enero de 1811. *Carta del Mariscal de Campo D. Francisco de Copons y Navia al Editor del Semanario Patriótico*. Cádiz: Impreso por Don Antonio de Murguia, 1811, p. 11. BNE, CGI, R/61120.

extraídos de los pueblos, como en su despacho con destino al enclave gaditano. Unas acciones que venían a reforzar la capacitación política que entonces alcanzaba en representación del reestructurado espacio provincial.

5.2.3. El territorio de la política: la representación de la provincia

La Junta Suprema de Sevilla actuaría desde la desembocadura del Guadiana pero ejercería la potestad de gobierno sobre un amplio territorio del suroeste peninsular. Como ella misma manifestaba en una de sus proclamas publicada en el primer número de la *Gazeta de Ayamonte*, se había constituido como «representante del voto de su Provincia». En este sentido, cuando iniciaba su publicación dirigiéndose a los «Sevillanos, Andaluces, Españoles, o víctimas inocentes sacrificadas por el más cruel de los tiranos», no estaba sino refiriéndose, en lo que respecta al primer término, a los habitantes de la provincia –heredera en parte del antiguo reino de Sevilla[741]–, sobre los que desarrollaría una incesante actividad «exortando a los Pueblos, a quienes defiende y protege»[742]. De hecho, en un decreto publicado en el cuarto número se intitulaba «Junta Suprema de Sevilla y su Provincia»[743], y en otro ejemplar, en el decimoséptimo, se denominaba «Junta Superior del Reyno de Sevilla»[744]. En fin, la definición que establecía la junta sobre sí misma amparaba no solo su caracterización como institución de gobierno de carácter supremo –en cuanto al ejercicio del poder– y superior –respecto a la configuración institucional del mismo–, sino además su capacitación como instrumento de representación política de un amplio territorio en el suroeste, por encima incluso del marco efectivo sobre el que ejercía el control.

Esa caracterización provincial llevaría a la junta a ejercer las funciones de gobierno y supervisión sobre las autoridades locales de ese extenso espacio, con independencia de las fórmulas adoptadas en su designación[745] o de que estuviesen o no bajo el control de los poderes fernandinos. Así ocurrió, por ejemplo, en los casos de Cayetano Alberto Quintero, alcalde de Huelva, al que por orden de la Junta de Sevilla se le mandó comparecer a Ayamonte para

---

741. Para cuestiones sobre demarcación y jurisdicción territorial véase Martínez Martín 1996.

742. *Gazeta de Ayamonte*, núm. 1 (18/07/1810), p. 1.

743. *Gazeta de Ayamonte*, núm. 4 (08/08/1810), p. 2.

744. *Gazeta de Ayamonte*, núm. 17 (07/11/1810), p. 6.

745. Por ejemplo, en el caso de Villablanca, los franceses entraron en el pueblo y, a pesar de encontrarlo desierto, «nombraron Alcalde perpetuo a un paisano que se les presentó casualmente». Escrito de la Junta de Sevilla a Francisco de Copons y Navia. Vila Real de Santo António, 12 de julio de 1810. RAH, CCN, sig. 9/6968.

satisfacer varios cargos que se le habían hecho[746]; y de las autoridades de Niebla, sobre las que Francisco de Copons y Navia refería en un escrito remitido
al ayuntamiento de ese pueblo que el corregidor y otros miembros de su ayuntamiento que habían sido nombrados por los enemigos debían cesar en sus
funciones desde el momento que llegasen las tropas de su mando, y que estos individuos serían arrestados y remitidos a la presencia de la Junta Suprema
de Sevilla[747].

La identificación provincial también le permitía erigirse en portavoz y
agente de su demarcación territorial frente a los poderes superiores de Cádiz,
e incluso con respecto a las autoridades británicas y portuguesas. En este contexto, la Junta Suprema de Sevilla destacó por la defensa de los intereses de
la zona en la que estaba refugiada. Por ejemplo, según se ha visto en un capítulo anterior, en la disputa mantenida con las autoridades luso-británicas por
el mantenimiento y la conservación de las baterías defensivas con las que contaba Ayamonte. En otras ocasiones las reclamaciones se encaminarían hacia
el gobierno superior de Cádiz. Así ocurrió, por ejemplo, a raíz de la decisión
adoptaba por el Consejo de Regencia sobre la salida de las tropas del Condado
de Niebla al mando de Francisco de Copons y Navia para ocupar un nuevo
destino más próximo a la ciudad de Cádiz. Esta discrepancia se hizo visible
incluso ante la opinión pública, si bien recurriendo a la fórmula de la firma
externa. En el trigésimo número de la *Gazeta de Ayamonte* se publicaba una
colaboración particular, firmada con las iniciales R. A. M., en la que entre otras
cuestiones se sostenía lo errado de esta decisión por los perjuicios que acarrea-
ría tanto para una parte importante del reino de Sevilla como para la misma
Cádiz, a la que se despojaría de los auxilios que tanta importancia habían tenido en su defensa:

> Si puedo estampar y transmitir hasta los yerros, defectos o ignorancias del
> Supremo Consejo nacional con el laudable objeto de ilustrarle para el acierto;
> […] ¿Cómo no podré yo manifestar sencillamente el sentimiento íntimo de este
> Condado y serranía de Andévalo por la inesperada, y al parecer, anti-militar e
> impolítica disposición del Capitán General de las Andalucías, y aun de S. A. el
> Supremo Consejo de Regencia, si es que tuvo alguna parte en ella? La orden co-
> municada por el General en xefe del exército quarto, que lo es el de la Isla, para
> que pasasen a aquella inmediatamente los cuerpos de infantería que cubrían estos
> puntos a las órdenes del General Copons, reelevando a éste el Mariscal de Campo
> Ballesteros; supone equivocaciones muy perjudiciales a la salvación de las An-
> dalucías, y después de sacrificar a una parte notable del reyno de Sevilla, se pri-
> vará a Cádiz de los socorros tan necesarios a su conservación: si estas verdades se

---

746. Huelva, 18 de junio de 1810. AHPH, Escribanía de Diego Hidalgo Cruzado, Huelva,
año 1810, leg. 4785, fol. 38.
747. Niebla, 25 de agosto de 1810. RAH, CCN, sig. 9/6968.

demuestran, lo será también que la citada orden es tan anti-militar y anti-política, como digna de que el Supremo Consejo de Regencia aplique a su reposición la actividad y zelo que hasta aquí nos hubo acreditado[748].

A pesar de que estamos ante una colaboración particular, no debe obviarse que, según se abordará más detenidamente en el siguiente apartado, la junta Suprema de Sevilla estaba a cargo de la edición de aquella gaceta y que, por tanto, ejercía un claro control sobre su contenido, publicando solo aquello que se ajustaba a sus propias ideas e intereses. A esta altura, la junta se encontraba legitimada para hacer pública su opinión y para manifestar su resistencia frente a las decisiones tomadas desde otros espacios superiores de poder.

Por otra parte, más allá de la representación y la actuación en defensa de su territorio, la Junta de Sevilla participaría activamente en el nuevo marco político e institucional puesto en marcha a lo largo de 1810. La instrucción dictada por la Junta Central en enero de ese año sobre la forma de proceder a la elección de diputados de Cortes[749] no solo establecía el sufragio en tres niveles distintos –parroquia, partido y provincia– o la capacitación y definición del derecho a voto[750], sino que además otorgaba un destacado protagonismo a las Juntas Superiores de Observación y Defensa, tanto en la activación y conducción del proceso en los escenarios intermedios –cuyo papel recaía en parte de sus miembros–, como en la conformación última de las Cortes, por cuanto disponía de la capacidad de nombrar a un representante propio. En atención a estas circunstancias, y siguiendo el formato estipulado por la normativa, en los primeros días de agosto de 1810 se llevó a cabo la elección del representante correspondiente a la Junta de Sevilla. Una vez puestos en común los votos emitidos por sus miembros sería elegido, previa realización del sorteo, José Luis Morales Gallego:

> En la ciudad de Ayamonte a tres de agosto del referido año se reunieron en las salas destinadas para las sesiones de esta Suprema Junta los Excmos. Señores Don José Morales Gallego y Don Francisco Xavier de Cienfuegos y Jovellanos, a los cuales ley la instrucción mandada observar para la elección de los Diputados de Cortes y demás reales ordenes que hablan en la materia, y en seguida se procedió a votar por dichos señores en los términos siguientes: El Excmo. Señor Don Francisco Xavier de Cienfuegos dijo nombraba al Señor Fabián de Miranda Deán de la Yglesia Catedral de Sevilla y el Excmo. Señor Don José Morales Gallego al Señor Marqués de Grañina, el referido señor Cienfuegos nombró en segundo

---

748. *Gazeta de Ayamonte*, núm. 30 (06/02/1811), pp. 4-5.

749. *Instrucción que deberá observarse para la elección de Diputados de Cortes*. Sevilla: En la Imprenta Real, 1810.

750. Sobre la naturaleza, contenido y alcance de la instrucción véanse Sierra, Peña y Zurita 2010: 138 y ss.; Presno 2012.

lugar al Excmo. Señor Don José Morales Gallego, este nombró para el mismo lugar al Señor Víctor Soret, el dicho Señor Cienfuegos nombró en tercer lugar al Señor Marqués de Grañina, y el Excmo. Señor Don José Morales Gallego al Señor Don Andrés Miñano. Computados los votos por mí el Secretario resultaron con mayor número los Excmos. Señores Don Fabián de Miranda, Don José Morales Gallego y el Marqués de Grañina, por lo que en el mismo acto se formaron tres cedulas, y escribiendo en cada una el nombre de uno de los tres referidos señores, liadas con separación, se introdugeron en una vasija, de la que, después de haberle dado varias vueltas, se extrajo por el infrascripto Secretario una papeleta que abierta se leyó en alta voz y decía: Excmo. Señor Don José Morales Gallego, el qual quedó nombrado para Diputado de Cortes por esta Junta[751].

Este representante saldría con dirección a Cádiz poco después de su elección. También debieron de partir en aquellos días otros diputados que se encontraban en la desembocadura. Según comunicaba John Austin a Miguel Pereira Forjaz el 11 de agosto, «espera-se grandes resultados das deliberações das Cortes», para lo cual había entrado en el Guadiana un bergantín de guerra para llevar a Cádiz a varios diputados que se encontraban entonces en Ayamonte[752].

La presencia de José Luis Morales Gallego en las Cortes gaditanas se prolongó por casi tres años, siendo dado de alta como diputado el 2 de octubre de 1810 y de baja el 20 de septiembre de 1813. Fue uno de los primeros presidentes de las Cortes, cargo rotatorio que ocupó a partir del 24 de noviembre de 1810 al haber obtenido 66 votos en la elección realizada entre los parlamentarios. En conjunto, fue un diputado muy activo, participando no solo en muchos de los debates que se abrieron sobre materias muy diversas, sino también en las distintas comisiones de trabajo a las que perteneció[753].

La desembocadura del Guadiana acogería otro acto de elección algunos meses después. El 4 de noviembre de 1810 Francisco Gómez Fernández fue elegido diputado por Sevilla en las casas capitulares de Ayamonte, en un proceso que, siguiendo lo recogido por la normativa, la Junta de Sevilla, o al menos parte de sus miembros, debieron de desempeñar un papel destacado. El recién electo diputado también saldría con dirección a Cádiz, siendo finalmente sus poderes aprobados por las Cortes el 19 de diciembre, donde juró y tomó posesión varios días después[754]. Francisco Gómez Fernández contaba con experiencia previa en responsabilidades de poder en el suroeste, pues hacía meses que venía desempeñando el encargo de una comisión con Francisco

---

751. APNA, Escribanía de Francisco Javier Granados, Ayamonte, leg. 323, año 1810, fols. 64-67.

752. Castro Marim, 11 de agosto de 1810. AHM/L, 1/14/075/15, fol. 6.

753. Núñez García 2010 y 2012a: 25-28.

754. Caro Cancela 2011: 555-557; Núñez García 2012b.

de Copons y Navia, puesto para el que contaría con el apoyo económico de la Junta de Sevilla[755], y cuya salida conduciría finalmente a la reestructuración de la propia asesoría[756]. En definitiva, el nuevo diputado por la provincia de Sevilla debió de mantener activa la línea de comunicación y entendimiento con el territorio de su representación, y, en concreto, con sus autoridades, con las que venía actuando desde algún tiempo atrás a su elección para la cámara gaditana.

La Junta Suprema de Sevilla tendría, por tanto, un claro protagonismo en el espacio político del suroeste, con capacidad de actuación sobre distintos agentes y escenarios, para lo cual resultaba, si no necesario al menos conveniente, no solo que sus palabras, discursos y opiniones alcanzasen proyección en el entorno, sino también que dispusiese de noticias fiables para poder tomar las medidas más adecuadas. La información y el control de la misma se erigieron, en consecuencia, en piezas clave de un sistema de articulación político y defensivo a cuyo frente se situaba la propia Junta de Sevilla.

5.2.4. El espacio de la información y la propaganda: la *Gazeta de Ayamonte* y el control de la opinión

En junio de 1810, la Junta de Sevilla se dirigía a las autoridades de Cádiz con objeto, entre otras cuestiones, de contrarrestar las opiniones vertidas por los poderes anglo-portugueses acerca del baluarte defensivo de Ayamonte. En ese escrito, si bien se negaba a su demolición, admitía no obstante que se tomasen «las medidas necesarias en el desgraciado e inesperado caso de que las fuerzas enemigas, engrosadas, y vencidas las dificultades que opone el terreno para la conducción de la Artillería, tratasen de establecerse sólidamente en estas costas». Pero esta última circunstancia, según recalcaba, no podría «verificarse sin que tenga esta Junta noticias muy anticipadas»[757]. Y es que, en efecto, la Junta de Sevilla había puesto un especial cuidado en establecer un marco de informantes y confidentes que resultaba de enorme utilidad para la toma de sus decisiones y la de los habitantes del entorno. La disponibilidad de información fiable permitía desactivar los efectos de los rumores o «voces vagas»[758] que recorrían el territorio y que, por un lado, dificultaban el ejercicio de las funciones de la junta, y, por otro, perturbaban la tranquilidad de los pueblos. Ahora bien, no debió de resultar nada fácil la planificación y la puesta en funcionamiento

---

755. Ayamonte, 27 de julio de 1810. RAH, CCN, sig. 9/6967.

756. Juan Ramírez y Cárdenas, secretario de la junta, sería el encargado de ejercer a partir de entonces las funciones de la asesoría, quien debería cesar en caso de que Francisco Gómez no fuese admitido como diputado y regresase nuevamente a este destino. Ayamonte, 9 de diciembre de 1810. RAH, CCN, sig. 9/6967.

757. Ayamonte, 23 de junio de 1810. AHN, Estado, leg. 4510, caja 1, núm. 112.

758. Almuiña 1995: 410.

de ese marco informativo, ya fuese por la amplitud y la variedad de los actores y los escenarios que debían participar en el mismo, o ya fuese por las dificultades y las limitaciones de medios con los que unos y otros contaban.

Un primer eje se establecía con las autoridades militares del Condado de Niebla, clave para la obtención de noticias fidedignas sobre los movimientos de los franceses en aquel escenario. La Junta de Sevilla decía en junio de 1810 hallarse en Ayamonte sin poder tomar las medidas necesarias para su seguridad, de ahí que solicitase a Francisco de Copons que dispusiese «las cosas en términos de que pueda tener avisos de la proximidad del enemigo en caso de dirigirse a este punto, con la anticipación necesaria para tomar sus medidas»[759].

En líneas generales, lo que se proyectaba era un mecanismo de ida y vuelta en el que participaban tanto los miembros de la Junta de Sevilla como los integrantes del ejército del Condado, y que propiciaría la transmisión de información en una y otra dirección. La Junta de Sevilla comunicaba a Francisco de Copons que en función de su oficio reservado del 13 de julio y recibido por ella en la tarde del día anterior, había dado disposiciones con objeto de adquirir noticias puntuales sobre la situación del enemigo, que le serían trasladadas una vez que ella misma las recibiese[760]. Algunos días después la junta volvía a dirigir un escrito a Copons haciéndole partícipe de la información que «por conducto fidedigno» había recibido sobre el movimiento de los franceses en la Sierra[761]. En definitiva, en ese espacio compartido de información también participaron otros agentes del entorno –tanto autoridades de los pueblos como particulares, residentes o transeúntes–, quienes trasladaban noticias de primera mano a los distintos poderes[762]. El trasiego de noticias sería muy intenso y recorría canales de distintos niveles y dimensiones, lo que en ocasiones comportó además que la información llegase por diferentes vías a la vez. Así quedaba reflejado, por ejemplo, en la comunicación que la Junta de Sevilla enviaba a Francisco de Copons y Navia en junio de 1810 manifestándole haber recibido su oficio, al tiempo que decía haber tenido conocimiento «por otros conductos» de esas mismas noticias[763].

La información presentaba además dimensiones y contenidos muy diferentes desde el punto de vista geográfico, de tal forma que no solo tendría su origen o estaría vinculada con el territorio suroccidental, sino que también procedería e implicaría a otros lugares más alejados.

---

759. Ayamonte, 23 de junio de 1810. RAH, CCN, sig. 9/6966.

760. Vila Real de Santo António, 15 de julio de 1810. RAH, CCN, sig. 9/6968.

761. Vila Real de Santo António, 20 de julio de 1810. RAH, CCN, sig. 9/6968.

762. Así quedaba consignado en las comunicaciones del 14, 19 y 31 de julio y 15 de diciembre de 1810. RAH, CCN, sig. 9/6967 y 9/6968.

763. Ayamonte, 6 de junio de 1810. RAH, CCN, sig. 9/6966.

En el caso del suroeste los ejemplos disponibles refieren la existencia de canales de comunicación de carácter multilateral entre la Junta de Sevilla, el mariscal Francisco de Copons, los responsables del ejército anglo-portugués y las autoridades lusas[764]. En los territorios bajo dominio bonapartista la comunicación era más difícil de gestionar y requería de la participación de agentes especiales y confidentes. Por ejemplo, la Junta de Sevilla refería en julio de 1810 que, respecto al desplazamiento de los enemigos en puntos como Villarrasa o Moguer, habían llegado algunas noticias sobre sus movimientos que indicaban algunas novedades a las que había que estar atentos, y que podían manifestar su retirada, «según infieren muchos confidentes», por la celeridad que se han dado en recoger sus enfermos y efectos[765]. El ejército del Condado de Niebla también disponía de agentes que le informaban sobre el posicionamiento de los enemigos, tal como quedaba patente en una comunicación de diciembre de 1810 en la que se daba cuenta de haber recibido aviso por sus confidentes de la entrada en Moguer de tropas francesas procedentes de Sevilla[766].

Especialmente interesantes resultaron las conexiones trazadas con algunos residentes de la Sevilla ocupada. La junta contó en aquella ciudad con distintos confidentes con la finalidad de tener noticias circunstanciadas y exactas de los movimientos de los ocupantes[767], que le llegaban, al menos en algunas ocasiones, a partir de las cartas preparadas por ellos mismos[768]. Tal fue el caso, por ejemplo, de José de Villanueva Vigil, quien «con ansia insaciable buscaba medios de su felicidad y gloria», de ahí que, siguiendo «estos deseos» e «impulsos poderosísimos», a los siete días participaría «a la Junta Superior (refugiada en Ayamonte)» de las ocurrencias que habían «sucedido en esta capital, fuerzas, planos y direcciones del enemigo». En su relato refería asimismo haber escrito varios papeles y fijado en los lugares acostumbrados «para excitar un odio mortal contra la tiranía de Bonaparte», así como haberse dedicado a incitar constantemente a los dispersos y los soldados que se habían quedado en Sevilla para que se uniesen a las fuerzas fernandinas[769].

También José González y Joaquín de Toxar, residentes en Sevilla, desempeñaron el cometido de vigilar los movimientos del gobierno josefino, para lo cual entraban y salían de la ciudad empleando disfraces y aparentando vender

---

764. Las comunicaciones del 28 de julio (RAH, CCN, sig. 9/6968), 26 de agosto y 13 de diciembre de 1810 (AHM/L, 1/14/075/15, fols. 19 y 66).

765. A Francisco de Coposn y Navia. Ayamonte, 3 de julio de 1810. RAH, CCN, sig. 9/6968.

766. De Manuel de Torrontegui a Francisco de Copons y Navia. A bordo del falucho cañonero núm. 2 en el río de Huelva, 9 de diciembre de 1810. RAH, CCN, sig. 9/6968.

767. Moreno Alonso 2001: 338.

768. Como refería la Suprema de Sevilla a Francisco de Copons, a través de la carta de un confidente de Sevilla había tenido noticias sobre algunos movimientos de tropas ocurridos en esa ciudad. Ayamonte, 2 de agosto de 1810. RAH, CCN, sig. 9/6968.

769. Villanueva Vigil 1814: 8.

gallinas[770]. Aquellas acciones de espionaje no solo quedarían certificadas por los miembros de la Junta de Sevilla algún tiempo después[771], sino que también serían acreditadas por diferentes testigos que fueron partícipes de sus quehaceres en la ciudad ocupada, y que subrayaban incluso los esfuerzos e impulsos desarrollados por activar un levantamiento en Sevilla contra los franceses.

En relación a este proyecto, la Junta de Sevilla explicaría a Francisco de Copons que en su objetivo de no perdonar «medio de ofender al Enemigo, aspiraba a impedirle la exportación de las riquezas y demás que en caso de retirada haría», y que con este fin había encargado a personas de su confianza que formaran en Sevilla un «partido en favor de la justa causa», de tal forma que, cuando se acercaran las fuerzas fernandinas, pudiera promover un levantamiento o revolución en aquella capital que impidiera que los franceses se retirasen llevándose las referidas riquezas[772]. La declaración de la mujer que acogió en su casa las reuniones preparatorias ofrece algunas pistas de cómo se proyectó la conspiración y por qué finalmente no se llevó a cabo. Y es que no hubo consenso entre los intrigantes para su puesta en marcha, ya que mayoritariamente dudaron de su posibilidad de éxito teniendo en cuenta, por un lado, que el enemigo contaba con importantes fuerzas dentro de la ciudad, y, por otro, que se esperaba la entrada de tropas francesas procedentes de Extremadura:

> Yo el escribano en fuerza de mi comisión […] recibí juramento con arreglo a derecho a María Morales mujer de Manuel Blanco consumado demente y por tal recluso en el Hospital de San Cosme y San Damián, llamado de los Locos, por cuya razón abilitada para poder declarar y demás asumptos que se ocurran […] Dijo conoce de vista, trato y comunicación a D. Joaquín María de Tojar, D. Antonio Muñoz, D. Antonio Rodríguez de la Vega y D. Luis de Ortega y conoció ygualmente a D. Josef González, ya difunto, con el motivo de que a pocos días de haver entrado en esta Capital los enemigos constándoles que la testigo era lexítimamente Española y Patriota y todos los individuos de su casa por haver antecedido barias combersaciones con la testigo que los aseguró de derecho mi Patriotismo, se acordaron en dicha mis casas en barias oras estraviadas para conferenciar sobre los puntos de evaquar una comisión que tenían de la junta

---

770. Moreno Alonso 2001: 338. Esta información en *Manifiesto de los hechos a favor de la patria que por comisión de la Junta Superior de Sevilla practicaron antes y después de la muerte de don José González, muerto violentamente por los franceses en un suplicio, los individuos don Joaquín María de Toxar, don Antonio Muñoz de Rivera, don Antonio Rodríguez de la Vega, don Luis María de Ortega*. Sevilla: Imprenta Real, 1814. BNE, CGI, R/61601.

771. José María Carrillo, como secretario de la «Junta Provincial Superior que residió en Ayamonte por imbasión del enemigo en que desempeñó dicho Empleo hasta que se verificó su extinción», lo haría con fecha de 3 de septiembre de 1812, y José Morales Gallegos el 11 de diciembre de ese mismo año. Guisado 1908: 265-266 y 286-287.

772. Ayamonte, 14 de septiembre de 1810. RAH, CCN, sig. 9/6967.

Provincial que recidía en Ayamonte, dirijida toda, según lo comprendió la testigo para proporcionar medios contra dicho enemigo y govierno intruso; y siendo las concurrencias de estos quasi diarias, llegó a compreneeder la que declara que en el asumpto que versaban iban apracticar muchas operaciones de las reducidas a los hechos que manifiestan en dicha su representación pero haciendo reflección por que fue uno que le llamó más la atención, hace memoria que en el mes de Septiembre del año pasado de ochocientos diez una noche se condujeron a la referida sus casas los expresados D. Josef González, ya defunto, D. Joaquín María de Tojar, D. Antonio Muñoz, D. Antonio Rodriguez de la Vega y D. Luis de Ortega, acompañados de D. Lope Olloqui y otras dos personas que no conoció, y habiendo entrado en la sala que acostumbraban emparejando sus puertas; pero habiendo observado la testigo en los semblantes de los referidos que manifestaban algún disgusto le llamó la atención y curiosidad de apurar la causa para lo qual se quedó la testigo recatada al pie de la Puerta de dicha sala, y percibió las varias conversaciones que se berzaron entre todas y que el D. Josef Gonzalez intentara formalizar un levantamiento contra el enemigo con los varones desta dicha Ciudad que tenían reunidos y llegó a entender que los demás que le acompañaban no estaban conformes en que se practicase tan violento por la mucha fuerza que tenía el enemigo en esta Ciudad, y la que se decía aguardaban de un día aotro del General Francés que se retiraba de la Extremadura y olló, que cada uno de todos los espresados fue asiendo al González barios combensimientos Srs. el antecedente que deja sentado, para que desistiese en aquella ocasión de semejante rompimiento en el ínterin y hasta tanto que se consultava con los S. Ses. Gs. Españoles, y luego oyó decir al D. Antonio Muñoz que desde luego se ofrecía a poner un pliego al Sr. Ballesteros que era el más inmediato pues continuaba en la Va. de los Castillejos percibiendo la testigo que combensido el González dijo que al instante se formase dicho Pliego y se le entregara para su remisión con lo qual ygualmente observó, quedaron todos contentos y la llamaron para que trajese una espresión en selebridad de haverse unido en los dictámenes[773].

La proyección de confidentes y espías sobre territorios bajo el control de los enemigos no fue exclusiva de la Junta de Sevilla. Incluso las autoridades portuguesas disponían de información de primera mano gracias a la actuación de sus propios comisionados. Así, por ejemplo, John Austin refería a finales de agosto de 1810 que uno de sus «agentes acaba de chegar de Sevilha» y le traía información sobre la entrada de heridos franceses y prisioneros españoles en aquella ciudad[774].

Pero también los franceses desplegarían una estrategia similar respecto al escenario que quedaba fuera de su control permanente. En este sentido, pretendían contar con la participación y la asistencia informativa de las autoridades

---

773. Sexto testimonio de una lista total de veintidós declaraciones que habían comenzado el 3 de septiembre de 1812. Guisado 1908: 309-311.
774. A Miguel Pereira Forjaz. Castro Marim, 30 de agosto de 1810. AHM/L, 1/14/075/15, fol. 21.

de los pueblos, lo que en ocasiones les llevarían a desarrollar acciones de presión y amenaza contra ellas. Por ejemplo, desde El Cerro de Andévalo se trasladaba a Francisco de Copons y Navia una nota enviada por un comandante francés con fecha 19 de julio de 1810, por la cual se les intimaba a recoger información sobre los movimientos de las tropas españolas y a comunicarla sin pérdida de tiempo, ya fuera por carta o en persona. Martín Pérez Labrador, firmante del escrito, manifestaba haber avisado de este hecho al mariscal de campo «cumpliendo con la sagrada obligación que tiene todo leal Vasallo de nuestro legítimo soberano el Sr. D. Fernando 7°», y esperaba además recibir alguna indicación sobre cuál sería la conducta que tenían que observar esas autoridades para solventar el compromiso a que estaban expuestas[775].

Los franceses también contaron para la obtención de información con la participación de particulares. Así ocurrió con un sujeto que la consiguió del cura y de dos dependientes de rentas de San Bartolomé de la Torre haciéndose pasar por oficial de la Junta de Sevilla[776]. De la misma forma, las tropas francesas no solo pretendieron recabar información sobre el terreno, sino que además pondrían un especial cuidado en interceptar los despachos de sus oponentes. Valga como muestra el escrito enviado por José Calonge a Francisco de Copons y Navia en el que refería haber llegado nuevamente a Aracena de donde se había ausentado al haber entrado en ella los franceses, y notificaba además que después de este hecho había llegado incluso a suspender la comunicación con el mariscal bajo la sospecha de que el enemigo la interceptaría, y «temeroso de que mis oficios fuesen a manos de este»[777].

Estas medidas debieron de estar condicionadas, con todo, por la tibieza y falta de convicción de muchos de sus agentes y colaboradores. Y es que, como recogía una circular del gobierno bonapartista de agosto de 1810, existían «sospechas sobre la fidelidad de los postillones españoles empleados en la conducción de maletas o en acompañar los correos y estafetas»[778].

Ahora bien, y con independencia de la efectividad que tendrían aquellas prácticas de colaboración con los franceses, los poderes del Condado de Niebla intentaron acabar con ellas mediante la identificación y la detención de los confidentes. Este hecho llevaría en ocasiones a examinar los papeles que dejaban los oficiales franceses después de haberse alojado en un pueblo, a considerar algunos casos en los que se ascendía y medraba por mediación de los ocupantes, a sospechar de determinadas conductas e investigar a sus autores,

---

775. RAH, CCN, sig. 9/6968.

776. De la Junta de Sevilla a Francisco de Copons y Navia. Ayamonte, 28 de julio de 1810. RAH, CCN, sig. 9/6967.

777. Aracena, 14 de julio de 1810. RAH, CCN, sig. 9/6968.

778. Copia de un escrito firmado por el general gobernador de la ciudad. Sevilla, 8 de agosto de 1810. RAH, CCN, sig. 9/6968.

o a compartir información –también con las autoridades portuguesas– para localizar y apresar a algún individuo sobre el que se tenía conocimiento de su actividad cómplice con los franceses[779].

Las autoridades del Condado dedicaron además no pocos esfuerzos en juzgar –en ocasiones, mediante consejos de guerra– a los sujetos que habían sido acusados de infidentes, a los que terminaban aplicando castigos ejemplares –que contemplaban penas corporales y de cárcel– en caso de ser hallados culpables[780]. La energía e intensidad desplegadas en esas acciones de obstaculización y disuasión daban buena cuenta de la proyección y la extensión alcanzadas por el fenómeno del espionaje y la colaboración afrancesada en las tierras del suroeste:

> Esta Junta ha sabido que los tres primeros indibiduos que constan de la lista que acompaña se han presentado en Sevilla, y comunicado al Govierno Francés el estado del nuestro, y el de nuestros Exércitos, y que ellos y otros de las mismas partidas se ocupan en llegar a las inmediaciones de aquella ciudad, robar y hablar quanto pasa a los partidarios Franceses que lo participan a su Gobierno; por cuya razón estubieron días pasados en los toros públicamente, y nadie los incomodó, y que se introducen en esta ciudad, y Cádiz con pliegos, y a tomar noticias, cuyas resultas son funestas a los verdaderos españoles que desgraciadamente existen en aquella ciudad, y en los caminos vienen acompañados de harrieros, u ordinarios, o de otras personas libres de sospechas, conduciendo los pliegos en la copa del sombrero para introducirlos con facilidad.
>
> También ha sabido esta Junta que son sospechosos los otros dos individuos que últimamente se anotan en la lista; y ha acordado ponerlo todo en noticia de V. S. para que se sirba dar las providencias que convengan por si pudiesen ser aprehendidos por las Abanzadas y tropa de ese Exército[781].

El sistema de información y comunicación activado por unos y otros no solo permitiría seguir, con más o menos fortuna según los casos, los acontecimientos en los distintos escenarios de interés, sino también la proyección de sus voces y relatos dentro y fuera de sus esferas de control. Desde esta última perspectiva resultaría habitual el uso de proclamas y edictos, ya fuesen impresos o manuscritos, con el fin de trascender sobre todo el cuerpo social del suroeste, independientemente de la adscripción a uno y otro régimen.

---

779. Comunicaciones referidas a casos en Gibraleón y Huelva (San Bartolomé de la Torre, 14 de junio de 1810. RAH, CCN, sig. 9/6967), y para la identificación de un comisionado de los franceses en tránsito por tierras de Portugal (Ayamonte, 21 de diciembre de 1810. AHM/L, 1/14/096/082, fol. 2).

780. Por ejemplo, las comunicaciones del 18, 21 y 28 de julio de 1810. RAH, CCN, sig. 9/6967 y 9/6968.

781. De la Junta de Sevilla a Francisco de Copons y Navia. Ayamonte, 27 de octubre de 1810. RAH, CCN, sig. 9/6968.

Por ejemplo, según comunicaban a Francisco de Copons desde Aracena a mediados de julio de 1810, «el adjunto edicto y carta orden copiada remitían a esta villa las Justicias de la Higuera lo que no se recibió en esta, y salieron al camino unos paisanos y quitaron a la fuerza al que lo conducía; en dicho pliego venían unos veinte exemplares de los ympresos»[782].

En este contexto, la Junta de Sevilla asumía el compromiso de articular y extender los mensajes de las autoridades antinapoleónicas hasta la propia capital hispalense, a la que llegaban gracias a su red de confidentes[783], con lo que, en consecuencia, su presencia sería sentida a pesar de la lejanía. Este hecho resultaría clave además para contrarrestar las informaciones difundidas por los franceses y generar ciertas expectativas entre aquella parte de la población contraria a la nueva dinastía. Esta circunstancia explicaría asimismo los esfuerzos de las autoridades josefinas tanto por localizar los papeles en circulación de sus enemigos, como por castigar a los individuos que los portasen o tuviesen conocimiento de su contenido:

> La proclama de la Junta de Sevilla residente en Ayamonte que amaneció puesta por las esquinas de los sitios más públicos, y cuyos exemplares han circulado en todos los Barrios y por las casas de los seguros patriotas, reanimó mucho el entusiasmo, y disipó tantas ideas que la mentira y la parcialidad habían esparcido: no pudo leerse entre muchos sin lágrimas, y algún día quizá se dexarán ver sus resultas. Los franceses hacen grandes pesquisas para descubrir las personas que la tienen, o hayan leído con mil trasas sugeridas por españoles infames; hasta ahora no han logrado sorpresa, ni procesado a delinqüente alguno[784].

En cualquier caso, el formato de esos escritos presentaba algunas limitaciones a la hora de difundir los mensajes no solo en la ciudad hispalense, sino particularmente en el resto del suroeste. Esta circunstancia propiciaría la creación de una gaceta propia, el instrumento más eficaz con el que contó la Junta de Sevilla en su lucha informativa y propagandística.

Entre los efectos del levantamiento de 1808 se encontraría la extraordinaria proliferación de publicaciones periódicas, folletos y panfletos[785]. Si ya en la segunda mitad del siglo XVIII los medios de comunicación se consideraban eficaces para la transmisión de discursos dentro de círculos elitistas,

---

782. Escrito de José Calonge. Aracena, 14 de julio de 1810. RAH, CCN, sig. 9/6968.
783. Por ejemplo, enviando una proclama a los maestros y operarios de la fábrica de fundición de Sevilla, o trasladando una oferta a un fundidor por medio de confidentes para que abandonase aquella ciudad y se pasase a la nueva fábrica de Mallorca. De la Junta de Sevilla a Francisco de Copons y Navia (Ayamonte, 30 de junio de 1810. RAH, CCN, sig. 9/6966) y del Consejo de Regencia a la Junta de Sevilla (Isla de León, 13 de diciembre de 1810. RAH, CCN, sig. 9/6967).
784. *Gazeta de Ayamonte*, núm. 18 (14/11/1810), pp. 6-7.
785. López-Vidriero 2002.

no sería hasta principios del siglo XIX cuando se convirtieron en instrumentos esenciales para ganar adeptos, que empezaban entonces a definirse como ciudadanos[786]. En este sentido, no sorprende el interés exhibido por algunas autoridades durante la guerra en contar con un medio de expresión como particular correa de transmisión[787]. Como ha señalado François-Xavier Guerra, prácticamente todas las juntas, interesadas en poseer un medio permanente de información y propaganda, fundarían periódicos y gacetas[788], y ello a pesar de sus notables limitaciones, ya que las circunstancias generales de analfabetismo, restricción de los transportes, escasa capacidad de compra o dificultades técnicas no hacían presagiar el protagonismo que alcanzarían en aquellos años la prensa y la publicística[789]. Esta importancia tendría que ser medida, por tanto, no sobre la magnitud de las tiradas, pues por regla general se hicieron ediciones muy cortas e irregulares[790], sino en virtud de su capacidad de influencia sobre agentes de expresión con posibilidades reales de proyección sobre el resto de la población.

De esta manera, como respuesta a un conflicto con formas de combate que iban más allá del enfrentamiento militar[791], las autoridades de uno y otro bando entablaron también una lucha en el plano ideológico, en el que la difusión de ideas y noticias con carácter propagandístico adquiría un especial protagonismo. Como refiere Alejandro Pizarroso, «la propaganda de guerra es un arma estratégica», y no un simple auxiliar táctico[792]. La propaganda adoptaría entonces múltiples enfoques y se difundiría a través de diversos instrumentos[793]. En este contexto de ruptura y enfrentamiento total surgiría en Ayamonte la primera publicación periódica de la actual provincia de Huelva[794].

La Junta de Sevilla ya había editado un semanario oficial durante su estancia en la ciudad hispalense[795]. De igual modo, algún tiempo después de su instalación en la desembocadura del Guadiana comenzaría a publicar, tal como hicieron las autoridades francesas tras su establecimiento en Sevilla, un periódico que le permitiese seguir actuando sobre la opinión pública. Así, mientras el gobierno francés publicaba la *Gazeta de Sevilla*, la Junta Suprema de Sevilla

---

786. Almuiña 2003: 162-163.

787. El fenómeno de la creación y control de medios de comunicación escritos no era nuevo, pues ya se había desarrollado en las décadas anteriores. Almuiña 1992a: 30.

788. Guerra 2002: 358-359.

789. Almuiña 1995: 408.

790. Almuiña 2003: 165.

791. Almuiña 1990.

792. Pizarroso 2007: 206.

793. Para estas cuestiones véanse, por ejemplo, De Diego 2007, 2008 y 2011a; Martín de la Guardia 2010; Ramos Santana 2011.

794. Checa 1996: 29.

795. La *Gaceta ministerial de Sevilla*, semanario oficial y estable, que se editaría desde junio de 1808 hasta enero de 1810. Checa 1991, Rico 2009.

editaría la *Gazeta de Ayamonte*. Ambas autoridades intentarían convertir sus publicaciones en referente en sus respectivas zonas de influencia, en lo que supone otra clara muestra de la importancia concedida durante la guerra a la faceta informativa.

Sin embargo, mientras la *Gazeta de Sevilla* comenzaba a editarse de forma inmediata a la llegada de las fuerzas bonapartistas a la capital hispalense en febrero de 1810[796], la publicación de la Junta Suprema de Sevilla se iniciaba algunos meses después de su instalación en Ayamonte. Este retraso habría que atribuirlo a la ausencia de una imprenta cercana donde efectuar la publicación, que impedía igualmente la difusión de las proclamas de la junta. En un oficio de finales de junio de 1810 la Junta de Sevilla hacía referencia a las dificultades de divulgación de una de sus proclamas, «siéndole sensible que la falta de Ymprenta no permita extenderlas en crecido número»[797].

Este contratiempo no pudo solventarse hasta el mes de julio, cuando tras fracasar las gestiones con Cádiz para la remisión de una rotativa, se alcanzaba el compromiso de impresión con un taller situado en la ciudad portuguesa de Faro. Según decía la junta en un oficio del 6 de julio, «no haviendo surtido efecto las eficaces instancias» que había realizado «para que se le remitiese de Cádiz una Ymprenta», había «practicado las necesarias diligencias en Faro para poder imprimir allí los papeles que combengan, y en efecto se ha conseguido que en dicha ciudad se presten a imprimir una o dos Gazetas semanales»[798]. De este modo, la Junta Suprema de Sevilla volvía a contar con un medio de expresión con el que operar sobre un cuerpo social amplio, que esperaba contribuyera, como sostenía en su primer ejemplar, al «feliz éxito de la presente lucha»[799].

El primer número de la *Gazeta de Ayamonte* apareció el miércoles 18 de julio de 1810, extendiéndose su publicación al menos hasta el 13 de marzo de 1811[800]. A los treinta y cinco ejemplares ordinarios que aparecieron durante aquella fecha habría que añadir además uno de carácter extraordinario. En cualquier caso, pese a que el número 35 es el más tardío, no se desprende de su contenido que se correspondiese con el final de la publicación, de tal manera que cabría pensar bien en una finalización brusca e inesperada, o bien en

---

796. Rico 1995.

797. A Francisco de Copons y Navia, 30 de junio de 1810. RAH, CCN, sig. 9/6966.

798. A Francisco de Copons y Navia. RAH, CCN, sig. 9/6967.

799. *Gazeta de Ayamonte*, núm. 1 (18/07/1810), p. 8.

800. Se han señalado distintas cifras en cuanto al número total de ejemplares editados. Gómez Imaz no conocía con exactitud la fecha de su terminación, aunque apuntaba que quizás fuera el número 5 (miércoles 15 de agosto) el último de su publicación, ya que solamente dispuso para su estudio hasta ese ejemplar. Checa Godoy señalaba que era un periódico de corta duración, llegando hasta al menos el número 15, en el mes de octubre. Gómez Imaz 1910, Checa 1996.

la pérdida, como ocurrió en algunos de sus ejemplares intermedios[801], de los originales publicados más allá de ese número.

Desde una perspectiva formal, la *Gazeta* se publicaba en un tamaño en cuarto, de un pliego o pliego y medio indistintamente cada número, y contaba de ocho a doce páginas[802], hecho que podría responder más a las necesidades de cada momento que a un cambio de formato como tal[803]. Se publicaba los miércoles[804], salvo el número extraordinario del 22 de diciembre que lo hizo en sábado. Y su impresión se efectuaba, tal como se ha apuntado más arriba, en la ciudad portuguesa de Faro[805], si bien es cierto que la única referencia expresa que contenía sus páginas sobre este asunto aludía, al menos en los primeros números, a su estampación en la «Imprenta del Gobierno», mientras que con posterioridad hacía constar que la impresión estaba a cargo José María Guerrero, al que definía como «Impresor del Gobierno»[806].

Los más de 50 kilómetros de distancia entre el lugar de preparación –presumiblemente la desembocadura del Guadiana, donde se encontraba la Junta Suprema de Sevilla– y el de impresión, junto a los retardos originados por la falta de personal[807], hacían que el contenido de cada número tuviese que estar preparado con algunos días de antelación. Según se desprende de una comunicación entre la junta y Francisco de Copons, el contenido último se enviaba a la imprenta el sábado anterior al miércoles de su publicación[808].

En cuanto a la difusión y la significación de la *Gazeta de Ayamonte*, no resulta fácil ni tan siquiera fijar la cantidad exacta de ejemplares sacados en

---

801. La secuencia de números localizados queda como sigue: 1-5, 7-12, 14-18, 21, 23-26, 28-31, 35; más un número extraordinario del 22 de diciembre de 1810. Además de la ausencia de su seriación completa debe tenerse en cuenta la dispersión en lo que respecta a su conservación y localización. Los distintos ejemplares han sido consultados en BNE, HMM, APAA, AGMM (CDF). Según Moreno Alonso (2004: 116), también se recogen números sueltos en la British Library, Archivo de Simancas, Biblioteca del Senado y Fondo Saavedra de la Cartuja de Granada.

802. Gómez Imaz 1910: 144; Díaz Domínguez 2008: 27-28, 2009: 352 y 2011: 106.

803. Los números que presentan doce páginas son los siguientes: 3, 4, 7, 8, 9, 10, 11, 12, 15, 16, 18, 21 y 25. El resto de los ejemplares consultados tendría una extensión de ocho páginas.

804. En el primer número se especificaba que se publicaría los «Miércoles de cada Semana» (p. 8).

805. A diferencia de lo expresado por Checa Godoy (1996) referente a que la *Gazeta de Ayamonte* se realizaba en una pequeña imprenta móvil, como resultaba frecuente por aquellos años, y Díaz Santos (1978: 130) en cuanto a que la junta instaló en Ayamonte una imprenta.

806. La primera *Gazeta* que se cerraba con la frase «por D. José María Guerrero Impresor del Gobierno», se correspondía con el número 21 (05/12/1810), pero como contamos con un vacío desde el número 18, puede que el nombre del impresor se incluyese por vez primera en alguno de esos dos ejemplares. Guerrero también editaría el *Diario de las Operaciones de la División del Condado de Niebla...* Villegas y Mira 2011b: 49-50.

807. De la Junta de Sevilla a Francisco de Copons y Navia. Ayamonte, 31 de agosto de 1810. RAH, CCN, sig. 9/6967.

808. Ayamonte, 3 de enero de 1811. RAH, CCN, sig. 9/6969.

cada número. Con todo, ya en su primer número expresaba la necesidad de «remitirla a los Pueblos libres de esta y las demás Provincias para que por todas circule un papel que se espera utilizará en gran manera a el feliz éxito de la presente lucha, señalándose además el importe y el lugar adecuado para su adquisición»[809].

En definitiva, la *Gazeta de Ayamonte*, como órgano de expresión oficial de la Junta Suprema de Sevilla, tenía capacidad de comunicación y representación sobre un amplio territorio del suroeste peninsular. De hecho, lejos de centrar su atención en exclusiva sobre la ciudad hispalense –según podrían esperar quienes lo consideraban un periódico sevillano, como fue el caso de Manuel Gómez Imaz[810]–, mostró un especial interés por todo su espacio de actuación, y muy especialmente sobre el área más inmediata a su nueva ubicación, al constituirse en «representante del voto de su Provincia»[811]. De este modo, cuando comenzaba su publicación dirigiéndose a los «Sevillanos», lo hacía refiriéndose a los habitantes de buena parte del suroeste, en torno al cual ejercería una incesante actividad, según destacaba la misma Junta de Sevilla, exhortando, defendiendo y protegiendo a sus pueblos[812].

Más allá de aquellas pretensiones de difusión y proyección, habría que tener en cuenta que el alto porcentaje de analfabetismo[813] y las enormes dificultades del transporte y de la compra no inducen a pensar en que la gaceta pudiese alcanzar una transmisión e influencia considerables. Sin embargo, pese a esas limitaciones de partida, terminaba adquiriendo cierta relevancia por cuando no solo llegaba a lugares alejados de la desembocadura sino que además lo hacía probablemente como instrumento de intercomunicación entre minorías con capacidad de influencia sobre el resto de la población[814].

En el primer caso disponemos de algunos testimonios que daban cuenta de la llegada de la *Gazeta de Ayamonte* a lugares muy variados. Vicente de Letona, administrador por entonces de las Minas de Riotinto, fue portador

---

809. *Gazeta de Ayamonte*, núm. 1 (18/07/1810), p. 8.

810. Según sostenía, «este periódico es interesantísimo, y aunque publicado en Ayamonte por los azares de la guerra, puede considerarse en cierto modo como sevillano, puesto que lo publicaban individuos de la Junta de Sevilla refugiados en aquella población, siendo el espíritu o alma del periódico esencialmente sevillana, palpitando en él aquel hermoso patriotismo de la Suprema Junta en su primera época de 1808». Gómez Imaz 1910: 144.

811. *Gazeta de Ayamonte*, núm. 1 (18/07/1810), p. 4.

812. *Gazeta de Ayamonte*, núm. 1 (18/07/1810), p. 5.

813. A modo de ejemplo se puede señalar que la cifra de iletrados en Huelva a fines del siglo XVIII rondaba el 75 % de la población total, no vislumbrándose en la nueva centuria un crecimiento de la alfabetización. Según los datos aportados por Madoz en 1835, en el total de la provincia las tasas de analfabetismo oscilaban entre el 80,4 % y el 86,2 %, representando los hombres el 64,4 % de los individuos que sabían leer y el 73,7 % de los que sabían escribir. Lara 1995: 230; González Cruz 2002: 74-82; Peña Guerrero 1995: 150.

814. Almuiña 1995: 408; Lara 1995: 227.

al parecer de algunos ejemplares[815]. En Sevilla, según informaciones contenidas en varios ejemplares de la gaceta de octubre y noviembre de 1810, entraban periódicos procedentes de lugares no controlados por los franceses, de tal manera que «a costa de sacrificios y peligros leemos los papeles españoles de Extremadura, Ayamonte, Cádiz e Isla, y no falta alguna Gazeta Portuguesa y periódicos ingleses»[816]. Como sostenía uno de los agentes de la junta desde la ciudad hispalense, los enemigos querían «reconocer a los muchos correos, ordinarios, o espías que introducen aquí gazetas y otros periódicos de Extremadura, Ayamonte, Cádiz y Lisboa (pues de nada se carece)»[817]. Incluso en algunos periódicos editados en Cádiz se llegaron a nombrar expresamente y a copiar algunos de sus textos: *El Conciso*, que el 30 de agosto de 1810 hacía referencia a un texto de la *Gazeta de Ayamonte* del día 22[818], o el *Diario Mercantil de Cádiz*, que en enero de 1811 también decía copiar «las siguientes palabras de la gazeta de Ayamonte, que nos parecen de bastante interés»[819].

En el segundo caso habría que considerar la presumible transmisión de su contenido no solo a través de su lectura individual sino también mediante otros canales de difusión cultural como, por ejemplo, la recitación en alta voz, la conversación o el sermón[820]. Entre esos grupos potencialmente influyentes destacaba el estamento eclesiástico, generalmente alfabetizado y suficientemente capacitado para hacer llegar el mensaje escrito a buena parte de la población. En las tierras del suroeste no faltaron ejemplos de eclesiásticos que haciendo uso de sus tradicionales instrumentos de expresión y control –predicaciones y sermones–, transmitían sobre su comunidad de fieles sentimientos muy cercanos a los expresados en las páginas de la *Gazeta de Ayamonte*. Un claro ejemplo lo encontramos en el presbítero de Bonares. Según declaración del alcalde de esa villa al poco de concluir el conflicto, ningún vecino de ese pueblo podía negar el patriotismo que había demostrado dicho presbítero desde la entrada de los franceses en Sevilla hasta su retirada del Condado, «siempre inspirando a este vezindario un odio mortal contra dichos enemigos»; y como añadían otros testigos, «haciéndoles quanto mal ha podido […] por medio de sus predicasiones a los vezinos de este pueblo», cuya «arverción la comunicava a los vezinos, influía a todos estuviesen a su modo de pensar»[821].

---

815. Moreno Alonso 2004: 116.

816. *Gazeta de Ayamonte*, núm. 18 (14/11/1810), p. 6. Véase también *Gazeta de Ayamonte*, núm. 15 (24/10/1810), p. 5.

817. *Gazeta de Ayamonte*, núm. 15 (24/10/1810), p. 5.

818. *El Conciso* (30/08/1810), p. 20.

819. *Diario Mercantil de Cádiz* (20/01/1811).

820. Almuiña 1992b: 497; Almuiña, Egido y Martín de la Guardia 1992: 764.

821. Expediente iniciado en febrero de 1815 sobre la actuación y patriotismo de Diego Paredes en el tiempo de la ocupación de los enemigos. ADH, Bonares, Sección Justicia, Serie Ordinarios, Clase 1ª, leg. 1, expediente 22.

En definitiva, la *Gazeta de Ayamonte* actuaría como instrumento de expresión y propaganda de la Junta Suprema de Sevilla, y presumiblemente con no poca capacidad de influencia sobre la población de la zona más occidental de Andalucía. En cuanto al contenido, en sus páginas pretendía contrarrestar la propaganda francesa, insuflar los ánimos de la resistencia, potenciar el rechazo hacia los ocupantes y ratificar el protagonismo, actividad y dinamismo de la junta en aquellos momentos difíciles en los que se había visto obligada a refugiarse en Ayamonte.

La creación de la *Gazeta de Sevilla* por los franceses tras su llegada a la capital hispalense –su primer número es de 13 de febrero de 1810[822]– respondía al convencimiento y la necesidad de instaurar instrumentos con los que influir sobre la opinión pública. En el mismo sentido, aunque en una dirección opuesta, se movería la Junta Suprema de Sevilla, que, tal como expresaba en el primer número de la *Gazeta de Ayamonte*, se había «convencido de la necesidad de adoptar otros medios para contener los rápidos progresos con que el Enemigo engrosa y asegura su partido», dado que «el sistema del Emperador» se caracterizaba por «conquistar con el engaño», viciando «los escritos, las Gazetas, los Periódicos y dispuestas las noticias y discursos al intento de alucinar y seducir». Es por ello que, según reconocía, para «contraponer el bálsamo a cáncer tan corredor y contagioso» se acordó publicar la *Gazeta* no solo con las «noticias ciertas de nuestros Exércitos», sino también con «impugnaciones de los escritos más capciosos y seductores que se han publicado y publicaren en la Capital», siendo este el medio «de oponer la verdad y la buena fe a la mentira y a la perfidia, y el arte más natural y sencillo para ilustrar y sostener a tantos Españoles, que o débiles, o ignorantes, o fáciles se dejan enlazar con las doradas cadenas de la esclavitud más infame y horrorosa»[823].

Siguiendo esta declaración de intenciones, en el tercer número se recogían varias noticias, una referida a sucesos de Madrid y otra relacionada con acontecimientos de la provincia, en las que se refutaban directamente las informaciones vertidas por medios franceses. En el primer caso, aludiendo a un texto sobre la capital madrileña del 15 de julio, se afirmaba que «los franceses se han empeñado en publicar y hacer creer dos noticias para deslumbrar más a esta desgraciada Corte», mientras sostenía a continuación que «este Pueblo experimentado sobre todos, jamás dará crédito a unos hombres siempre tan falsos como orgullosos»[824]. En el segundo, impugnaba lo señalado en la *Gazeta de Sevilla* del 17 de julio sobre la difícil situación en la que se encontraban las tropas

---

822. Rico 1995: 597.
823. *Gazeta de Ayamonte*, núm. 1 (18/07/1810), pp. 5-6. Para Manuel Moreno (2004: 115), el nuevo órgano de la junta «claramente se publicó como contrarréplica patriótica de la afrancesada Gazeta de Sevilla».
824. *Gazeta de Ayamonte*, núm. 3 (01/08/1810), p. 5.

españolas, afirmando por el contrario que, «para consuelo de los verdaderos patriotas y de los mismos Sevillanos», se estaban aumentando «por todas partes las Compañías y Partidas de nuestros hermanos, que el fuego de la oposición más justa no se acaba, que aún hay constancia en los pechos Españoles para disputar a los Franceses y desleales sectarios la Religión, la dinastía, la Patria, la independencia que iniquamente pretenden usurparnos»[825]. El peso de la propaganda francesa se intentaba contrarrestar, por tanto, con un discurso igualmente propagandístico.

La guerra informativa y de opinión alcanzaba también a otros medios no escritos, como podría ser el representado por los rumores o las «voces vagas». Así, en el décimo número se afirmaba que los enemigos habían esparcidos algunas «voces tristes y desoladoras» con objeto de «aterrar a los buenos Españoles deseosos de su libertad, y tranquilizar a los malos espíritus agitados por el estímulo de sus conciencias», a lo que se respondía con un preceptivo desmentido[826]. Incluso tendría que hacerse frente en noviembre de 1810 a informaciones de los enemigos sobre la disolución de la propia Junta de Sevilla: «llegado a entender las voces sediciosas que la astuta perfidia del tirano opresor ha difundido en esa Ciudad desventurada, persuadiéndoos la disolución de este cuerpo apoyo inmediato de vuestras fundadas esperanzas. ¡Qué impostura!»[827]. Ante la gran cantidad de falsas noticias se llegaría a afirmar que «las gazetas de Cádiz, Extremadura y Ayamonte» estaban desmintiendo «estas voluntarias suposiciones que únicamente engríen y entretienen los ánimos de tantos débiles, esclavos voluntarios de la dominación más tirana»[828].

En el plano militar, el esfuerzo también se centró en contradecir los artificios franceses, que «aumentan su conquista con enorme perjuicio de la santa causa, y sus heroycos defensores»[829]. De hecho, entre los objetivos principales de la *Gazeta de Ayamonte* se encontraba «dar a los Pueblos libres y captivos las noticias ciertas de nuestros Exércitos, sus movimientos y acciones Militares, apurándolas antes del mejor modo posible, para no faltar a la verdad, inseparable de Españoles Cristianos y hombres de bien»[830]. No en vano, poco antes de su primera publicación, la junta, en un oficio ya citado de 6 de julio de 1810, comentaba al mariscal Francisco de Copons y Navia que debía insertarse en la *Gazeta* preferentemente «las noticias relativas a las operaciones y movimientos de nuestras tropas en este Condado», por lo que esperaba que le fuesen comunicadas «las ocurrencias con el preciso detalle, como igualmente todas las noticias exactas que

---

825. *Gazeta de Ayamonte*, núm. 3 (01/08/1810), p. 12.
826. *Gazeta de Ayamonte*, núm. 10 (19/09/1810), p. 8.
827. *Gazeta de Ayamonte*, núm. 17 (07/11/1810), p. 17.
828. *Gazeta de Ayamonte*, núm. 23 (19/12/1810), p. 4.
829. *Gazeta de Ayamonte*, núm. 1 (18/07/1810), p. 5.
830. *Gazeta de Ayamonte*, núm. 1 (18/07/1810), p. 6.

pueda adquirir relativas a las de Ballesteros, de Extremadura &ª [*sic*] y quanto sea conveniente para tener materiales exactos con que llenar este periódico»[831].

A partir de entonces se publicaron puntualmente tanto sus partes de guerra como las informaciones recopiladas sobre otros cuerpos militares de incidencia en el suroeste[832]. De la misma forma, también tendrían cabida en la *Gazeta de Ayamonte* las noticias sobre zonas cercanas bajo ocupación francesa[833], así como comunicaciones acerca de otras áreas geográficas de la Península[834]. Destaca, en este sentido, que conforme fuese avanzando el tiempo, irían adquiriendo mayor protagonismo las noticias referentes a zonas lejanas[835].

Ahora bien, a diferencia de las informaciones sobre zonas geográficas distantes, que presumiblemente habían sido extraídas de otras publicaciones[836], las noticias referidas a los movimientos en el Condado y área de Sevilla serían recabadas directamente por la Junta de Sevilla. Los partes de los distintos militares, considerados como la versión oficial, articulaban en buena medida la información sobre lo acontecido en el suroeste, si bien previamente depurados y preparados para su publicación. Tal como refería la Junta de Sevilla a Francisco de Copons en un oficio del 3 de enero de 1811, le resultaba conveniente y útil la aparición literal de su parte en la *Gazeta de Ayamonte*, pero no se atrevía a hacerlo hasta tanto no conociese su opinión, «porque acaso podrá perjudicar tal vez entre los enemigos su modo de pensar, y alguna otra cosa de las que contiene», así que esperaba su contestación «a fin de publicar solo lo que combenga»[837]. Pero también se publicaron noticias basadas en las declaraciones e impresiones transmitidas por individuos particulares o confidentes[838], en las que

831. RAH, CCN, sig. 9/6967.

832. Se imprimieron los partes que Francisco de Copons y Navia enviaba a la junta, también un parte dirigido por el mariscal de campo Francisco Ballesteros, otro del comandante general de guerrillas del Condado Juan José Barrera del Pozo, así como otra serie de noticias enviadas desde Higuera la Real, Aracena, o Zalamea.

833. De esta manera, bajo el encabezamiento de «Sevilla», se publicarían –en al menos diez ejemplares de los consultados– noticias referentes, entre otras cuestiones, a movimientos franceses en la ciudad hispalense.

834. Se insertarían noticias de Madrid, Toledo, Badajoz, Lisboa, Granada, Coruña, Castropol en el Principado de Asturias, Valencia de Alcántara, Fregenal, Alicante, Marbella, Tarragona, Salamanca, Valencia, Orihuela, Manresa y Palleja en Cataluña. Incluso varios textos se refieren a Austria y Baviera (*Gazeta de Ayamonte*, núm. 28, 23/01/1811).

835. Por ejemplo, en su trigésimo primer número, siete de sus ocho páginas estaban dedicadas a las circunstancias de la guerra en Tarragona, Valencia, Castropol, Orihuela y Lisboa. *Gazeta de Ayamonte*, núm. 31 (13/02/1811).

836. En una de las noticias sobre Cataluña se explicitaba la fuente: «Diario de Manresa». *Gazeta de Ayamonte*, núm. 35 (13/03/1811), p. 3.

837. RAH, CCN, sig. 9/6969.

838. *Gazeta de Ayamonte*, números 4 (08/08/1810), 11 (26/09/1810) y 24 (26/12/1810). Incluso en alguna ocasión se elaboró una relación de los acontecimientos atendiendo a los partes tanto de militares como de confidentes; *Gazeta de Ayamonte*, núm. 23 (19/12/1810), p. 6.

no faltarían imprecisiones al estar apoyadas en buena medida en murmuraciones y rumores. No sorprende, por tanto, que la junta expresase en alguna ocasión su cautela a la hora de insertar determinadas noticias de las que no tenía garantías sobre su autenticidad[839], si bien finalmente terminaba publicándolas.

En cualquier caso, con independencia de la fuente de información, el carácter propagandístico que presentaba la *Gazeta de Ayamonte* llevaría a la construcción y proyección de imágenes de unos y otros de carácter maniqueo y simplificado, en las que, por ejemplo, los franceses eran calificados como «miserables seductores», sus colaboradores como «desnaturalizados españoles» y sus oponentes como «hombres de bien»; llegando a contraponer la actitud de los «buenos Españoles» frente a los «malos espíritus agitados»[840]. El perfil trazado sobre los franceses rayaba incluso el descrédito y la ridiculización, marcado tanto por la soledad y la falta de apoyos, como por la ineficacia a la hora de aprovechar la supuesta superioridad de sus tropas[841]. De igual modo, la *Gazeta* resaltaba la faceta más cruel de los enemigos, presentándolos como responsables de robos, saqueos y destrucciones[842], una crueldad que afectaría incluso a aquellos que se habían mostrado más próximos a ellos:

> [...] vemos no sin admiración que los que menos consagraron a la independencia, a la conservación de la Religión y del Rey, son ahora víctimas tiranizadas con la mayor crueldad: justa compensación con que los mismos enemigos castigan su ambición y demedido apego al vil interés: con todo quizá algún día se preciarán de patriotas, si escarmentados, y por no sufrir otra contribución, emigran salvando el resto de sus caudales[843].

Por el contrario, la actitud de las tropas españolas hacia sus oponentes se presentaba en un tono muy distinto. La publicación de la carta enviada por Francisco de Copons al comandante de las tropas francesas a principios de 1811 insistía en el diferente trato dado a los prisioneros: frente a la manera de actuar de los dragones franceses, que habían dado muerte a un carabinero español de caballería apresado, se daba cuenta de la «suerte» que había tenido un dragón francés que había caído en sus manos, quien una vez estuviese «restablecido de sus heridas» sería devuelto para que informase directamente «de la humanidad con que ha sido tratado»[844].

---

839. *Gazeta de Ayamonte*, números 23 (19/12/1810) y 29 (30/01/1810).

840. *Gazeta de Ayamonte*, núm. 3 (01/08/1810) y núm. 10 (19/09/1810), p. 8.

841. *Gazeta de Ayamonte*, números 15 (24/10/1810), 16 (31/10/1810), 23 (19/12/1810) y 26 (09/01/1811).

842. Por ejemplo, *Gazeta de Ayamonte*, números 3 (01/08/1810), 23 (19/12/1810) y 24 (26/12/1810).

843. *Gazeta de Ayamonte*, núm. 26 (09/01/1811), p. 4.

844. *Gazeta de Ayamonte*, núm. 28 (23/01/1811), p. 8.

Las noticias sobre acciones militares se complementarían con otras de carácter político. La junta publicaría no solo disposiciones de las que era receptora[845], sino aquellas otras que ella misma emitía[846], en un notorio intento de autoafirmación, especialmente necesario en su propia área de influencia. Con esto se daba una impresión de actividad y dinamismo político que favorecería su afianzamiento entre los pueblos del suroeste, «esclavos o libres, cautivos o amenazados»[847], en un intento por proyectar su representación y discursos sobre toda la provincia.

5.3. EL FINAL DE LA EXPERIENCIA EN LA DESEMBOCADURA: LA FRONTERA DESDE LA DISTANCIA

La duración exacta de la estancia de la Junta de Sevilla en la desembocadura del Guadiana no resulta fácil de determinar. Sabemos que en los primeros días del mes de febrero de 1810 ya estaban sus miembros en Ayamonte. Desconocemos, en cambio, el momento preciso en el que abandonó aquel enclave[848].

En todo caso, el proceso comenzaría la primavera de 1811 con motivo de la aprobación el 18 de marzo por las Cortes del *Reglamento provisional para el gobierno de las Juntas de Provincia*. En su artículo primero apuntaba que «en cada provincia habrá una junta superior, que se elegirá por las mismas reglas que se adoptaron para las elecciones de Diputados a Cortes»; en el segundo que «se compondrán de nueve individuos»; y en el sexto que «luego que se comunique a las provincias este reglamento, se reducirá el número de

---

845. Por ejemplo, órdenes del Consejo de Regencia a través de los ministros de Hacienda o interino de Estado, así como de las Cortes generales y extraordinarias. *Gazeta de Ayamonte*, números 3 (01/08/1810), 4 (08/08/1810), 17 (07/11/1810), 24 (26/12/1810), 25 (02/01/1811) y 35 (13/03/1811).

846. Entre otras, «Proclama que la Junta de Sevilla dirigió a los Pueblos del Condado de Niebla y Serranía de Andévalo» y «Representación que hizo la Junta de Sevilla al Supremo Consejo de Regencia de España e Indias»; *Gazeta de Ayamonte*, núm. 2 (25/07/1810), pp. 1-5. «Exhorto que hizo esta Junta a su Provincia»; *Gazeta de Ayamonte*, núm. 3 (01/08/1810), p. 4. «Decreto de esta Junta a favor de los dependientes de la Real Fábrica de Función de Sevilla»; *Gazeta de Ayamonte*, núm. 4 (08/08/1810), pp. 2-3. «Proclama que la Junta de Sevilla dirigió a aquella Capital»; *Gazeta de Ayamonte*, núm. 17 (07/11/1810), pp. 1-3.

847. *Gazeta de Ayamonte*, núm. 1 (18/07/1810), p. 1.

848. La bibliografía disponible todavía no ha resuelto satisfactoriamente esta cuestión. En líneas generales, las aproximaciones a este fenómeno han sido deudoras del trabajo de María Luisa Díaz Santos (1978: 134), quien planteaba que el 29 de noviembre de 1813 se decretaba la suspensión de las Cortes en Cádiz para volver a abrirlas en Madrid el día 15 de enero de 1814, saliendo la Junta de Sevilla desde Ayamonte con dirección a Madrid en esa misma fecha. Por su parte, en un trabajo más reciente, situé la salida en el año 1811, aunque el planteamiento resultaba sin embargo abierto y poco preciso por no haber contado entonces con algunas fuentes que vienen a matizar ahora las hipótesis allí apuntadas (Saldaña 2011: 65-68).

vocales de las juntas al que deban tener según el método establecido en los artículos II y IV, y cesarán todos los demás; y de los que deben quedar en exercicio, se renovarán también la tercera parte, saliendo por suerte las que hayan de ser relevados»[849].

A partir de este momento solo se podían mantener las juntas provinciales con el formato que tenían hasta entonces en caso de estar ocupado su territorio por los franceses y no poder efectuarse las elecciones reglamentarias[850]. Buena parte de la provincia de Sevilla se encontraba ocupada por los enemigos, lo que avalaría la continuidad de la junta. Sin embargo, la situación se vería alterada de forma drástica en los siguientes días a la promulgación del reglamento, quedando modificado definitivamente el marco institucional del suroeste a partir de entonces.

Pedro Rodríguez de la Buria, uno de los integrantes de la Junta de Sevilla durante su estancia en Ayamonte, dirigía un escrito a las Cortes con fecha 17 de abril de 1811 con la intención de contrarrestar los juicios negativos que sobre él habían vertido algunos miembros de la cámara cuando debatieron –y del que resultó su desaprobación finalmente– el nombramiento como gobernador de Cádiz que le había concedido el Consejo de Regencia algunos días atrás[851]. Para ello hacía un recorrido sobre su actuación patriótica que incluía su conducta como miembro de aquella junta. Según decía, su intención inicial no había sido otra que la de pasar a Cádiz, aunque se tuvo que quedar finalmente en Ayamonte en unión con la «Junta superior, para auxiliarla, y dirigir el ramo militar del Condado de Niebla». Durante los catorce meses que estuvo en este encargo no escatimó en esfuerzos ni en gastos por los constantes movimientos o «improvisadas emigraciones al Portugal», y que tan solo en aquellos momentos, una vez que había cesado «la Junta en sus funciones por los motivos que V. M. no ignora», habían concluido sus trabajos y resuelto su traslado a Cádiz[852].

La causa de la salida quedaba marcada en otros documentos de aquellos días. Como refería el agente portugués de Cádiz en un escrito del 10 de abril, las desavenencias mantenidas con el general Ballesteros habían llevado a su salida de la desembocadura del Guadiana y a buscar refugio junto a las autoridades gaditanas. Con todo, también experimentaba algún disgusto en su nueva ubicación, viéndose obligada a refugiarse finalmente en la Isla de León debido a que los recelos de la Junta de Cádiz por el «título de Junta Superior

---

849. *Decreto XLIII. Reglamento provisional para el gobierno de las Juntas de Provincia*, en *Colección de los Decretos y Órdenes que han expedido las Cortes Generales y Extraordinarias desde su instalación en 24 de septiembre de 1810 hasta igual fecha de 1811*. Tomo I. Madrid: En la Imprenta Nacional, 1813, pp. 85-97.

850. *Ibidem*, art. 12, p. 88.

851. *El Teniente General Don Pedro Rodríguez de la Buria...*, p. 3.

852. *Ibidem*, pp. 14-15.

de Província que ainda conserva» no le había permitido permanecer en aquel otro punto[853].

En definitiva, los problemas con la autoridad militar del Condado de Niebla condujeron a la salida forzosa de la Junta de Sevilla de la desembocadura del Guadiana, mientras que su llegada a Cádiz tampoco estuvo exenta de conflicto como consecuencia de su formulación institucional y las competencias y desajustes que ello suponía respecto a otras autoridades de aquel entorno. Todo ello agudizado además por la premura y la deficiente planificación que debió de acompañar a aquel proceso. Y es que, a falta de documentación más precisa sobre las circunstancias y el momento exacto del traslado, todo hace pensar que la junta abandonaba la frontera de forma inesperada entre finales de marzo y principios de abril de 1811.

En todo caso, a pesar de los problemas que habían llevado a su salida de Ayamonte y de la recepción de la que fue objeto por parte de otros poderes de Cádiz, parece que los miembros de la Junta de Sevilla siguieron ejerciendo algunas labores de gestión y representación desde la nueva ubicación. Entre el conjunto de borradores de oficios correspondiente a la Junta Patriótica de Ayamonte formada en noviembre de 1811, se encontraba un escrito –sin fecha, pero que se localiza junto a otros de enero de 1812– con la indicación de que debía unirse a los anteriores documentos de Francisco Xavier Cienfuegos y el marqués de Grañina, y que en función de su contenido, «diríjase oficio a S. E. los Sres. de la Junta Superior de Sevilla que reside en la Ciudad de Cádiz por mano de su Secretario D. José María Carrillo». Según continuaba, debía insertarse lo que se mandó en el auto del 23 de diciembre anterior, «oficios de contestación que motiban en esta provincia para que S. E. determine la remisión del documento que se menciona y unirlo a la causa para las ulteriores providencias»[854]. Y en la sesión de las Cortes correspondiente al 17 de noviembre de 1812 se hacía referencia a unas «dudas propuestas por el P. Manuel Gil a nombre de la Junta superior de Sevilla» sobre la elección de diputados[855]. Hay que tener en cuenta que este individuo, clérigo de menores, formaba parte de la junta en los primeros momentos de su creación en mayo de 1808[856].

Incluso algunos sujetos que habían colaborado activamente con la Junta de Sevilla durante su estancia en Ayamonte también se encontraban en los

---

853. De Pedro de Sousa y Holstein a Miguel Pereira Forjaz; Cádiz, 10 de abril de 1811 (ANTT, MNE, caja 655). Pocos días después sería Juan del Castillo y Carroz quien refería a Miguel Pereira Forjaz haber recibido «ayer por la tarde» el «oficio de V. E. de 10 de este mes en que se sirve noticiarme las desavenencias ocurridas entre la Junta Superior de Sevilla y el General D. Francisco Ballesteros» (Lisboa, 14 de abril de 1811. ANTT, MNE, caja 435).

854. ARS, PF, archivo II, carpeta 4, doc. 33.

855. *Diario de las Discusiones y Actas de las Cortes*. Tomo XIV. Cádiz: En la Imprenta Real, 1812.

856. Moreno Alonso 2001: 48.

siguientes meses en Cádiz, realizando además labores muy parecidas a las desarrolladas tiempo atrás en la desembocadura del Guadiana. Tal fue el caso de José María Guerrero, quien se había encargado de la impresión de la *Gazeta de Ayamonte* desde al menos principios de diciembre de 1810. Algunos meses después, trasladado ya a Cádiz, se hacía cargo de la impresión del primer número de *El Censor General* en agosto de 1811, mientras que desde su establecimiento en aquella ciudad –dotado de carácter oficial y titulado aún en 1811 como «Imprenta de la Junta Superior de Gobierno»– editaba diferentes obras a lo largo de los siguientes años, como cartas, decretos, manifiestos o memorias[857].

Ahora bien, más allá de la pervivencia de la Junta de Sevilla como institución, algunas de las referencias antes comentadas venían a mostrar la existencia de algún tipo de contacto entre sus miembros y las autoridades de la desembocadura del Guadiana. En buena medida, parece que sus componentes conservaban cierta presencia pública en el suroeste, si bien no quedan claros los perfiles exactos de la misma, en particular sobre la capacidad de actuación que tendrían desde el punto de vista institucional respecto a las tierras de la frontera después de su traslado definitivo a Cádiz.

La lucha persistía contra los franceses que, todavía posicionados en Sevilla, controlaban otros muchos pueblos del suroeste. La salida de la Junta de Sevilla tendría no pocas repercusiones sobre el desarrollo de la guerra en esta zona, ya fuese desde el punto de vista de la resistencia militar como de la dotación de recursos y efectivos. La frontera seguía constituyendo un lugar de atención preferente para los distintos poderes en pugna, que continuaron activando mecanismos políticos para hacer frente a los compromisos de una guerra larga y muy exigente.

Algunos meses después se asistiría al nacimiento de un órgano de poder intercomunitario nuevamente situado en la desembocadura del Guadiana como fue la Junta Patriótica de Ayamonte, si bien institucionalmente poco tenía que ver, si atendemos a su naturaleza, cometido y trascendencia, con la Suprema de Sevilla. Con independencia de esas nítidas diferencias, no se deben obviar las continuidades y los puntos de conexión trazados entre una y otra, y es que la Junta Patriótica de Ayamonte venía a suplir a la de Sevilla en ciertos campos de necesaria y urgente factura vinculados con la lucha en las tierras del suroeste. En definitiva, la trascendencia que seguía teniendo la frontera y la salida de la Junta de Sevilla impulsarían la elevación de instrumentos de gestión articulados sobre componentes locales del entorno, en lo que vendría a representar una nueva reformulación institucional al hilo de los distintos contextos bélicos y de las diferentes circunstancias políticas que se dieron a lo largo de aquellos años.

---

857. Villegas y Mira 2011b: 50; Durán 2008: 180.

Capítulo 6
FRONTERAS EN MOVIMIENTO. LA DISTRIBUCIÓN DEL PODER ENTRE DOS REGÍMENES EN PUGNA (1811-1812)

En el suroeste convivieron entre principios de 1810 y mediados de 1812 dos modelos de gobierno diferentes, los cuales propiciaron a su vez la proyección de nuevos instrumentos de poder y gestión tanto al interior de los municipios como en otros espacios más amplios de relación intercomunitarios. Entre ellos sobresaldrían las juntas, cuya creación resultaba común a ambos sistemas, pero cuyas características y desarrollos fueron muy distintos en uno y otro espacio. El análisis de estas nuevas fórmulas institucionales contribuye a dimensionar, asumiendo los ejes y enfoques asociados a los dos sistemas en pugna, el alcance y los perfiles de los cambios políticos a escala municipal dentro del primer liberalismo.

6.1. EL ESCENARIO BONAPARTISTA: DE CUERPOS ASESORES A ÓRGANOS PRINCIPALES DE GESTIÓN

La ocupación y la distribución por el territorio de la legalidad de las dos dinastías en confrontación tendrían resonancias sobre el entramado político e institucional del amplio espacio suroccidental. En el caso del sistema bonapartista, el marco político y administrativo quedaba establecido a partir del real decreto de 17 de abril de 1810[858], que comprendía, para el escenario concreto de Andalucía, seis prefecturas y dieciocho subprefecturas[859], aunque de difícil aplicación sobre el terreno. En las tierras del suroeste, correspondientes al departamento del Guadalquivir Bajo, se situaban, según el esquema inicial, la prefectura de Sevilla[860] y las subprefecturas de Sevilla, Aracena y Ayamonte[861],

---

858. Muñoz de Bustillo 1991: 119 y ss.
859. Díaz Torrejón: 2001: 69 y ss.
860. La prefectura de Sevilla contaba con una superficie de 16 564 km². Melón Ruiz 1977.
861. López Villaverde 1999: 200; Díaz Torrejón: 2001: 75.

si bien con posterioridad se hicieron algunos reajustes en función de la realidad de los frentes, llegándose a conformar la subprefectura extraordinaria de Moguer, que comprendía las tierras del Condado de Niebla y su costa[862]. En cualquier caso, y con respecto al territorio más próximo a la frontera, resulta muy complicado determinar el desarrollo preciso de esta nueva estructura administrativa, teniendo en cuenta, por un lado, el limitado y desigual control efectivo ejercido por los franceses en este espacio, y, por otro, las imprecisiones e inconsistencias de las fuentes disponibles.

Las nuevas autoridades bonapartistas también actuaron sobre los ayuntamientos. Aunque el Estatuto de Bayona apenas se ocupó de la organización municipal[863], la nueva dinastía no se olvidó sin embargo de este particular espacio de poder[864]. Atendiendo a lo establecido en el real decreto de 17 de abril de 1810, el nuevo modelo de municipalidad asumía cambios de enorme importancia respecto al sistema de elección, la composición y las funciones. No parece, en cambio, que este nuevo escenario resultase de fácil aplicación en las tierras del suroeste, y ello incluso con independencia de que los pueblos estuviesen o no controlados permanentemente por los franceses.

A esto debe añadirse la creación de juntas en algunos pueblos en tiempos de gobierno bonapartista, que, si bien mostraban ámbitos de competencias circunscritos al mismo marco geográfico que las municipalidades, se distinguían de estas tanto por sus orígenes como por su composición y funciones[865]. En un contexto de máxima exigencia y apremio, y donde la extensión y materialización de las funciones de gobierno habían corrido en cierta manera en paralelo al desarrollo de la guerra, se asistiría a la proyección de nuevos instrumentos de gestión que debían actuar en colaboración y asistencia con los órganos políticos de la municipalidad recogidos en el real decreto del 17 de abril de 1810. El origen, por tanto, de estas comisiones o juntas locales no estaba vinculado, al menos de forma directa, con esa disposición del mes de abril, sino que habría que buscarlo en acciones más concretas impulsadas por las autoridades superiores bonapartistas –prefectos o altos mandos militares– con el objetivo de que cubriesen determinados campos específicos de trabajo, particularmente relacionados con temas económicos, y donde quedaban bajo la inspección y el control de los órganos ejecutivos municipales[866].

---

862. Ojeda 1986: 157.
863. García Fernández 2003: 49; Orduña 2003: 264.
864. Sobre las actuaciones de la nueva administración bonapartista en la esfera municipal a partir de 1809: García Fernández 1983: 194 y ss. Sobre los efectos de la nueva normativa francesa respecto a la administración municipal véase, por ejemplo, Díaz Torrejón 2001: 147 y ss.; Mercader 1983: 271 y ss.; Muñoz de Bustillo 1991: 191 y ss. Para las relaciones entre las prefecturas y las municipalidades: Orduña 2003: 265 y ss.
865. Muñoz de Bustillo 1991: 219-220.
866. *Ibidem*.

A lo largo de 1811 se crearon este tipo de instituciones en varios pueblos situados en torno a la nueva frontera marcada por el río Odiel, como fueron los casos de Gibraleón y Huelva. Las juntas establecidas en ambas villas, aunque amparadas en buena medida por el marco bonapartista general, no presentaban sin embargo un mismo esquema de formación, composición y desarrollo, ni asumieron un idéntico papel ni alcanzaron un mismo reconocimiento político y social dentro de sus comunidades, de la misma manera que tampoco estuvieron exentas de las dinámicas de confrontación activadas en aquel territorio entre uno y otro régimen. Con todo, más allá de sus particularidades, estas juntas posibilitarían la atención sobre parcelas de gobierno cada vez más amplias y diversificadas, y permitían la necesaria fluidez operativa dentro del difícil y crítico panorama por el que pasaba el poder municipal[867].

6.1.1. La Junta de repartimiento de Gibraleón: supeditación y asesoramiento a la municipalidad

En el caso concreto de Gibraleón se localizan algunas referencias desde agosto de 1811. En el acta del 25 de ese mes se dejaba constancia de haber asistido a esa sesión «los señores, justicia y regimiento que al pie firman con la presencia de los señores de la Junta»[868], si bien no quedaba expresado su perfil ni contenido preciso. Más claro resulta, sin embargo, el proceso de creación en septiembre de 1811 de una «Junta para reparto de carne, grano y exijir cantidades de maravedís», cuyo impulso partió de las autoridades bonapartistas superiores y cuyo encargo recayó en miembros destacados de su comunidad local.

La junta de repartimiento debía, en primer lugar, elaborar la lista de los deudores que resultaban de la liquidación del reparto hecho hasta ese momento, para así poder imputar sobre ellos la derrama de carnes y granos para el suministro de las tropas y las cantidades económicas que eran necesarias para las urgencias del día. Y solo en el caso de que estos no pudiesen atender a esos apremios y obligaciones, la junta debía proyectar la recaudación sobre los vecinos no deudores que estuviesen en condiciones de hacerlo[869]. Ahora bien, más allá de las funciones asignadas –cuya aplicación concreta no ha quedado registrada en las fuentes disponibles–, habría que considerar tanto el proceso de formación como la nómina de sus componentes.

El ayuntamiento olontense, en respuesta a la disposición remitida por el subprefecto de Ayamonte y su partido, designaba a los miembros del nuevo organismo: Ignacio Moret –teniente de cura–, Clemente Gutiérrez –entonces

---

867. Díaz Torrejón 2001: 157 y ss.
868. Sesión de 25 de agosto de 1811. AMG, Actas Capitulares, leg. 14.
869. Sesión de 27 de septiembre de 1811. AMG, Actas Capitulares, leg. 14.

regidor decano de su ayuntamiento–, Bartolomé Garrido, Julián de Torres, Antonio Bayo y Domingo Fernández. El proceso se ajustaba, por tanto, a los cauces marcados por el propio cabildo siguiendo un guion más o menos previsible. Por una parte, dejando clara la vinculación y el control del ayuntamiento sobre la junta a partir de la incorporación del regidor decano como integrante de ella. Por otra, extrayendo al resto de participantes entre la élite institucional y económica de la localidad: además del representante del cuerpo eclesiástico, los restantes componentes tenían apellidos reconocibles al haber participado en el órgano de dirección de la villa en algún otro momento o, incluso, por estar desempeñando entonces otros encargos de gestión por delegación del mismo[870].

En definitiva, tanto el sistema de creación como el cuadro compositivo resultante dejaban a las claras los perfiles institucionales de esta junta, la cual quedaba adscrita y supeditaba al ayuntamiento, con el que venía a colaborar en las tareas de gestión en el urgente apartado de los repartimientos y las contribuciones. Así pues, a pesar de la trascendencia de su encargo, no actuaría sino como un apéndice del órgano ejecutivo de la villa, que era finalmente el que había dado curso a las instrucciones de la autoridad superior bonapartista en esta materia, seleccionado directamente a sus miembros y dotado a la nueva institución del contenido y el reconocimiento precisos.

6.1.2. La Junta de Subsistencia de Huelva: cambio de adscripción jurisdiccional y reforzamiento del componente comunitario

Muy diferente resultaba el caso de Huelva. Desde julio de 1811 contaba con una junta de subsistencia que respondía al esquema institucional amparado por la administración bonapartista en cuanto a su naturaleza complementaria y accesoria respecto al ayuntamiento, pero que en la práctica actuaría de manera conjunta con aquel, llegando por tanto a alcanzar un protagonismo mayor del que en principio tenía destinado. La redefinición del cuadro de gobierno municipal que ello suponía no podría entenderse al margen de las coordenadas políticas e institucionales de fondo, las cuales estaban sujetas a los mecanismos de articulación y proyección de los dos regímenes en pugna.

La denominación como junta de subsistencia remitía a su adscripción, desde el punto de vista formal al menos, a la administración bonapartista. De hecho, varios decretos de la nueva dinastía de abril de 1809 establecían la creación y las funciones de instituciones bajo ese título, llegándose a formar, aunque en fechas diferentes, algunas de ellas en lugares muy dispares: por ejemplo,

---

870. AMG, Actas Capitulares, leg. 14.

Zaragoza, Toledo, Málaga, Osuna o El Puerto de Santa María[871]. Entre los pueblos del Condado de Niebla también contamos con alguna referencia indirecta sobre la existencia de este tipo de instituciones. En un escrito de 23 de noviembre de 1812 se indicaba que el notario eclesiástico de Bollullos par del Condado se encontraba en suspensión de su oficio por la jurisdicción real, cuyo motivo se fundaba en que «este Escribano lo fue de la Junta de Subsistencia creada por el gobierno intruso»[872].

Pero también se activó esta misma fórmula en lugares no controlados de forma permanente por los franceses. Francisco de Copons y Navia se dirigía a la Junta de Subsistencia de Tarifa el 10 de marzo de 1812 refiriendo que «las atenciones de la defensa de esta plaza en el tiempo del sitio de ella me hubieran aumentado mis cuidados a no ser por la junta que felizmente me vino a la idea de crear», la cual «ha llenado sus deberes en circunstancias las más apuradas y que faltaría yo a los míos si no le manifestara mi gratitud»[873].

En el caso de Huelva, la vinculación de la junta de subsistencia a uno u otro espacio de poder no quedaba definida de forma expresa. Es decir, se utilizaba la fórmula pero no se hacía referencia, al menos de manera cerrada e inequívoca, sobre su ascendencia y filiación jurisdiccional. De hecho, resulta complicado establecer a partir de las fuentes disponibles el modelo concreto al que se adscribía, aunque no se debe obviar la importancia que aquí tendría la propia evolución del marco general de fondo.

A esto habría que añadir las repercusiones que tendría la nueva institución tanto para la gestión del poder a nivel local como para la comunidad vecinal en su conjunto. En este sentido, aun reconociendo los vínculos jurisdiccionales a los que remitía la utilización de una determinada fórmula institucional, cabe advertir que su desarrollo podría interpretarse asimismo en términos de reafirmación y reforzamiento de la comunidad local, al menos de la parte más notable y reconocida, que era a fin de cuentas la que participaría activamente en la formación de la nueva institución y la que encabezaría y sostendría sus tareas específicas de gestión. Todo pasa, pues, por la combinación y la consideración de los diferentes planos que, ya sea desde dentro o fuera de la comunidad, entraron en juego.

Esa multiplicidad de niveles quedaba ya patente en el mismo acto de instauración de la junta. En la sesión del 19 de enero de 1811 el alcalde Cayetano Alberto Quintero denunciaba la crítica situación en la que se encontraba el ayuntamiento para atender a los continuos pedidos que se le hacían con

---

871. *Prontuario de las Leyes y Decretos del Rey Nuestro Señor Don José Napoleón I, desde el año 1808*. Tomo I. Madrid: En la Imprenta Real, 1810, p. 161 y ss.; Maestrojuán 2003: 47; Lorente 1993; Péres Frías 2008: 95-155; Díaz Torrejón 2001: 159-160; Muñoz de Bustillo 1991: 227 y ss.

872. AHAS, Gobierno/Asuntos despachados, leg. 134, año 1812.

873. *La defensa de Tarifa durante la Guerra de la Independencia...*, p. 237.

destino a las tropas por haberse agotado todos los medios y arbitrios de los que disponía, y planteaba, para evitar cualquier perjuicio que en esas circunstancias pudiesen acarrear las limitaciones que afectaban a los miembros del cabildo encargados de estas tareas –ya fuesen relacionadas con la salud o derivadas de sus muchos y urgentes cometidos–, la creación de una junta de subsistencia para que hiciese frente a las cobranzas que se le repartiese al vecindario[874]. Como consecuencia de ello, el resto de miembros del cabildo convenía la formación de ese cuerpo asesor y designaba a continuación a los individuos que debían formar parte de él: los licenciados Martín Barrera y Álvarez, Gabriel de León –ambos abogados de los Reales Consejos– e Ignacio Ordejón, que debía actuar como tesorero; Julián Monis, José Ramos y Juan Ruifernández Villoldo, de los cuales se destacaba su adscripción vecinal[875]. Así pues, desde el ayuntamiento se formaba la junta de subsistencia a partir de la selección de sujetos salidos, presumiblemente, del grupo de notables residentes entonces en la localidad, estuviesen o no avecindados en ella. Ahora bien, no contamos con ninguna referencia sobre el devenir de esta nueva corporación hasta julio de 1811, momento en el que se volvía a concebir la creación de una junta que llevase a cabo las funciones ya esbozadas a principios de año, aunque desde una perspectiva más amplia tanto en su capacitación de gobierno como en el número de participantes implicados en su formación y desarrollo.

En la sesión del 24 de julio de 1811 el alcalde Cayetano Alberto Quintero denunciaba nuevamente, en una de sus últimas intervenciones, el agotamiento de todos los fondos que se habían formado hasta ese momento sobre los bienes y arbitrios del vecindario de Huelva debido a las contribuciones y los suministros de toda especie a los que se estaban atendiendo. Sin embargo, como respuesta a esta crítica situación planteaba ahora la necesidad de contar con la participación y el dictamen de algunos vecinos –«los más condecorados y pudientes»– para formar nuevos fondos que permitiesen afrontar los apuros y urgencias en los que se encontraba el municipio[876]. Una iniciativa que se vio respaldada no solo por el resto de capitulares, sino que también contó con el visto bueno de algunos individuos que, aunque ajenos al cabildo, asistieron a esa reunión en representación, según cabe suponer, de los notables a los que se hacía referencia más arriba. Ahora bien, el proceso de creación, lejos de quedar restringido en torno a las personas convocadas a esa primera reunión, se abría hacia espacios de representación vecinal más amplios y dinámicos, aunque sin renunciar a las garantías de control y sujeción

---

874. El contenido del acta se trasladaría al libro capitular, según se desprende de su posición en el mismo, algún tiempo después de la fecha de los acontecimientos narrados. AMH, Actas Capitulares, leg. 27, fols. 11-12.

875. *Ibidem.*

876. AMH, Actas Capitulares, leg. 27, fols. 1-2.

que proporcionaba su circunscripción sobre aquel sector de la comunidad que contaba tanto con mejores condiciones económicas como con mayores cotas de reconocimiento social:

> [...] todo lo qual visto y oído por sus mercedes juntamente con D. Juan de Mora Pizarro, D. Julián Monis, D. José Bermúdez y otros varios que concurrieron dixeron les parecía muy oportuno se citasen también a otros de la misma clase que dieren su boto y parecer y concurriesen también para ver si combenía crear una Junta de dies o doce vecinos, personas de la mayor providad, a cuyo cargo estubiese activar la cobranza de los repartimientos, proponer los medios de allegar fondos, inspeccionar e intervenir en su distribución y manejo, salvo la autoridad de los Sres. Alcaldes y demás Capitulares en quienes recide la Real Jurisdicción, como así mismo la Depositaría de dichos fondos, distribución y demás que ocurra, en cuyo estado se concluyó este acto y se mandó se citasen la principal y más sana parte de los vecinos del Pueblo para el día de mañana a las dies en esta Sala Capitular, por medio del Alguacil mayor a quien se le diese nota de ellos, para que se sirvieren concurrir como asunto tan interesante[877].

El proceso de formación se completaba al siguiente día una vez que se reunían en la sala capitular los miembros del ayuntamiento acompañados de los vecinos que, según el acuerdo anterior, habían sido convocados expresamente para ello[878]. No se trató, por tanto, de una convocatoria de elección abierta a todo el vecindario, sino que concurrieron exclusivamente los individuos «más pudientes de las jurisdicciones eclesiástica, real y marina», cuyo número quedó establecido por encima de la treintena. Este conjunto de notables sería finalmente el encargado de seleccionar a los doce individuos que compondrían inicialmente la nueva institución[879], que formaban parte de la élite política y económica con residencia en la localidad.

Hasta algunos días más tarde no se concretarían y legitimarían ni el cuadro preciso de sus atribuciones ni la estructuración interna de sus empleos. En la siguiente sesión, fechada ya en el mes de agosto, y a cuyo frente se situaba un comisionado de las autoridades fernandinas que actuaba como regente de la real jurisdicción ordinaria, se acometía la definitiva institucionalización de la junta. Y se hacía entonces bajo el argumento de que en la reunión del 24 de julio se habían planteado de una manera general los fines y las atribuciones de la nueva entidad pero que solo se había determinado en aquella ocasión ampliar la citación a más personas para que emitiesen sus votos sobre este

---

877. *Ibidem*.

878. Sesión de 25 de julio de 1811. AMH, Actas Capitulares, leg. 27, fols. 2-3.

879. La junta quedaba formada por Francisco de Borja Gutiérrez, José de Rioja, Agustín de España, Juan de Mora Pizarro, Julián Monis, Ignacio Ordejón, Manuel Ruifernández Villoldo, José Domínguez Pablos, José de Mesquita, y los presbíteros José Galindo, Bernabé Arroyo y Pedro Bermúdez. *Ibidem*.

particular, mientras que en la del 25 únicamente se eligieron los individuos que debían formar parte de ella[880].

Básicamente, lo que se hacía en ese momento era sistematizar el marco preciso de su actuación y funcionamiento[881], el cual quedaba articulado en seis puntos. El primero sobre la protección y la asistencia que le conferían la real jurisdicción ordinaria y el ayuntamiento en el desempeño de las funciones tanto de repartimiento como de recaudación. El segundo y el tercero establecían la nómina de sus vocales natos –el alcalde de primer voto, el regidor decano y el cura más antiguo de la villa–, dejando normativamente asentado, por tanto, el cuadro de dependencias y sujeciones en relación a otros poderes municipales. El cuarto se dedicaba de manera extensa y detallada a reglamentar sus facultades y atribuciones, apartado que contenía a su vez once puntos diferentes[882]. El quinto y el sexto hacían referencia a cuestiones de constitución y estructuración interna: uno distribuía los empleos entre sus miembros[883], otro garantizaba el mantenimiento intacto del cuadro compositivo constituido en el inicial proceso de elección.

Ahora bien, el significado último de esta sesión iría más allá de la definición y la reglamentación de las atribuciones o la distribución de funciones de la recién constituida Junta de Subsistencia de Huelva, puesto que también afectaría a su adscripción jurisdiccional, al menos desde una perspectiva pública. La presencia de José María Sevillano –«abogado de los Reales Consejos y de la Real Audiencia de Sevilla que interinamente reside en la ciudad de Cádiz, su comisionado en esta dicha villa y rexente en ella de la Real Jurisdicción ordinaria»– encabezando la reunión de agosto no hacía sino dotar al acto de una significación y contenido de mayor calado relacionado con el marco superior de poder que daba cobertura y legitimidad a la nueva institución.

---

880. Sesión de agosto de 1811. El día exacto no se puede conocer por las muescas que presenta la documentación. AMH, Actas Capitulares, leg. 27, fols. 3-6.

881. Jacinto de Vega se refiere a este documento bajo el título de «Reglamento de la Junta de Subsistencia». Vega 1995: 459.

882. En líneas generales, la salvaguarda en depósito de los fondos destinados al pago de las contribuciones impuestas por las tropas españolas y francesas así como atender al suministro de los productos que ellas requiriesen; la cobranza de los repartimientos que se ejecutasen y de las cantidades pendientes por los deudores para lo cual se arbitraba además el proceso de apremio correspondiente; la utilización en calidad de reintegro de los fondos públicos y privados, en sus diferentes modalidades, que existiesen en la villa; la solicitud de préstamos a los pudientes del pueblo; el establecimiento de impuestos y arbitrios; la ejecución de repartimientos entre todos los vecinos; o la forma en la que sus miembros debían atender a las obligaciones de la junta. AMH, Actas Capitulares, leg. 27, fols. 3-6.

883. José de Mesquita como vicepresidente, con la prevención de que este encargo tenía una duración mensual; Juan de Mora Pizarro como tesorero; Manuel Ruifernández Villoldo como contador; Bernabé Arroyo, Pedro Bermúdez y José de Rioja como recaudadores; y Julián Monis y José Domínguez Pablos como repartidores. *Ibidem.*

Una circunstancia que adquiría toda su dimensión si consideramos las cuestiones particulares que ampararon la apertura del proceso el 24 de julio anterior. Entonces la iniciativa había corrido a cargo del todavía alcalde y presidente de la corporación Cayetano Alberto Quintero, quien había proyectado e impulsado la elevación de una comisión municipal encargada de llevar a cabo la realización de contribuciones, requisiciones y préstamos para atender a los suministros y obligaciones que venían exigiéndose a la villa. Y si tenemos en cuenta las denuncias que este había recibido en otras ocasiones por su proximidad a los intereses franceses, no sorprendería que la nueva entidad que patrocinaba respondiese a la fórmula institucional establecida desde los poderes bonapartistas, ni que las sesiones del 24 y 25 de julio fuesen las últimas en las que participaba como máximo representante de su ayuntamiento. La llegada a Huelva del comisionado de Cádiz debió de coincidir en el tiempo con la salida definitiva de los dos alcaldes –el referido Cayetano Alberto Quintero y su compañero Manuel del Hierro– de los puestos directivos que venían ocupando en el ayuntamiento desde varios años atrás.

En definitiva, según la información que venimos manejando, se puede sostener que la primera formulación de la junta estaba concebida, en línea con las afinidades del miembro del ayuntamiento que había patrocinado su constitución, como un mecanismo propio de la estructura administrativa amparada por el régimen josefino, de ahí la adopción del título «de subsistencia» que se utilizaba desde el primer momento. La presencia del comisionado enviado desde Cádiz algunos días después podría leerse, en consecuencia, como un intento de reajustar y reconducir a la ya constituida institución hacia los cauces propios del marco fernandino. Desde esta perspectiva, la junta cambiaba de adscripción jurisdiccional, al menos en lo que se refería a la imagen pública extendida entre el cuerpo de su vecindario, no así del título ni del contenido de los que había sido dotada en su formación. De tal manera que no solo continuaba desarrollando su labor en el campo de la búsqueda y la gestión de recursos, sino que mantenía activa una fórmula institucional que había contado en sus inicios con la participación del conjunto de notables de la villa –de una manera más o menos evidente según los dos momentos de creación que han quedado consignados en las fuentes– y que mantenía en su seno a una destacada representación de estos.

Así pues, con independencia de los cuerpos militares que se aproximasen a la localidad y de la vinculación jurisdiccional de los mismos, la junta seguía ejerciendo su potestad de gobierno y ocupando una posición central en el marco político de la localidad, muy por encima incluso del papel asesor y secundario que le asistía en un principio. A ello contribuían tanto la importancia que alcanzaba su campo de trabajo en un contexto en el que se multiplicaban las demandas de recursos para sostener la lucha, como también las características institucionales y socio-económicas con las que contaba la población.

Y, por supuesto, el cuadro social específico sobre el que se había sustentado su configuración y el marco de legitimidades puesto en juego a partir de ese momento. De hecho, una de las cuestiones que más llaman la atención es la participación conjunta y continuada de los miembros del ayuntamiento y de la junta en la toma de decisiones, circunstancia que se hacía patente de forma expresa desde principios de diciembre de 1811. Entonces, bajo el argumento de la coincidencia en el campo de trabajo y de su temprana comunión de intereses, se establecía no solo la participación formando un solo «cuerpo» en los supuestos referidos a las contribuciones y arbitrios, sino la consignación de los acuerdos conjuntamente alcanzados en el libro capitular, distinguiendo, eso sí, los casos en que lo hacían por separado o de común deliberación:

> En este Cavildo se dixo, trató y conferenció sobre varios puntos que en adelante se indicarán, hallándose presentes a la sesión los individuos de la Junta de Subsistencia que subscriben, por los quales ante todas cosas se hizo presente que esta Junta de Subsistencia desde el día de su creación popular por acuerdo de veinte y cinco de Julio de este año, havía celebrado siempre sus seciones en compañía del Ayuntamiento que las autoriza legalmente, y este havía igualmente celebrado sus Cavildos dirigidos al alivio del Pueblo en las contribuciones continuas que tiene que sufrir auziliado de aquella cuyo general instituto es el de proporcionar todos los arbitrios posibles para acudir a nesecidades tan urgentes y continuadas; de suerte que realmente se havía hecho un cuerpo de todos los individuos para esta clase de negocios. Que sin embargo no se havía formalizado correspondientemente el Libro de Acuerdos que comprendiere las deliveraciones con la estención nesesaria porque la atención principal de las urgencias de la villa no havía permitido detenerse a la formalidad nesesaria en los acientos. Que era muy notable que en el Libro de Acuerdos de Cavildo no estubiese incorporado el de la Creación de la Junta y sus atribuciones, y que andubiesen separados con una distinción que causaba más confución que otra cosa privando a la Junta de autoridad y al Ayuntamiento de Auzilio o Consejo. Que por la mismo debían unirse todos los acuerdos en el mismo libro y en lo succesibo sentarse en él, espresándose quando era solo Acuerdo del Cavildo para cosas del Govierno del Pueblo o propio de sus funciones, y quando de la Junta con el cavildo para los puntos de su principal institutos. En vista de lo qual y de otras muchas reflecciones que se tubieron presentes unanimemente se acordó:
>
> […] Que todas las seciones y acuerdos de la Junta de Subsistencia presididas del Ayuntamiento con los de su establecimiento y atribuciones se unan y sienten en el Libro de acuerdos con espreción de las deliberaciones, motivo y razones de los acuerdos que se tome para que en dicho Libro aparescan siempre los trabajos de este cuerpo y las disposiciones que se han dado en beneficio de la villa[884].

---

884. Sesión de 23 de diciembre de 1811. AMH, Actas Capitulares, leg. 27, fols. 14-19.

Más allá del protagonismo que alcanzaba la junta dentro del marco político de la villa como consecuencia de la unión e identificación proyectada con el cabildo, las referencias expresas que incluía el anterior acta sobre su «creación popular» o acerca de la confusión y los efectos perniciosos que para su autoridad causaba que «andubiesen separados» sus acuerdos del libro capitular, podrían tener otras lecturas paralelas. Por una parte, en relación a los argumentos de legitimidad que podía esgrimir ante un marco vecinal muy complejo, donde participaban no solo los tradicionales componentes de la comunidad local –con su distinta y múltiple estructura interna, ya sea desde el punto de vista jurisdiccional o socioeconómico–, sino también los nuevos miembros que se incorporaban por entonces, bien de manera circunstancial o permanente. Por otra parte, respecto a su legitimación en cuanto al marco institucional en el que se sustentaba, donde cabría considerar tanto las dificultades de los primeros tiempos –con los reajustes y reposicionamientos que impulsaron las autoridades desde Cádiz–, como las siempre complejas relaciones que se debieron de activar durante los siguientes meses, donde el control de la región quedaba en buena medida en manos de los poderes bonapartistas, según se desprende de lo ocurrido por entonces en pueblos próximos como Gibraleón, o de ciertas circunstancias que se vivieron en Huelva a raíz de la victoria definitiva de las fuerzas aliadas y que comentaremos más adelante.

En todo caso, no resulta fácil trazar un relato cerrado sobre este particular. El control formal de la zona en la que se encontraba la villa de Huelva por parte de los poderes franceses no implicaba necesariamente la exoneración de las obligaciones de su vecindario respecto a las atenciones y los suministros de las tropas fernandinas que en ciertos momentos transitaban por la villa y sus alrededores. Como se recogía en un poder otorgado con fecha de 27 de abril de 1812 por el ayuntamiento y la junta de subsistencia a Francisco Garrido, vecino de Cádiz, con objeto de conseguir comestibles y artículos de primera necesidad «para la subsistencia de la vida humana de este vecindario que se halla en miseria y escases por las circunstancias que en él han ocurrido en la presente guerra», se hacía constar «la necesidad de esta villa y socorro de raciones que está diariamente haciendo a las tropas de S. M. que permanecen y transitan en esta villa, tanto de las fuerzas sutiles de este Apostadero como de las de tierra, y sin cuio concurso no puede hacerlo por no haver quedado ni existir otros granos, harinas y comestibles»[885].

En definitiva, sobre todos esos planos en confluencia y no siempre afines con los marcos legales trazados desde fuera de la comunidad local, descansarían las decisiones y las acciones adoptadas por los miembros de la Junta de Subsistencia de Huelva a lo largo de toda su existencia. Entre ese amplio

---

885. AHPH, Escribanía de Diego Hidalgo Cruzado, Huelva, año 1812, leg. 4787, fols. 100-101.

conjunto se pueden destacar distintas líneas de actuación: la atención a las necesidades concretas de los entonces habitantes de Huelva, la defensa de los intereses del vecindario frente al grupo de forasteros que proliferaban en la villa, o la salvaguarda del colectivo de hacendados y propietarios en relación a otros grupos que formaban parte de la comunidad.

En el primer caso, la junta tomaba algunas medidas específicas para garantizar que el «público» dispusiese de acceso a productos de primera necesidad. En la sesión de principio de abril de 1812 se ponía en conocimiento de los asistentes que había «llegado de la Ciudad de Cádiz D. Juan de Vides de esta vecindad, comisionado y apoderado de este Cavildo y Junta de Subsistencias para traer las harinas necesarias para el abasto y surtido del Público mediante la suma escases que se padecía»[886]. También se ocuparía de que la recaudación de las diferentes cantidades a las que tenía que hacer frente se hiciese de la manera menos gravosa posible. Esta última circunstancia condujo incluso a la reestructuración del sistema impositivo, de tal manera que la gestión de las rentas públicas, o al menos de parte de ellas, dejaba de estar a cargo de particulares –según el sistema de remate que venía funcionando hasta ese momento– para pasar al campo específico de trabajo de las autoridades que se encontraban al frente de la comunidad[887]. En esa misma línea de defensa de los intereses del vecindario se moverían las diferentes acciones emprendidas para lograr no solo que los comerciantes no avecindados en la villa de Huelva contribuyesen, mediante el pago de determinados impuestos sobre el tráfico de productos, a formar los fondos a los que esta tenía que hacer frente[888], sino también para evitar que las operaciones llevadas a cabo por aquellos no afectasen a los intereses de los productores afincados en ella[889].

Sobre esta última cuestión se pueden hacer también algunas lecturas complementarias. Entre otras, acerca de la mayor cercanía y vinculación que la junta de subsistencia –siguiendo su propio proceso de conformación o la adscripción social de sus miembros– podía tener en relación al conjunto de los vecinos pudientes, ya fuese en su faceta tanto de propietarios como de productores. No en vano, llegó incluso a impulsar expresamente la aplicación de alguna medida recaudatoria que garantizase una cierta diversificación y distribución en el cobro. En este sentido, la incorporación al proceso de recaudación tanto de los forasteros como de los jornaleros de la villa conducía consecuentemente a la reducción de la carga final con la que debían contribuir los vecinos

---

886. AMH, Actas Capitulares, leg. 27, fols. 32-33.

887. Sesiones del 25 de septiembre, 8 de noviembre y 23 de diciembre de 1811. AMH, Actas Capitulares, leg. 27, fols. 6-7, 7-9 y 14-19.

888. Sesiones del 8 de noviembre y 23 de diciembre de 1811. AMH, Actas Capitulares, leg. 27, fols. 7-9 y 14-19.

889. Sesión del 13 de abril de 1812. AMH, Actas Capitulares, leg. 27, fols. 33-34.

que contaban con mayores recursos. Por ejemplo, en la sesión del 25 de junio de 1812 se aludía a la difícil situación en la que se encontraba la villa, por lo que resultaba necesario tomar alguna medida como establecer «una contribución uniforme en que no solo sea comprehendido el vecino pudiente, que es quien lo ha hecho hasta aquí, si[no] también los Forasteros y Jornaleros que, a pesar de que consumen como los demás, nada han contribuido quando las ganancias de los unos y los Jornaleros [sic] crecidísimo de los otros han sido de no corta consideración»[890].

Indudablemente, todo ello llevaría a la apertura de no pocos espacios de tensión y disputa entre la población de Huelva, tanto en lo que respecta a las relaciones entre foráneos y vecinos, como entre el conjunto de estos últimos, afectado a su vez de desigualdades diversas. En este sentido, la junta de subsistencia participaría activamente en la adopción de determinadas medidas de apaciguamiento y control entre los diferentes componentes de la comunidad, y donde, entre otras cuestiones, se pondrían en marcha acciones concretas de policía y buen gobierno:

> En este Cavildo en que se hallan tamvien varios Señores de la Junta de Subsistencias de esta villa se manifestó que uno de los puntos más ynteresantes a la República lo era la quietud y sociego del vecindario y la pacificación con que sus vecinos deven estar en sus casas y hogares libres de insultos, robos y otros acontecimientos que ocasionan los mal intencionados y ladrones, introduciéndose de unos Pueblos en otros, valiéndose de las proporciones de la noche, y de quantos medios viles e indignos les sugiere sus depravados ánimos, motivos porque se deve tratar el mejor medio de evitar los desórdenes que puedan acontecer en esta villa con motibo de los continuos forasteros que hay en ella, y otros que frequentemente entran y salen para hacer sus tráficos y negociaciones; y siendo preciso ver los medios de policía y buen govierno que pueden atajar tan funestas consequencias, acordaron sus mercedes que inmediatamente se fije vando en los sitios públicos de esta villa vajo las penas correspondientes[891].

Entre el conjunto de medidas de apaciguamiento también podría incluirse la proyección de mecanismos de participación dirigidos a sectores comunitarios que se situaban, al menos formalmente, fuera de las instituciones rectoras de la localidad. En este caso se puede destacar, por ejemplo, la elección a mediados de julio de 1812 de los peritos que debían actuar en la formación y la realización de un nuevo repartimiento general. En este sentido, para acabar con las críticas y las quejas suscitadas en esta materia, particularmente en relación a los desagravios ocasionados en anteriores ocasiones, los miembros del cabildo y la junta de subsistencia trazaban un plan de acción que comprendía

---

890. AMH, Actas Capitulares, leg. 27, fols. 37-40.

891. Sesión del 3 de enero de 1812. AMH, Actas Capitulares, leg. 27, fols. 25-26.

la convocatoria del «pueblo» para que nombrasen «peritos a su confianza» que actuasen como repartidores[892]. Esa apertura en la toma de decisiones hacia amplios sectores de la comunidad local encontraría explicación no solo en la desactivación de las tendencias obstruccionistas que se venían observando en relación a la obtención de los recursos con los que debía contribuir la villa, sino también en la búsqueda de adhesiones a partir de ciertas garantías de equidad y ponderación en torno a la distribución de los esfuerzos que ello comportaba.

Con todo, a pesar de su carácter puntual y aislado, si lo consideramos desde una perspectiva más amplia –en la que se incluyese, por ejemplo, el propio sistema de participación colectiva que había amparado la formación de la junta de subsistencia–, podría interpretarse como un síntoma más del proceso de extensión y aperturismo de la gestión pública y la toma de decisiones hacia amplios sectores de la comunidad local, al menos en relación a aquellos mejor posicionados económica y socialmente. En definitiva, en el sistema de acceso a las instituciones rectoras municipales habían perdido peso las mediaciones e intervenciones proyectadas desde el exterior de la comunidad, mientras que, por el contrario, ganaba terreno el componente meramente local, que se mostraba ahora más dinámico y alejado de presiones externas. En cualquier caso, ello no estaba amparado, al menos de manera clara y evidente, en un marco normativo concreto sino en los resquicios sujetos a la difícil y ambigua situación que caracterizaba, también desde la perspectiva institucional, aquellos años.

Llegados a este punto resulta conveniente volver sobre la cuestión de la adscripción de la Junta de Subsistencia de Huelva respecto al marco superior de referencia. Este fenómeno adquiría entonces un sentido múltiple y variado en función de los diferentes puntos de vista que entraban en juego. Por ejemplo, la lectura que se hacía desde dentro de la comunidad no tendría por qué coincidir con la que se trazaba desde fuera. La información disponible sobre los últimos momentos de la junta en el marco político municipal apunta en esta dirección. Por un lado, sus miembros, en unión con los del cabildo, manifestaban abiertamente en los primeros días de septiembre de 1812 su satisfacción porque estaba «ya este Pueblo libre por la Divina misericordia del yugo de los enemigos que han sido arrojados por nuestros valientes guerreros de las inmediaciones de Cádiz y Ciudad de Sevilla», e impulsaban la publicación y el juramento de la Constitución en el marco concreto de la villa de Huelva[893]. Por otro, las autoridades gaditanas enviaban algunos días después a un sujeto que debía actuar como su comisionado –en sintonía con lo que ocurriría en otros

---

892. Sesión del 16 de julio de 1812. Finalmente, comparecieron quince individuos para nombrar a los sujetos que debían actuar como repartidores. AMH, Actas Capitulares, leg. 27, fols. 40-45.
893. Sesión del 2 de septiembre de 1812. AMH, Actas Capitulares, leg. 27, fols. 45-46.

pueblos del Condado de Niebla ocupados por los franceses hasta fechas muy próximas– para «la publicación de la Constitución política de la monarquía de esta Provincia y para la ejecución de los Decretos y Resoluciones al establecimiento del nuevo sistema de govierno»[894].

En fin, tras la confirmación de la salida definitiva de los franceses, los individuos que habían formado parte de los poderes locales durante la etapa en la que estos habían ejercido el control sobre la región manifestaban de manera abierta y sin aparente contradicción su cercanía con la causa fernandina. Este hecho aportaría algunas pistas en relación a la forma en la que se habían integrado en el esquema de gobierno bonapartista, la solidez de los vínculos trazados con sus autoridades o, lo que resulta más destacable en este caso, sobre la percepción que ellos tenían de sus contornos institucionales precisos y acerca de las filiaciones y adhesiones que ello comportaba. En buena medida, desde dentro de la comunidad local, la participación en los órganos de gestión durante la etapa josefina no implicaba, al menos de manera terminante, su vinculación con la causa de los ocupantes, sino que debió de representar más bien una solución de compromiso que había permitido, en todo caso, tanto la reformulación del cuadro de gobierno tradicional como la revitalización y reubicación del componente local dentro del mismo.

Desde fuera la situación presentaba tintes muy diferentes, más próximos a la identificación de la junta como entidad circunscrita al marco bonapartista de poder. No en vano, la llegada del juez interino enviado por las autoridades gaditanas había propiciado la rápida conformación de un nuevo ayuntamiento siguiendo el procedimiento marcado por la Constitución, y, como consecuencia de ello, un reajuste en el cuadro de gobierno municipal que vino a afectar al funcionamiento y la proyección pública de la junta de subsistencia. De hecho, perdía el protagonismo que había ostentado hasta entonces, quedando su papel relegado al campo asesor del que había sido dotado originalmente este tipo de instituciones. Los testimonios que hacían referencia a la actuación de la junta resultaban entonces, por un lado, escasos, aislados y ajustados al ejercicio del repartimiento y la distribución de los recursos[895], y, por otro, no dejaban claro ni tan siquiera el alcance y la proyección de su propia existencia. Así, por ejemplo, en un escrito dirigido al ayuntamiento con fecha de 19 de noviembre de 1812 se hacía referencia a la contrata celebrada «con el Ayuntamiento y Junta de Subsistencia anterior»[896], cuyas palabras podían hacer pensar bien

---

894. Acuerdo sobre el recibimiento de juez de primera instancia conforme a la Constitución. Sesión del 18 de septiembre de 1812 en la que no se hacía mención expresa a la participación de los miembros de la junta de subsistencia. AMH, Actas Capitulares, leg. 27, fols. 47-48.

895. Documento del 16 de octubre y sesión del 9 de noviembre de 1812. AMH, Actas Capitulares, leg. 27, fols. 76 y 51-52.

896. De José Bermúdez. AMH, Actas Capitulares, leg. 27, fols. 151-152.

en la renovación del cuadro de integrantes, o bien en su extinción. Sin embargo, en una solicitud efectuada por el guarda del almacén del hospital militar de la Merced y por la que reclamaba el sueldo que se le adeudaba, se recogía una nota de mediados de diciembre de 1812 indicando que «para que tenga curso esta solicitud pase a D. Pedro Bermúdez como vocal de la Junta de Subsistencia de esta Villa y administrador de este Hospital para que acuerde lo más combeniente»[897]. A finales de 1812 seguía activa la junta y en ella se situaba algún individuo –como fue el caso del referido Pedro Bermúdez– que formaba parte de ella desde su creación en julio de 1811. Con todo, no contamos con nuevos testimonios que aludiesen a la actuación de la junta de subsistencia a partir de ese momento. Tan solo un escrito de principios de agosto de 1814 en el que su autor, intentando descargarse de ciertas reclamaciones sobre los documentos que acreditasen el abono de los suministros durante la etapa en la que regentó la real jurisdicción, hacía referencia a las cuentas presentadas por la junta de subsistencia, «en cuyo nombre se administró todo en aquella época»[898]. Mientras que un escrito de 2 de septiembre de 1813 sobre la deuda de ciertos salarios devengados de los hospitales, estaba dirigido a la «Junta de Recaudación de Caudales Extraordinarios» de la villa[899], una entidad que, según se desprende de su denominación, debió de estar más o menos conectada con las funciones que había desempeñado la junta de subsistencia desde el tiempo de su creación.

En resumen, el triunfo de la opción antinapoleónica supondría la extensión del modelo político e institucional impulsado desde Cádiz, generando drásticas modificaciones en la conformación y el ejercicio del poder a escala municipal. En este nuevo escenario, la Junta de Subsistencia de Huelva había perdido el protagonismo y el dinamismo de otros tiempos, quedando relegadas su voz y su capacidad de decisión –al menos desde el punto de vista documental– en beneficio de un ayuntamiento que presentaba ahora nuevos bríos en consonancia con el modelo de elección comunitaria que se inauguraba por entonces. De hecho, las juntas que tuvieron cierta presencia en el libro capitular entre los años 1813 y 1814 –la del pósito y la de sanidad– no actuaron sino como entidades secundarias y asesoras en relación al ayuntamiento como máxima autoridad local, y, por supuesto, en un nivel muy inferior al ocupado por la junta de subsistencia en unos momentos muy complejos pero, eso sí, claves en relación a la reconfiguración y la reformulación del ejercicio del poder a escala municipal.

---

897. AMH, Actas Capitulares, leg. 27, fol. 96.

898. De Diego Muñoz. AMH, Actas Capitulares, leg. 27, fols. 265-267.

899. De Antonio Marcos Palmeiro. AMH, Actas Capitulares, leg. 27, fol. 195.

6.2. El espacio fernandino: administración de los recursos y reconfiguración del poder municipal

Las cuestiones públicas, principalmente aquellas que estaban relacionadas con la gestión de los recursos, cobraban a partir de 1810, en un contexto de extrema dificultad y escasez en el que no cesaban sin embargo las solicitudes y las presiones externas para el sostenimiento de los ejércitos, una posición central y ocuparían la atención de buena parte de los habitantes del suroeste. En los espacios que quedaron sujetos a las autoridades gaditanas estos asuntos también representaban la línea medular de actuación de los ayuntamientos, que en ocasiones impulsaron o ampararon la creación de órganos específicos de gestión.

En cualquier caso, no estaríamos ante fórmulas inéditas. A los casos ya analizados de Huelva o Ayamonte en los primeros momentos de la lucha, podrían añadirse otras referencias conforme avanzaba la guerra, si bien de más difícil e imprecisa caracterización. Por ejemplo, contamos con una información aislada y poco precisa acerca de la constitución de una junta en Puebla de Guzmán. En este sentido, después de conocerse la orden de 31 de julio de 1809 que mandaba suprimir las juntas que no fuesen provinciales o de partido y resolverse, en consecuencia, que quedasen «las facultades de los Ayuntamientos espeditas y en su libre exercicio en todos los ramos y atribuciones que le son peculiares», un documento firmado en Puebla de Guzmán algunos días después decía haberse procedido «por el Clero de esta Parroquia a la elección del vocal eclesiástico que ha de constituir con los demás significados la Junta que previene las Reales órdenes»[900]. Sin embargo, a principios de 1811 se apuntaba desde ese mismo pueblo, en referencia a un plan para calcular la contribución proporcional para hacer frente al mantenimiento del ejército, que desde agosto anterior el ayuntamiento había tratado de organizar «este mismo particular para el Govierno de su vecindario», de ahí que hubiese entonces nombrado «dose comisionados Peritos, inclusos dos eclesiásticos, que desde la insinuada fecha se han ocupado en graduar menudamente y con escrupulosidad baxo de juramento las facultades de cada vecino particular», y que se había centrado en «la distribución general de los subministros franqueados hasta la presente fecha»[901].

El formato que presentaba esta reunión de comisionados y las funciones que asumía respondían al esquema propio de las juntas que fueron creándose en distintos pueblos del suroeste. Por una queja del administrador interino de las rentas decimales de la vicaría de Puebla de Guzmán de junio de 1810

---

900. Documento firmado por Manuel Domínguez y Pedro López y dirigido al secretario del ayuntamiento. Puebla de Guzmán, 10 de agosto de 1809. AMPG, Reales Órdenes, leg. 47.

901. Escrito firmado por Pedro Álvarez y dirigido a Francisco de Copons y Navia. Puebla de Guzmán, 8 de enero de 1811. RAH, CCN, sig. 9/6969.

tenemos constancia también de la existencia de una «Junta en el Lugar del Almendro, crecida con el principal objeto de hacer fondos para subvenir a las necesidades de la tropa, y demás gastos que se originan en las actuales circunstancias»[902]. En todo caso, los ejemplos más significativos se dieron algún tiempo después.

6.2.1. Las Juntas de Cartaya y Villanueva de los Castillejos: la apertura en la gestión de los asuntos comunitarios

A finales de 1811 y principios de 1812, bajo la coartada proporcionada por los cambios jurisdiccionales impulsados por las Cortes de Cádiz y al abrigo de la resultante revitalización de la autonomía comunitaria, se asistía a la apertura, desde el punto de vista de la participación vecinal, de la gestión de los asuntos públicos en algunos pueblos del suroeste. Este fenómeno no tendría el mismo recorrido y proyección ni se materializaba de forma similar en todos los casos, pero en conjunto dejaba trazado un marco básico de desarrollo, concurrencia y participación de la comunidad local, desde un enfoque amplio e inclusivo, que terminaba anticipando lo marcado por la Constitución de 1812 en materia de conformación del poder municipal.

En Cartaya se eligieron y enviaron en septiembre de 1811 varios representantes a Sevilla para que intercediesen ante las autoridades acerca tanto de los suministros hechos por el pueblo a las tropas imperiales, como de la contribución que mensualmente se le había asignado a la villa[903]. Ahora bien, este acto de elección presentaba una serie de rasgos formales que puede concitar una lectura de mayor calado, tanto en relación a la nómina de asistentes como en referencia al resultado.

A ese encuentro no solo concurrieron algunos miembros del cabildo, sino también «un número crecido de vecinos», relacionándose expresamente tan solo los nombres de algunos de ellos[904], los más significados y reconocidos públicamente según cabe suponer. En cuanto al resultado, se elegían

---

902. De la Junta de Sevilla a Francisco de Copons y Navia. Ayamonte, 25 de junio de 1810. RAH, CCN, sig. 9/6967.

903. En el libro capitular aparece la fecha de 10 de septiembre de 1810. Sin embargo, atendiendo tanto a los miembros del cabildo que se relacionan en el acta como a la escena que se describe, parece más oportuno situar la sesión en el año 1811, pudiéndose por tanto achacar a un error de transcripción lo expresado en el documento. AMC, Actas Capitulares, leg. 9.

904. Según se recogía en el acta correspondiente, habían concurrido el licenciado y cura párroco Juan de Buelga y Solís, José Gertrudis Zamorano, Juan Villarrasa, Fernando Román, Juan Toscano, Antonio Pérez de Contreras, Juan García, Antonio Andújar, Agustín Vázquez Castillo, Nicolás Cardoso, Clemente Dávila Barroso, Bartolomé Bayo, José Antonio Benítez, «y un número crecido de vecinos». AMC, Actas Capitulares, leg. 9.

tres representantes, uno por el ayuntamiento y los otros dos por nombramiento del pueblo[905]. En cierta manera, se incorporaba entonces no solo la voz de individuos que estaban fuera del ayuntamiento, sino también su voto con independencia de este.

Estas líneas, tímidamente abiertas aún, adquirían su cuerpo definitivo muy poco tiempo después. Con fecha de 16 de octubre de 1811 volvía a reunirse un cabildo abierto en Cartaya en el que participaron tanto los miembros del ayuntamiento como un crecido número de vecinos, y que inicialmente tenía como finalidad atajar las dificultades por las que pasaba la villa mediante la venta de las tierras de propios. Sin embargo, por iniciativa del pueblo asistente se alcanzaron una serie de acuerdos que, al margen de afectar a otras muchas parcelas de la economía municipal[906], vino a reorganizar tanto el sistema de relación con los pueblos circundantes –en un apartado tan importante como el del campo común– como el panorama del poder a nivel local.

En aquella reunión se creaba una junta de cinco personas[907] que, como permanente, quedaba «con la representación del Pueblo» y a la que le tocaba «cuidar» de que tuviese cumplimiento cuanto se ordenase y de tomar las medidas que pudiesen «ocurrir más fáciles», de modo que nada podía hacerse «sin su consentimiento y noticia» sobre los «subministros, contribuciones, repartimientos y demás»[908]. El vecindario asumía, por tanto, a través de una nueva fórmula institucional, la dirección de las cuestiones más importantes del momento. El cabildo quedaba entonces devaluado en lo que respecta a su tradicional campo de acción, máxime si tenemos en cuenta la capacidad que la nueva junta se otorgaba para auditar la actuación de algunos de los miembros del ayuntamiento[909]. En definitiva, aunque se daba «cuenta al Supremo Consejo Nacional» y se solicitaba «su aprobación Real sobre todos los particulares

---

905. Por los miembros del ayuntamiento fue nombrado «por Diputado del Cuerpo» a Francisco Moreno, regidor decano, y por el «Pueblo» fueron designados el presbítero Juan Toscano y José Antonio Benítez, «de su vecindad». AMC, Actas Capitulares, leg. 9.

906. Por ejemplo, las medidas a tomar sobre los deudores de fondos públicos, la venta de tierras del pósito, el pago de una determinada cantidad a la tesorería por la corta de leña y madera, o el pago de contribución por aquellos barcos forasteros que entrasen en el término marítimo de la villa. AMC, Actas Capitulares, leg. 9.

907. Fueron elegidos los presbíteros Juan de Buelga y Solis y Juan Villarrasa, Bartolomé Bayo, Antonio Moreo e Inza y Agustín Vázquez Castillo. AMC, Actas Capitulares, leg. 9.

908. Punto 32. AMC, Actas Capitulares, leg. 9.

909. Como recogía en el punto 25, los regidores que hubiesen ejercido durante el año anterior y que lo hiciesen en el presente debían rendir las cuentas «en el preciso término de ocho días, en el concepto de que no haciéndolo serán embargados sus bienes, procediendo por apremio de una multa que se gradúe diariamente, y si esto no fuese bastante se les formará la competente sumaria como sospechosos a la versación, enemigos del bien común, y se remitirá a tribunal correspondiente». Y en el 26 se indicaba que esas cuentas serían examinadas por la junta de permanencia, los diputados y los síndicos del común. AMC, Actas Capitulares, leg. 9.

acordados»[910], la iniciativa había partido del interior de la comunidad local y venía a mostrar la apertura en la gestión de los asuntos comunitarios a todo el conjunto a través de mecanismos como la elección y la representación. Por ejemplo, el 18 de noviembre de 1811 se celebraba una reunión para nombrar los diputados que debían pasar a Gibraleón para tratar diversos asuntos que afectaban a los pueblos del marquesado, en la que, a diferencia de momentos anteriores, asistieron los «Señores Cavildo, Justicia y Regimiento de ella, con concurrencia de los Síndicos y Diputados del Común, e Yndividuos de la Junta de permanencia nombrada por este Común de vecinos»[911].

En el caso de Villanueva de los Castillejos, el aperturismo en la formación del ayuntamiento se había manifestado con anterioridad incluso a la promulgación de la Constitución de Cádiz. La elección efectuada a principios de 1812 se había hecho ya desde postulados abiertos y extensivos, y respondía en buena medida a un clima que, en conexión con la redefinición de un nuevo espacio de soberanía, resultaba propicio al desarrollo de una iniciativa revolucionaria como aquella[912]. En aquel contexto se llevaba a cabo el nombramiento en julio de 1812, en un acto que contaría con la participación de las principales personas del vecindario, de una junta de subsistencia compuesta de seis individuos «de toda probidad y confianza» para que se encargase de la gestión de los suministros a las tropas y de tomar las cuentas de las cantidades –para el resguardo del propio cabildo– que las justicias hubiesen recibido hasta ese momento[913].

A la sesión de nombramiento concurrieron ocho individuos que habían sido previamente citados por el ayuntamiento. Estos sujetos, en conjunción con los miembros del cabildo, acordaron que la junta debía quedar compuesta por las siguientes personas: los presbíteros Dionisio Rodríguez Centeno, Juan Limón Ponce y el R. P. F. Agustín Gómez, el diácono Gaspar Pérez Feria, Gerónimo Ortega y Francisco de Torres, «todos de esta vecindad, personas de toda providad e idoneidad en quienes depocitan su confianza para este fin atendiendo a el desinterés y amor a la Patria que los caracteriza»[914]. Pocos días después, en una sesión en la que se tomaron distintas medidas para llevar a cabo un reparto proporcional de las contribuciones entre el vecindario, se refería a la nueva institución como «Junta de Subsistencias nuebamente creada»[915], lo que podría dar cuenta de la existencia de algún tipo de institución anterior encargada de los suministros y los repartos de los gastos entre el vecindario,

---

910. Nota de cierre del documento. AMC, Actas Capitulares, leg. 9.
911. AMC, Actas Capitulares, leg. 9.
912. Saldaña 2016 y 2021.
913. Sesión del 12 de julio de 1812. AMVC, Actas Capitulares, leg. 11.
914. *Ibidem*.
915. Sesión del 19 de julio de 1812. AMVC, Actas Capitulares, leg. 11.

pero que, presumiblemente, respondería a un proceso de formación, composición y modo de actuación diferentes. Esta nueva junta continuó en activo después de formarse el ayuntamiento constitucional, e incluso se le dotaría de nuevas facultades. El 5 de noviembre de 1812, teniendo en consideración sus «favorables progresos», se encargaría además de tomar las cuentas de los suministros y contribuciones exigidos al vecindario por los entonces responsables de su gestión –alcaldes u otros individuos– durante los años 1810, 1811 y 1812[916].

También contamos con otras referencias sobre la existencia de este tipo de instituciones en algunos otros pueblos de la frontera. Entre los borradores de oficios correspondientes a la Junta Patriótica de Ayamonte se encontraba un escrito, dirigido a las justicias de Lepe y con fecha de 16 de junio de 1812, donde decía no tener «facultad para imponer leyes ni dar reglas» a la junta que se había formado en esa villa, de ahí que recomendase resolver las dudas directamente con el comisionado regio o con el Consejo de Regencia[917]. Poco más se puede apuntar sobre la junta formada en Lepe, pero esa referencia puntual da cuenta de la proyección que tendría este modelo institucional en muchos de los pueblos del entorno a la hora de gestionar los repartimientos y los pagos que debían asumir con las fuerzas militares que se movían por la región.

6.2.2. La Junta Patriótica de Ayamonte: ascendencia local, proyección comarcal

El establecimiento de las juntas no se debió siempre al impulso de los agentes locales, como tampoco su escenario de acción se correspondió con el contorno territorial de su municipio de referencia. Es el caso de la junta que, bajo el título de patriótica, se constituyó en Ayamonte en noviembre de 1811, que no solo respondía al estímulo de las autoridades superiores de Cádiz, sino que ejercería su actuación en un espacio jurisdiccional amplio, por encima del marco local al que remitía su propio nombre. La combinación de elementos internos y externos, la conjugación de la perspectiva local y comarcal, o la retroalimentación entre escenarios diferenciados y jerarquizados, no serían exclusivas de este momento, si bien cobraban ahora un nuevo aliento al amparo precisamente de las circunstancias que afectaron al marco suroccidental en los meses finales de 1811.

---

916. Referencia contenida en el «Acta del Ayuntamiento renovando la Junta y Comisión de Cuentas», del 20 de febrero de 1814. AMVC, Actas Capitulares, leg. 12.

917. ARS, PF, archivo II, carpeta 4, doc. 33.

6.2.2.1. La configuración institucional: del impulso externo a la reafirmación del componente corporativo

El 27 de octubre de 1811, el Consejo de Regencia hacía un llamamiento a los «Españoles moradores en el Condado de Niebla y Sierras de Arazena y Zalamea la Real» para que se movilizasen en defensa de la causa fernandina, y que, de manera muy significativa además, contenía una clara apelación a la protección de lo más propio y cercano:

> La Patria invadida y despedazada por sus fieros opresores reclama imperiosamente vuestros votos, vuestros esfuerzos, y vuestros sacrificios, a que os liga una indispensable obligación para con ella. Nadie es más interesados [que] vosotros mismos en vuestros propios intereses, casas, haciendas, esposas e hijos, defendedlo todo de los que todo os han usurpado; prestaos, contribuid y haced por rescatarlo[918].

El texto, que hacía referencia a los cuerpos de defensa dispuestos en toda la Península –los «Serranos» de Ronda, los Somatenes de Cataluña, las partidas de la Mancha, las dos Castillas, Navarra y Vizcaya, y las alarmas de Galicia y de Asturias–, llegaba acompañado de una «Ynstrucción para la Guerrilla Principal de partida o columna móvil en el Condado y sus Sierras adyacentes» del 25 del mismo mes. Ese nuevo ordenamiento establecía la formación de una partida de guerrilla principal a modo de columna móvil, de al menos 400 hombres de caballería y a cargo de un comandante militar, y que tendría que disponer además de los oficiales y funcionarios precisos para sus operaciones[919].

Por tanto, no parece que el suroeste contase en aquellas fechas con las mejores condiciones para su defensa, particularmente en lo que respecta a la participación de sus habitantes en los cuerpos armados –formales o no– encargados de contrarrestar a las fuerzas bonapartistas que se movían por la región. Tampoco parece que resultase eficaz y satisfactoria la configuración institucional de aquel tiempo. De hecho, el Consejo de Regencia nombraba el 27 de octubre en calidad de comisionado a Juan Ruiz Morales, comisario de guerra de marina, para que llevase a cabo la creación de una nueva junta, quien, después de reunir a algunos destacados individuos residentes en la desembocadura del Guadiana, lograba despachar ese cometido el 19 del siguiente mes.

La creación de esta nueva institución no podría entenderse sin tener en cuenta la reestructuración gubernamental efectuada algunos meses atrás. La salida de la Junta de Sevilla de las tierras del suroeste había supuesto no

---

918. ARS, PF, archivo II, carpeta 4, doc. 34.
919. *Ibidem.*

solamente la privación de su influencia y protagonismo en la defensa de aquel territorio, sino también la pérdida de referentes nítidos y reconocibles entre sus pobladores.

Más allá del contexto institucional en el que surgía o de la cronología de los acontecimientos, varias son las cuestiones que llaman la atención desde un principio. Primeramente, el proceso de constitución, en el que confluyó un doble mecanismo de participación, con ejes situados tanto fuera como dentro de la comunidad. A diferencia de lo ocurrido en otros enclaves del suroeste, la formación de la nueva autoridad contaría con el patrocinio e impulso de la máxima autoridad ejecutiva de Cádiz, quien hizo partícipe para su creación a sujetos destacados con residencia en Ayamonte, y ello a pesar de que su campo de acción sobrepasaba los límites de la comunidad local sobre la que terminaba erigiéndose. El posicionamiento fronterizo de aquel enclave debió de actuar nuevamente como determinante para acoger la formación y la actuación de la nueva junta. El protagonismo que concedía la Regencia a esa ciudad descansaba precisamente en las posibilidades de refugio que ofrecía. Como se recogía expresamente en la instrucción para la guerrilla del 25 de octubre, el comandante no solo debía influir en los pueblos «con amor y dulces persuasiones para que vigorizando su patriotismo» se prestasen a la defensa de la nación, sino que también tenía que cuidar de que la remesa de pólvora y balas se depositase en un paraje seguro, «que siempre lo parece más libre de todo riesgo la Villa de Villarreal en Portugal, o la Isla de Canela a la vista y frente de Ayamonte»[920].

Esa circunstancia trazaba una línea de cierta continuidad respecto a otras experiencias institucionales anteriores, particularmente con la junta de gobierno que se había creado en Ayamonte en junio de 1808. Incluso la esfera de relación proyectada con las autoridades territoriales y el papel ocupado por ciertos sectores sociales y jurisdiccionales del municipio también permitirían trazar algunas conexiones entre uno y otro momento: si, por un lado, para la formación de ambas resultaron claves el impulso y el amparo otorgados por poderes superiores –la Junta Suprema de Sevilla en 1808 y el Consejo de Regencia en 1811–; por otro, las dos se sustentaron y nutrieron principalmente de figuras destacadas y reconocibles de la localidad, adscritas a los diversos marcos jurisdiccionales establecidos en ella, e incluso algunas personas formaron parte de una y otra.

Con todo, más allá del componente elitista que acercaba a las dos instituciones, la base social que arropó la creación de ambas presentaba, al menos en lo que respecta a la construcción del relato, perfiles muy diferentes. Los testimonios referidos a la junta de 1808 aludían al protagonismo del *pueblo* en su

---

920. ARS, PF, archivo II, carpeta 4, doc. 34.

constitución. Como recogía un escrito ya citado de agosto de 1809, la junta se había formado a principios de junio de 1808, «días felices en que se manifestó la Gloriosa Revolución que arma la Nación», por «aclamación del Pueblo»[921]; mientras que Tomás Lladosa, designado nuevamente como vocal de la junta patriótica de 1811, pero que ya había formado parte de la de 1808, también sostenía que «el Pueblo de Ayamonte» había erigido la que fue creada al inicio de la guerra[922].

Sin embargo, la documentación relativa a la junta de 1811 obviaba este aspecto y centraba el punto de atención en la Regencia y el comisionado nombrado por esta. El escenario de la legitimidad respecto a la creación de ambas instituciones y de la legitimación en cuanto al poder que alcanzaban y proyectaban en su entorno más inmediato debió de sufrir, por tanto, una clara modificación entre uno y otro momento. Menor contraste presentaba, no obstante, la composición de ambas autoridades.

Como se ha señalado más arriba, Juan Ruiz de Morales en calidad de comisionado de la Regencia sería el encargado de designar a los integrantes de la nueva institución, a los que había trasladado un oficio notificándoles tal circunstancia según lo vienen a mostrar algunas de las respuestas que entonces recibía: el alcalde Domingo Gatón dirigía un escrito el 18 de noviembre en el que hacía referencia a los asuntos que le había insinuado en su oficio remitido ese mismo día; Tomás Lladosa apuntaba el 19 que acababa de recibir el escrito del día anterior por el cual quedaba enterado de su nombramiento como vocal tesorero de la junta patriótica que se iba a erigir ese día en la ciudad; y Cosme de Carranza también refería en esa misma fecha haber recibido un oficio del día anterior por el cual se le designaba como vocal[923]. De tal manera que la reunión del 19 de noviembre tan solo vendría a confirmar y dar carta de naturaleza a un proceso que se había venido fraguando hasta ese momento, al menos en teoría, fuera de los marcos de representación y gestión del poder comunitario. En la práctica, no parece que se pudiese llevar a cabo la designación de sus componentes de manera aislada, sin atender a ciertos cauces gubernativos o a la estructura social, profesional o jurisdiccional existente en Ayamonte. No en vano, entre la nómina de individuos distinguida en aquel proceso se localizaban sujetos pertenecientes a ámbitos jurisdiccionales diferentes y que formaban parte, por una u otra circunstancia, de la élite de la localidad, con lo que debieron de contar por ello con cierto reconocimiento y prestigio dentro de la comunidad local:

---

921. AHN, Estado, leg. 61-T, doc. 426.

922. Vila Real de Santo António, 14 de enero de 1812. ARS, PF, archivo II, carpeta 4, doc. 34.

923. ARS, PF, archivo II, carpeta 4, doc. 34.

Estando en las Casas de Ayuntamiento D. José Antonio Abreu Regente de la Jurisdicción Ordinaria de ella por ausencia del Sr. D. Domingo Gatón Alcalde por S. M. de esta dicha Ciudad: D. Juan Ruiz Morales Comisario honorario de Guerra de Marina, Comisionado Real por el Supremo Consejo de Regencia, por quien fueron combocados a las mismas los Sres. D. José Girón y Montezuma del Orden de Santiago, coronel de Milicias Urbanas, el Presvítero D. Manuel Pérez Ximénez, cura párroco, D. Romualdo Bezares, D. Juan Jacobo Abreu en lugar del comandante militar de Marina D. Cosme Carranza; y D. Casto García y los Secretarios D. Francisco Xavier Granados y D. Diego Bolaños: estando juntos se abrió la sesión por el Comisionado Real manifestando las órdenes de S. M. y en su nombre el Supremo Consejo de Regencia después de un sucinto discurso entregó a nos los secretarios para su lectura, y haviéndolo hecho de la Comisión que se le confió en fecha veinte y siete de octubre del corriente año por el Excmo. Sr. D. José Bázquez Figueroa en la Ciudad de Cádiz, enterados de su contenido y de las instrucciones que entregó para realizar la formación de una Junta Patriótica compuesta de los vocales queran designados, dijeron aceptaban todos y cada uno de por si sus respectivos encargos, daban por erigida e instalada esta Junta, la que prestaría todos los ausilios que fuesen posibles a llenar las venéficas ideas de S. A. el Consejo de Regencia [...]; y que respecto no hallarse presente el Sr. vocal tesorero D. Tomás Lladosa que por sus notorias ocupaciones no ha podido concurrir, mediante a que tiene aceptado su encargo se le instruye[924].

En definitiva, la elección hecha por el comisionado no podría sustraerse, al igual que había ocurrido en otros momentos, de las características sociales e institucionales propias del escenario en el que se debía llevar a cabo. De tal manera que, independientemente de la mayor o menor apertura del proceso, el resultado no difería en exceso de lo acontecido en 1808. De hecho, cuatro de sus integrantes –José Girón y Moctezuma, caballero de la Orden de Santiago y coronel de milicias urbanas, el administrador de rentas unidas Tomás Lladosa y los escribanos Francisco Javier Granados y Diego Bolaños– ya habían formado parte de la junta de gobierno de los primeros tiempos. Incluso uno de sus miembros llegaba a referirse con el mismo nombre a una y otra institución: Tomás Lladosa sostenía a principios de 1812 que en la «Junta Patriótica en el primer año de nuestra justa causa» había obtenido la confianza para formar parte de ella bajo el encargo de recaudar y distribuir sus caudales[925].

Ahora bien, entre sus miembros no se encontraban ahora varios representantes que habían tenido sin embargo una especial relevancia en la primera junta: particularmente, el alcalde mayor y el gobernador de la plaza. La ausencia del primero debía estar conectada con el decreto de agosto de 1811 sobre la abolición de los señoríos y sus efectos respecto a la existencia de ese

---

924. Ayamonte, 19 de noviembre de 1811. ARS, PF, archivo II, carpeta 4, doc. 34.
925. Escrito de Tomás Lladosa. Vila Real de Santo António, 14 de enero de 1812. ARS, PF, archivo II, carpeta 4, doc. 34.

cargo. La del segundo, al complejo y no siempre sosegado panorama corporativo de Ayamonte, que había encontrado un importante factor de desencuentro y conflicto institucional –ya sea en lo concerniente a la anterior junta de gobierno como al más amplio marco de gestión del poder local– en la figura del gobernador militar, lo que pudo conducir finalmente a su exclusión de un nuevo órgano gubernativo llamado a conciliar y aunar los ánimos y los esfuerzos de todos.

En la práctica, y al margen de ciertas ausencias más o menos destacadas, la nómina de vocales se había formado partiendo de cierta lógica corporativa, al menos en parte. Tales fueron los casos, por ejemplo, de José Antonio Abreu y Juan Jacobo de Abreu, quienes llegaban a ocupar sus respectivos puestos por delegación de los titulares sobre los que había recaído inicialmente la designación, el primero en representación de Domingo Gatón, alcalde de la ciudad[926], y el segundo en remplazo de Cosme Carranza, comandante militar de marina[927]. En otros casos, el componente corporativo resultaba menos determinante, quedando la incorporación sujeta a criterios de orden funcional. Así ocurriría, por ejemplo, con Romualdo Besares, del que en el momento de constitución de la junta no se hacía referencia a su pertenencia a ninguna entidad, ejerciendo sin embargo el cargo de contador de la misma a partir de entonces.

La sustitución de algunos individuos de sus respectivos puestos, ya sea de manera puntual o permanente, no resultaría automática ni carente de problemas. Por ejemplo, con motivo de haber trasladado Romualdo Besares su residencia a Portugal, la junta trataba en enero de 1812 sobre la designación de un sustituto para su encargo de contador «siempre que ocurra ocasión pronta en que cause perxuicio a los contribuyentes sin dar lugar a que pasen al pueblo de su actual residencia». En consecuencia, se acordaba el nombramiento de Juan Manuel Castellano, agregado a la administración general de rentas de la provincia, «haciéndosele entender a fin de que semanalmente por medio de un estado formalice quentas de las cantidades que percibiese el tesorero para darlas al nominado D. Romualdo con la formalidad que corresponda»[928]. Sin embargo, el encargado de la oficina de rentas a la que se adscribía el referido Juan Manuel Castellano manifestaba que, debido a circunstancias de orden institucional, resultaba imposible atender a las pretensiones de la junta,

---

926. Domingo Gatón renunciaba al cargo y comisionaba para su sustitución a José Antonio Abreu, regidor del ayuntamiento. Ayamonte, 18 de noviembre de 1811. ARS, PF, archivo II, carpeta 4, doc. 34.

927. Cosme de Carranza designaba como sustituto a Juan Jacobo de Abreu, auditor de guerra de marina de la provincia. Ayamonte, 19 de noviembre de 1811. ARS, PF, archivo II, carpeta 4, doc. 34.

928. Ayamonte, 20 de enero de 1812. ARS, PF, archivo II, carpeta 4, doc. 34.

quedando por tanto esta cuestión sin resolverse en los términos propuestos por esta[929].

Por aquella misma fecha Tomás Lladosa dirigía un escrito a Juan Ruiz de Morales solicitando su liberación del cargo de tesorero por no poder hacer frente a la recaudación de los arbitrios que estaban bajo la gestión de la junta. Para ello, partía de lo acontecido en su anterior ejercicio como vocal en 1808, cuando, debido a la «constante fatiga» que acarreaba el puesto y la exigencia de la administración de rentas que tenía a su cargo, se había resuelto que su sobrino Vidal de Páramo quedase habilitado para ese empeño, por lo que planteaba ahora seguir esta misma vía para «dexarme libre para que como su vocal no faltara con mis miserables luces a lo que me considere útil»[930]. Esta solicitud llegaba finalmente a las autoridades de Cádiz, que determinaban en última instancia mantener la composición de la junta en los términos recogidos en el decreto del 25 de octubre anterior[931].

El devenir del cargo de presidente, cuyo nombramiento fue llevado a cabo internamente por los miembros de la junta, tampoco pudo sustraerse ni de la intervención de la autoridad superior de Cádiz ni de los plazos temporales que ello comportaba. En la sesión de constitución de 19 de noviembre de 1811 los recién nombrados ya habían manifestado, después de haber aceptado el encargo para el que habían sido convocados, la conveniencia de contar con la aprobación expresa del Consejo de Regencia sobre la creación de la nueva institución «para evitar los entorpecimientos que con las demás autoridades podrían ocurrir en esta Población y en las demás con quien tenga con que entenderse» en relación al establecimiento de los arbitrios y las contribuciones[932]. En cierta manera, esta circunstancia marcaría el ritmo no solo de su consolidación institucional, sino también, como consecuencia de esto mismo, sobre la designación y habilitación de sus cargos internos. No en vano, pese a la referencia que se hacía al cargo de presidente en los primeros tiempos de su funcionamiento[933], habría que esperar al mes de febrero de 1812, después de

---

929. Solicitud firmada por José Antonio Abreu, de 22 de enero de 1812 (ARS, PF, archivo II, carpeta 4, doc. 33). Respuesta de Lino Martínez Davalillo, subdelegado interino de rentas, de 23 de enero de 1812 (ARS, PF, archivo II, carpeta 4, doc. 34).

930. Vila Real de Santo António, 14 de enero de 1812. ARS, PF, archivo II, carpeta 4, doc. 34.

931. Documento firmado por José Vázquez Figueroa, ministro interino de Marina. Cádiz, 28 de enero de 1812. ARS, PF, archivo II, carpeta 4, doc. 34.

932. Estas palabras se recogían en la sesión de 11 de enero de 1812 recordando tal circunstancia. ARS, PF, archivo II, carpeta 4, doc. 34.

933. Entre las escasas referencias se pueden citar el escrito firmado en Ayamonte por Juan Ruiz de Morales con fecha de 9 de enero de 1812 y que dirigía al «Presidente de la Junta Patriótica de esta Ciudad», y el acta de la sesión de 16 de enero que aludía a «los Sres. Regente de la jurisdicción ordinaria Presidente de la Junta con los demás Sres. vocales que abajo firman». ARS, PF, archivo II, carpeta 4, doc. 34.

haberse notificado que el Consejo de Regencia había aprobado la constitución de la junta[934], para que tal distinción interna contase con el patrocinio de todos sus miembros y adoptase, de manera nítida y sin ambages, carta de naturaleza definitiva:

> Estando en Junta los Sres. Presidente y vocales de ella: haviéndose dado cuenta por mí el Secretario de la Real Orden comunicada por el Excmo. Sr. Ministro Ynterino de Marina D. José Vázquez Figueroa su fecha veinte y ocho del pasado sobre la aprovación de esta Junta y demás particulares que comprende, en su virtud acordaron su cumplimiento y que se llebe a puro y debido efecto en todas sus partes.
>
> Asimismo acordaron que para llevar a efecto las buenas intenciones de Sus Señorías y que se trabaje en este asunto tan interesante a la Patria por unos y otros Señores en igualdad nombraban para Presidente de esta Junta al vocal de la misma el Cavallero D. José Girón por el término de seis meses que deberán contarse desde esta fecha; y conclusos seguirá otro Cavallero vocal para lo que se formará el acta a su tiempo[935].

Algunos días después se completaba su organización con el nombramiento de Manuel Pérez como vicepresidente, quien debía ocupar la dirección de la junta en caso de ausencia o enfermedad del presidente[936]. En los siguientes meses se asistiría a leves retoques en su composición[937], aunque con escasa incidencia sobre su campo de actuación hasta, el menos, agosto de 1812, fecha en la que se localizaba el último de sus documentos.

6.2.2.2. El ejercicio de las funciones: la frontera como horizonte

La junta patriótica nacía bajo el auspicio del comisionado nombrado por las autoridades de Cádiz, que marcarían y supervisarían la senda de sus acciones. No en vano, a los ya referidos documentos de 25 y 27 de octubre de 1811 –uno sobre la formación de una columna móvil y otro acerca de la movilización patriótica de los habitantes del suroeste– había que sumar una

---

934. Oficio de José Vázquez Figueroa, ministro interino de Marina, firmado en Cádiz el 28 de enero de 1812 y dirigido a José Antonio Abreu. La recepción de este oficio resultaba clave para dar carta de validez a la formación de la junta, si bien la fecha oficial de aprobación y, por tanto, de reconocimiento institucional, sería el 20 de diciembre de 1811. ARS, PF, archivo II, carpeta 4, docs. 33 y 34.

935. Documento de febrero de 1812 que no cuenta, sin embargo, con referencia explícita sobre el día. ARS, PF, archivo II, carpeta 4, doc. 34.

936. Ayamonte, 17 de febrero de 1812. ARS, PF, archivo II, carpeta 4, doc. 34.

937. El secretario Francisco Javier Granados trasladaba la renuncia al cargo y la junta lo daba por desistido. Acta del 9 de abril de 1812. ARS, PF, archivo II, carpeta 4, doc. 34.

tercera instrucción que trataba específicamente sobre su campo de actuación[938], que en líneas generales venía a amparar e impulsar lo establecido en los dos primeros. Los diferentes puntos contenidos en esa instrucción trazaban el marco sobre el que debía operar la nueva institución, que, en buena medida, se correspondían con los ejes esbozados en aquellos otros documentos: por un lado, la formación y el mantenimiento de los cuerpos militares, y, por otro, la movilización de los habitantes del entorno. Indudablemente, en torno a esos dos escenarios amplios y complejos se articulaban una serie de medidas y acciones concretas: entre otras, la difusión entre la población de las decisiones adoptadas por los dirigentes civiles o militares, la comunicación directa con el comisionado no solo para implementar las medidas de defensa inicialmente previstas sino también para mediar en la relación de este con los pueblos, la gestión de las contribuciones y las recaudaciones que se llevasen a cabo para el mantenimiento de las fuerzas del entorno –bien fuera en metálico o en especie–, la promoción de los alistamientos y la formación de cuerpos armados en la desembocadura, así como la búsqueda de medios de impresión para difundir de manera eficiente el contenido de aquella proclama dentro del territorio en el que se debía intervenir.

No cabe duda, por tanto, de su vinculación con la desembocadura del Guadiana, tanto en su propia definición y caracterización institucional –recogía en su título la ubicación y procedencia–, como en lo que se refiere a la extracción y adscripción de sus componentes. No obstante, la Junta Patriótica de Ayamonte estaba llamada desde sus comienzos a actuar sobre horizontes más amplios. Tomás Lladosa, inmediatamente después de haber sido seleccionado para formar parte de la nueva institución, refería que se erigía entonces «en esta ciudad para el socorro de los Pueblos del Condado y Sierra del Andébalo»[939]. Además, la instrucción que promovía su configuración corporativa recogía, en su artículo segundo, que debía impulsar la formación de «la partida parcial con que debe auxiliar Ayamonte a los demás Pueblos del Andébalo y Condado»[940].

El destacado papel otorgado a Ayamonte tendría un significado diferente en función de los entornos y las características específicas del complejo y heterogéneo escenario de fondo. En líneas generales, más perceptible y notorio para los pobladores más próximos a la desembocadura del Guadiana, toda vez

---

938. La instrucción no tiene indicación de fecha ni autoría, aunque teniendo en cuenta el tono y su localización dentro del conjunto de documentos en el que se integra, parece más que probable no solo su redacción en fechas muy próximas a los otros documentos citados, sino también su vinculación con el comisionado enviado por los poderes de Cádiz. ARS, PF, archivo II, carpeta 4, doc. 34.

939. A Juan Ruiz de Morales, 19 de noviembre de 1811. ARS, PF, archivo II, carpeta 4, doc. 34.

940. ARS, PF, archivo II, carpeta 4, doc. 34.

que además de convivir con la nueva institución debían soportar directamente los esfuerzos que, para sostener a los nuevos cuerpos militares, esta amparaba. Y menos tangible y evidente para los enclaves del Andévalo y el Condado que más se alejaban y distanciaban de ella, principalmente porque la acción de la junta quedaba mediatizada y diluida por el movimiento de otros poderes con presencia física en ese territorio.

En el primer caso, un hecho capital estaba representado por la obtención de fondos, cuyo principal marco de extracción se correspondía con el lugar concreto en el que se ubicaba la junta. Ya en la reunión de instauración se dejaba constancia de cuáles eran los puntos centrales que articularían su trabajo. De hecho, se comprometía a prestar todos los auxilios que estuviesen a su alcance para «llenar las venéficas ideas de S. A. el Consejo de Regencia», así como a elegir los arbitrios que pudieran establecerse para su fomento[941]. Y al siguiente día, en una sesión a la que asistieron el comisionado y los recién nombrados vocales de la junta, se propusieron los arbitrios que debían exigirse para la obtención de los recursos necesarios y que tenían que ser elevados al Consejo de Regencia para su aprobación definitiva[942]. Así pues, su aplicación quedaba interrumpida hasta que las autoridades superiores diesen el visto bueno, evitando de este modo, según reconocía la propia junta patriótica, los obstáculos que pudiesen generarse con otras autoridades, tanto de Ayamonte como de otras poblaciones, sobre las que tuviese que relacionarse para «los establecimientos de arbitrios y contribuciones que tiene acordado»[943].

Consciente de las resistencias que tales medidas podrían suscitar entre las autoridades y la población del entorno, la junta buscaba el respaldo de los poderes superiores, quienes habían marcado la senda a seguir pero no las medidas concretas a adoptar. En enero de 1812 se daba a conocer, por medio del comisionado Juan Ruiz de Morales, el dictamen positivo de la Regencia sobre los arbitrios testimoniados en la comunicación que se le había remitido previamente, con la sola excepción de una tasa[944]. Desde este momento se ponía en marcha el proceso de recaudación y, en consecuencia, se entablaba

---

941. Sesión de 19 de noviembre de 1811. ARS, PF, archivo II, carpeta 4, doc. 34.

942. Afectaban a la «portación y exportación» de productos como lana, hilo, algodón, trigo, harina, bacalao, ganado, productos de caza, carga de leña, carbón, cacao, azúcar, café, canela, vino y madera para la construcción, sobre los que se debía aplicar un porcentaje de cobro determinado, así como a los negocios de casa café, fonda, bodegón y de comercio, sobre los que se reclamaba una cuantía concreta, ya sea fija o porcentual. Sesión de 20 de noviembre de 1811. ARS, PF, archivo II, carpeta 4, doc. 34.

943. Sesión de 11 de enero de 1812. ARS, PF, archivo II, carpeta 4, doc. 34.

944. En el arbitrio correspondiente al bacalao se establecían algunas precauciones y diferencias en función de la tipología de venta y su lugar de comercialización. Carta enviada por Juan Ruiz de Morales a la junta patriótica. Ayamonte, 9 de enero de 1812. ARS, PF, archivo II, carpeta 4, doc. 34.

contacto de manera inmediata con el administrador tesorero de la aduana y con el comandante militar de marina para notificar y clarificar los términos exactos de las exacciones en la parte que les tocaba[945]. Esta circunstancia se haría extensiva en los siguientes días no solo a otros agentes con potestad en el ámbito de las transacciones comerciales, sino también a la población en su conjunto, sobre la cual recaían los efectos concretos de las medidas impositivas que se pretendían ahora implementar. Así, por ejemplo, a mediados de enero se enviaba un oficio al subdelegado Lino Martínez Davalillos con la indicación de los impuestos acordados por la junta, y donde se hacía referencia además a la fijación de edictos publicando los arbitrios «para inteligencia del Público»[946].

Más allá de esa toma inicial de contacto, clave para la identificación y el reconocimiento de la nueva autoridad entre las autoridades y los pobladores del entorno, resultaba necesaria asimismo la edificación de líneas de relación y comunicación estables con otros agentes del lugar. Esta circunstancia sería especialmente relevante a la hora de poner en práctica las nuevas disposiciones recaudatorias de las que era acreedora y evitar así las acciones fraudulentas que pretendían sortear el pago de arbitrios. En este contexto cabría situar, por ejemplo, la nota remitida al administrador a mediados de febrero de 1812 por la que se le conminaba a tomar las medidas necesarias para impedir la introducción furtiva de mercancías y el consiguiente fraude en el abono de los arbitrios[947]; y la correspondencia entablada a finales de ese mismo mes con Manuel María Pusterla, comandante general del Condado de Niebla, con el objeto de garantizar el cobro de las contribuciones de un cargamento de harina que había partido de Portugal con dirección a la entonces Isla de la Higuerita[948].

Desde esta perspectiva hay que tener en cuenta además que el nuevo sistema impositivo no podría implementarse, al menos de una manera eficaz y con garantía de éxito, sin el concurso de las autoridades y los agentes situados en el vecino Portugal. En este sentido, la junta patriótica se ponía en contacto con algunos poderes de la otra orilla del río no solo para hacerles partícipes de su instalación[949], sino también para solicitarles la necesaria colaboración, particularmente en el control del tráfico de productos y su gravamen fiscal.

945. Sesión de 11 de enero de 1812. ARS, PF, archivo II, carpeta 4, doc. 34.

946. Sesión del 16 de enero de 1812. ARS, PF, archivo II, carpeta 4, doc. 34.

947. Ayamonte, 17 de febrero de 1812. ARS, PF, archivo II, carpeta 4, doc. 33.

948. Comunicación de la junta patriótica de 28 de febrero. Contestación de Manuel María de Pusterla del mismo día. ARS, PF, archivo II, carpeta 4, doc. 34.

949. En la sesión de 17 de febrero de 1812 se acordaba librar oficio al gobernador de Vila Real de Santo António, y en la del 1 de marzo al de Castro Marim. ARS, PF, archivo II, carpeta 4, doc. 34.

Esta solicitud se aderezaba incluso con referencias a cuestiones de interés y preocupación que resultaban comunes a las autoridades de ambos países. En concreto, sobre el destino último que tenían los artículos sujetos a ese tránsito y la posibilidad que llegasen a manos de los enemigos[950]. Así, por ejemplo, en la sesión de la junta patriótica del 17 de febrero de 1812 quedaba recogido que se librase oficio al juez recaudador de Vila Real de Santo António para que no permitiese el paso a España de comestibles u otros artículos de primera necesidad «sin que los indibiduos hagan constar por documento del Cavallero vocal D. José Antonio Abreu es con destino a esta Ciudad y sin que hagan extraciones para otros puntos por no pagar los devidos derechos impuestos, y saber si ban estos artículos a poder de los enemigos»[951]. El escrito de respuesta, firmado en Vila Real de Santo António con fecha de 19 de febrero, recogía no solo la satisfacción y la felicitación por la instalación de la junta patriótica sino que ofrecía además «todos os auxilios com que dezejo co-operar a bem da cauza que ambos Naçõens gloriozamente deffendemos»[952]. En definitiva, se trataba de medidas complementarias que requerían de la colaboración y el entendimiento con las autoridades de la orilla derecha del Guadiana y que, en conjunto, venían a mostrar la importancia que alcanzaban las dinámicas fronterizas a la hora de poner en práctica tanto las funciones que le fueron otorgadas como los compromisos que había asumido en defensa de su vecindario:

> El Supremo Consejo de Regencia de España e Yndias con fecha 20 del pasado diciembre del año anterior ha tenido a bien crear en esta Ciudad una Junta Patriótica reserbada con destino al servicio de exterminar del suelo Español al enemigo que la aflixe, promover los ánimos de los vecinos y naturales del Condado de Niebla y Sierra de Andébalo a auyentarlos de él, crear partidas de Guerrilla […] con los arbitrios que esa Junta adquiera […]. Esta Junta […] debiendo conciliar todos los extremos al justo fin para que fue creada, lo manifiesta a V. S. para su inteligencia y la de que combiniendo al servicio de las dos naciones el que no se extraigan artículos de necesidad que puedan los enemigos subsistir con ellos combendría que todo comestible que V. S. tenga la vondad de permitir pasar a España, ya de los que estén depositados pertenecientes a Españoles ya los que trasladen de ese Reyno a este, hayan los individuos ser obligados a presentar firma del Cavallero vocal D. José Antonio Abreu de que han entrado en este Puerto, y con ella chancelarles la obligación que será de la satisfacción de V. S. u otro medio que tenga por más combeniente al mejor servicio: no dudando esta

950. De la Junta Patriótica de Ayamonte a José Joaquim Gerardo de Sampaio. Ayamonte, 17 de febrero de 1812. AHM/L, 1-14-083-03, fol. 42.
951. ARS, PF, archivo II, carpeta 4, doc. 34.
952. ARS, PF, archivo II, carpeta 4, doc. 34.

Junta contribuya V. S. con su acreditado celo, Patriotismo, ilustración, talento, actividad y exactitud[953].

La Junta Patriótica de Ayamonte no hacía sino interpretar y reajustar el conjunto de funciones que le había sido otorgado a la realidad concreta de su entorno inmediato. Para ello no solo tendría en cuenta la estructura de gobierno de todo el espacio de la desembocadura –en su sentido amplio, donde se aunaban las tierras de uno y otro margen de la raya–, sino también las circunstancias sociales y económicas de ese territorio. En el fondo, sus miembros tendrían presentes tres planos de relación complementarios. Primero, el entablado con los poderes superiores, estuviesen o no físicamente en Cádiz, que les habían dotado de potestad de gobierno y, en consecuencia, de significación y capacitación pública en un entorno más o menos inmediato. Segundo, el abierto con las restantes élites gubernativas adscritas a su mismo territorio de referencia, con las cuales estaban obligados y comprometidos al entendimiento y la colaboración. Tercero, el desplegado con los habitantes de la orilla izquierda sobre los que ejercían su potestad de gobierno y con los que tenían contraídos en paralelo la obligación de su protección y asistencia. Estos diferentes planos vendrían a marcar, de manera general, los contornos en los que se movería finalmente la junta patriótica, y, de forma particular, los diferentes matices que se daban en su desarrollo, y que iban desde la subordinación incuestionable a los dictados de los poderes superiores, a la autonomía y la defensa de una línea de actuación propia en consonancia con sus características e intereses corporativos.

El campo en el que de manera más clara se puede constatar esa combinación de niveles y sus distintos posicionamientos y graduaciones está relacionado con la formación y el mantenimiento de los cuerpos militares. En primer lugar, en lo que respecta a la supeditación de las decisiones arbitradas desde arriba. El escrito que firmaba el comisionado Juan Ruiz de Morales en los primeros días de 1812 daba cuenta de las decisiones adoptadas por el Consejo de Regencia acerca de la dotación de medios para que la junta pudiese desarrollar sus encargos, señalando además que la autoridad de Cádiz había «mirado con aprecio y gusto los adelantamientos y celo que le asiste, y confía de él, que quanto antes se organice con estos medios, que no escasea, la partida principal y las parciales, que expresa el Real Decreto»[954]. El comisionado sería el encargado nuevamente de apremiar a la junta hacia mediados de febrero de 1812 para que impulsase otras medidas como, por ejemplo, la fijación de edictos en relación a la recolección de dispersos, prófugos y desertores, y en los que se

---

953. Borrador del oficio remitido a las justicias de Vila Real de Santo António. Ayamonte, 17 de febrero de 1812. ARS, PF, archivo II, carpeta 4, doc. 33.
954. Ayamonte, 9 de enero de 1812. ARS, PF, archivo II, carpeta 4, doc. 34.

hacían extensivas las medidas represivas –la pena capital o acciones contra su patrimonio, según los casos– no solo a los protagonistas del delito sino también a los que colaborasen directa o indirectamente en su ocultación[955]. En la misma línea, Juan Ruiz de Morales reconocía algunos días después el interés que la junta patriótica estaba poniendo en ejecutar todo el articulado del real decreto del 25 de octubre relativo a la formación de la partida de guerrilla del Condado, aunque insistía, no obstante, en que aquella debía excitar y conducir algunas de las medidas particularmente necesarias en esos momentos: el regreso de los vecinos de Ayamonte que estaban residiendo entonces en Vila Real de Santo António para atender así a las obligaciones de alistamiento; la recolección de los mozos útiles, desertores, prófugos, dispersos y de «viciosa ocupación» que se localizasen en las tierras de su potestad; y el acopio de caballos para el servicio de las armas[956]. Precisamente, amparándose en la disposición, el buen hacer y la autoridad demostrada por la junta hasta ese momento, el comisionado señalaba que a partir de entonces se relacionaría con ella desde la distancia, ya que su presencia resultaba más útil en otros puntos del Condado y de la Sierra:

> Mi personalidad es necesaria en los Pueblos del Condado y Sierras por la mayor facilidad que enquentro de inspirar la justa insurrección y establecimientos de fondos con que ocurrir la proiecto, y así nos podemos entender por escrito en quanto V. S. S. me contemple necesario, quedándome la placentera confianza que para nada hago falta que diga orden con la más exapta observancia del citado Real Decreto, quando abundan en V. S. S. artos conocimientos, suficiente eficacia, energía solidísima, y authoridad con carácter para hazerse respetar en el cúmulo de complicados negocios que dimanan de las funciones de la Junta, de cuya acendradísima lealtad no duda el Govierno alcanzarlo todo[957].

Si bien Juan Ruiz de Morales dejaba claramente marcado el camino que debía seguir la junta y que no era otro que lo estipulado en el real decreto de 25 de octubre de 1811, lo cierto es que a mayor separación y distancia entre esa institución y el comisionado aumentaba a su vez el tiempo que mediaba en sus comunicaciones, y, por tanto, se reducía la capacidad de injerencia y control, por una parte, y se daba la posibilidad de alcanzar mayores cotas de decisión y autonomía, por otra. En la sesión del 1 de marzo, primera tras la recepción del escrito del comisionado sobre su alejamiento, la junta acordaba las medidas concretas que debía adoptar de manera inminente, las cuales, teniendo en

---

955. 20 de febrero de 1812. ARS, PF, archivo II, carpeta 4, doc. 34.
956. A José Girón, presidente de la Junta Patriótica de Ayamonte. Lepe, 28 de febrero de 1812. ARS, PF, archivo II, carpeta 4, doc. 34.
957. *Ibidem.*

cuenta la variedad de puntos tratados y el tono empleado en cada uno de ellos, daban muestras no solo de la dimensión institucional que había alcanzado por entonces, sino también del margen de maniobra y decisión con los que contaba a partir de este momento[958].

Un buen ejemplo de esto último lo encontramos en el alistamiento que debía activarse poco tiempo después. Y es que, pese a las indicaciones trasladadas por el comisionado, la junta resolvía suspender el reclutamiento aduciendo a la dificultad que ofrecía esta operación debido a la importante emigración que venía afectando a la desembocadura y emplazaba su realización para más adelante, cuando la vuelta de todos los vecinos permitiese actuar «con la justicia e imparcialidad propia de la Junta»[959]. Este caso permite constatar además la combinación de planos, los equilibrios y los espacios de conexión a los que se hacía referencia más arriba, que no siempre resultaban fáciles de gestionar.

Todo ello supondría finalmente la construcción, en su espacio social más inmediato, de una imagen pública que encontraba sustento en perspectivas diversas y complementarias. En este sentido, las críticas generadas por su protagonismo en materia de requisición fiscal y de provisión de los cuerpos militares podrían verse matizadas por la defensa expresa que hacía de valores generales como los de equidad y justicia, por un lado, y por la asistencia y el auxilio prestados en casos concretos a la hora de implementar la normativa superior, por otro. La aplicación particular que la junta hacía de la orden de requisición de caballos daría algunas claves al respecto ya que, si bien daba curso de manera inmediata al encargo del comisionado, lo hacía sin embargo con una clara voluntad de minimizar los efectos negativos que ello acarreaba para sus propietarios a partir del rápido abono del valor del animal:

> Acordaron se pase oficio al Cavallero Comisionado regio con la nota de los caballos requisados para que les dé el destino que corresponda; y en atención a que sus dueños son unos infelices y que de retenerles el pago de ellos resultaría un bejamen, mandaron sus Señorías que de los fondos Patrióticos se satisfaga el valor de ellos lo que igualmente se hará entender al Cavallero Comisionado[960].

---

958. ARS, PF, archivo II, carpeta 4, doc. 34.

959. Sesión de 8 de abril de 1812 (ARS, PF, archivo II, carpeta 4, doc. 34). En el borrador del oficio remitido a Juan Ruiz de Morales se decía no poder materializarse convenientemente el alistamiento «por estar mucha parte de esta población aún emigrada en los pueblos de Villa Real, Castromarin, Tavira y otras Aldeas del mismo Portugal» (ARS, PF, archivo II, carpeta 4, doc. 33).

960. Ayamonte, 6 de marzo de 1812. En un borrador del mes de marzo y en la sesión del 9 de abril se volvería a tratar acerca de la requisición de caballos y mulas y se insistía en la necesidad de satisfacer el valor a sus dueños. ARS, PF, archivo II, carpeta 4, docs. 33 y 34.

La dimensión asistencial y mediadora de la junta patriótica quedaba patente en otros momentos. Por ejemplo, cuando recibía un escrito de un agente de la legión extremeña perteneciente al 5º ejército en el que, además de ofrecer sus respetos, le hacía presente que contaba con veinte soldados heridos en la «gloriosa» acción del 5 de abril que estaban enteramente desnudos, sin camisas ni pantalones, y que, por lo tanto, esperaba por «su patriotismo acreditado» que socorrería «a estos buenos patricios»[961]. El recibo sobre la entrega de los socorros solicitados «para los heridos en la acción de Espartina frente a Sevilla» tiene fecha de 30 de abril[962]. Otro de los puntos de atención de la junta estuvo en el destino de los militares españoles que se encontraban enfermos, resolviendo, por ejemplo, las dudas que se habían suscitado acerca de su reunión en el hospital militar que los aliados habían establecido en Castro Marim[963].

En cualquier caso, los efectos que todas esas facetas tendrían sobre su proyección institucional y reconocimiento público, ya sea en lugares próximos o más distantes, no resultan fáciles de descifrar. De hecho, contamos con una referencia aislada en forma de borrador sobre la formación de una junta en Lepe donde se recogía que las justicias de ese pueblo se habían puesto en contacto con la Junta Patriótica de Ayamonte «denominándole superior a la que se ha formado en esa villa», si bien en la respuesta que enviaba esta última a la autoridad de Lepe llegaba a referir que no residía «en esta Junta facultad para imponer leyes ni dar reglas a la que se ha formado» en aquel enclave[964].

Muchas son las cuestiones que quedan, por tanto, por dilucidar, en buena medida por las limitaciones que presenta la documentación conservada. Incluso no existe claridad sobre la fecha de su desaparición, ya que la última anotación de su autoría disponible data del mes de agosto de 1812, pero en ningún caso hacía mención a la finalización de su actividad. En concreto, se trataba de un escrito dirigido al ministro de la Real Hacienda en el que, además de hacer referencia a un documento suyo anterior de principios de abril, le emplazaba a que se pusiese en contacto con el comisionado Juan Ruiz de Morales para entenderse sobre el contenido de su oficio del día 8 de agosto[965].

Ahora bien, la cronología y la geografía de los acontecimientos avalarían un final más o menos próximo a esa última fecha. La salida de los franceses del suroeste, por un lado, y la puesta en marcha de manera definitiva de los instrumentos gubernativos amparados por la Constitución de Cádiz, por otro, podrían haber conducido a la desactivación de los cuerpos de gobierno excepcionales

---

961. Ayamonte, 17 de abril de 1812. ARS, PF, archivo II, carpeta 4, doc. 33.
962. ARS, PF, archivo II, carpeta 4, doc. 34.
963. Ayamonte, 9 de abril de 1812. ARS, PF, archivo II, carpeta 4, doc. 34.
964. Ayamonte, 16 de junio de 1812. ARS, PF, archivo II, carpeta 4, doc. 33.
965. Ayamonte, 10 de agosto de 1812. ARS, PF, archivo II, carpeta 4, doc. 33.

que habían desarrollado su actividad durante los meses anteriores. En un escenario sin presencia directa de enemigos, la Junta Patriótica de Ayamonte, cuyo campo de acción se había situado en buena medida muy próximo a las necesidades bélicas del momento, terminaría desapareciendo, quedando sus funciones asumidas por determinadas instituciones –ya sean de carácter militar, económico o político, de naturaleza local o comarcal, y de vieja o nueva factura– que ejercían desde entonces bajo el amparo del régimen constitucional implantado ya en todo el suroeste sin obstáculos ni contratiempos externos.

CONCLUSIONES

Constituye un lugar común la consideración de la guerra de la Independencia como el periodo fundacional de la contemporaneidad en España. En esos años se pusieron las bases de un nuevo tiempo a partir de la renovación de una serie de conceptos –en los campos de la guerra, las identidades o la política, entre otros– que no hicieron sino equiparar la experiencia española a otras ocurridas en el escenario internacional, y que quedaron definidas globalmente bajo la denominación de revolución liberal-burguesa. El interés sobre aquella guerra no ha hecho sino revitalizarse en las últimas décadas, en buena medida al amparo de la celebración de su bicentenario, en la que ha quedado nuevamente constatado su posicionamiento central y su referencialidad a la hora de articular un relato histórico –no falto, eso sí, de ciertas dosis de complacencia– que ayudase a esclarecer la realidad española de los primeros años del siglo XXI. Pero esas coordenadas generales no dan necesariamente cobertura, ni resuelven ni satisfacen plenamente, la explicación de unos acontecimientos caracterizados por la complejidad y la multiplicidad tanto de las experiencias individuales como de las repercusiones colectivas.

El contenido de los seis capítulos que componen este trabajo se asienta en una serie de planteamientos teóricos y metodológicos recogidos en la introducción. No obstante, más allá del estudio por partes siguiendo la estructura adoptada y de los resultados que se extraen separadamente en relación a ella, en conjunto se pueden establecer también conclusiones generales tomando en consideración los distintos ejes temáticos tratados a lo largo del libro.

Un primer punto de atención se ha situado en la dinámica fronteriza desarrollada en los primeros tiempos de la guerra. En concreto, respecto a las claves explicativas del acercamiento entre ambos márgenes del Guadiana desde los meses de mayo y junio de 1808, las circunstancias discursivas en las que se produjo y las prácticas en las que se sustentó. Un escenario en el que resultaría la combinación, desde la perspectiva española, de un doble mecanismo articulado en torno a viejos y nuevos componentes. Por un lado, la tradicional apuesta, manifestada generalmente durante las coyunturas bélicas, por mantener impermeable la raya, y que implicaría, por ejemplo, la elevación de una nueva autoridad en Ayamonte que articulase la defensa del Guadiana y la movilización de individuos procedentes de pueblos más o menos próximos al río. Y, por otro lado, un novedoso movimiento de permeabilidad fronteriza más propio de etapas de paz que tendría su reflejo en las acciones de las autoridades con presencia o incidencia en la región. Por ejemplo, en el apoyo de la Junta Suprema de Sevilla y la Junta de Gobierno de Ayamonte, instituciones recién constituidas, a los levantamientos de algunos enclaves del Algarve y el Alentejo, o la actuación política y militar de ambas entidades al otro lado de la raya. También en la firma de convenios de colaboración de amplio espectro entre los nuevos poderes surgidos a uno y otro margen de la frontera con el objetivo de atender conjuntamente a las delicadas circunstancias de los primeros tiempos. Ahora bien, más allá de la identificación, caracterización y secuenciación del doble mecanismo puesto en marcha, hay que considerar las circunstancias que dan sentido, contenido y explicación a cada uno de ellos.

La movilización de sujetos procedentes de pueblos más o menos distantes a la raya descansaba en la experiencia obtenida –ya fuese de modo directo o a través de relatos construidos en torno a una determinada memoria trazada de forma colectiva– a partir de situaciones análogas anteriores en las que se hizo necesario impedir el paso de los enemigos. La solidaridad y el compromiso activados entre los distintos habitantes del entorno encontraban en la defensa de lo propio –esto es, la vida, el hogar, las propiedades y negocios, el ámbito familiar, la comunidad local y sus ejes de relación más próximos– a un agente movilizador de primer nivel. Pero no fue el único. Las novedades que se dieron a partir de mayo de 1808 –ya sea respecto a la identidad de los actores en lucha y su posicionamiento en el entramado de relaciones, ya sea en razón a la reestructuración de los órganos del poder y la construcción de nuevas legitimidades–, supusieron el manejo de recursos ideológicos y discursivos que descansaban en conceptos amplios y generales que sobrepasaban claramente el marco vivencial más inmediato. La triada «Dios, Patria y Rey», presente meridianamente en algunos de los documentos compuestos entonces por autoridades destacadas del suroeste –como Leonardo Botella, el corregidor de Gibraleón– y difundidos por estas tierras, venía a situar la cuestión movilizadora en un universo mental, sentimental e identitario de más alto contenido y resonancia, que ponía el acento en una lectura uniforme y homogeneizadora de las circunstancias que debían mover las acciones de defensa, y que en última instancia venía a competir con representaciones parciales y fragmentarias que contaban no solo con una capacidad de movilización más modesta, sino también con una dimensión legitimadora más limitada.

La coexistencia de ambas esferas, cuyos contornos alcanzarían en ocasiones líneas divergentes y contrapuestas, no implicaba necesariamente, pues, un maridaje ponderado y equilibrado, sino que suponía el desarrollo de líneas de tensión en torno a la definición de los espacios de jerarquía y subordinación que marcaba la relación entre ellas. La clave debió de situarse, por tanto, en la confluencia y articulación de dos espacios diferentes aunque complementarios: el público y el privado. El primero, al que debieron de concurrir todos los habitantes –por ejemplo, a la hora de trazar un relato hacia el exterior sobre sus motivaciones e impulsos–, encontraba un campo particularmente abonado entre las autoridades locales y regionales, las cuales asumieron claramente el compromiso tanto de estimular la movilización entre el resto de pobladores, como de construir o reproducir una narración en la que la defensa del suroeste era interpretada –con independencia de que fuese marcada explícitamente así– como parte consustancial de la lucha por Dios, la Patria y el Rey. El segundo plano, el privado, no tenía que ajustarse en cambio a esta lectura oficial, y descansaba sobre elementos menos elaborados y abstractos. Aquí encontrarían desarrollo buena parte de las acciones disidentes analizadas en este trabajo en campos como el reclutamiento y la contribución económica para el sostenimiento del ejército, y que tendrían en el recurso a la deserción su materialización más clara y definitoria. Estos momentos de pugna y choque frontal entre varias versiones de una misma realidad son los que permiten vislumbrar no solo las limitaciones de la narrativa patriótica a la hora de caracterizar todas las conductas, sino también la inconsistencia de modelos de análisis que no contemplen la complejidad y la heterogeneidad de los actores, ni la combinación de elementos materiales e intangibles que arropó la puesta en marcha de sus acciones.

La rápida edificación de un marco de auxilio y cooperación entre uno y otro lado de la frontera permite trazar algunas líneas de reflexión en torno a los distintos planos y niveles puestos en marcha. La combinación de palabras y hechos resultaría fundamental. Los mensajes dirigidos desde la orilla española para que los portugueses se rebelasen contra el poder francés tuvieron que encontrar correspondencia en la práctica a través de la implicación y el apoyo directo, y solo entonces, una vez que se había demostrado la correlación entre palabras y acciones, se ponía las bases de una colaboración que resultaría clave a lo largo de toda la guerra.

En todo caso, lo sorprendente no es la apertura de una etapa de entendimiento y cooperación en un momento en el que se estaba construyendo un nuevo marco de relaciones en el ámbito internacional, sino la forma en la que esta se produjo, en particular por haberse cimentado sobre un terreno especialmente abonado para el conflicto y la disputa interfronteriza, al menos si tenemos en cuenta los relatos que oficialmente se habían construido hasta entonces. Bien es cierto que los nuevos ámbitos de poder establecidos desde mayo de 1808 insistirían en la necesidad de aglutinar intereses y aunar esfuerzos en la lucha contra los ahora enemigos franceses, pero no lo es menos que hasta ese momento las imágenes codificadas y difundidas por las autoridades se movían en una dirección contraria, centrada en la construcción de una lectura negativa del habitante de la otra orilla en consonancia con su identificación como adversario y oponente.

En fin, la existencia de un relato previo en torno al *otro* acompañaría la puesta en marcha del nuevo esquema de relaciones. Pero no se trataba de una foto fija y cerrada, sino de distintas imágenes mentales que condicionaron la materialización del nuevo marco de cooperación interfronterizo, llegando a impulsar o a frenar, según los casos, las acciones de aquellos primeros tiempos. Particularmente si tenemos en cuenta que en ese momento inicial las esperanzas y las expectativas aún no se habían visto acompañadas por certezas y evidencias en el plano material. Por ejemplo, el hecho de que los agentes portugueses buscasen ayuda inicialmente en una escuadra británica que se encontraba fondeada en aguas próximas a la desembocadura del Guadiana podía dar buena cuenta del peso de las inercias de largo recorrido, de tal manera que solo ante la inconsistencia e ineficacia de la respuesta de los aliados tradicionales se exploraba la vía española, y ello a pesar de las dudas y los recelos que, desde ciertos sectores políticos y sociales, pudiese levantar.

Pero el relato no tenía necesariamente que ser lineal ni presentar contornos uniformes, sino que podría competir con otras narraciones elaboradas tanto desde dentro como desde fuera de las tierras fronterizas. Desde esta perspectiva, no podemos abstraernos de los diferentes planos y niveles de lectura en convivencia. Es decir, junto a ciertas imágenes negativas trazadas desde diferentes ámbitos de poder con anterioridad a mayo de 1808 en un contexto caracterizado por el conflicto y la competencia entre los dos reinos peninsulares, desde la misma raya se esbozaba en paralelo, en conexión con un marco de relaciones que descansaba a su vez sobre una cotidianeidad trazada al margen de la rivalidad y el antagonismo proyectados en las etapas de guerra, un relato bien distinto, que resultaba menos encorsetado y más rico en imágenes. Precisamente, las actuaciones de los primeros tiempos en la frontera estarían imbuidas de todas esas lecturas y retratos, lo que vendría a explicar no solo el rápido cambio desde un modelo competitivo a otro cooperativo, sino los contornos paradójicos que este último alcanzaba. Por ejemplo, el traslado de fuerzas en apoyo de la insurrección portuguesa y la lucha contra los franceses apostados en aquellas tierras –que generaría no pocos esfuerzos para sus participantes y que contaría con relatos justificativos en los que se mezclaban el componente de defensa del lado español y la ayuda hacia sus vecinos y «amigos» de la otra orilla–, vino acompañado de la destrucción de las baterías defensivas portuguesas, y fue ya interpretado por entonces como una forma de saldar viejas cuentas pendientes.

De la misma manera, a partir de 1810, cuando el marco de entendimiento y colaboración se encontraba ya consolidado, seguían generándose y conviviendo distintas vías de relación interfronterizas que descansaban, si no a partes iguales al menos con cierta proporcionalidad, en componentes afectuosos y en conductas enfrentadas. Por ejemplo, desde una perspectiva pública, la recepción de las autoridades civiles y militares en la orilla derecha resultaba cordial y complaciente, aunque los relatos elaborados al margen de ese espacio público mostraban menos indulgencia a la hora de enjuiciar las acciones de unos y otros. Aquí se sitúa otra de las claves sobre los perfiles que alcanzaba el marco de relación en la frontera. Es decir, el relato oficial difundido a través de la normativa, la prensa, los discursos o los sermones no haría sino condicionar tanto las actuaciones de los individuos sobre los que iba dirigido como los testimonios que de ellas trascendían. Desde esta perspectiva, el hecho de que no contemos con evidencias sobre la apertura de espacios de confrontación entre los particulares que emigraban y los residentes de las tierras a las que lo hacían, en uno y otro lado de la raya, podía responder no solo a la mayor facilidad que encontraba la convivencia en un marco territorial proclive a la interacción cotidiana entre los habitantes de ambos márgenes, sino también a la proyección de un modelo de relación que amparaba la resolución de problemas dentro del escenario doméstico en el que se hubiese generado.

Pero con independencia de las lecturas oficiales que alcanzaban una mayor proyección y de los perfiles precisos que terminaban conformando los relatos particulares, lo cierto es que son muchas las fallas y las zonas oscuras que se han localizado en el complejo marco de las relaciones fronterizas en el suroeste. En líneas generales, los planteamientos referidos a la heterogeneidad de intereses manifestada por los distintos actores que convivían en la región y a la diversidad de los procesos de relación puestos en marcha entre ellos han quedado confirmados a partir de las fuentes que hemos manejado. No en vano, para parte de los habitantes del suroeste cobraba más importancia ciertas fórmulas de solidaridad interfronteriza que algunas de las dinámicas identitarias que pretendían guiar las conductas de todos los que participaban de un mismo marco estatal de referencia. Las actuaciones disidentes, con especial resonancia en el ámbito de los compromisos militares y de la deserción de sus filas, no solo dependían de la voluntad de los individuos que la llevaban a cabo, sino también de la conformidad del entorno social sobre el que se dirigían. De hecho, el éxito del traslado y el refugio dependía finalmente de la asistencia encontrada en aquel espacio, ya fuese a través de ayudas materiales concretas, o ya fuese mediante el resguardo, la ocultación y el silencio ante las autoridades encargadas de su apresamiento y restitución a los ejércitos o lugares de procedencia.

La conformación del nuevo marco político e institucional de los primeros tiempos de la guerra se apoyaría también en recursos narrativos de carácter patriótico con objeto de sostener e impulsar la movilización de todos los miembros de la comunidad. Pero a su vez se abrieron nuevos caminos en el campo de la legitimación del poder que comportarían la definición de un nuevo espacio de soberanía. El ejemplo más interesante lo proporciona la

Junta de Gobierno de Ayamonte, ya que, pese a que su origen descansaba en la normativa puesta en marcha por la Junta Suprema de Sevilla y su composición quedaba circunscrita básicamente al conjunto de las élites tradicionales, sostendría algún tiempo después que había sido erigida «por aclamación del Pueblo». Esta fórmula resultaba poco clara y ambigua, si bien sería de enorme utilidad y significación a la hora de legitimar la creación de una nueva institución que no solo rompía con los cauces legales hasta entonces reconocidos, sino que incluso no se había ajustado plenamente a lo estipulado por la junta hispalense en cuanto al número de vecinos con los que debía contar el pueblo.

Ello no significa, con todo, que constituyese un mero recurso discursivo. Lo más probable es que la sociedad ayamontina acogiese con entusiasmo su formación y que dotase a la nueva institución de cierto carácter representativo de toda la comunidad, así como que concurriese a aquel acto acogiéndose a vías informales y alternativas de participación y mostrase su regocijo en las ceremonias programadas públicamente. Pero la construcción del relato, y sobre todo la referencia al «pueblo» sin atributo ni descripción alguna, respondía a la necesidad de componer un discurso legitimador que casase bien con el marco rupturista y excepcional que se abría en mayo y junio de 1808.

El caso de lo sucedido en la villa de Huelva en aquellos mismos días permite dimensionar de manera más clara el componente comunitario y popular que se encontraba en la base del concepto de revolución en los primeros tiempos de la guerra. El cabildo onubense propondría una fórmula concreta a la hora de crear la nueva junta que implicaba la participación de todo el vecindario. De hecho, contemplaba la realización de elecciones abiertas a través de su tradicional adscripción parroquial, de las que resultarían la designación de electores que, en representación de toda la comunidad, se encargarían en última instancia de seleccionar a los integrantes de la nueva autoridad. Esta propuesta contenía una base de carácter popular y comunitario que, en consecuencia, se aproximaba a las fórmulas discursivas legitimadoras que se estaban manejando en otros escenarios. Sin embargo, no se llevó a cabo ni el acto de elección anunciado, ni la formación de una junta de gobierno separada de su ayuntamiento, bajo el argumento de no ajustarse la villa de Huelva al número de vecinos establecido por la Suprema de Sevilla en su normativa. Sin embargo, esta circunstancia no supuso un obstáculo insalvable en el caso de la desembocadura del Guadiana. En consecuencia, aunque el recurso discursivo legitimador de carácter público terminaba subrayando la participación popular, el caso de Huelva permite constatar cómo en realidad el papel del pueblo se había visto limitado y encorsetado.

Distintas serían las circunstancias en las que se creaba la Junta Patriótica de Ayamonte. El entramado político-institucional antinapoleónico se encontraba en noviembre de 1811 plenamente asentado al amparo de una legalidad que se apoyaba en instrumentos de gobierno dotados de una soberanía de nuevo cuño. En este contexto, no sorprende que la nueva junta que surgía en la desembocadura del Guadiana aludiese de forma exclusiva al protagonismo que había tenido en su creación el Consejo de Regencia y el comisionado que se había nombrado para este encargo. La fuente de autoridad no descansaba directamente ya en este momento, al menos desde el punto de vista de la construcción del relato, en el concepto abstracto de «pueblo», sino que encontraba apoyo en algo más tangible: en los nuevos poderes que, bajo el amparo de una nueva definición de la soberanía, daban ahora contenido a la revolución.

Otra de las cuestiones a considerar se corresponde con la evolución, tanto desde el punto de vista formal como en relación a su significación política, de los nuevos instrumentos de poder. La propia fórmula de la junta sufriría modificaciones con el paso del tiempo. Y esto resulta válido desde una perspectiva externa, esto es, entre instituciones diferentes que adoptaban de base una denominación similar. Pero también desde un punto de vista interno, dentro de una misma junta cuyo ejercicio se había extendido en contextos diferentes.

La Junta de Sevilla se ajustaba al segundo de los modelos señalados. Los momentos en los que contaría con mayor resonancia política y repercusión social coincidirían con los más críticos para las tierras fronterizas, cuando los franceses se situaban en sus proximidades. Pero la realidad de los primeros meses de la guerra y la abierta a partir de 1810 resultaban muy diferentes, no solo porque las fuerzas fernandinas mostrarían perfiles distintos en relación a su capacitación militar y posición sobre el terreno, sino también porque el panorama político e institucional había cambiado drásticamente.

La Junta de Sevilla de los primeros tiempos tomaría la iniciativa en escenarios políticos y defensivos nuevos y acuciantes, y llegaba a autodenominarse como Suprema de España e Indias. Pero esto no se producía sin coste alguno dadas las líneas de tensión que se abrían tanto con otras juntas superiores recién constituidas, como con otras instituciones de gobierno existentes con anterioridad. Más plácida resultaría, sin embargo, su actuación sobre el entorno fronterizo del suroeste. Por una parte, porque si atendemos al marco de relación trazado con las autoridades locales o comarcales del lado izquierdo del Guadiana, las tradicionales y las nuevas, no observamos sino actitudes de complacencia, subordinación y fidelidad. Por otra, porque desde el lado derecho se le reconocía y distinguía desde un principio su capacitación a la hora de concertar el nuevo escenario oficial de colaboración interestatal. Incluso los primeros interlocutores portugueses llegaron a concederle un protagonismo superior, amparando con ello un modelo de relación asimétrico que marcaba de manera explícita cierto nivel de sujeción y dependencia hacia la autoridad hispalense. Y aunque la recién constituida Suprema Junta del Algarve venía a matizar esa primera formulación desigual, no dejaba de reconocer, si bien de manera implícita, un papel de mayor peso a la autoridad hispalense, a la que solicitaba auxilio y socorro con «su poderosa protección».

La Junta de Sevilla que llegaba a la desembocadura del Guadiana a principios de 1810 disponía de unos perfiles institucionales algo diferentes. Ya no contaba con la autoridad suprema de los primeros tiempos, ni podía hacer valer la posición de fuerza que entonces ostentaba. La existencia de autoridades que tenían una dimensión de gobierno superior en base a una nueva definición de carácter central y nacional había desplazado a la junta sevillana a un estadio intermedio y, en consecuencia, le confería una capacidad de dirección y representación más modesta y limitada.

A diferencia de lo ocurrido con otras instituciones que tenían sede en Sevilla y que se trasladaron a Cádiz, la junta se dirigía a Ayamonte, circunstancia que en principio le permitiría ejercer funciones de gobierno específicas sin las limitaciones y el solapamiento de los meses anteriores, cuando tuvo que convivir con la Junta Central en la misma ciudad. Pero también hay que tener en cuenta que ese nuevo posicionamiento le garantizaba su supervivencia institucional desde una doble perspectiva. Por una parte, porque operar directamente desde el marco territorial y humano que estaba sujeto a su jurisdicción le confería reconocimiento público y legitimidad social, más si cabe si tenemos en cuenta, por ejemplo, los importantes esfuerzos que hizo para contar con un medio de expresión propio con el que poder actuar sobre la opinión pública del entorno. Por otra parte, porque el vecino Portugal ejercía como salvaguarda ante la proximidad de los enemigos. Ahora bien, no debemos obviar en relación a esta última idea que la junta hispalense ya no disponía en aquel momento de los medios políticos y defensivos más ventajosos, sino que estos se encontraban al otro lado del río. En aquel nuevo contexto, las presiones dirigidas por las autoridades anglo-portuguesas respecto a la destrucción de las baterías defensivas de Ayamonte contenían en su base un esquema de relación institucional dentro del cual los poderes situados a uno y otro lado de la raya terminaban asumiendo roles diferentes en función de la posición de fuerza que pudiesen ejercer.

En cualquier caso, con independencia de aquellos cambios y reajustes, la Junta de Sevilla tendría un protagonismo muy destacado durante su estancia en las tierras de la frontera. De hecho, si su actividad resultó clave para la articulación de la resistencia antinapoleónica en el bajo Guadiana, no sería menor el papel que llegaba a alcanzar respecto a la defensa de la sitiada bahía gaditana. En este último caso, asumía un especial protagonismo en las dinámicas de relación puestas en marcha en el arco atlántico y cuyos principales puntos de referencia se situaban en torno a las ciudades de Ayamonte y Cádiz. Pero ese mecanismo de ida y vuelta, que afectaba tanto a recursos tangibles –dinero, soldados o alimentos, entre otros– como a componentes inmateriales –discursos o prácticas identitarias y movilizadoras–, no siempre podría materializare de la manera más conveniente. La propia dinámica de la guerra vendría a marcar en no pocas ocasiones las pautas de esa relación de doble recorrido, así como la apertura de vías de conexión alternativas con otros agentes del suroeste, particularmente portugueses y británicos.

Por otro lado, también habría que considerar que no todas las entidades, por tener la misma denominación, contaban con rasgos y características similares. A lo largo de 1811 y 1812 se asistiría a la creación de nuevas juntas en diferentes pueblos de nuestro marco de estudio, las cuales presentaban perfiles claramente diferenciados a la de los primeros tiempos, ya fuese en relación al régimen político y administrativo que las amparaba, o ya fuese en razón a la configuración institucional que terminaban alcanzando. Por un lado, se constata que ambos sistemas en pugna recurrieron a la fórmula de la junta, al menos nominalmente, para atender a determinados campos de gestión que, precisamente por la trascendencia que tenían en aquel tiempo, le permitían alcanzar una significación mayor a la que cabría esperar en un principio. Por otro, los contornos de esas instituciones no resultaron intercambiables ni homogéneos incluso dentro de un mismo régimen de gobierno, hecho que dejaba entrever la trascendencia alcanzada en aquel contexto por el componente local a la hora de dar contenido específico a fórmulas de gestión esbozadas desde fuera de la comunidad.

La junta creada en Gibraleón en septiembre de 1811 bajo el impulso del subprefecto de Ayamonte y su partido y que debía ocuparse del reparto de carne y grano y de la contribución de cantidades económicas, quedaba circunscrita a los marcos trazados por sus autoridades municipales, que controlaron tanto la formación como su composición. El ayuntamiento sería el encargado de designar a los miembros del nuevo organismo, los cuales saldrían de la élite institucional y económica de la localidad, y entre cuyas filas se llegaría a situar el propio regidor decano, quien actuaba como garantía última de vinculación y control entre una y otra institución.

El caso de Huelva, cuya junta también se desarrollaba inicialmente dentro de los cauces marcados por las autoridades bonapartistas, presentaba sin embargo algunas líneas divergentes. La primera fórmula empleada en enero de 1811 implicaba el nombramiento de sus integrantes directamente por el ayuntamiento, que lo haría entre los sectores notables de la villa. No obstante, la fórmula que se utilizaba en julio de ese mismo año, y que daría como resultado la conformación de la junta de subsistencia definitiva, presentaba unos rasgos diferentes. El proceso se abría a espacios de representación vecinal más amplios y dinámicos, aunque sin sobrepasar los límites establecidos alrededor de los sectores mejor dotados económica y socialmente. Los miembros del ayuntamiento, acompañados de algunos vecinos –«los más condecorados y pudientes»–, convenían la celebración de una convocatoria abierta a los «más pudientes», los cuales, una vez reunidos en un número superior a la treintena, eligieron a los miembros de la nueva institución. Sorprende, en todo caso, la lectura que la propia junta establecía sobre este particular, ya que en algún escrito llegaba a afirmar que lo era por «creación popular». El relato legitimador se daba de bruces, sin embargo, con la propia realidad de su gestión, ya que, si bien impulsaría medidas en defensa de los intereses de toda su comunidad vecinal, no faltarían algunas otras centradas en la salvaguarda del colectivo de hacendados y propietarios en detrimento de otros conjuntos con menor capacidad económica.

Las juntas conformadas en ámbitos de adscripción antinapoleónico también presentaban internamente algunas diferencias notables. El caso de la Junta Patriótica de Ayamonte ya ha sido referido en varias ocasiones en estas páginas de conclusiones, permitiendo marcar algunas ideas y reflexiones generales en torno a cuestiones de referencialidad, legitimidad y ejercicio del poder en la desembocadura del Guadiana en los meses finales de 1811.

En Cartaya, la junta de permanencia creada en octubre de 1811 para atender a los suministros, contribuciones, repartimientos y demás cuestiones sobre este particular, sería el resultado de las decisiones adoptadas por el «común de los vecinos», que se habían reunido en un cabildo abierto –en el que participaron los miembros del ayuntamiento y un crecido número de vecinos– y decidido tanto su formación como su composición. En este caso no resulta tan trascendente el cuadro de nombres resultante como las repercusiones que traía respecto a la misma configuración del poder. La junta no solo quedaba con el encargo de actuar en «representación del pueblo», sino que lo hacía además bajo el marchamo de ser el órgano autorizado para gestionar los asuntos que mayor desazón estaban causando entre su vecindario. En fin, la usurpación de estas parcelas de gestión de manos del ayuntamiento –conformado todavía a esta altura en base al sistema tradicional de carácter restrictivo– y su transferencia a una institución de iniciativa y elección popular podía leerse asimismo en términos de devaluación del primero y de revalorización de las fórmulas comunitarias de amplio espectro.

La junta de subsistencia creada en Villanueva de los Castillejos en julio de 1812 presentaba en cambio un perfil institucional muy diferente. El ayuntamiento citaba a los principales del vecindario y, después de conferenciar sobre el particular, designaban de común acuerdo a los miembros que debían formar parte de la nueva institución. No obstante, a pesar del formato restringido que se empleaba, la naturaleza del ayuntamiento que le daba cobertura le confería unos rasgos legitimadores que no estaban presentes en otros casos similares, ya que ese cabildo se había compuesto siguiendo un procedimiento abierto impulsado desde la misma comunidad local y que contempló la participación de todos sus vecinos sin distinción alguna.

En definitiva, en los años centrales de la guerra se asistiría a la proyección de fórmulas novedosas y alternativas en el área de la gestión de los recursos. Estas juntas, con independencia del régimen que las amparase y de las autoridades que las impulsasen, e incluso del mayor o menor aperturismo y participación al que se asistiese en su proceso de formación, venían a marcar un escenario en cuanto a su composición que se apoyaba exclusivamente en miembros vinculados política e identitariamente con la comunidad local, y una línea de actuación que apostaba a grandes rasgos por la defensa de los intereses vecinales frente a factores foráneos e injerencias externas. Indudablemente, ese componente comunitario alcanzaba perfiles diferentes en cada uno de los enclaves en los que se proyectase, de tal manera que no siempre se correspondía con la totalidad de sus habitantes sino que también podía ajustarse a una parte de los mismos. En cierta manera, los contornos que terminaban adoptando las nuevas instituciones –y, por supuesto, la definición de sus bases comunitarias– dependerían de las realidades específicas que presentaban cada uno de los pueblos. Es decir, las situaciones de partida no resultaban idénticas, por lo que tampoco tenían que serlo las realizaciones y concreciones que se pusiesen en marcha a lo largo de los siguientes años. No podemos perder de vista además que las juntas representaban una pieza más dentro del organigrama político y administrativo del municipio, el cual también adoptaría en su conjunto elaboraciones particulares en función de sus circunstancias concretas. Y es que el marco general trazado desde arriba terminaba siendo leído e interpretado de manera diferenciada desde abajo.

FUENTES Y BIBLIOGRAFÍA

ARCHIVOS Y BIBLIOTECAS

Archivo del Congreso de los Diputados
Archivo Diocesano de Huelva
Archivo General Militar de Madrid
Archivo Histórico Arzobispal de Sevilla
Archivo Histórico Militar (Lisboa)
Archivo Histórico Nacional (Madrid)
Archivo Histórico Provincial de Huelva
Archivo Municipal de Ayamonte
Archivo Municipal de Cartaya
Archivo Municipal de Gibraleón
Archivo Municipal de Huelva
Archivo Municipal de Isla Cristina
Archivo Municipal de Lepe
Archivo Municipal de Puebla de Guzmán
Archivo Municipal de Villablanca
Archivo Municipal de Villanueva de los Castillejos
Archivo Nacional Torre do Tombo (Lisboa)
Archivo Parroquial Nuestra Señora de las Angustias de Ayamonte
Archivo de Protocolos Notariales de Ayamonte
Archivo Rivero Solesio
Biblioteca Central Militar (Madrid)
Biblioteca Nacional de España
Biblioteca Nacional de Portugal
Hemeroteca Municipal de Madrid
Real Academia de la Historia

FUENTES IMPRESAS

Acção memoravel do coronel José Lopes de Sousa [s.l., s.n., 1808].

Breve noticia da feliz restauração do Reino do Algarve e mais successos até ao fim da marcha do Exercito do Sul em auxilio da capital / Dada à luz... por I. F. L. Official do mesmo Exercito. Lisboa: Nova Officina de João Rodrigues Neves, 1809.

Carta del Mariscal de Campo D. Francisco de Copons y Navia al Editor del Semanario Patriótico. Cádiz: Impreso por Don Antonio de Murguia, 1811.

Colección de los Decretos y Órdenes que han expedido las Cortes Generales y Extraordinarias desde su instalación en 24 de septiembre de 1810 hasta igual fecha de 1811. Tomo I. Madrid: En la Imprenta Nacional, 1813.

Colección de los Decretos y Órdenes que han expedido las Cortes Generales y Extraordinarias desde 24 de mayo de 1812 hasta 24 de febrero de 1813. Tomo III. Madrid: En la Imprenta Nacional, 1813.

Continuação da narração dos acontecimentos que occorrerão na vanguarda do exercito do Algarve commandada pelo Tenente Coronel Sebastião Martins Mestre [s.l., s.n., 1808].

Constitución Política de la Monarquía Española, promulgada en Cádiz el 19 de marzo de 1812. Cádiz: En la Imprenta Real, 1812.

Copons y Navia, Francisco de (1858): *Memorias de los años de 1814 y 1820 al 24, escritas por el Teniente general Excmo. Señor Don Francisco de Copons y Navia, Conde de Tarifa, Caballero gran Cruz de la Real y distinguida Orden española de Carlos III, y de la militar de San Fernando y San Hermenegildo. Las publica y las entrega a la historia su hijo Don Francisco de Copons, Navia y Asprer, Coronel del arma de Caballería*. Madrid: Imprenta y Litografía Militar del Atlas.

D. José Morales Gallego, Caballero de la Orden de Cristo en Portugal, Gefe superior político de esta Provincia, hago saber que, con fecha de 9 del corriente... el... Secretario del Despacho de la Gobernación... me remite un exemplar rubricado de la Gazeta extraordinaria del... día 9 y otro del decreto expedido en el anterior 8 por el soberano Congreso nacional... y son del tenor siguiente... nuestro Monarca se halla ya en territorio español... y las Cortes, después de haber oído... el aviso... han decretado que se hagan rogativas... por la feliz llegada... y por el buen éxito de su gobierno... [s.l., s.n., s.a.].

Dallas, Alexander R. C. (1818): *Felix Alvarez or Manners in Spain*. 2 vols. Londres: Baldwin, Cradock and Joy.

Declaraçao da Revolução principiada no dia 16 de Junho de 1808 no Algarbe, e lugar de Olhão, pelo gobernador da praça de Villa Real de Santo António, Jose Lopes de Sousa. Para a restauração de Portugal [s.l., s.n., 1808].

Decretos del Rey Don Fernando VII. Año primero de su restitución al trono de las Españas. Se refieren todas las Reales resoluciones generales que se han expedido por diferentes Ministerios y Consejos desde 4 de Mayo de 1814 hasta fin de diciembre de igual año. Por D. Fermín Martín de Balmaseda. Tomo I. Madrid: En la Imprenta Real, 1818.

Diario de las Discusiones y Actas de las Cortes. Tomo XIV. Cádiz: En la Imprenta Real, 1812.

Diario Mercantil de Cádiz (20/01/1811).

*Discurso relativo ao estado presente de Portugal e Manifiesto da Junta Suprema de Sevi-
lla para a creação do Supremo Governo. Offerecidos a Nação Portugueza.* Lisboa:
Nova Officina de João Rodrigues Neves, 1808.

El Conciso: núm. 22 (22/04/1812) y 23 (23/04/1812).

*El Teniente General Don Pedro Rodríguez de la Buria, a las Cortes Generales Extraordi-
narias de España e Indias.* Cádiz: En la imprenta de Niel, 1811.

Gazeta de Ayamonte: núm. 1 (18/07/1810), 2 (25/07/1810), 3 (01/08/1810), 4 (08/08/1810),
5 (15/08/1810), 8 (05/09/1810), 10 (19/09/1810), 11 (26/09/1810), 12 (03/10/1810),
15 (24/10/1810), 16 (31/10/1810), 17 (07/11/1810), 18 (14/11/1810), 23 (19/
12/1810), 24 (26/12/1810), 25 (02/01/1811), 26 (09/01/1811), 28 (23/01/1811), 29
(30/01/1810), 30 (06/02/1811), 31 (13/02/1811) y 35 (13/03/1811).

Gazeta de la Regencia de España e Indias: núm. 5 (23/03/1810) y 77 (04/10/1810).

Gazeta do Rio de Janeiro: núm. 4 (04/09/1808).

Gazeta Ministerial de Sevilla: núm. 2 (04/06/1808).

Guisado, Manuel de Jesús, Conde de Tóxar (1908): «D. Joaquín María de Tóxar, documentos justificativos de su lealtad patriótica y méritos que contrajo durante
la Guerra de la Independencia», *Boletín de la Real Academia de la Historia,* 53,
265-337.

Ibáñez, José (s.a.): *Diario de las operaciones de la división del Condado de Niebla, que
mandó el mariscal de campo D. Francisco de Copons y Navia, desde el día 14 de
Abril de 1810, que tomó el mando, hasta el 24 de Enero de 1811, que pasó este General al 5º Exército.* Faro: Por José María Guerrero.

Instrucción que deberá observarse para la elección de Diputados de Cortes. Sevilla: En la
Imprenta Real, 1810.

*Instrucción que la Junta Suprema de Gobierno manda a todas las ciudades y villas de
este reinado, y quiere sea executada con la mayor prontitud. Sevilla, 29 de mayo
de 1808* [s.l., s.n., 1808].

Landmann, George (1854): *Recollections of a Military Life.* Londres: Hurst and Blackett.

Leslie, Charles (1887): *Military Journal of Colonel Leslie, K. H., of Balquhain, whilst ser-
ving with the Twenty-Ninth Regiment in the Peninsula and the Sixtieth Rifles in
Canada, etc., 1807-1832.* Aberdeen: Aberdeen University Press.

*Manifiesto de los hechos a favor de la patria que por comisión de la Junta Superior de Se-
villa practicaron antes y después de la muerte de don José González, muerto violentamente por los franceses en un suplicio, los individuos don Joaquín María de
Toxar, don Antonio Muñoz de Rivera, don Antonio Rodríguez de la Vega, don Luis
María de Ortega.* Sevilla: Imprenta Real, 1814.

O Manuscrito de João da Rosa. Edição Actualiza e Anotada [por Antonio Rosa Men-
des]. Olhão: Câmara Municipal de Olhão, 2008.

*Proclamação que o general em chefe do Exercito de Portugal dirigio aos Portuguezes em
consequencia da sublevação do Algarve e resposta à mesma.* Lisboa: Na nova officina de João Rodrigues Neves, 1808.

*Prontuario de las Leyes y Decretos del Rey Nuestro Señor Don José Napoleón I, desde el
año 1808.* 3 vols. Madrid: En la Imprenta Real, 1810-1812.

*Relação histórica da revolução do Algarve contra os francezes, que dolozamente inva-
dírão Portugal no anno de 1807, seguida de todos os documentos authenticos, que
justificão a parte que nella teve Sebastião Drago de Brito Cabreira… Offerecida*

aos seus compatriotas / E dada à luz por Antonio Maria do Couto… Lisboa: Na Typografia Lacerdina, 1809.

Uriarte y Landa, Joaquín (1816): *Manifiesto de D. Joaquín de Uriarte y Landa sobre su conducta política durante la dominación intrusa: fundado en los documentos que le acompañan en el apéndice.* Sevilla: Por la Viuda de Vázquez y Compañía.

Villanueva Vigil, José de (1814): *Manifiesto a la nación española de los servicios que hizo durante la dominación francesa, el patriota asturiano en Andalucía D. José de Villanueva Vigil, y las contestaciones con el Sr. Intendente de esta provincia D. Álvaro Florez Estrada, por haberle separado de Contador subdelegado de rentas nacionales del partido de Marchena.* Sevilla: En la Imprenta del Setabiense.

BIBLIOGRAFÍA

Almuiña Fernández, Celso (1990): «Formas de resistencia frente a los franceses. El concepto de guerra total», en Emilio de Diego García *et al.* (coord.), *Repercusiones de la Revolución Francesa.* Madrid: Universidad Complutense, 453-471.

Almuiña Fernández, Celso (1992a): «Revolución burguesa. Prensa y cambio social», en Antonio Laguna y Antonio López (eds.), *Dos-cents anys de premsa valenciana. I Congrés Internacional de Periodisme. Actes.* Valencia: Generalitat Valenciana, 19-40.

Almuiña Fernández, Celso (1992b): «El Dos de Mayo Madrileño. Las reacciones de la opinión pública», en Luis Miguel Enciso Recio (ed.), *Actas del Congreso Internacional El Dos de Mayo y sus Precedentes.* Madrid: Consorcio para la Organización de Madrid Capital Europea de la Cultura, 483-501.

Almuiña Fernández, Celso (1995): «Los medios de comunicación en la crisis del Antiguo Régimen entre las "voces vagas" y la dramatización de la palabra», en Pablo Fernández Albadalejo y Margarita Ortega López (eds.), *Antiguo Régimen y Liberalismo. Homenaje a Miguel Artola. Política y Cultura.* Tomo 3. Madrid: Alianza Editorial, 405-418.

Almuiña Fernández, Celso (2002): «Opinión pública y revolución liberal», *Cuadernos de Historia Contemporánea*, 24, 81-104.

Almuiña Fernández, Celso (2003): «Medios de comunicación y cultura oral en la crisis del Antiguo Régimen», en Jesús Antonio Martínez Martín (ed.), *Orígenes culturales de la sociedad liberal (España siglo XIX).* Madrid: Biblioteca Nueva/Editorial Complutense/Casa de Velázquez, 159-189.

Almuiña, Celso, Egido, Teófanes y Martín de la Guardia, Ricardo (1992): «La crisis del Antiguo Régimen en España. La propaganda como arma de combate», en *17º Congreso Internacional de ciencias históricas. II Sección cronológica.* Vol. 2. Madrid: Comité International des Sciences Historiques, 753-770.

Amador de los Ríos, Rodrigo (1891): *España, sus monumentos y artes, su naturaleza e historia: Huelva.* Barcelona: Arte y Letras.

Anguita Olmedo, Concepción (2005): «Las relaciones hispano-británicas durante la Guerra de la Independencia», en Paulino Castañeda Delgado (coord.), *Las guerras en el primer tercio del siglo XIX en España y América. Actas XII Jornadas Nacionales de Historia Militar.* Tomo I. Madrid: Deimos, 341-359.

Aragón Gómez, Jaime (2008): «Vida cotidiana en Andalucía durante la Guerra de la Independencia: "la verdadera cara de la guerra"», *Trocadero*, 20, 7-20.

Arroyo Berrones, Enrique R. (1999): «El protagonismo de Ayamonte en la sublevación de Portugal», en Enrique R. Arroyo Berrones (coord.), *III Jornadas de Historia de Ayamonte*. Ayamonte: Patronato Municipal de Cultura de Ayamonte, 187-213.

Arroyo Berrones, Enrique R. (2000): *Las Angustias: baluarte de Ayamonte*. Ayamonte: Hermandad de Nuestra Señora de las Angustias.

Ataíde Oliveira, Francisco X. (1986 [1906]): *Monografia do Concelho de Olhão da Restauração*. Faro: Algarve en Foco.

Ataíde Oliveira, Francisco X. (1999 [1908]): *Monografía do Concelho de Vila Real de Santo António*. Faro: Algarve Em Foco.

Aymes, Jean-René (1992): «Las nuevas autoridades: las Juntas. Orientaciones historiográficas y datos recientes», en Luis Miguel Enciso Recio (ed.), *Actas del Congreso Internacional El Dos de Mayo y sus Precedentes*. Madrid: Consorcio para la Organización de Madrid Capital Europea de la Cultura, 567-581.

Aymes, Jean-René (2002): «La literatura liberal en la Guerra de la Independencia: fluctuaciones y divergencias ideológico-semánticas en el empleo de los vocablos "pueblo", "patria" y "nación"», en Alberto Ramos Santana (coord.), *La ilusión constitucional: pueblo, patria, nación. De la Ilustración al Romanticismo: Cádiz, América y Europa ante la Modernidad, 1750-1850*. Cádiz: Universidad de Cádiz, 13-42.

Badorrey Martín, Beatriz: «Juan Castillo y Carroz», en Real Academia de la Historia, *Diccionario Biográfico electrónico* (en red, http://dbe.rah.es/biografias/31317/juan-castillo-y-carroz).

Berger, José Paulo (2012): «Las operaciones militares de la Guerra de las Naranjas en la desembocadura del Guadiana», en *XVI Jornadas de Historia de Ayamonte*. Huelva: Diputación Provincial de Huelva/Ayuntamiento de Ayamonte, 105-133.

Bromley, Janet y Bromley, David (2011): *Wellington's Men Remembered. A Register of Memorials to Soldiers Who Fought in the Peninsular War and at Waterloo*. Vol. 1. Barnsley: Pen & Sword.

Butrón Prida, Gonzalo y Saldaña Fernández, José (2008a): «La historiografía reciente de la Guerra de la Independencia: reflexiones ante el Bicentenario», *Mélanges de la Casa de Velázquez. Nouvelle série*, 38 (1), 243-270.

Butrón Prida, Gonzalo y Saldaña Fernández, José (2008b): «Las fracturas del patriotismo: apuntes sobre la respuesta a la guerra en la Andalucía napoleónica», *Trocadero*, 20, 21-32.

Butrón Prida, Gonzalo y Saldaña Fernández, José (2023): «Estrategias de oposición en la Guerra de la Independencia (1808-1814)», en Francisco J. Leira Castiñeira (ed.), *El Pacifismo en España desde 1808 hasta el «No a la Guerra» de Iraq*. Madrid: Akal, 21-44.

Canales Gili, Esteban (2003): «Ejército y población civil durante la Guerra de la Independencia: unas relaciones conflictivas», *Hispania Nova, 3*.

Canales Gili, Esteban (2007): «La Guerra de la Independencia en el contexto de las Guerras Napoleónicas», en Antonio Moliner Prada (ed.), *La Guerra de la Independencia en España (1808-1814)*. Barcelona: Nabla, 11-40.

Canales Gili, Esteban (2008): *La Europa napoleónica, 1792-1815*. Madrid: Cátedra.

Cantera Montenegro, Jesús (2010): «La otra guerra: la lucha por la subsistencia. Acuartelamiento, vestuario y alimentación durante la Guerra de la Independencia», *Cuadernos de Historia Moderna. Anejos*, 9, 147-165.

Caro Cancela, Diego (dir.) (2011): *Diccionario Biográfico de Parlamentarios de Andalucía*. Sevilla: Centros de Estudios Andaluces.

Carrasco Álvarez, Antonio (2007): «Desertores y dispersos. Características de la deserción en Asturias, 1808-1812», en *Ocupació i rèsistencia a la Guerra del Francès (1808-1814)*. Barcelona: Museu d'Història de Catalunya, 81-90.

Carriazo Rubio, Juan Luis (1998): «Violencia y relaciones fronterizas: Alcoutim y Sanlúcar de Guadiana a finales del siglo XV», *Revista da Faculdade de Letras. Historia*, 15, 365-382.

Carriazo Rubio, Juan Luis (ed.) (2012): *Fortificaciones, guerra y frontera en el marquesado de Gibraleón*. Huelva: Diputación de Huelva.

Cassinello Pérez, Andrés (2011): «Palafox y Portocarrero, Eugenio Eulalio», en Emilio de Diego y José Sánchez-Arcilla (dirs.), *Diccionario de la Guerra de la Independencia 1808-1814*. Tomo II. Madrid: Actas, 1317-1318.

Cassinello Pérez, Andrés: «Eugenio Eulalio Palafox y Portocarrero», en Real Academia de la Historia, *Diccionario Biográfico electrónico* (en red, http://dbe.rah.es/biografias/19239/eugenio-eulalio-palafox-y-portocarrero).

Cassinello Pérez, Andrés: «Francisco Copons y Navia», en Real Academia de la Historia, *Diccionario Biográfico electrónico* (en red, http://dbe.rah.es/biografias/45609/francisco-copons-y-navia).

Caso Amador, Rafael (2009): «La correspondencia entre el general Ballesteros y el teniente coronel Pedro de Velasco», en Felipe Lorenzana de la Puente (coord.), *Actas del Congreso Internacional Guerra de la Independencia en Extremadura: II Centenario 1808-2008*. Llerena: Sociedad Extremeña de Historia, 401-416.

Cepeda Gómez, José (2008): «De vecinos mal avenidos a compañeros de armas. España y Portugal en la crisis peninsular de 1808», en José Manuel Nieto Soria y María Victoria López-Cordón Cortezo (eds.), *Gobernar en tiempo de crisis: las quiebras dinásticas en el ámbito hispánico, 1250-1808*. Madrid: Sílex, 65-73.

Checa Godoy, Antonio (1991): *Historia de la prensa andaluza*. Sevilla: Fundación Blas Infante.

Checa Godoy, Antonio (1996): «Los orígenes y el primer desarrollo de la prensa en Huelva (1810-1874)», en *Actas del II Congreso de Historia de Andalucía. Andalucía Contemporánea (II)*. Córdoba: Consejería de Cultura de la Junta de Andalucía/Obra social y cultural Cajasur.

Climent, Manuel (1866): *Crónica de la provincia de Huelva*. Madrid: Aquiles Ronchi.

Correia Barrento de Lemos Pires, Nuno (2007): «De la Guerra de Portugal a la Guerra Peninsular», en *La Guerra de la Independencia (1808-1814): el pueblo español, su ejército y sus aliados frente a la ocupación napoleónica*. Madrid: Ministerio de Defensa, 275-297.

Costa Vieira, Carla da (2009): *Olhão, Junho de 1808. O levantamento contra as tropas francesas através da imprensa e literatura da época*. Olhão: Município de Olhão.

Cuenca Toribio, José Manuel (2008): «"Dios, Patria y Rey": vigencia o desfase de una interpretación de la guerra de la Independencia», *Revista de Occidente*, 326-327, 69-84.

Cunha Martins, Rui (2007): *El método de la frontera. Radiografía histórica de un dispositivo contemporáneo (matrices ibéricas y americanas).* Salamanca: Universidad de Salamanca.

Dabrío Pérez, José María (1987): *La Palma del Condado: Apuntes para una introducción histórica.* La Palma del Condado: Imprenta Unión.

De Avillez, Pedro S. F. (2012): «Sobre as condicionantes políticas e diplomáticas de Portugal durante a Guerra Peninsular (1808-1814)», en Antonio Pedro Vicente (coord.), *A Guerra Peninsular em Portugal (1810-1812): derrota e perseguição. A invasão de Masséna e a transferencia das operações para Espanha. XX Colóquio de História Militar.* Vol. II. Lisboa: Comisión Portuguesa de Historia Militar, 1235-1260.

De Diego García, Emilio (2006): «España 1808-1810: entre el viejo y el nuevo orden político», *Revista de Historia Militar*, núm. extraordinario, 15-35.

De Diego García, Emilio (2007): «La verdad construida: la propaganda en la Guerra de la Independencia», en Antonio Moliner Prada (ed.), *La Guerra de la Independencia en España (1808-1814).* Barcelona: Nabla, 209-254.

De Diego García, Emilio (2008a): «La Guerra de la Independencia. Una guerra dentro de otras guerras», *Monte Buciero*, 13, 45-67.

De Diego García, Emilio (2008b): *España, el infierno de Napoleón. 1808-1814, una historia de la Guerra de la Independencia.* Madrid: La Esfera de los Libros.

De Diego García, Emilio (2008c): «España: 1808-1814. La propaganda como herramienta en la formación de la opinión pública: la caricatura», en Francisco Miranda Rubio (coord.), *Guerra, sociedad y política (1808-1814).* Vol. I. Pamplona: Universidad Pública de Navarra/Gobierno de Navarra, 209-231.

De Diego García, Emilio (2009): «El problema de los abastecimientos durante la guerra: la alimentación de los combatientes», en Emilio de Diego García (dir.), *El Comienzo de la Guerra de la Independencia. Congreso Internacional del Bicentenario.* Madrid: Actas, 292-314.

De Diego García, Emilio (2010): «La Guerra de la Independencia: un balance en su Bicentenario», *Cuadernos de Historia Moderna. Anejos*, 9, 215-253.

De Diego García, Emilio (2011a): «Medios de difusión: la calle», en Pedro Rújula y Jordi Canal (eds.), *Guerra de ideas. Política y cultura en la España de la Guerra de la Independencia.* Zaragoza/Madrid: Institución Fernando el Católico/Marcial Pons, 313-330.

De Diego, Emilio (2011b): «Sousa y Holstein, Pedro», en Emilio de Diego y José Sánchez-Arcilla (dirs.), *Diccionario de la Guerra de la Independencia 1808-1814.* Tomo II. Madrid: Actas, 1643.

De Diego, Emilio (2011c): «Beresford, William Carr», en Emilio de Diego y José Sánchez-Arcilla (dirs.), *Diccionario de la Guerra de la Independencia 1808-1814.* Tomo I. Madrid: Actas, 2011, 272-273.

Díaz Domínguez, Mari Paz (2008): *Historia de la prensa escrita de Huelva. Su primera etapa (1810-1923).* Huelva: Ayuntamiento de Huelva.

Díaz Domínguez, Mari Paz (2009): «La introducción de la prensa escrita en la vida de los onubenses durante la Guerra de la Independencia: la Gazeta de Ayamonte», en José Manuel Cuenca Toribio (ed.), *Andalucía en la Guerra de la Independencia (1808-1814).* Córdoba: Universidad de Córdoba, 347-353.

Díaz Domínguez, Mari Paz (2011): «Ayamonte, cuna de la prensa escrita de Huelva. El siglo XIX, más allá de la Gazeta de Ayamonte», en *XV Jornadas de Historia de Ayamonte*. Huelva: Diputación Provincial de Huelva/Ayuntamiento de Ayamonte, 99-119.

Díaz Hierro, Diego (1992): *Huelva y los Guzmanes. Anales de una historia compartida (1598-1812)*. Revisión y edición de Manuel José de Lara Ródenas. Huelva: Ayuntamiento de Huelva.

Díaz Santos, María Luisa (1978): *Ayamonte. Geografía e Historia*. Ayamonte: Imprenta Provincial.

Díaz Torrejón, Francisco Luis (2001): *Osuna Napoleónica (1810-1812). Una villa andaluza y su distrito durante la ocupación francesa*. Sevilla: Fundación Genesian.

Domínguez Cornejo, Manuel y Domínguez Pérez de León, Antonio (1994): *Zalamea la Real. Aproximación histórica*. Zalamea la Real: Ayuntamiento de Zalamea la Real.

Dores Costa, Fernando (2008): «Army size, military recruitment and financing in Portugal in the period of the Peninsula War (1808-1810)», *e-Journal of Portuguese History*, 2 (6).

Dores Costa, Fernando (2010a): *Insubmissão: aversão ao serviço militar no Portugal do século XVIII*. Lisboa: Imprensa de Ciências Sociais.

Dores Costa, Fernando (2010b): «A Guerra Peninsular vista a partir da Intendência Geral de Polícia», en Fernando Martins y Francisco Antonio Lourenço Vaz (coords.), *O «Saque de Évora» no contexto da Guerra Peninsular: memória, história e património*. Lisboa: Edições Colibri/CIDEHUS, 193-227.

Dores Costa, Fernando (2013): «O conde de Palmela em Cádis (1810-1812)», *Ler História*, 64, 87-109.

Dufour, Gérard (2009): «Recepção e percepção dos acontecimentos de Portugal em Espanha no início da Guerra Peninsular», en Carlos Guardado da Silva, *A Guerra Peninsular: actas do XI Congresso Turres Veteras*. Lisboa/Torres Vedras: Colibri/Câmara Municipal de Torres Vedras, 17-25.

Dufour, Gerard (2010): «La formación y la obra de la Junta Central Suprema», en Antonia Salvador Martínez (coord.), *De Aranjuez a Cádiz (por la libertad y la Constitución). Bicentenario de la Junta Central Suprema 1808-2008*. Aranjuez: Ayuntamiento del Real Sitio y Villa de Aranjuez, 235-253.

Durán López, Fernando (2008): «Diputados de papel: la información parlamentaria en la prensa de la etapa constituyente (septiembre de 1810-marzo de 1812)», en Marieta Cantos, Fernando Durán y Alberto Romero (eds.), *La guerra de pluma. Estudios sobre la prensa de Cádiz en el tiempo de las Cortes (1810-1814)*. Vol. II, *Política, propaganda y opinión pública*. Cádiz: Universidad de Cádiz, 37-285.

Escalera, Javier (1998): «Territorios, límites y fronteras: construcción social del espacio e identificaciones colectivas», en Juan J. Pujadas Muñoz, Emma Martín Díaz y Joaquim Pais de Brito (coords.), *Actas del VIII Congreso de Antropología, 20-24 de septiembre de 1999. Simposio I: Globalización, fronteras culturales y políticas y ciudadanía*. Vol. 1. Santiago de Compostela: Federación de Asociaciones de Antropología del Estado Español/Asociación Galega de Antropoloxía, 99-109.

Esdaile, Charles (2002): «Relaciones hispano-británicas en la Guerra de la Independencia», en *La Guerra de la Independencia (1808-1814), perspectivas desde Europa. Actas de las «Terceras Jornadas sobre la Batalla de Bailén y la España contemporánea».* Jaén: Universidad de Jaén, 119-136.

Esdaile, Charles (2005): «El General y el Gobierno, la intervención británica en España en 1808», *Revista de Historia Militar,* 2, 79-98.

Esdaile, Charles (2007): «El ejército británico en España, 1801-1814», *en La Guerra de la Independencia (1808-1814): el pueblo español, su ejército y sus aliados frente a la ocupación napoleónica.* Madrid: Ministerio de Defensa, 299-321.

Esdaile, Charles (2008): «Los orígenes de un matrimonio difícil: la Guerra de España vista desde Gran Bretaña, 1808-1809», en Francisco Miranda Rubio (coord.), *Guerra, sociedad y política (1808-1814).* Vol. I. Pamplona: Universidad Pública de Navarra/Gobierno de Navarra, 255-282.

Esdaile, Charles (2009): *Las guerras de Napoleón. Una historia internacional, 1803-1815.* Barcelona: Crítica.

Esdaile, Charles (2010): «Los ingleses en Andalucía, 1808-1814», en José Miguel Delgado Barrado (dir.), *Andalucía en guerra, 1808-1814.* Jaén: Universidad de Jaén, 199-208.

Fernandes Mascarenhas, J. (1950): *A luta contra os franceses em Olhão à luz de novos documentos.* Separata de «Correio Olharense».

Fernandes Vaz, Adérito (1986): *Quem foi Sebastião Martins Mestre na História do Sotavento Algarvio?* Separata de «A voz de Olhão».

Feros, Antonio (2004): «"Por Dios, por la Patria y el Rey": el mundo político en tiempos de Cervantes», en Antonio Feros y Juan Gelabert (dirs.), *España en tiempos del Quijote.* Madrid: Taurus, 61-96.

Fraser, Ronald (2006): *La maldita guerra de España. Historia social de la guerra de la Independencia, 1808-1814.* Barcelona: Crítica.

Freitas Vieira, Henrique (2009): «Os 200 anos da Restauração de Olhão», en Carlos Guardado da Silva, *A Guerra Peninsular: actas do XI Congresso Turres Veteras.* Lisboa/Torres Vedras: Colibri/Câmara Municipal de Torres Vedras, 119-138.

Fuente, Francisco A. de la (2011): *D. Miguel Pereira Forjaz, Conde da Feira, 1769-1827. O organizador da luta contra Napoleão. Secretário do Governo da Regência para a Guerra, Negócios Estrangeiros e Marinha.* Parede: Tribuna da História.

García Cárcel, Ricardo (1997): «Las fronteras mentales y culturales. Los problemas de identidad de la España Moderna», en Emilio Mitre Fernández, Ricardo García Cárcel *et al., Fronteras y fronterizos en la Historia.* Valladolid: Universidad de Valladolid, 63-82.

García García, Francisco (2007): «Deserción y desobediencia civil en las poblaciones de la costa de Huelva durante los conflictos armados», en David González Cruz (coord.), *Propaganda y mentalidad bélica en España y América durante el siglo XVIII.* Madrid: Ministerio de Defensa, 257-290.

García García, Francisco y González Díaz, Antonio Manuel (2011): *La Guerra de Sucesión en la provincia de Huelva.* Huelva: Diputación Provincial.

García Fernández, Javier (1983): *El origen del municipio constitucional: autonomía y centralización en Francia y en España.* Madrid: Instituto de Estudios de la Administración Local.

García Fernández, Javier (2003): «El municipio en los orígenes del constitucionalismo español. Notas sobre la génesis de la organización municipal a través de tres modelos constitucionales», en *El municipio constitucional. II Seminario de Historia de la Administración*. Madrid: Instituto Nacional de Administración Pública, 47-55.

Gómez de Arteche y Moro, José (1868-1903): *Guerra de la Independencia. Historia militar de España de 1808 a 1814*. Vols. VIII-X. Madrid: Carlos Bailly-Bailliere.

Gómez Imaz, Manuel (1910): *Los periódicos durante la Guerra de la Independencia (1808-1814)*. Madrid: Tipografía de la Revista de Archivos, Bibliotecas y Museos.

González Cruz, David (2002): *De la Revolución Francesa a la Guerra de la Independencia. Huelva a fines de la Edad Moderna*. Sevilla: Consejería de Cultura/Fundación El Monte.

González Díaz, Antonio Manuel (2000): «La Guerra de Sucesión en la frontera con Portugal. Ayamonte: 1701-1714», en *La Guerra de Sucesión en España y América, X Jornadas Nacionales de Historia Militar*. Sevilla: Cátedra «General Castaños», 753-766.

González Díaz, Antonio Manuel (2010): «Compatriotas y enemigos: relaciones hispano-portuguesas en Ayamonte y su entorno fronterizo durante la Edad Moderna», en David González Cruz (ed.), *Extranjeros y enemigos en Iberoamérica: la visión del otro. Del Imperio español a la Guerra de la Independencia*. Madrid: Sílex, 307-336.

González Díaz, Antonio Manuel (2011): *La pesca en Ayamonte durante la Edad Moderna*. Huelva: Universidad de Huelva.

Gozálvez Escobar, José Luis (1997): «El panorama historiográfico de la Huelva del siglo XIX», en Javier Pérez-Embid *et al.*: *Historia e historiadores sobre Huelva (Siglos XVI-XIX)*. Huelva: Ayuntamiento de Huelva, 239-274.

Grimson, Alejandro (coord.) (2000): *Fronteras, naciones e identidades. La periferia como centro*. Buenos Aires: Ciccus.

Guardado da Silva, Carlos (2010): «Portugal ante una España invasora convertida en aliada», en José Girón Garrote y Alicia Laspra Rodríguez (eds.), *España y Portugal en 1810. III Encuentro Internacional Bicentenario de la Guerra de la Independencia*. Oviedo: Universidad de Oviedo, 27-46.

Guerra, François-Xavier (2002): «"Voces del pueblo". Redes de comunicación y orígenes de la opinión en el mundo hispánico (1808-1814)», *Revista de Indias*, 225 (62), 357-384.

Guerrero Acosta, José Manuel: «José Pascual de Zayas Chacón», en Real Academia de la Historia, *Diccionario Biográfico electrónico* (en red, http://dbe.rah.es/biografias/6583/jose-pascual-de-zayas-chacon).

Herzog, Tamar (2015): *Frontiers of Possession: Spain and Portugal in Europe and the Americas*. Cambridge: Harvard University Press.

Hocquellet, Richard (1999): «La publicidad de la Junta central española (1808-1810)», en François-Xavier Guerra y Annick Lempérière (coords.), *Los espacios públicos en Iberoamérica*. México: Fondo de Cultura Económica, 140-167.

Hocquellet, Richard (2008a): *Resistencia y revolución durante la Guerra de la Independencia. Del levantamiento patriótico a la soberanía nacional*. Zaragoza: Prensas Universitarias de Zaragoza.

Hocquellet, Richard (2008b): «Élites locales y levantamiento patriótico: la composición de las Juntas Provinciales de 1808», *Historia y Política*, 19, 129-150.

Hocquellet, Richard (2009): «En nombre del rey, en nombre de la nación: la instalación de la Junta Central en Aranjuez», *Trienio*, 53, 117-129.

Hocquellet, Richard (2011a): «El cambio de representación de los pueblos: élites nuevas y antiguas en el proceso revolucionario liberal», en Pedro Rújula y Jordi Canal (eds.), *Guerra de ideas. Política y cultura en la España de la Guerra de la Independencia*. Zaragoza/Madrid: Institución Fernando el Católico/Marcial Pons, 159-171.

Hocquellet, Richard (2011b): «España 1808: unos reinos huérfanos. Un análisis de las Juntas Patrióticas», en Richard Hocquellet, *La revolución, la política moderna y el individuo. Miradas sobre el proceso revolucionario en España (1808-1835)*. Editor Jean-Philippe Luis. Zaragoza/Cádiz: Prensas Universitarias de Zaragoza/Universidad de Cádiz, 49-79.

Iria, Alberto (2004 [1941]): *A Invasão de Junot no Algarve (subsídios para a História da Guerra Peninsular, 1808-1814)*. Amadora: Livro Aberto.

Isabel Sánchez, José Luis: «Manuel María de Pusterlá y Lerín», en Real Academia de la Historia, *Diccionario Biográfico electrónico* (en red, http://dbe.rah.es/biografias/137375/manuel-maria-de-pusterla-y-lerin).

La Parra López, Emilio (2012): «Presentación» [Dossier: La Guerra de la Independencia], *Ayer*, 86, 13-24.

La Parra López, Emilio y Casado, María Ángeles (2013): *La Inquisición en España. Agonía y abolición*. Madrid: Los Libros de la Catarata.

Lafuente, Modesto (1850-1967): *Historia General de España: desde los tiempos más remotos hasta nuestros días*. Vol. XVII. Madrid: B. Industrial.

Lara Ródenas, Manuel José de (1995): *Religiosidad y cultura en la Huelva Moderna*. Huelva: Diputación Provincial de Huelva.

Laspra Rodríguez, Alicia (2004): «La intervención británica en España durante la Guerra de la Independencia: ayuda material y diplomática», *Revista de Historia Militar*, núm. extra, 59-78.

Laspra Rodríguez, Alicia (2007): «La ayuda británica», en Antonio Moliner Prada (ed.), *La Guerra de la Independencia en España (1808-1814)*. Barcelona: Nabla, 155-183.

Laspra Rodríguez, Alicia (2009): «El duque de Wellington y la financiación británica de la Guerra Peninsular», en Emilio de Diego García (dir.), *El Comienzo de la Guerra de la Independencia. Congreso Internacional del Bicentenario*. Madrid: Actas, 279-291.

López-Vidriero Abello, María Luisa (2002): «Guerrilleros de papel: mil y más papeles en torno a la Guerra de la Independencia», *Cuadernos de Historia Moderna*, 27, 199-215.

López Viera, David (2002): «Abandono de niños y frontera: ingreso de expósitos portugueses en la cuna de Ayamonte durante el Antiguo Régimen», en Francisco Toro Cevallos y José Rodríguez Molina (coords.), *IV Estudios de Frontera. Historia, tradiciones y leyendas en la frontera*. Jaén: Diputación de Jaén, 337-356.

López Villaverde, Ángel Luis (1999): «La administración local contemporánea», en Mª de la Almudena Serrano Mota y Mariano García Ruipérez (coords.), *El patrimonio documental: fuentes documentales y archivos*. Cuenca: Universidad de Castilla-La Mancha, 195-238.

Lorente Toledo, Luis (1993): *Agitación urbana y crisis económica durante la Guerra de la Independencia: Toledo (1808-1814)*. Cuenca: Universidad de Castilla-La Mancha.

Luis, Jean-Philippe (2009): «Balance historiográfico del bicentenario de la Guerra de la Independencia: las aportaciones científicas», *Ayer*, 75, 303-325.

Maestrojuán Catalán, Javier (2001-2002): «Bibliografía de la Guerra de la Independencia española», *Hispania Nova*, 2.

Maestrojuán Catalán, Francisco Javier (2002): «La Guerra de la Independencia: una revisión bibliográfica», en Francisco Miranda Rubio (coord.), *Congreso Internacional: Fuentes documentales para el estudio de la Guerra de la Independencia*. Pamplona: Eunate, 299-342.

Maestrojuán Catalán, Francisco Javier (2003): *Ciudad de vasallos, Nación de héroes (Zaragoza: 1809-1814)*. Zaragoza: Institución «Fernando el Católico».

Marín de la Rosa, José (2008): «Los franceses en Gibraleón durante la Guerra de la Independencia», *Gibraleón Cultural*, 3, 12.

Maroto de las Heras, Jesús y Zurdo Rubira, Alejandro (2001): «Don José de Zayas, un general poco conocido de la Guerra de la Independencia», en José Antonio Armillas Vicente (coord.), *La Guerra de la Independencia: estudios*. Vol. I. Zaragoza: Institución «Fernando el Católico», 105-164.

Márquez Domínguez, Juan Antonio (2012): «El perfil de la raya fluvial entre Andalucía y Portugal», en Juan Antonio Márquez Domínguez (dir.), *Desarrollo en la frontera del Bajo Guadiana. Documentos para la cooperación luso-andaluza*. Huelva: Universidad de Huelva, 39-55.

Márquez Domínguez, Juan Antonio y Jurado Almonte, José Manuel (2000): «Los espacios de repulsión y atracción en la frontera suroccidental hispano-portuguesa», en Lorenzo López Trigal y François Guichard, *La frontera hispano-portuguesa: nuevo espacio de atracción y cooperación*. Zamora: Fundación Rei Alfonso Henriques, 119-135.

Marreiros, Glória Maria y Andrade C. Sancho, Emanuel (2004): *Da quadrilha à contradança: O Algarve no tempo das Invasões Francesas*. S. Brás de Alportel: Casa da Cultura António Bentes.

Martín, Emma y Pujadas, Joan J. (1999): «Movilización étnica, ciudadanía, transnacionalización y redefinición de fronteras: una introducción al tema», en Juan J. Pujadas Muñoz, Emma Martín Díaz y Joaquim Pais de Brito (coords.), *Actas del VIII Congreso de Antropología, 20-24 de septiembre de 1999. Simposio I: Globalización, fronteras culturales y políticas y ciudadanía*. Vol. I. Santiago de Compostela: Federación de Asociaciones de Antropología del Estado Español/ Asociación Galega de Antropoloxía, 7-15.

Martín de la Guardia, Ricardo (2010): «Armas de papel. Prensa y propaganda en la Guerra de la Independencia», en Cristina Borreguero Beltrán (coord.), *La Guerra de la Independencia en el mosaico peninsular (1808-1814)*. Burgos: Universidad de Burgos, 451-472.

Martín-Lanuza Martínez, Alberto: «Francisco Carlos Gabriel de Gand y Desforez», en Real Academia de la Historia, *Diccionario Biográfico electrónico* (en red, http:// dbe.rah.es/biografias/22444/francisco-carlos-gabriel-de-gand-y-desforez).

Martín-Lanuza Martínez, Alberto: «Pedro María Legallois Grimarest», en Real Academia de la Historia, *Diccionario Biográfico electrónico* (en red, http://dbe.rah.es/biografias/70043/pedro-maria-legallois-grimarest).

Martínez Cardós, José: «Manuel Bernardo González Salmón y Gómez Torres», en Real Academia de la Historia, *Diccionario Biográfico electrónico* (en red, http://dbe.rah.es/biografias/14686/manuel-bernardo-gonzalez-salmon-y-gomez-torres).

Martínez de Velasco Farinós, Ángel (1971): *La formación de la Junta Central*. Pamplona: Ediciones Universidad de Navarra.

Martínez de Velasco Farinós, Ángel (1992): «Orígenes de la Junta Central», en Luis Miguel Enciso Recio (ed.), *Actas del Congreso Internacional El Dos de Mayo y sus Precedentes*. Madrid: Consorcio para la Organización de Madrid Capital Europea de la Cultura, 583-586.

Martínez Martín, Carmen (1996): «La división del Reino de Sevilla en las provincias actuales de Sevilla, Cádiz y Huelva, durante las primeras décadas del siglo XIX», en *Actas del II Congreso de Historia de Andalucía. Andalucía Contemporánea I*. Córdoba: Junta de Andalucía/Obra social y cultural Cajasur, 357-364.

Martínez Ruiz, Enrique (2005): «Desertores y dispersos a comienzos de la guerra de la Independencia. Su reflejo en Málaga», en Marion Reder y Eva Mendoza (coords.), *La Guerra de la Independencia en Málaga y su provincia (1808-1814)*. Málaga: Diputación Provincial de Málaga.

Martínez Ruiz, Enrique (2010): «El soldado. Vivir en campaña», *Cuadernos de Historia Moderna. Anejos*, 9, 167-189.

Martínez Ruiz, Enrique (2012): «La deserción en el siglo XVIII. Una aproximación», en Antonio Jiménez Estrella y Julián José Lozano Navarro (coords.), *Actas de la XI Reunión de la Fundación Española de Historia Moderna. Vol. 2: Conflictividad y violencia en la Edad Moderna*. Granada: Universidad de Granada, 1137-1149.

Medeiros, Antonio (2006): *Los dos lados de un río. Nacionalismos y etnografías en Portugal y en Galicia*. Madrid: Centro de Investigaciones Sociológicas.

Medina García, Eusebio (2006): «Orígenes históricos y ambigüedad de la frontera hispano-lusa (La Raya)», *Revista de Estudios Extremeños*, 2 (62), 713-723.

Melón Jiménez, Miguel Ángel (1999): *Hacienda, comercio y contrabando en la frontera de Portugal (siglos XV-XVIII)*. Cáceres: Cicon.

Melón Jiménez, Miguel Ángel (2009): *Los tentáculos de la hidra. Contrabando y militarización del orden público en España (1784-1800)*. Madrid/Cáceres: Sílex/Universidad de Extremadura.

Melón Jiménez, Miguel Ángel (2010a): «Las fronteras de España en el siglo XVIII. Algunas consideraciones», *Obradoiro de Historia Moderna*, 19, 161-189.

Melón Jiménez, Miguel Ángel (2010b): «Contrabando y negocios en el límite de dos imperios: la frontera de España y Portugal en la Edad Moderna», *Andalucía en la historia*, 27, 12-17.

Melón Jiménez, Miguel Ángel (2012a): «Badajoz (1811-1812): La resistencia en la frontera», en Gonzalo Butrón Prida y Pedro Rújula (eds.), *Los sitios en la Guerra de la Independencia: la lucha en las ciudades*. Madrid/Cádiz: Sílex/Universidad de Cádiz, 215-248.

Melón Jiménez, Miguel Ángel (2012b): «En la guerra y en la paz. Frontera y vida cotidiana», en Manuel Peña (ed.), *La vida cotidiana en el mundo hispánico (siglos XVI-XVIII)*. Madrid: Abada, 255-274.

Melón Jiménez, Miguel Ángel (2014): «La frontera entre rejas de papel: listas para perseguir el contrabando en España (1733-1800)», *Mélanges de la Casa de Velázquez. Nouvelle série*, 44-2, 139-160.

Melón Ruiz de Godejuela, Amando (1977): «El mapa prefectual de España (1810)», *Estudios geográficos*, 38, 148-149.

Menguiano Romero, María Teresa (2017): *La Guerra de la Independencia en la Sierra de Huelva*. Huelva: Diputación de Huelva.

Mercader Riba, Juan (1983): *José Bonaparte Rey de España (1808-1813). Estructura del Estado Español Bonapartista*. Madrid: Consejo Superior de Investigaciones Científicas/Instituto de Historia «Jerónimo Zurita».

Michaelsen, Scott y Johnson, David (comps.) (2003): *La teoría de la frontera. Los límites de la política cultural*. Barcelona: Gedisa.

Mira Toscano, Antonio, Villegas Martín, Juan y Suardíaz Figuereo, Antonio (2010): *La batalla de Castillejos y la Guerra de la Independencia en el Andévalo occidental*. Huelva: Diputación de Huelva.

Moliner Prada, Antonio (1997): *Revolución burguesa y movimiento juntero en España (la acción de las juntas a través de la correspondencia diplomática y consular francesa, 1808-1868)*. Lleida: Milenio.

Moliner Prada, Antonio (2000): «La conflictividad social en la Guerra de la Independencia», *Trienio*, 35, 81-115.

Moliner Prada, Antonio (2003): «Las Juntas como instituciones típicas del liberalismo español», en Ricardo Robledo, Irene Castells y María Cruz Romeo (eds.), *Orígenes del liberalismo: universidad, política, economía*. Salamanca: Universidad de Salamanca, 233-238.

Moliner Prada, Antonio (2004a): «La Raya durante la Guerra de la Independencia», en VV.AA., *La Raya luso-española: relaciones hispano-portuguesas del Duero al Tajo. Salamanca, punto de encuentro*. Salamanca: Diputación de Salamanca/Ayuntamiento de Ciudad Rodrigo/Centro de Estudios Mirobrigenses, 79-109.

Moliner Prada, Antonio (2004b): «Crise de l'État et nouvelles autorités: les juntes lors de la Guerre d'Indépendance», *Annales historiques de la Révolution française*, 336, 107-128.

Moliner Prada, Antonio (2006): «Las Juntas como respuesta a la invasión francesa», *Revista de Historia Militar*, núm. extraordinario, 37-70.

Moliner Prada, Antonio (2007a): «A vueltas con la Guerra de la Independencia», *Ayer*, 66, 253-269.

Moliner Prada, Antonio (2007b): «La España de finales del siglo XVIII y la crisis de 1808», en Antonio Moliner Prada (ed.), *La Guerra de la Independencia en España (1808-1814)*. Barcelona: Nabla, 41-71.

Moliner Prada, Antonio (2007c): «El juntismo en la primera mitad del siglo XIX como instrumento de socialización política», en Christian Demange *et al.* (eds.), *Sombras de mayo. Mitos y memorias de la Guerra de la Independencia en España (1808-1908)*. Madrid: Casa de Velázquez, 65-83.

Moliner Prada, Antonio (2008a): «De las Juntas a la Regencia: la difícil articulación del poder en la España de 1808», *Historia mexicana*, 1 (58), 135-177.

Moliner Prada, Antonio (2008b): «La revolución de 1808 en España y Portugal en la obra del Dr. Vicente José Ferreira Cardoso da Costa», en Maria Leonor Machado de Sousa (coord.), *A Guerra Peninsular. Perspectivas multidisciplinares. XVII Colóquio de História Militar nos 200 anos das Invasões Napoleónicas em Portugal.* Vol. I. Lisboa: Comissão Portuguesa de História Militar, 203-226.

Moliner Prada, Antonio (2010a): «O olhar mútuo: Portugal e Espanha na Guerra Peninsular (1807-1814)», en José Luís Cardoso, Nuno Gonçalo Monteiro y José Vicente Serrão (orgs.), *Portugal, Brasil e a Europa Napoleónica.* Lisboa: Instituto de Ciências Sociais, 109-138.

Moliner Prada, Antonio (2010b): «Problemes historiogràfics entorn de la Guerra Peninsular de 1807-1814», *Annals de l'Institut d'Estudis Gironins*, 51, 51-78.

Moliner Prada, Antonio (2010c): «El movimiento juntero de 1808 desde la perspectiva histórica», en Francisco Morales Padrón (coord.), *XVIII Coloquio de Historia Canario-americana (2008).* Las Palmas de Gran Canaria: Casa de Colón, 1843-1867.

Moliner Prada, Antonio (2010d): «El Teniente General D. Francisco Copons y Navia y la Constitución de 1812», *Revista de historia militar*, 107, 185-214.

Moral Ruiz, Joaquín del (2009): «Vida cotidiana del campesinado español en la Guerra de la Independencia. Una perspectiva a largo plazo», en Emilio de Diego García (dir.), *El Comienzo de la Guerra de la Independencia. Congreso Internacional del Bicentenario.* Madrid: Actas, 517-538.

Morange, Claude (1933): «Las estructuras de poder en el tránsito del Antiguo al Nuevo Régimen», en Joseph Pérez y Armando Alberola (eds.), *España y América. Entre la Ilustración y el Liberalismo.* Alicante/Madrid: Instituto de Cultura «Juan Gil-Albert»/Casa de Velázquez, 29-55.

Moré Martínez, Íñigo (2007): *La vida en la frontera.* Madrid: Marcial Pons.

Moreno Alonso, Manuel (1992): «Conflictividad social y religiosa en la sierra de Huelva durante la Guerra de la Independencia», *Aestuaria*, 1, 190-208.

Moreno Alonso, Manuel (1995): *Sevilla napoleónica.* Sevilla: Alfar.

Moreno Alonso, Manuel (1996): «Los montes de encinar y el problema del dominio de los hacendados en la sierra de Huelva, 1778-1810», en *X Jornadas del Patrimonio de la Comarca de la Sierra.* Huelva: Diputación Provincial de Huelva, 117-128.

Moreno Alonso, Manuel (1997a): *Los españoles durante la ocupación napoleónica. La vida cotidiana en la vorágine.* Málaga: Algazara.

Moreno Alonso, Manuel (1997b): *La revolución santa de Sevilla (la revuelta popular de 1808).* Sevilla: Caja San Fernando.

Moreno Alonso, Manuel (1999): «Aspectos de la vida cotidiana en la vicaría de Aracena durante la Guerra de la Independencia», en *XII Jornadas del Patrimonio de la Comarca de la Sierra.* Huelva: Diputación Provincial de Huelva, 347-377.

Moreno Alonso, Manuel (2001): *La Junta Suprema de Sevilla.* Sevilla: Alfar.

Moreno Alonso, Manuel (2004): «La Gazeta de Ayamonte», en Enrique R. Arroyo Berrones (ed.), *VIII Jornadas de Historia de Ayamonte.* Ayamonte: Ayuntamiento de Ayamonte, 113-125.

Moreno Alonso, Manuel (2005): «La Guerra del Inglés en la Guerra de la Independencia», en Paulino Castañeda Delgado (coord.), *Las guerras en el primer tercio del siglo XIX en España y América. Actas XII Jornadas Nacionales de Historia Militar.* Tomo I. Madrid: Deimos, 321-322.

Moreno Alonso, Manuel (2009a): «La Guerra de la Independencia: la bibliografía del bicentenario», *Historia Social*, 64, 139-163.

Moreno Alonso, Manuel (2009b): «Portugal perante a Junta Central», en Amélia Polónia *et al.* (coords.), *A Guerra no tempo de Napoleão: antecedentes, campanhas militares e impactos de longa duração.* Vol. I. Lisboa: Comissão Portuguesa de História Militar, 208-236.

Moreno Alonso, Manuel (2010a): «Entre Aranjuez y Sevilla en 1808», en Antonia Salvador Martínez (coord.), *De Aranjuez a Cádiz (por la libertad y la Constitución). Bicentenario de la Junta Central Suprema 1808-2008.* Aranjuez: Ayuntamiento del Real Sitio y Villa de Aranjuez, 235-253.

Moreno Alonso, Manuel (2010b): «La guerra desde Sevilla. El tiempo de la Junta Central», en Cristina Borreguero Beltrán (coord.), *La Guerra de la Independencia en el Mosaico Peninsular (1808-1814).* Burgos: Universidad de Burgos, 317-334.

Moreno Alonso, Manuel (2010c): «Los guerrilleros de la Sierra de Aracena», *Aracena Feria*, 22-27.

Moreno Alonso, Manuel (2011a): «Ayamonte entre Portugal y España en la Guerra de la Independencia. El trasfondo de las relaciones diplomáticas», en *XV Jornadas de Historia de Ayamonte.* Huelva: Diputación Provincial de Huelva/Ayuntamiento de Ayamonte, 69-98.

Moreno Alonso, Manuel (2011b): *La verdadera historia del asedio napoleónico de Cádiz, 1810-1812. Una historia humana de la Guerra de la Independencia.* Madrid: Sílex.

Moreno Alonso, Manuel y Solesio Lillo, Julián (2009): *Los Solesio. Historia de una familia andaluza, 1780-1901.* Sevilla: Alfar.

Moreno Flores, María Antonia (2011): «La Guerra de la Independencia y sus consecuencias en la sociedad civil ayamontina», en *XV Jornadas de Historia de Ayamonte.* Huelva: Diputación Provincial de Huelva/Ayuntamiento de Ayamonte, 31-44.

Moreno y Moreno, Vicente (1975): *Apuntes históricos de Encinasola.* Huelva: Instituto de Estudios Onubenses.

Muñoz de Bustillo Romero, Carmen (1991): *Bayona en Andalucía: el Estado Bonapartista en la Prefectura de Xerez.* Sevilla/Madrid: Junta de Andalucía/Centro de Estudios Constitucionales.

Nogueira Rodrigues Ermitão, José (2012): «A deserção militar no período das Invasões Francesas», en Antonio Pedro Vicente (coord.), *A Guerra Peninsular em Portugal (1810-1812): Derrota e perseguição. A invasão de Masséna e a transferencia das operações para Espanha.* Vol. II. Lisboa: Comissão Portuguesa de História Militar, 993-1016.

Núñez García, Víctor M. (2010): «José Luis Morales Gallego», en Mikel Urquijo Goitia (dir.), *Diccionario biográfico de los parlamentarios españoles. Cortes de Cádiz (1810-1814).* Madrid: Cortes Generales.

Núñez García, Víctor M. (2012a): *Los parlamentarios de Huelva en las Cortes de Cádiz. Discursos y debates políticos.* Huelva: Universidad de Huelva.

Núñez García, Víctor M. (2012b): «Los diputados de Huelva en las Cortes de Cádiz», en Diana Repeto García (coord.), *Las Cortes de Cádiz y la Historia Parlamentaria*. Cádiz: Universidad de Cádiz, 483-504.

Núñez Márquez, Juan Manuel (1999): «La Guerra de la Independencia. Valdelarco», en Juan Antonio Márquez Domínguez (dir.), *Historia de la provincia de Huelva. Un análisis de los ámbitos municipales*. Tomo III. Madrid: Mediterráneo, 657-672.

Núñez Roldán, Francisco (1983): «De la crisis de 1640 a la Guerra de Sucesión en la frontera Luso-Onubense. Las razzias portuguesas y sus repercusiones socio-económicas», en *Actas de los II Coloquios de Historia de Andalucía. Andalucía Moderna*, vol. II. Córdoba: Monte de Piedad y Caja de Ahorros de Córdoba, 117-130.

Ochoa Brun, Miguel Ángel: «Pedro Félix de Ceballos y Guerra de la Vega», en Real Academia de la Historia, *Diccionario Biográfico electrónico* (en red, http://dbe.rah.es/biografias/14713/pedro-felix-de-ceballos-y-guerra-de-la-vega).

Ojeda Rivera, Juan F. (1986): «Los efectos de la provincialización en el triángulo Huelva-Sevilla-Cádiz», *Revista de Estudios Andaluces*, 7, 147-164.

Orduña Rebollo, Enrique (2003): *Municipios y provincias: historia de la organización territorial española*. Madrid: Federación Española de Municipios y Provincias/Instituto Nacional de Administración Pública/Centro de Estudios Políticos y Constitucionales.

Ozanam, Didier: «Pascual Tenorio y Ruiz de Moscoso», en Real Academia de la Historia, *Diccionario Biográfico electrónico* (en red, http://dbe.rah.es/biografias/53581/pascual-tenorio-y-ruiz-de-moscoso).

Paluzíe y Cantalozella, Esteban (1867): *Blasones españoles y apuntes históricos de las cuarenta y nueve capitales de provincia*. Barcelona: Gracia/Imprenta de Cayetano Campis.

Pascual Sastre, Isabel María: «Eusebio de Bardaxí y Azara», en Real Academia de la Historia, *Diccionario Biográfico electrónico* (en red, http://dbe.rah.es/biografias/13491/eusebio-de-bardaxi-y-azara).

Pedro Vicente, Antonio (1999): «A França revolucionária e o Algarve», en Maria da Graça Maia Marques (coord.), *O Algarve da Antiguidade aos nossos dias (elementos para a sua história)*. Lisboa: Colibri, 333-342.

Pedro Vicente, Antonio (2006): «La resposta política na Península Ibérica face à invasão napoleónica. Acção das juntas gobernativas en Portugal», *Revista de Historia Militar*, núm. extra 1, 71-88.

Pedro Vicente, Antonio (2008): «As Guerras Peninsulares revisitadas», en María Leonor Machado de Sousa (coord.), *A Guerra Peninsular: perspectivas multidisciplinares*. Vol. I. Lisboa: Comissão Portuguesa de História Militar/Centro de Estudos Anglo-Portugueses.

Peña Díaz, Manuel (2007): «Contrabando en la Raya», *Andalucía en la historia*, 18, 92-97.

Peña Guerrero, María Antonia (1994): «La investigación sobre la historia contemporánea de la provincia de Huelva: estado de la cuestión y tendencias actuales», *Huelva en su historia*, 5, 415-444.

Peña Guerrero, María Antonia (1995): *La provincia de Huelva en los siglos XIX y XX*. Huelva: Diputación Provincial de Huelva.

Peña Guerrero, María Antonia (2000): *El tiempo de los franceses. La Guerra de la Independencia el suroeste español*. Almonte: Ayuntamiento de Almonte.

Peña Guerrero, María Antonia (2007): «La historia contemporánea de la provincia de Huelva: aportaciones para una reflexión crítica», en Josefa Feria Martín y Manuel José de Lara Ródenas, *La Historia de la Provincia de Huelva. Balance y perspectivas (Actas del I Encuentro sobre bibliografía: La investigación histórica en la provincia de Huelva)*. Huelva: Diputación de Huelva, 141-160.

Peña Guerrero, María Antonia (2010): «¿Guerra de conquista o guerra de requisa? La Guerra de la Independencia en la provincia de Huelva», en José Miguel Delgado Barrado (dir.), *Andalucía en guerra, 1808-1814*, Jaén: Universidad de Jaén, 187-197.

Péres Frías, Pedro Luis (2008): «La gestión económica en el ámbito municipal: El Ayuntamiento de Málaga», *Revista HMIC*, 6, 95-155.

Pérez Garzón, Juan Sisinio (2010): «De la eclosión de Juntas a la Junta Central: la soberanía de la nación en 1808», en Antonia Salvador Martínez (coord.), *De Aranjuez a Cádiz (por la libertad y la Constitución). Bicentenario de la Junta Central Suprema 1808-2008*. Aranjuez: Ayuntamiento del Real Sitio y Villa de Aranjuez, 111-145.

Pérez Macías, Juan Aurelio y Carriazo Rubio, Juan Luis (coord.) (2005): *La banda gallega: conquista y fortificación de un espacio de frontera (siglos XIII-XVIII)*. Huelva: Universidad de Huelva.

Pizarroso Quintero, Alejandro (2007): «Prensa y propaganda bélica, 1808-1814», *Cuadernos dieciochistas*, 8, 203-222.

Pleguezuelo Hernández, Alfonso (2005): *Manuel Rivero. Los encargos artísticos de un mercader andaluz del siglo XVIII*. Huelva: Diputación Provincial de Huelva.

Presno Linara, Miguel A. (2012): «El origen del derecho electoral español: la Instrucción de 1 de enero de 1810 y la Constitución de 1812», en *X Congreso de la Asociación de Constitucionalistas de España. Las huellas de la Constitución de Cádiz. Cádiz, 26 y 27 de enero de 2012* (http://www.acoes.es/congresoX/documentos/ComMesa1MiguelPresno.pdf).

Posac Jiménez, Mª Dolores (2008): «Aracena en la Guerra de la Independencia», *Aracena Feria*, 8-17.

Posac Jiménez, Mª Dolores (2012): «Terribles sufrimientos padecidos por los habitantes de Aracena tras el nombramiento de un alcalde afrancesado», *Revista Hespérides*, 14, 16-22.

Ramiro de la Mata, Javier: «Francisco López Ballesteros», en Real Academia de la Historia, *Diccionario Biográfico electrónico* (en red, http://dbe.rah.es/biografias/12270/francisco-lopez-ballesteros).

Ramos Cobano, Cristina (2011): «La participación política del campesinado en la campiña onubense entre absolutismo y liberalismo (1788-1833)». Comunicación presentada en el XIII Congreso de Historia Agraria, Congreso Internacional de la SEHA. Lleida, 12-14 de mayo de 2011.

Ramos Santana, Alberto (2008); «La vida cotidiana en el Cádiz de las Cortes. El recurso a la prensa como fuente para su estudio», en Marieta Cantos, Fernando Durán y Alberto Romero (eds.), *La guerra de pluma. Estudios sobre la prensa de Cádiz en el tiempo de las Cortes (1810-1814)*. Vol. III. *Sociedad, consumo y vida cotidiana*. Cádiz: Universidad de Cádiz, 21-102.

Ramos Santana, Alberto (2011): «"Habitantes del mundo todo". Una aproximación a la propaganda en la Guerra de la Independencia», en Pedro Rújula y Jordi Canal (eds.), *Guerra de ideas. Política y cultura en la España de la Guerra de la Independencia*. Zaragoza/Madrid: Institución Fernando el Católico/Marcial Pons, 281-311.

Rico Linaje, Raquel (1995): «La Gazeta de Sevilla: aspectos políticos, aspectos jurídicos», en Pablo Fernández Albadalejo y Margarita Ortega López (eds.), *Antiguo Régimen y Liberalismo. Homenaje a Miguel Artola. Política y Cultura*. Tomo 3. Madrid: Alianza, 595-609.

Rico Linaje, Raquel (2009): «La Gazeta ministerial de Sevilla: noticias oficiales e ideología política», *Historia, Instituciones, Documentos*, 36, 369-398.

Rina Simón, César (2017a): «La demarcación de la frontera ibérica. Procesos de nacionalización y prácticas de frontera en la segunda mitad del siglo XIX», en Sérgio Campos Matos y Luís Bigotte Chorão, *Península Ibérica: nações e transnacionalidade entre dois séculos (XIX e XX)*. Ribeirao: Edições Húmus, 77-104.

Rina Simón, César (2017b): «Contextos y transdisciplinariedad en la renovación de los estudios ibéricos», en César Rina Simón (ed.), *Procesos de nacionalización e identidades en el Península Ibérica*. Cáceres: Universidad de Extremadura, 11-15.

Rodrigo, Javier (2009): «Presentación. Retaguardia: un espacio en transformación», *Ayer*, 76, 13-36.

Rodríguez López-Brea, Carlos: «Evaristo Pérez de Castro», en Real Academia de la Historia, *Diccionario Biográfico electrónico* (en red, http://dbe.rah.es/biografias/6844/evaristo-perez-de-castro).

Román Delgado, José *et al.* (eds.) (1993): *Datos históricos sobre Cartaya. Edición crítica de los hermanos Corpas*. Cartaya: Ayuntamiento de Cartaya.

Romero Gabella, Pablo (2000): «Entre la revolución y la reacción: aproximación al significado histórico de la Junta Suprema de Sevilla en el contexto del fin del Antiguo Régimen en España», *Spagna Contemporanea*, 18, 49-71.

Rosa Mendes, Antonio (2008): «Olhão e O Algarve na revolta de 1808», en Maria Leonor Machado de Sousa (coord.), *A Guerra Peninsular: perspectivas multidisciplinares*. Vol. I. Lisboa: Comissão Portuguesa de História Militar/Centro de Estudos Anglo-Portugueses, 301-303.

Rosa Mendes, Antonio (2009): *Olhão fez-se a si própio*. Olhão: Gente Singular.

Rosa Mendes, António (2011a): «A Guerra da Independência no Algarve», en *XV Jornadas de Historia de Ayamonte*. Huelva: Diputación Provincial de Huelva/Ayuntamiento de Ayamonte, 9-28.

Rosa Mendes, Antonio (2011b): «Dezasseis notas para a compreensão do levantamento de Olhão em 16 de junho de 1808», en *Actas do Congreso Histórico Olhão, o Algarve & Portugal no tempo das Invasões Francesas*. Olhão: Município de Olhão, 349-353.

Roura i Aulinas, Lluís (1994): «Estado y sociedad fronteriza. Cataluña durante *La Guerra Gran*», *Studia Historica. Historia Moderna*, 12, 55-69.

Rubí i Casals, María Gemma (2007): «La supervivencia cotidiana durante la Guerra de la Independencia», en Antonio Moliner Prada (ed.), *La Guerra de la Independencia en España (1808-1814)*. Barcelona: Nabla, 299-324.

Rújula, Pedro (2010): «A vueltas con la Guerra de la Independencia. Una visión historiográfica del bicentenario», *Hispania: Revista Española de Historia*, 235 (70), 461-492.

Rújula, Pedro (2011): «La densificación del universo popular durante la Guerra de la Independencia», en Pedro Rújula y Jordi Canal (eds.), *Guerra de ideas. Política y cultura en la España de la Guerra de la Independencia*. Zaragoza/Madrid: Institución Fernando el Católico/Marcial Pons, 174-190.

Saavedra, Francisco de; Moreno Alonso, Manuel (ed.) (2011): *La rebelión de las provincias en España. Los grandes días de la Junta Suprema de Sevilla, 1808-1810*. Sevilla: El Alfar.

Sahlins, Peter (1991): *Boundaries: The Making of France and Spain in the Pyrenees*. Berkeley: University of California Press.

Saldaña Fernández, José (2005): «Cambio jurisdiccional y conflictividad política en Ayamonte durante la Guerra de la Independencia», en Paulino Castañeda Delgado (coord.), *Las guerras en el primer tercio del siglo XIX en España y América*. Vol. 1. Madrid: Deimos, 629-648.

Saldaña Fernández, José (2006): «La prensa en el suroeste peninsular durante la Guerra de la Independencia: la Gazeta de Ayamonte como vehículo de expresión de la Junta Suprema de Sevilla», en Marieta Cantos Casenave (ed.), *Redes y espacios de opinión pública: XII Encuentro de la Ilustración al Romanticismo. Cádiz, América y Europa ante la Modernidad, 1750-1850*. Cádiz: Universidad de Cádiz, 185-200.

Saldaña Fernández, José (2007): «La Guerra de la Independencia en la provincia de Huelva: tratamiento historiográfico y perspectiva futura de investigación», en Josefa Feria Martín y Manuel José de Lara Ródenas (eds.), *La historia de la provincia de Huelva. Balance y perspectivas (Actas del I Encuentro sobre bibliografía: La investigación histórica en la provincia de Huelva)*. Huelva: Diputación Provincial de Huelva, 321-331.

Saldaña Fernández, José (2008): «Isla Cristina en la Guerra de la Independencia: notas para una conmemoración», en *I Jornadas de Historia de Isla Cristina*. Isla Cristina: Asociación Cultural «El Laúd», 9-35.

Saldaña Fernández, José (2010): «Vecinos y extranjeros: representaciones y realidades en torno al otro en la frontera sus hispano-portuguesa durante la Guerra de la Independencia», en David González Cruz (ed.), *Extranjeros y enemigos en Iberoamérica: la visión del otro. Del Imperio español a la Guerra de la Independencia*. Madrid: Sílex, 351-370.

Saldaña Fernández, José (2011): «La revitalización de la frontera: Apuntes sobre la estancia de la Junta Suprema de Sevilla en Ayamonte», en *XV Jornadas de Historia de Ayamonte*. Huelva: Diputación Provincial de Huelva/Ayuntamiento de Ayamonte, 45-68.

Saldaña Fernández, José (2012): «La Guerra de la Independencia en la frontera sur hispano-portuguesa: un espacio para la reflexión», en Juan Luis Carriazo Rubio (ed.), *Fortificaciones, guerra y frontera en el Marquesado de Gibraleón*. Huelva: Diputación Provincial de Huelva, 265-295.

Saldaña Fernández, José (2015): «¿De Espanha nem bom vento nem bom casamento? Consideraciones sobre las relaciones Portugal-España desde una tierra de frontera», *Revista... À Beira*, 10, 99-118.

Saldaña Fernández, José (2016): «Más allá de Cádiz: la experiencia como aprendizaje en el ámbito político municipal (1808-1814)», en Gonzalo Butrón Prida y Alberto Ramos Santana (eds.), *Cádiz, escuela política: hombres e ideas más allá de 1814*. Madrid: Sílex, 213-240.

Saldaña Fernández, José (2020): «El bajo Guadiana durante la Guerra Peninsular (1808-1814): relaciones y controversias en una tierra de frontera», en *Jornadas de História do Baixo Guadiana (2014-2018)*. Vila Real de Santo António: Câmara Municipal de Vila Real de Santo António/Arquivo Histórico Municipal António Rosa Mendes, 28-36.

Saldaña Fernández, José (2021): «Comunidad rural, poder local, politización y ciudadanía: prácticas y aprendizajes políticos en el suroeste peninsular a principios de la contemporaneidad (1808-1823)», *Historia Agraria*, 85, 129-156.

Saldaña Fernández, José y Butrón Prida, Gonzalo (2012): «Algarve-Huelva-Cádiz: un eje clave en la Guerra de la Independencia», *Erebea. Revista de Humanidades y Ciencias Sociales*, 2, 319-342.

Sánchez Hita, Beatriz (2008): *Los periódicos del Cádiz de la Guerra de la Independencia*. Cádiz: Diputación de Cádiz.

Santacara, Carlos (2005): *La Guerra de la Independencia vista por los británicos, 1808-1814*. Madrid: Machado Libros.

Santamaría, Braulio (1882): *Huelva y La Rábida*. Madrid: Moya y Plaza.

Sardica, José Miguel (2011): *A Europa Napoleónica e Portugal. Messianismo revolucionário, política, guerra e opinião pública*. Parede: Tribuna da História.

Sierra, María, Peña, María Antonia y Zurita, Rafael (2010): *Elegidos y elegibles. La representación parlamentaria en la cultura del liberalismo*. Madrid: Marcial Pons.

Solís, Ramón (2000): *El Cádiz de las Cortes. La vida en la ciudad en los años de 1810 a 1813*. Madrid: Sílex.

Subtil, José (2008): «Portugal y la Guerra Peninsular. El maldito año 1808», *Cuadernos de Historia Moderna. Anejos*, 7, 135-177.

Telo, Antonio José (2005): «A Península nas guerras globais de 1792-1815», en *Guerra Peninsular. Novas interpretações*. Lisboa: Tribuna da História, 297-328.

Toreno, Conde de (2008 [1835-1837]): *Historia del levantamiento, guerra y revolución de España*. Estudio preliminar de Richard Hocquellet. Pamplona: Urgoiti.

Valcuende del Río, José María (1997): «Vecinos y extranjeros. La funcionalidad de los estereotipos en un contexto interfronterizo. El caso de Ayamonte», *Aestuaria. Revista de investigación*, 5, 127-152.

Valcuende del Río, José María (1998): *Fronteras, territorios e identificaciones colectivas. Interacción social, discursos políticos y procesos identitarios en la frontera sur hispano-portuguesa*. Sevilla: Fundación Blas Infante, 1998.

Valcuende del Río, José María (2008): «Estados, fronteras y poblaciones locales: cambios y permanencias», *Cuadernos CERU*, serie 2, 1 (19), 15-32.

Valcuende del Río, José María (2009): «Frontera en la piel», en Heriberto Cairo Carou, Paula Godinho y Xerardo Pereiro (coords.), *Portugal e Espanha. Entre discursos de centro e práticas de fronteira*. Lisboa: Colibri, 237-255.

Vega Domínguez, Jacinto de (1995): *Huelva a fines del Antiguo Régimen: 1750-1833*. Huelva: Diputación Provincial de Huelva.

Ventura, António (2007a): «Guerra Peninsular, Guerra da Independência, Invasões Francesas…», en António Ventura y María Leonor Machado de Sousa (coords.), *Guerra Peninsular: 200 años*. Lisboa: Biblioteca Nacional de Portugal, 17-23.

Ventura, António (2007b): «La Guerra en Portugal (1807-1814)», en Antonio Moliner Prada (ed.), *La Guerra de la Independencia en España (1808-1814)*. Barcelona: Nabla, 487-541.

Ventura, António (2010): «Portugal y España en 1807-1808: de enemigos a aliados en la lucha contra los franceses», en Cristina Borreguero Beltrán (coord.), *La Guerra de la Independencia en el Mosaico Peninsular (1808-1814)*. Burgos: Universidad de Burgos, 47-56.

Villegas Martín, Juan y Mira Toscano, Antonio (2011a): «La Isla de Canela, último refugio en la guerra contra el francés», en *XV Jornadas de Historia de Ayamonte*. Huelva: Diputación Provincial de Huelva/Ayuntamiento de Ayamonte, 121-156.

Villegas Martín, Juan y Mira Toscano, Antonio (2011b): *El mariscal Copons y la defensa del territorio onubense en 1810-1811. Con la edición facsímil del Diario de las Operaciones de la División del Condado de Niebla…* Huelva: Universidad de Huelva.

Yépez Piedra, Daniel (2008): «Las reacciones de la población local ante la presencia militar británica en la Guerra de la Independencia», *Hispania Nova*, 8.

Se terminó de imprimir este libro
el día de 5 de octubre de 2024,
en los talleres gráficos
de Podiprint